向熹先生九十华诞纪念文集

俞理明　郭　齐　等著

上海三联书店

在湖边

和师母陈希颖

先生夫妇和女儿向真、儿子向晓

先生幼子向军夫妇

和郭锡良

和石安石

和夏传才

和林焘

朱德熙先生主持讲座

和郭锡良、陈新雄

和吴竞存、石安石

和赵逵夫、王宁、吉常宏、齐冲天

先生夫妇和弟子：前排左起何毓玲、俞理明、何志华、先生、师母、郭齐、贺孝武，后排左起罗骥、段文清、杨珍惠、黄尚军、熊辉、吉仕梅、唐智燕、石锓

先生和弟子：前排左起贺孝武、刘翠、骆小平、何志华，后排左起常强华、罗骥、郭齐、俞理明

先生与弟子：前排左起杨珍惠、段文清、吉仕梅、罗向荣，后排左起俞理明、郭齐、何志华、胡继明

和弟子段文清、孙占林、石镘

和弟子胡继明、吉仕梅、刘蓉、黄尚军

和郭全芝

和弟子杨琳

和弟子熊辉、胡斌彬

和弟子唐智燕

目　录

向熹先生的汉语史研究及学术思想述评

俞理明　孙　琳

引　言

向熹先生，1928 年生于湖南双峰，四川大学文学与新闻学院中文系教授，四川省文史研究馆馆员，九三学社社员。1949 年从湖南春元中学高中毕业，担任过半年小学教师。1950 年考入北京大学中文系汉语言文学类，1954 年本科毕业，留校攻读汉语史专业研究生，师从王力先生。在北大学习期间，先后聆听过魏建功、高名凯、袁家骅、吕叔湘、陆志韦、周祖谟等先生讲授的课程。其中导师王力先生的指导，对其学术影响最大。

1958 年秋研究生毕业后分配到四川大学中文系工作，曾为本科生开设了“现代汉语语法”、“语文和写作”、“汉语史”等课程。1976 年以后，又先后为本科和研究生讲授“古代汉语”、“《诗经》语言问题”、“《马氏文通》导读”等近 10 门课程。1984 年晋升为副教授，1987 年晋升为教授，获国务院颁发的政府特殊津贴。在四川大学任教的几十年里，向熹先生专注学术，教书育人，培养硕士研究生十六人。其学术研究主要围绕三个方面展开：一是《简明汉语史》的编写，二是关于《诗经》的研究，三是辞书的编纂。

一、撰写《简明汉语史》

20世纪50年代，王力先生的《汉语史稿》出版，这是汉语通史研究的开山之作。向熹先生求学期间受教于王力先生，专攻汉语史，并把汉语史确定为自己学术研究的主要方向。任职四川大学以后，从1961年秋起，给本科生讲授“汉语史”课程，在师承王力先生汉语史研究思想的同时，尝试自己编写讲义，安排教学内容。经过多年的教学实践和对讲义的多次改写补充，于1991年完成了以分段研究为特点的《简明汉语史》的书稿。该书是继王力先生之后的又一部研究汉语史的力作，1993年由高等教育出版社出版，1995年荣获国家教育委员会首届人文社会科学研究优秀成果二等奖。2002年到2006年期间，向熹先生又对全书进行了修改补充，2010年由商务印书馆出版修订本，被教育部列为普通高等教育“十一五”国家级规范教材。

《简明汉语史》全书分上、下两册，包括汉语语音史、汉语词汇史、汉语语法史三编，各编又按上古、中古、近代三大时期对汉语发展的历史进行整体描述，另有“绪论”五节、“结论”两节与主体三编互相呼应，是一个比较完整的分时段的汉语史体系。

汉语是承载汉族社会文明发展记录的工具，已经有几千年的历史。作为世界上可溯历史最悠久、保存文献最丰富、使用人口最多的语言之一，全面描述、深入了解汉语的历史，不仅对于了解汉语本身和汉族的文明史是十分必要的，对于了解人类的语言、人类语言发展的规律都有着无可代替的价值。从“小学”的文字、音韵、训诂到现代语言学的语音、词汇、语法，先辈学者们一直在汉语这块土地上辛勤耕耘着，留下了大量宝贵的财富，汉语通史的写作正是将历史上积淀下来的丰富的语料与前人的研究成果结合起来，作系统的描述、综合的印证，把汉语发展这段历史“说清楚”。《简明汉语史》正是一部勾勒出汉语三千多年发展演变脉络的著作。向熹先生在《简明汉语史·绪论》中说：“研究汉语史，就要弄清汉语在不同历史时期语音、词汇、语法的基本面貌，了解汉语在不同历史时期的发展变化，探索这些发展变化的特点和原因，揭示出汉语发展的内部规律。”(p.1)概括了全书的中心思想和内容，其后整个三编的描写、论述都是为了解决以上关于汉语史研究中提出的问题。围绕着“史”的观点，向熹先生提出研究汉语史要注意：1.语言的时代特点；2.区分通例和特例；3.语音、词汇、语法各方面的联系(pp.2－4)。科学的汉语史分期、客观的语料分析、综合全面地看问题，才能做好汉语史的研究，建立一个科学、系统的汉语史体系。历史是“根”，做好汉语史的研究，对我们进行现代汉语研究、汉语方言研究和普通语言学理论的研究等都有非常积极的作用。

这部倾注了向熹先生三十年心血的《简明汉语史》，不仅仅是一部优秀的教科书，更是一部饱含了作者学术思想和学术水平的汉语通史研究巨著。全书具有以下几个特点：

1. 全面系统、布局合理、脉络清晰。《简明汉语史》对汉语不同时期的历史面貌和发展脉络作了全面系统的描写，全书主体由三横三纵几条线索组成，将汉语史的三大分支(语音学、词汇学、语法学)分别按上古、中古、近代三个共时层面作细致的总体描写，总结各时期汉语语音、词汇、语法三个方面的概貌和特点，进而叙述其从上一时期到下一个时期的发展演变，将汉语发展史中纷繁复杂的现象进行归纳和整理，从而勾勒出一个系统的汉语史框架，条分缕析，结构严谨。

2. 基础厚实、博采众长、观点明确。《简明汉语史》以向熹先生本人的大量前期的专题研究为基础，全书立足于先生从各历史时期的各种文献中搜集所获的各种第一手材料展开分析，同时也充分注意学界的研究进展，吸收前贤时哲的研究成果，必要时兼及不同意见，根据历史的语言事实取舍折中，提出自己的观点、论断。

3. 内容详实、例证丰富、言必有据。《简明汉语史》在内容上并不“简明”，三编内容全面完整，不仅清晰详尽地论述了整个汉语史的发展面貌及其特点，更兼有大量的材料、旁证对每一个知识点进行说明、印证。如“上古汉语语音系统”这一章讨论上古汉语的声韵调系统，在每个声母、韵部和声调下都举出了大量的例字，更举出每个韵部所属的谐声偏旁，并用大量《诗经》原文押韵例句作进一步说明；在第三编“汉语语法史”中为了讨论清楚汉语各个语法成分、语法结构、句法等的发展情况，向熹先生使用了近万个例句；词汇部分的用例更是数不胜数，每一个论点的提出都来自对大量材料的分析、整理、归纳，避免用少数似是而非的材料作论证的依据。

4. 分析细致、语言朴实、深入浅出。全书坚持“实事求是”的原则，用丰富的材料和细致的分析阐明观点，不做过多的议论和不必要的修饰，也不故作高深，堆砌生僻词藻。遇有不常用的术语还随文进行解释，方便读者理解。书中论述思路严谨，强调用丰富的材料来说明观点，不作主观臆断，更不凭空猜测。我们读《简明汉语史》往往容易上手，且获益良多，正是因为作者用朴实简明的语言和丰富的历史语料勾勒出了一个汉语三千年发展的清晰轮廓。

从宏观上全面地研究汉语的发展史是一项十分艰苦的工作，它需要研究者全面掌握汉语史的各个分支和各时期的材料，在材料的收集、整理、分析过程中，要耗费研究者无数的时间和精力，没有坚韧不拔的毅力、扎实深厚的学术功底和踏实稳重的学术作风是无法完成的。在几十年中，向熹先生坚持把自己的研究和教学相结合，长期开设汉语史课程，立足于教学工作从事汉语史研究。他通过自己的研究编写讲义开展课堂教学，又在教学中寻找不足、发现问题，再通过研究加以弥补，提高水准，不断地丰富其中的内容，使之日臻完善。《简明汉语史》是向熹先生"教学要与科研相结合"的理念的最好体现，是向熹先生最高学术水平的代表。

二、有关《诗经》的系列研究

把《诗经》作为汉语研究的素材，起因于汉语通史研究的前期准备。向熹先生说："最初只是为了编写《简明汉语史》须要掌握上古汉语第一手资料，才去研究《诗经》。接触多一些，产生了兴趣，于是下决心写《诗经》语言研究方面的书。"通过对《诗经》多年的全面系统的考察和研究，从 20 世纪 80 年代开始，陆续出版了五种关于《诗经》语言研究方面的论著。

1.《诗经词典》(1986 年四川人民出版社初版，次年修订再版，1998 年再次修订重版)。这是向熹先生的第一本正式出版的学术专著，也是我国第一部音义兼备的专书词典。该书"收录《诗经》里出现的单音词 2826 个作为字头，同时收录复音词近 1000 条、三〇五篇的题解和有关《诗经》研究的术语 300 余条，总计 1318 条"(《诗经词典》后记)。次年的修订本又把异体字独立列出，字头增加为 3336 个，另外，合并义项近 500 处，增补材料 3000 余条，还审订了每个字头的字音。书中义项解释准确、精炼、通俗，除名物解释外，一般采用古今对译的方式，注音则兼用汉语拼音和反切两种方式。在释义内容的选择上，向熹先生的原则是“首出己见，择要兼收”，每个字头下先列自己的解释，然后择要收录众说，用“一说”“又一说”的方式表明，意在把古今学者《诗经》训诂研究的精华都汇集在《诗经词典》里，以便读者参考。该书出版以来，受到海内外学者的好评，是阅读《诗经》必不可少的工具书，荣获 1988 年第二届王力语言学奖。近十多年来，向熹先生又对《诗经词典》再作修订，补充了材料一千余条，新版的《诗经词典》正由商务印书馆出版中。

2.《诗经语言研究》(1987 年四川人民出版社)。本书是向熹先生在“《诗经》语言研究”选修课讲义的基础上修改而成的，为《诗经词典》的姊妹篇，是我国第一部研究专书语言的著述。全书共六章，分别介绍了前人研究《诗经》的概况，讨论了《诗经》的文字、音韵、词汇、句法、修辞和章法，对《诗经》中的语言现象作了全面系统的分析和论述。夏传才先生在《二十世纪诗经学》中评论说：“该书是 80 年代《诗经》语言研究的总结性著作，既总结了前人的研究成果，又经著者归纳分析、覃思精研，不但条理分明，而且理论上又有精进，可以说该书代表了《诗经》语言研究的时代水平。”①

3.《诗经古今音手册》(1988 年南开大学出版社)。该书收集并注明了《诗经》所有单字的今音(汉语拼音)、反切、中古音和上古音，把每个字的字音从古到今贯穿起来，供读者阅读《诗经》和研究上古汉语音韵时参考使用。全书按拼音字母次序排列，不收录《诗经》里未出现的字音，书末附有《诗经》上古音分部和入韵字表。《诗经古今音手册》是一部研究《诗经》时期语音的专著，其中古今音的对照又为研究汉语语音的演变提供了丰富的资料。

4.《诗经语文论集》(2002年四川民族出版社)。该书收录了向熹先生关于《诗经》研究的论文十五篇。这些论文主要分为两类,一类是关于《诗经》语言研究的论文,分专题研讨了《诗经》语言的性质、歧义的分析、异文、通假、注音以及词汇、通韵和合韵等重要课题,其中有的是《诗经语言研究》没有涉及的问题,如"歧义的分析",有的问题在《诗经语言研究》中讨论过,"论集"中进行更深入、详细的论述;另一类是关于前人研究《诗经》成果的研究论文,包括从汉代到清朝研究《诗经》的几个重要成果的研究述评,与《诗经词典》和《诗经语言研究》汇集前人的研究成果不同,"论集"主要阐述了向熹先生自己的观点和态度。

5.《诗经译注》(2009年高等教育出版社)。本书原为1995年许嘉璐、梅季先生主编的《文白对照十三经》丛书中的一种,后由高等教育出版社出版单行本。单行本经刘晓翔先生设计封面,典雅质朴而富有创意,被选为"2009年中国最美的书"。2010年在德国莱比锡世界图书评比中,从634种参选图书中脱颖而出,获得"2010年世界最美图书"称号。《译注》每篇诗包括原诗、题解、今译、注释、韵读五部分:题解介绍诗的主题,力求简洁,主要立足文本自身内容;今译以直译为主,紧扣原文,采用七言句式,押大体相同的韵;注释简明扼要,择善而从,表明今译的依据,解释不易理解的古代名物词语,标明异文,为难字注音;韵读按照《诗经》时代的韵部标示该诗的韵脚和韵部。《诗经译注》是向熹先生多年研究《诗经》成果的集中体现,原文、题解、注释、韵读都是作者采各版本、各家之长精校而成。将先秦古书翻译成现代白话要求诠释者既要有深厚的古代文化修养,又要有化繁难为平易的现代汉语水平,而向熹先生不仅做到了化繁为易,更是将原诗翻译成了通俗易懂、朗朗上口的现代歌谣,可见先生博古通今的语言功力。通过自己的努力,能让更多的人去理解《诗经》、欣赏《诗经》,是先生十分乐意去做的事。

《诗经》是中国历史上最早的诗歌总集,其中汇集的三百多首春秋以前的各类诗歌,从不同的侧面反映了当时社会多个方面,是研究古代历史、语言和文学等各个方面不可或缺的宝贵材料。自古研究《诗经》的学者众多,先生对《诗经》的研究,从语言方面切入,首先,继承前辈在音韵、文字、训诂各个方面的成果,博览众说,综贯各家,择善而从,保留异见,以词语为纲,编成《诗经词典》,为学界在《诗经》的深入研究方面提供了极大的便利,也为自己在这方面的研究打下了扎实的基础。其中,《诗经古今音手册》是这项研究中涉及字音的部分,虽然因为技术原因出版稍后,但其实是《诗经词典》的前期成果。《诗经词典》可以说是从语言的角度对《诗经》的微观研究,而《诗经语言研究》则是立足于微观的调查,从宏观的角度把握《诗经》的语言特点,依托对《诗经》语料的穷尽性的考察,《诗经语言研究》通过文字、音韵、词汇、句法、修辞和章法等多个方面展开专章分析,总结归纳《诗经》语言的主要特点,描写它的整体面貌。研究一种古代文献中的用语,微观的观察与宏观的分析虽然角度不同,但二者是相辅相成的。一方面,弄懂字词的意义有助于我们理解文献中的句子和篇章,反过来,了解句子和篇章内部的结构和逻辑关系,也有助于我们求得字词的确诂。

借助古代文献研究古代语言,包括编写古代的专书词典,在取材的时候,往往采取抽样的方式,即获得适当数量的语料之后就戛然而止了。这样做,可能忽略了一些不太引人注意的语言现象,但是,也可以借此回避一些难以解决的问题。而采用穷尽描写的方式编写词典和考察各类语言现象,就把一种文献中所有要面对的问题都凸显出来，无所逃遁。这样做，当然增加了工作的难度，但是，正是通过这样的方式去发现问题，面对疑难，迎难而上，才更能推进研究的不断深入。

古代文献由于距离现代时间太远，今人在阅读古代文献的时候，往往会产生只能意会不能言传的感觉，其中，古今语言的隔阂是一大原因。有些时候，解读者大体看懂了文献中文句的意思，但是，未必看懂文句中的每一个字，未必理解整个文句的语法结构和词语间的关系。在这种情况下对文献的理解，存在着某种“猜”的成分，所谓的理解，最多是“八九不离十”，大概知道而已。《诗经》是万古流传的文学经典，爱好者众多，历来从社会文化的角度研究《诗经》、解读《诗经》的人也很多。向熹先生运用自己对《诗经》语言的高度了解和掌握，译注《诗经》，深入浅出，要言不繁，为《诗经》的传播作出了积极的贡献，也为古代文献解读作出了表率。

三、辞书编纂

20 世纪 70 年代后期向熹先生与张永言、杜仲陵、经本植等教研室同仁共同编纂了《简明古汉语词典》，该词典以通行的古代文学作品为基本范围，从中搜集现代人不易理解的词语 8537 条，是一部供中等以上文化程度的读者学习古代汉语、阅读古籍时参考的中型语文工具书。该书从选词到释义，都充分考虑读者的需要，目的对象明确，针对性强，适用度高，其中向熹先生撰写了大约一半的初稿。该词典于 1986 年由四川人民出版社出版，1988 年获四川省社会科学研究成果一等奖，先后重印十余次，畅销不衰，深受语文工作者欢迎，并于 1999 年出版修订本。此外，几位同仁还一起编写了《古汉语词典》，由巴蜀书社 1998

年出版。

20 世纪 80 年代，向熹先生主编《古汉语知识辞典》，这是一部全面介绍古代汉语相关知识点的辞书，重在实用性，对想要了解、研究古代汉语的读者来说有不菲的价值，包括总论、词汇、语法、音韵、文字、训诂、诗词曲律、修辞、文体、重要的语文著作、重要的语文学家等十一大类，共收条目 1619 条。先生亲自撰写了其中语音、词汇部分的一些条目。在他看来这虽然不是专门研究，但这种普及性的工作也很有意义。该辞典于 1988 年由四川人民出版社出版，1999 年再度出版修订本。

另外，从 1987 年开始，向熹先生倡导组织了几位后学展开《汉语称谓词典》的编写工作，本词典定位为历史词典，即为读者提供各个汉语称谓词比较完备的历史资料。本词典拟从历史词汇研究的角度，广泛搜集汉语历代文献中出现的各类称谓词，搜集各称谓词的来源和历史变化等有关材料，为读者展示这些称谓词的历史面貌和演变过程。这项工作从汉语称谓词的历史调查入手，通过对历史文献中称谓词的广泛深入的调查，获取了大量的第一手资料，经过十多年的努力，写成初稿。嗣后又几经修改删订，现在已经初步定稿，准备出版。

辞书编纂涉及面广、工作量大，要在辞书编写中体现研究性和学术性，更是难上加难。因此，若没有足够深厚的知识积淀和握有丰富的各类语料，辞书编写将寸步难行。向熹先生参与多部辞典的编纂工作，对编写辞典的难度是深有体会，他在许威汉主编《古汉语词诠》的序中谈到，“要求词书编写者不仅有真才实学，而且要有非常严肃的治学态度。”[②] 这也是向熹先生编写辞书的原则。

在从事以上三个方面的研究工作、撰写和编纂了不少著作和辞书的同时，向熹先生还在文字、音韵、词汇、语法、方言等方面著有大量论文，包括关于文字方面的如《〈古代汉语〉文字上的几个问题》《简化汉字大有必要》等；关于音韵方面的如《〈广韵〉入声韵同非入声韵中的重出字》等；关于词汇方面的如《阴阳五行观念和汉语词汇》《王力先生对汉语词汇研究的贡献》等；关于语法方面的如《〈水浒〉中的"把"字句、"将"字句和"被"字句》《略论训诂和语法的关系》《论〈马氏文通〉的句法研究》《古代汉语教学语法体系刍议》等；关于语言和文化的如《避讳与汉语》(一、二、三)等；关于方言的如《湖南双峰县方言》等。

结 语

如果从 1950 年进入北大算起，向熹先生在语言专业领域中的学习和研究，已经有了六十多个年头。在这一段时期，基于现代语言学思想和理论的汉语历史研究，从当年的萌芽状态逐渐发展，形成了目前枝繁叶茂的繁荣局面。先生置身其中，承继前辈的研究，专致于汉语史的研究工作，并以梳理汉语通史、撰写全面系统的汉语史为己任。在以汉语史研究这条主线指引下，先生首先把《诗经》作为上古汉语源头性的语料，展开全面的研究，在此过程中，一方面把握汉语史这条主线，另一方面，将《诗经》的研究从上古汉语的语料扩展到全面研究《诗经》，编写《诗经词典》和《诗经译注》，以及组织和参与一系列词典的编写，在坚持学术研究的同时，面向社会，把精微深奥的专门研究与面向公众的社会需求相呼应，在从事深入的专业研究的同时，努力为社会提供更多的专业服务。

先生给自己的定位有两点，一是一个中国人，是农民出身，因此要对得起祖宗、对得起祖国、对得起子孙；二是一个教师，一个高校教师，因此，既要从事教学工作，教书育人，也要做科研。或许自己算不上是聪明人，也不会广泛交际，但只要尽自己的努力，在专业上争取做到最好，就满足了。先生常常说："我们普通人，能够做到'立言'，就算得上是做了有意义的事了。"

先生出身贫困农家，秉承前辈刻苦耐劳、坚韧不拔的精神，在了一先师的指引下进入学术研究，深受了一先师宏大学术视野的感染，立志献身学术。1957 年末反右运动行将结束的时候，北大研究生举行了一次"交心运动"，年轻的向熹先生在会上坦陈了自己人生的目标，那就是"当教师，写十本书，发五十篇论文"。五十多年来，尽管遭遇了许多波折和坎坷，先生一直没有放弃这个目标，不畏阻难，心无旁顾，孜孜以求。作为导师，先生以身作则，把教学与学术研究相结合，从教学中发现问题进行学术研究，利用研究成果促进教学，真正做到"教学相长"。对于学生，在思想和生活方面慈心相向，宽大包容，呵护有加，而在学术上严格要求，强调重事实、重材料，不轻率结论，不急于求成，鼓励学生积极主动的思考，放手支持学生科学探索，大胆开创，热情鼓励学生在学术研究方面努力进取，写出经得起历史考验的著述。

注释

① 夏传才.二十世纪诗经学[M].北京：学苑出版社，2005.p.271

② 许威汉.古汉语词诠[M].上海：上海交通大学出版社，2011.

（原刊《暨南学报》2012 年 4 月，34 卷 4 期）

向熹先生《诗经译注》初探

郭全芝

向熹先生的《诗经译注》已经由不同出版社三次出版，可见受欢迎的程度。2010 年在德国莱比锡举行的世界图书评比中，又被评为当年“世界最美的书”。谓之为“最美”，应是与该书内容特点紧密相关的。

这部书大体以诗篇为单位，分解题、原文、韵读、译文、注释五个部分，每篇皆然，划而不乱。五部分因体式要求不同，呈现出不同的面貌，但都反映出作者治学的严谨，总体上既观点鲜明，不人云亦云，又有文本或前贤之说作为依据。

一、解题重视本文，用己见而又不废他说

《诗经译注》内容的第一个部分是解题。解题具有如下特色：

一是解题内容具体。

首先表现在对《诗经》的每一部分都进行“题解”。从《国风》开始，继而是“十五风”每一“风”，然后“雅”、“大雅”、“小雅”，“颂”、“周颂”、“鲁颂”、“商颂”。而《诗经》里的每一首诗，也都有解题。

其次表现在每一个解题都视文本具体情况而显出独特内容。例如该书开端对“国风”的解释：“也单称风，是采自各地的

民间歌谣。朱熹《诗集传》:'国者,诸侯所封之域;风者,民俗歌谣之诗也。'包括周南……十五国风,共计一百六十篇。大部分是东周(公元前 770—前 256)的诗,小部分是西周(公元前 1046—前 771)后期的诗。"首先对"国风"含义进行解释,是解说者本人的看法。此处解释由于关系到对国风诗歌内容和性质的总体理解,所以又引述了朱熹之语以作论证。其后一一点到十五国风具体所指及其篇数,体现出译注者治学的一贯风格:具体、精确,统计不厌其全。最后还指出了国风较精确的创作时间。应该指出的是,解题涉及内容虽多,但用字不多,精切简明。"国风"之下,又对"周南"进行了简要说明,而后才是对《关雎》等诗篇一一解题。而每一题旨,看似寥寥数语,但根据需要传递的信息亦独特、具体,符合文本实际,是从文本探究中得到的结论。

二是题解都用己见,但亦不废其他说法。

《诗经译注》每一首诗的题解都首先指出篇旨,且用己见。"《诗经》之所以难懂,主要在于 305 篇的主题不容易确定。"因之篇旨揭示是《诗经译注》题解的重要内容,也最能体现作者的看法。例如《关雎》题解:

> 贵族青年爱慕、追求采荇菜的姑娘,并想象迎娶她的热烈场面。

个人的看法放在首要位置,显然解题以己意为主。此诗情况特殊:传统《诗》说对它非常重视,并因对其解释而申发出儒家诗教的一些重要原则。向熹先生在遇到此类反映传统《诗》说的重要内容时,会适当提示。故在己见之后,向先生又说:

> 男女婚姻，人伦之始。毛诗以为此诗……圣主配贤妃，足为天下后世楷模，故列之于“三百篇”之首。

所以《关雎》的解题中有解题者个人的看法，也有毛诗的看法。撰者还依据传统《诗》说指出此诗被放在“三百篇”之首的原因。这样做，不仅观点鲜明，而且提供了传统《诗》说的重要信息。

事实上，《诗经译注》的解题除了充分探究文本之外，还建立在充分了解古今之说的基础之上，适当介绍其他重要说法，对前人时贤的说法也多所参考，或择善而从，或另备一说。因此既观点鲜明亦不废他说。例如《关雎》一诗题旨，作者在其《诗经词典》中已有说明：

> 〖关雎〗《国风·周南》篇名。这是一首祝贺贵族青年男女新婚的诗。诗中描写了从初恋、追求到成功、亲迎的过程，大概是在举行结婚仪式上歌唱。有人说是民间恋歌，写男子对一个采荇菜女子的思慕和追求。四、五章只是想象之辞，并非写实……

这是从文本出发概括出的内容。下文又分别引述了闻一多《风诗类钞》、《毛诗序》、朱熹《诗集传》、何楷《诗经世本古义》、《史记·十二诸侯年表》、王充《论衡》、张超《诮青衣赋》、胡承珙《毛诗后笺》等不同说法。可以看出《诗经词典》的解释说明比《诗经译注》更为详细，引述也更广泛。而前者第一版早在1986年就已经问世，后者则是在1995年才有初版。不言而喻，《诗经译注》完成的背后有对前人时贤之论的广泛了解。所以《关雎》题解虽然只引述毛诗以为此诗“君子”“淑女”为圣主配贤妃，足为天下后世楷模，云云，但看似寥寥的几句客观引述，却是撰者从众多说法中的精心选择。

解题对前贤的引述体现出无门户之见的特征。引述有属于所谓汉唐注疏之学者，有所谓宋学家者，也有所谓朴学家者，还有今人如文学家、文化人类学家、语言学家等。有时几种说法并存于一题。如第233首诗《苕之华》，有解题者自己的看法："年荒岁饥，诗人伤叹日子难熬，生不如死。"又引述了《诗序》之说"大夫闵时也"、朱熹《诗集传》之说"周室将亡，不可救矣，诗人伤之而已"。解题者自己的看法得之于《苕之华》本文；《诗序》《诗集传》之说与诗歌原文虽然也有内容关联，但用"大夫""周室"等原诗中没有出现的词语，使解说多少有些牵强。解题引述它们，应是提供一说。

三是解题方法上，重视本文，又不局限于本文信息。

《诗经译注》的解题主要以《诗经》文本为依据，在《前言》中，著者明确说道："我们确定主题，主要依据诗的内容。"应该说，《诗经译注》的题解特别是诗篇主题的揭示都建立在深入研究原文文本的基础上，重视原文的抒写内容，因此所述主题与原文内容吻合，读之没有牵强附会之感。例如《葛覃》题解：

> 妇女准备回娘家探望父母，吩咐保姆准备衣服。

解题符合原诗描述。原诗首章写葛覃长势茂盛之状，次章写可刈可濩以之织布做衣，最后一章写抒情主人公欲回娘家探望父母，吩咐保姆准备衣服。可见前两章只是作铺垫，末章内容才是重点。此诗解题恰恰突出的是末章内容。而因为谨慎，解题没有采纳"后妃之本"的传统诗说，甚至也没有像余冠英先生那样直指主人公为贵族的身份。一般说来,解题者只是在诗文内容明确的情况下,才指出相应的独特信息。例如《关雎》解题中所谈到的"贵族青年爱慕、追求采荇菜的姑娘"云云,原诗并无"贵族"字样,但是"钟鼓乐之"等句却透露出了抒情主人公并非庶人的身份。

作者对某一诗篇解题时,又不局限于诗篇本身,而是从整部《诗经》有时甚至整个文学史的范围来审视该诗。特别是凡涉及评价的地方,更具有采纳他说、视野开阔的特征。因此在《诗经译注》的题解中,会发现解题者时时揭示一首诗与《诗经》其他作品间的关系。例如《关雎》题解中:"男女婚姻,人伦之始。毛诗以为此诗'淑女'指太姒,'君子'指周文王,圣主配贤妃,足为天下后世楷模,故列之于'三百篇'之首。"这番话实际上借助毛诗看法指出了该诗在《诗经》中的重要地位。在第 78 首诗《大叔于田》的题解中,作者指出:"(此诗)与《叔于田》同一母题。但前诗是借田生论,此篇为正写于田……"说明了两者的相似与差异。这两首诗都属于《郑风》。而在第 96 首诗《鸡鸣》(属于《齐风》)的题解中,作者又特意指出:"通篇用对话形式,与《郑风·女曰鸡鸣》极为类似。"则指出了不同"国风"中的两首诗歌的相似关系。此外,作者在第 97 首诗《还》的题解中指出该诗"每句都用'兮'字,或以为骚赋之祖"。则是从更大范围着眼,即从文学史的角度指出此诗地位的特殊。

总之《诗经译注》对篇旨的解释具有辽阔的视野,而不限于文本内部的循环解释,因此解说本身不仅经得起文本的检验,也具有信息丰富的特点。

二、《诗经》两句一意与诗篇分行

《诗经译注》完整著录了原文。诗篇分行方面,译文与原文对应，一般为两句一行。这种格式与向先生对于《诗经》诗句与句意关系的理解是一致的。

向先生曾指出诗句不同于语言里的一般句子，“诗句主要是根据音节来划分，要求音韵和谐，音节匀称，结构大体整齐，字数大体一致”，但主谓语往往不能兼备，故此一个诗句常常不能表达一个完整意思。他还分析出这种情况在《诗经》中的六种表现，即诗句是复句中的一个分句，或只是一个句子里的主语，或只是谓语，或只是宾语，或只是一个介词结构用以充当状语或补语，或只是一种关系语而游离于句子之外，或只是根据音节而从整个句子中划出来的一部分。因此《诗经》往往两句一意。《诗经译注》多采取两句一行的格式安排原文和译文，应与此有关。例如《关雎》第一章译文：

> 鱼鹰关关不停唱，落在黄河沙洲上。
> 漂亮娴雅好姑娘，正是君子好对象。

这种两句一行的格式不仅与向先生对原文的分行保持一致，还传达出两句表达一个完整意思的诗句特征。第一句“鱼鹰”为主语，“关关不停唱”为第二句“落”（整个句子的谓语）的状语。第三、四句共同构成一个名词谓语句，第三句是整个句子的主语部分，第四句为谓语部分。又如第256首诗《抑》中两句：

> 匪手携之，言示之事。

两个诗句构成一个复句的关系，因此两句一行也显示出合理性；译文与原文句法关系保持一致，也是两行：

不但用手相搀扶，而且教你办事情。

《诗经译注》有时是三个诗句排成一行，这些地方往往是由于三个诗句在意思上紧密相关。例如第14首诗《草虫》第一章后三句：

亦既见止，亦既觏止，我心则降。

译文：

一旦已经相见了，一旦已经团聚了，放下心来无烦躁。

这里，前两个诗句构成并列关系的复句，它们又共同与第三句构成假设关系的复句。因此这样的行式安排是合理的。这种做法对读者理解《诗经》句法进而解读诗歌也具有启示性。但应指出的是，《诗经译注》三句一行有时是出于其他考虑。例如第11首诗《麟之趾》有三章，每章都是三句，《诗经译注》于是以章为单位安排行式，第一章为：

麟之趾，振振公子。于嗟麟兮！

第二、三章也是这种格式，或许是为了统一于全书不设一个诗句为一行的体例。对一个诗句表达一个完整意思的例子，《诗经译注》也多采用两句一行的格式，也应与统一全书形式有关。

三、《诗经》韵部分类与《诗经》韵读

《诗经译注》在每首诗后都列出了诗歌所用韵脚字及其所属

韵部。向熹先生指出了这样做的原因:“将每一首诗的韵脚及其所属韵部一一标出,表明《诗经》里的诗原本韵律和谐而优美,都是可以歌唱的,有便于读者欣赏。”而这些韵脚及韵部划分都凝结着注者的辛勤,是其研究成果的简约反映。

向先生对上古语音进行过系统研究,并在前人成果的基础上取得了新的进展。《诗经》是其主要研究材料,古音韵部是其研究的重要方面。

清代以来,有关古音韵部分类的问题,按王力先生的说法,有考古和审音两种派别的分法。“考古派分古韵,至多达到二十三部;审音派分古韵,最多的达到三十部。”因为审音派“把入声全部独立出来”。对古音韵部总的分类趋向是越来越细致。至王力先生作《诗经韵读》(1980 年出版)时主张《诗经》韵部为二十九部。而向熹先生又有了不同:主张分为三十部。

向先生的《诗经》韵部也把入声独立出来,他和王力先生的主要区别是“冬”“侵”两部的分合问题,后者主张两部在战国时期才分开,前者则认为《诗经》时期已然分开。王力先生将《诗经》每一个韵字都作了拟音的工作;向熹先生则对《诗经》韵部作了拟音,又对《诗经》里的每一个字标注了今音。因此两位先生各自提出不同分部主张,都源自对《诗经》用字字音的实际探索。此外,向先生在他的《〈诗经〉的通韵与合韵》一文中还统计了冬部字在《诗经》中独用为 13 处,与侵部字合韵为 6 处;侵部字独用为 38 处。为“冬”“侵”两部在春秋时期分立的看法提供了依据。《诗经译注》将这一研究成果运用到了韵脚字的韵部归属。

《诗经译注》在韵读这一部分,还将撰者对《诗经》合韵、通韵的成果加以运用,凡是有合韵或通韵的地方,都具体指出。这样做,一方面可“表明《诗经》里的诗原本韵律和谐而优美”,另一方面也具有学术意味。如《周颂》有些诗无韵，有些诗只是部分用韵，有些诗采取了合韵。合韵的地方，王力先生和向熹先生都予以指明，但是他们的看法并不完全一致。像《烈文》一首，王力先生认为其中有东阳合韵、真文耕合韵的情况，而末句“于乎前王不忘”无韵；向熹先生则认为其中有东阳冬合韵、真文耕合韵的情况，“于乎前王不忘”一句“王”“忘”为韵（属阳部）。

四、译文

译文最能体现向熹先生对《诗经》各篇的理解。他的译文建立在对《诗经》语言及先秦文化等多种领域的理解和研究的基础之上。语言更是作者《诗经》研究的重点。

译者对整个汉语史进行过系统研究，其《简明汉语史》在学术界反响热烈。对《诗经》语言学的研究是译者研究汉语史的一个组成部分，但毋庸置疑的是，作者对《诗经》语言用功最多，故其翻译文字具有非常坚固的学术基础。

译者在《诗经》文字、音韵、词汇、语法、修辞、训诂等各个方面都有深入研究，由此形成《诗经》语言学体系。单就词汇一目来看，译者就对《诗经》词汇、词汇学、历代主要训诂学家对《诗经》的研究进行了探讨。其研究成果《诗经词典》对《诗经》每一个字词都注音、释义；《诗经》词汇学系列论文则分别研究了单音词、复音词、连绵词的不同种类、性质及用法，又从语法角度对《诗经》名词、动词、形容词、副词及各种虚词进行了研究；《诗经》训诂学系列论文从历代《诗经》重要的训诂学家的研究成果及学术特点中择要论述，例如《毛传》《郑笺》《正义》、朱熹《诗集传》、段玉裁的《诗经》学等。这些研究无疑有助于《诗经译注》翻译的准确与合理。如第46首《墙有茨》原文：

墙有茨，不可扫也。
中冓之言，不可道也。
所可道也，言之丑也。
墙有茨，不可襄也。
中冓之言，不可详也。
所可详也，言之长也。
墙有茨，不可束也。
中冓之言，不可读也。
所可读也，言之辱也。

译文：

墙上爬满蒺藜草，不可把它扫除掉。
宫廷里面秘密话，不能公开不能道。
要是公开往外道，实在丑恶太糟糕。
蒺藜草儿爬满墙，不可把它清除光。
宫廷里面秘密话，不可一一详细讲。
要是一一详细讲，说来实在话太长。
墙上蒺藜多无数，不可把它束缚住。
宫廷里面秘密话，不可反复来宣读。
要是反复来宣读，说来实在是耻辱！

原文“道”“详”“读”词义相近而有不同，依次出现另有微妙意味。译者重视词义的细微差别，在注文中借引用朱熹《诗集传》对这几个词的差异略作了解释，又引用胡承珙《毛诗后笺》作了进一步说明：“盖道者约言之，详者多言之，读者反复言之。”译文则将这种差异传递出来，原诗的内容层次也因此得到显示。

即以译文句式来说，也体现出译者对《诗经》语言的深刻认识。译文以七字句为主，个别也采用五言，如第 64 首《木瓜》第一章：

赠我大木瓜，美玉报答他。
不单为报答，相爱永无他！

甚至还有六言的，如第 168 首《出车》。这些例外，有着译者的特殊考虑。如《木瓜》的译文在语法上尽量与原诗保持一致，开头一句都没有主语，这样能够体现与原文大体一致的风格和韵味。但书中更多的诗句在翻译时被补充出了主语、谓语、宾语等句子成分，都是依据对原诗的深刻理解而使译文合理而臻于完善的举措。例如第 5 首诗《螽斯羽》原文开头：

螽斯羽，诜诜兮。

译文是：

蚱蜢飞来展翅膀，成群结队落地上。

首句补充了谓语和补语“飞来”“展”，第二句补充了谓语和补语“落地上”，完整了诗意，也更便于读者理解。

译者对《诗经》语言的性质也有深刻的研究，他认为《诗经》多民歌，但语言经过周朝乐官统一加工，所以即使原本是民歌的篇章也具有“雅言”的状态。故其译文语言风格通俗又雅化，而避免使用如余冠英先生那样“过于”民间化的语言。如《关雎》第一章，余冠英译文是：

> 王雎儿喑喑地对唱，
> 在那河中小洲上。
> 美丽善良的姑娘，
> 哥儿想和她配成双。

而在向熹先生的译文里，不用儿化词语，“小洲”这样口语化的词语变成了较为文雅的书面词语“沙洲”，原诗“君子”的保留也与“哥儿”的过于通俗的语体特征不同。

要成功翻译好《诗经》，还需对先秦礼乐文化、民间文化深入理解，译者在这一方面也有充分的学识准备。第231首诗《瓠叶》：

> 幡幡瓠叶，采之亨之。
> 君子有酒，酌言尝之。
> 有兔斯首，炮之燔之。
> 君子有酒，酌言献之。
> 有兔斯首，燔之炙之。
> 君子有酒，酌言酢之。
> 有兔斯首，燔之炮之。
> 君子有酒，酌言酬之。

译文：

瓠瓜叶儿翻向上，摘下叶来煮菜汤。
君子家中有美酒，主人举杯先自尝。
有兔一只肥又圆，或煨或烧味道鲜。
君子家中有美酒，斟来敬向客人献。
有兔一只肉儿嫩，或烧或烤香喷喷。
君子家中有美酒，客人斟来敬主人。
有兔一只肉儿肥，又是烧来又是煨。
君子家中有美酒，宾主共同干一杯。

原文“尝”“献”“酢”“酬”等用字顺序不可颠倒，它们反映了当时贵族待客饮酒的一套程序。译文对此借助“主人举杯先自尝”“斟来敬向客人献”“客人斟来敬主人”“宾主共同干一杯”几句将诗中涉及的先秦劝酒礼节作了准确传达。

至于翻译文字优美流畅、有效传递原诗韵味等也是译文的重要特色，这又需要有相当的文学功底才能做到。

五、注释

《诗经译注》的注释范围包括解词、解释特殊的文化习俗或修辞手法、注音等，也多是围绕解词进行（注音有时也是解释词义）。

（一）解词。注者注意解释词的具体意义。例如对于名物，一般不用“草名”“鸟名”之类注文，而选择具体指明为何物的解释，有的还有性状描述。如第 1 首《关雎》“荇菜”，注引朱熹《诗集传》：“荇菜，接余也，根生水底，茎如钗股，上青下白，叶紫赤，圆茎寸余，浮在水面。”对荇菜的异名、形状、生活状态等进行了描述，接着引述姚际恒《诗经通论》说：“此处正以荇菜喻其左右无方，随水而流，未即得也。”指出了这个词语的喻义。又如第236首“騵”字注引《毛传》：“骝马白腹曰騵”。文字简要又描述清楚。在引用前人之后，一般不再费舌疏通，仅在必要时候才略微解释。作者自己的解说也是简明扼要。如第236首“洽”字之注：“洽(he)，也作‘合’、‘郃’，水名，在今陕西合阳县，古莘国所在地。”不仅指出“水名”，还指出了具体位置。同时又指明为古莘国所在地，这是因为这首诗歌内容与大任有关，大任为莘人。

一些词的隐含意义，也注意解释。诗歌用词多含喻义，有的明显，有的较为隐晦。注释对后者往往加以揭示。如第43首诗《新台》：“燕婉之求，得此戚施。”注者引《薛君章句》指出：“戚施，蟾蜍，喻丑恶。”又如第51首诗《蝃蝀》：“蝃蝀在东，莫之敢指。”译文：“东方出现美人虹，没人胆敢把它指。”至于为什么将“蝃蝀”译成“美人虹”，又何以不敢指，注者借助《释名·释天》进行了补充说明：“虹，又曰美人。阴阳不和，昏姻错乱，淫风流行，男美于女，互相奔随之时，则此气盛。”揭示了其中的隐义，对译文起到了必要的补充作用。

解释特殊的文化习俗，是为了让读者更深入地了解某些词在一定语境下的特殊含义。如上节所举第231首诗《瓠叶》是一首劝酒诗，诗中再现了当时主人请客人饮酒的全套礼节。注者引用陈奂《诗毛氏传疏》、严粲《诗缉》、朱熹《诗集传》、《毛传》《郑笺》等古注对诗中“尝”“献”“酢”“酬”四词分别作了解释，借此初步说明古代贵族劝酒礼的一套程序，又引马瑞辰《毛诗传笺通释》对这套程序集中说明：“按古者合献、酢、酬为一献之礼。……此诗以庶人而行一献之礼。〈笺〉云‘庶人依士礼’是也。”

《诗经译注》的注释方式，一般是采取利用已有注解，多采前人之说。由于《诗经》文本解释的材料汗牛充栋，因此采用前人之说需要选择。注者一般既注意选择扣紧原文的注解，不罗列材料，同时也兼顾这些注释文字本身的"通俗"性和具体性。注释简明通达，体现出选择的慎重。其实，译者对古今诸家解说及古代相关经典进行过广泛的研究。其专著《诗经语言研究》第一章就题为"前人的研究"，分六节对汉代到现代的《诗经》研究进行了较系统的论述。这为注者的选择建立了基础。

（二）注音。"注释"中的注音部分，往往也兼有释义的功效。作者大体上是在三种情况下为字词注音。

一是容易读错的字词。这种情况往往见于多音字（词）、连绵词、假借字。《诗经》时期，字词相对较少，一个字（词）或兼有几种意义。有时一个文字符号须借助不同的读音来区分不同的意义。向熹先生非常重视这种情况，往往借助注音区别词义。如第236首诗《大明》"大任有身"，作者注音："大（tài）"。因此处"大任"即"挚仲氏任"，"大"字同"太"（作者在其《诗经词典》中有说明）。"大"可看作多音字。第257首诗《桑柔》"仓兄填兮"，作者注音："仓兄（chuàng kuàng）"。并指出："与怆怳同。"这一例子属于连绵词。因为连绵词重在读音，其书写符号允许不同。第219首诗《青蝇》"岂弟君子"，作者注音："岂弟（kǎi tì）"。用《郑笺》解释："乐易也。"此处"岂弟"同"恺悌"。作者虽然没有指出这一点，但其《诗经词典》却在"岂弟（此目见"岂"字下）"的解释中，多所引用先秦文献说明了两个词的同一性。这一例也属于连绵词。第232首诗《渐渐之石》一首中的"渐渐"二字，是山石高峻的意思，应为假借字，本字当是"磛磛"或"嶄嶄"（《诗经》异文或作"磛磛"，或作"嶄嶄"）。注释通过给"渐渐"注音"chán chán"，来启示读者准确地了解此处两字的意义。第15首诗《采蘋》"有齐季女"之"齐"，作者注音"zhāi"，解释为"敬"，这是告诉读者“齐”是假借字，本字是“斋”(向熹先生《诗经词典》对此做过详尽解释)。《毛诗》多假借字，前人已指出不少。逢遇这种情况，注者有时直接引用前人直音方式，不再另外用字母注音。如《采蘋》“于以湘之”，作者直接引陈奂《诗毛氏传疏》：“湘读为鬺，假借字也。”第16首诗《甘棠》“勿翦勿拜”之“拜”，作者直接引《郑笺》：“拜之言拔也。”但前人语焉不详的字词，注者就要为之注音并解释了。例如第39首诗《泉水》“毖彼泉水”，作者注音“毖(bì)”，解释说：“通‘泌’，泉水涌流的样子”。这些字词若不注音，普通读者很容易读错音、解错义。

二是不常见的字词。例如《绵》诗“捄之陾陾”，作者注音：“捄(jìu)”、“陾陾(réng réng)”。

三是某些象声词。第57首诗《硕人》“鳣鲔发发”，注音：“发发(bó bó)”。因此处“发发”是“鱼掉尾声”，象声词。第237首诗《绵》“削屡冯冯”，注音：“冯冯(píng píng)”。因此处“冯冯”是“墙坚声”，也是象声词。“古无轻唇音”，古人用“发发”“冯冯”拟音，其字声母固不为“f”。这两例属于用字的古音以别义。

这种注音范围无疑对读《诗》者提供了切实有效的帮助。向熹先生认为注音与解释词义有关。他曾写过《注音杂说》一文专门探讨《诗经》的注音，其中就有注音与释义的关系问题。例如在研究陆德明《经典释文》对《诗经》的注音时，指出陆氏借助给多音字标注的方式释义：“多音字几个不同的音，大都有辨义作用，《释文》依义注音……”并细致分析了陆氏“依义注音”的三种情况：四声别义、假借字注音别义、多音字注音别义。故此，《诗经译注》的注音也特别注意这类字词。这样的注音，对于普通读者来说是必要的。

总体上,《诗经译注》的几个主要构成部分各有功能,但又相互补充。尤其是译文和注释这两个部分,译文是主体,注释主要是为译文提供依据,但注释也对译文无法表现的诗歌蕴意加以揭示,起到了说明和补充译文的作用。

(作者工作单位:安徽淮北师范大学文学院)

段玉裁古韵研究思想考

陈　燕

有清一代是古音研究昌盛时期，硕果累累。正如王力先生所说，"古音学的发展是乾嘉语言学兴旺发达的决定性原因"[1]。他总结清代古韵研究成绩说："段玉裁在古韵学上应当功居第一"，"清代古韵之学到段玉裁已经登峰造极"。[2][p. 129]段玉裁的古韵学在清代就产生很大影响，如著名学者陈澧《说文声表》使用段玉裁古韵十七部排列谐声字等。现代研究段玉裁古韵学的学者较多，如钱曾怡、杨剑桥、李开、孙玉文、吴庆峰、李恕豪、乔秋颖、陈燕、李文等。许多专著都有关于段玉裁古韵研究的章节。以往的研究大多对段氏古韵取得的成就进行全面总结和评价，或对段氏古韵理论和研究方法做深入探讨，但尚缺乏对段玉裁古韵思想进行专门的研究。

段玉裁是乾嘉时期重要学者，他的古韵思想不仅是清代语言学思想史的重要内容，而且在中国古代语言学思想史上占有重要的位置。"然而中国语言学却缺《中国语言学思想史》！委实令人遗憾"。[3][p. 80]《中国语言学思想史》非一朝就能撰成，我们著文愿为实现这一目标添砖加瓦。

一

段玉裁关于古韵方面的著述，主要有专著《六书音均表》以及刊集在《经韵楼集》的一些书信和序言。根据序言可知《六书音均表》写作时间在1767—1775年之间。一部60多页(今版16开本)的《六书音均表》用了8年时间完成,可谓段氏精心之作。《经韵楼集》有关音韵的书信写于1786—1812年之间,如《跋古文四声韵》(1786)、《江氏音学序》(1812)等。最重要的是段氏去世前三年写的《答江晋三论韵》(1812),是对《六书音均表》再度阐述和修正,基本是对该书的反思。上述著述能够较为完整地反映段玉裁古韵研究的思想。

二

段玉裁研究了郑庠、顾炎武、江永的古韵著述之后,重新演绎了《诗经》和群经用韵,得出了与前辈不尽相同的古韵十七部。相同的材料得出了不同的结论,原因何在?这可以从多方面研究,若从段氏古韵研究思想方面探讨,我们以为主要有以下三点:

1. 系统性的思想

古韵研究之初缺乏科学性和系统性。六朝开始的"叶音""协句"临时改变读音,只是单字研究。吴棫的古音研究"集叶音之大成"。[4][p.170]"首先把古韵研究引上系统的科学道路的,是明末清初的伟大思想家、经学大师顾炎武"。[5][p.40]但是顾炎武的研究还不够系统,如对异部押韵字的处置只说"方音不同,未可为据也",[6][p.170]江永则说"方音偶借,不可以为常",[7][p.170]皆缺乏系统研究。段玉裁在古韵系统性方面做得比前人完善。段氏古韵系统由四部分组成:一是建立古韵十七部表,规定了同部字押韵的范围;二是异部字押韵的合韵说;三是音变说;四是完善的文献资料。以上内容既相对独立又互为联系。下面我们分三方面进行考察：

其一，建立完整而互为联系的古韵系统。段玉裁年老之时总结道："段氏之功在支脂之为三，尤侯为二，真文为二"，[8][卷六p.80]这是学界公认的事实，段氏在识断方面可谓坚决而有眼光。翻开《六书音均表》，无不为其宏富的古韵研究材料所折服。段氏古韵十七部稳固地建立在这些材料的基础上，呈现出比较强的系统性。表现在：建立入声分派到相关韵部的古韵十七部；讲究十七部次第，按照远近关系排序并分成六大类，构建合韵的基础和不同层次合韵的机制；为古韵做历史分期，将语音演变纳入所划分的时期；确定古本音和变音，从理论上阐述"音有转移"，指出"古合韵即音变之权舆也"。[9][p.837]以上内容环环相扣颇具系统性。段玉裁古韵的精髓可以用三个词概括：十七部，合韵说，音变说。三者的关系：前两者互为因果，十七部是合韵的基础，合韵又能反证十七部的界限；后两者是单向因果关系，段氏建立合韵机制时已经考虑到音变的因素，因此他说古合韵是音变的开始，音变的基础和动力是合韵，而音变的外在表现形式是"敛""侈"和"变"；第一和第三则是通过详审古今音变，证明古韵十七部"甚谐"。三者成为相互关联的系统。

段氏从系统性出发决定古韵韵部的取舍。他在《答江晋三论韵》时讨论到祭泰夬废月曷末辖薛的立部问题，针对江有诰提出单独设立祭部的问题表达了不同意见：

> 各韵有有平无入者，未有有入无平者。且去入与平上不合用，他部多有然者。足下突增一部无平之韵，岂不骇俗？[8][卷六p.32]

段氏反对设立祭部理由是:祭泰夬废月曷末辖薛“皆古无平上之韵,与第十五部平上合用者不过百中一二。”[8][卷六p.32]况且古韵十七部是一以贯之的入声韵部不独立的体系,若设立祭部会打乱这个体系。段氏从古韵系统性出发,将祭部合到脂部。

其二,段氏首创的合韵说最具系统性。段氏合韵说已有专门文章讨论[10][p.58],此不赘说。合韵说的系统性表现在:1.从音理上说明合韵的语音基础;2.以语音远近关系排列十七部次第,以示合韵的条件;3.将十七部分为六大类,表示合韵的不同层次;4.指出入声在合韵中的枢纽作用;5.指出合韵引发音变;6.列出《诗经》与群经的古合韵谱,以便于查找。其合韵有四种类型:相邻韵部合韵,六大类内同类合韵,异类合韵和异平同入。各类合韵皆有依据,自成系统,基本可以覆盖异部押韵现象。后来江有诰等人又将合韵说做了修正和完善。

段氏合韵体系还包括受合韵影响引发音变。段氏说:“古合韵即音变之权舆也。”[9][p.837]是说合韵的韵部语音皆相近,受其影响韵部会发生音变,因此古合韵是音变的开始。如第一部之韵音转入第三部尤幽韵,第三部尤幽韵音转入第二部萧宵韵,第四部侯韵音转入第五部鱼虞韵,第六部蒸韵音转入第七部侵韵,以上合韵的韵部往往发生音变。段氏的合韵说成为可以应用于共时和历时的完整系统。

其三,《六书音均表》有一个较为全面的文献资料系统,内含有两个谱和一个表,即表四《诗经韵谱》、表五《群经韵谱》及表二《古十七部谐声表》,成为段氏古韵说的重要组成部分。表二将谐声字偏旁首次系统地整理归纳,按照十七部排列成表,改变了宋代以来只是以个别谐声字为证的状况。《六书音均表》是从系统地整理韵文材料开始的,《诗经韵谱》《群经韵谱》是它的雏形。

1767年段玉裁和其弟段玉成开始研究《毛诗》用韵，段氏谈到研究目的说：

> 余读《毛诗》，有见于支脂之古平入各分为三，尤与侯、真与文，古亦各分为二。病夫顾氏江氏之不能分也，乃做《诗经韵谱》《群经韵谱》。[8][卷六p.27]

段氏为了证明自己的研究成果而作“两谱”，后来又为其加注释，至1770年2月成书。“初稿名《诗经韵谱》”[8][卷六p.23]，钱大昕为之作序。1772年段氏请其师戴震批阅，被以“体裁尚未尽善”驳回而继续撰著。1775年秋天完成此书，比三年前内容更加丰富充实，由原来两表变成五表，增加了“古十七部”的谐声表、分部表及合用表，改名为《六书音均表》。经过整理的文献资料更加系统和完善。

在顾炎武、江永的著述中虽然也能看到“韵谱”之类的资料，但是总体上没有段氏做得完善：顾氏将《诗经》《易经》原文分别全文列出，用小字随文注明押韵字的韵部，而段氏于每韵部之后清晰地列出经典文献的押韵字，并且分别标明本音的字和合韵的字；江永以《诗》韵为主，将押韵的字随韵部列上，后面《补考》罗列其他韵文材料，而段氏将《诗经》《群经》分别列表，并于每个韵部之后充分展示韵文例证；段氏还有顾、江皆无的古十七部谐声表。总之，就所示文献资料的丰富性和系统性来看，顾、江不及。

段氏古韵学体现的系统性思想有所师承，其师祖江永曾说：

> 音学须览其全，一处有阙则全体有病。[7][p.4]

江永这句话针对陈第用直音法研究古韵说的，他批说，“直音之谬不可胜数”[7][p.4]，主张古韵研究要系统性，从等韵等方面通盘考虑。江永上述思想很重要，具有指导意义，标志着古韵学研究的长足进步。古音研究从不科学的叶音说开始，陈第的直音法稍有进步，但是仍有叶韵说的影子，更重要的是缺乏系统性研究。江永虽然从宏观上提出了系统性思想，古韵分部较前有所进步，但是在异部押韵等方面做得不如段玉裁那样系统。段氏显然全面地践行了江永提出的系统性思想，促进了古韵学健康的发展。

2. 辩证的思想

段氏运用古韵的分合阐明观点，体现出辩证的哲学思想。

顾炎武、江永等学者研究古韵，为了分部的需要较多地注意韵部之间的区别，而对于异韵部的押韵则以“方音”或“方音偶借”简单解释。段氏关于此项研究有很大进步。贯穿段玉裁古韵学的思想，不仅重视韵部的“分”，还有韵部的“合”，两者辩证互存，具有哲学意义。段氏说“知其分而后知其合，知其合而后愈知其分”，[9][p.802]辩证地认识韵部的分合关系。古韵十七部是“分”，对不同韵部的语音相近关系进行研究和利用是“合”。“合”主要发挥两个作用：为划分韵部和韵部排序提供直接的依据以及异部合韵。

戴震“对十七部次第不能深晓”，[9][p.805]特别对支脂之三部没有连续排序提出疑问，段玉裁以韵部之间的音近关系说明道：

> 取弟三表细绎之可知也。之咍音与萧尤近，亦与蒸近。脂微齐皆灰音与谆文元寒近。支佳音与歌戈近。实韵理分劈之大耑。[9][p.831]

段氏列举支脂之各部不同的相近韵部聚合群为证，说明三部的相离关系，并作为排序次第的依据，音近是十七部排序次第的重要原则。段氏的古韵次第与前贤不同：顾炎武和江永皆按照《广韵》的顺序排列古韵，支脂之三部次第是连续的；段氏不拘泥于《广韵》的顺序，而是以古韵押韵的本部与异部的相合关系证明三部的古今之异，表现出以同求异的辩证思想。

如前所说，古韵能够合韵的韵部语音皆相近，因此合韵的韵部互相影响而发生音变。段氏以此作为支脂之三分的依据：

> 古七之字多转入于尤韵中，而五支六脂则无有此，此三部分别之大概也。[9][p.810]

古韵第一部之部字多与第三部尤部字合韵，到中古多转到尤韵（以平赅上去），如“牛郵尤疣丘邱裘舊柩友有羑右佑囿侑宥久玖灸”等，而五支六脂没有如此变化。这是以音近而同化的“合”为据，说明支脂之三部“分”的理由。

段氏合韵说受到钱大昕、江有诰的反对。段玉裁在《答江晋三论韵》中引江有诰的意见说：“通其所可通，而阙其所不可通。增一合韵之名，则自生枝节矣。”[8][卷六p.28] 段氏听到不同意见后，首先检讨了自己在判断押韵字和本韵合韵等方面的错误，然后态度坚决地说：

> 不谓合韵得乎？谓之合而其分乃愈明，有权而经乃不废。合韵之名，不得不立也。足下谓阙其所不可通，非此谓也。[8][卷六p.28]

他解释其理由道：

> 义例炳然，非不可通者，苟尽去之，则仆所分十七部之次第脉络，亦将不可得而寻矣。[8][卷六p.28]

段氏重视合韵，不仅因为它体现出韵部之间的相合关系，而且合韵可以彰显出十七部的界限。合韵说建立在语音关系的基础之上。语音关系分为相离和相合，用于段氏古韵系统：十七部反映相离关系，而合韵说则表现各种相合关系；韵部的本质是"分"，而古韵十七部及次第是合韵的依据和框架；合韵建立在明确的韵部界限之上，反衬出韵部之间的界限；韵部的"分"与"合"共处同一系统，相得益彰。

戴震曾经不止一次希望段氏将真文合为一部，段氏依然坚持，并专门对此解释说：

> 玉裁以谓谆文与元寒两部音判阳阴而鸿杀正等，若真臻先一部，则其音视此两部为敛而鸿杀不敌，于十一部则鸿杀正等。是以十二部平声不可并十三部平声。况三百篇所用划然。[8][卷六p.24]

段氏根据《诗经》的押韵，认为真文与其他韵部关系不一样：十三部谆文与十四元寒的语音相近；而十二部真臻则与十一部耕清的语音相近。他以真文两部各自有不同相近韵部为证，断定两部只能分而不能合。段氏为了说明古韵部"分"的合理性，就要用所"分"韵部与各自所"合"韵部比较说明，通过不同的聚合体表示与他部的区别。

“分”是“合”的基础和依据，用语音的“合”证明韵部的“分”。辩证地认识韵部的分合，这是段氏古韵研究的重要思想。

3. 抑等韵扬音变的思想

抑等韵扬音变表现出段氏独特的审音观念。

段玉裁古韵十七部将真文和尤侯两分，因此其师戴震批评道：“考古功多，审音功浅。”[8][卷六p.29]这句名言本是江永[7][p.4]和戴震批评顾炎武的，此时却用到了段氏身上，表明戴震对段氏过多地考古而不考虑等韵音理的做法不满意。王力先生把江永和戴震归为审音派，他认为审音派是“以等韵为出发点，往往靠等韵的理论来证明古音”。“审音派最大特色就是入声独立。”[11][p.81]段氏生前已被视作“考古”派，可惜无人研究段玉裁是如何看待等韵及如何审音的，我们认为探讨段氏的古韵研究思想不能回避这个问题。为了与审音派相区别，我们称段氏有关古韵音理的思想为“审音观念”。

段氏对戴震的上述批评解释道：

> 仆则谓古法只有双声叠韵。古之双声非今三十六字母之声，古之叠韵非今二百有六之韵。是以今音当致力于字母，治古音则非所详。戴师亦曰学者但讲求双声，不言字母可也。[8][卷六p.29]

这最后一句话显然用老师的话辩解自己所言不违师命。段氏说这话时戴震已经去世35年，在戴氏生前他也一直坚持自己的主张。他将“古音”与今音、字母（指等韵）截然分开，认为等韵用于今音而不能用于“古音”。段玉裁虽然受到其师的批评，但是仍然坚持不改自己的“审音观念”。戴震将真文合于殷部，尤侯合于讴部。事实证明段氏是正确的。考古是基础，审音不可缺。我们以为在建立古韵方面，考古派和审音派的研究成果是互补的。

1792年孔广森发表了《诗声类》，将古韵东冬两分，得到了段氏的称赞。段氏同意东冬两分。因此在《六书音均表》付梓17年以后，段氏古韵由十七部变成十八部，至此古韵阴声和阳声应当设立的韵部基本确立完毕，段玉裁的功劳主要在确立阴声和阳声的韵部方面。特别是确立阳声韵部，相对于入声韵部要容易，较少走弯路。但是若没有这个基础，入声韵部的确立可能会更加艰难。段氏与江有诰谈到入声韵部与阴声韵部相配时，明确地表达了对等韵的认识：

> 足下以等韵言之。等韵之法起于近世。岂古音有是说乎？[8][卷六 p.29]

这句话所表现的观点比前面更为明确，即研究古韵不能以等韵为据，其理由是等韵出现的时间晚于古韵。因此段氏研究古韵排斥等韵，在段氏内心深处始终坚持认为研究古韵只能从先秦的文献材料中探求。他还对同窗孔广森古韵整齐的搭配产生怀疑，他说：

> 抑更有问焉。孔氏分为阳声九类，阴声九类，而两两相配，其然否不可知。[8][卷六 p.33]

孔氏以阳声阴声韵部各分九类相配而可以对转，展现出古韵整齐的格局，有等韵的色彩。王力先生评价说，“孔氏阴阳对转之说，为后代音韵学家所崇奉”。[2][p.166]段氏拒绝等韵，对此很不以为然。

处在重视音理氛围之中的段玉裁，对音理有独特的理解，这主要表现在他的音变说之中。

如前所说，音变说是段氏古韵系统的组成部分之一，表现出古合韵与音变的关系。除此之外，段氏还用较多篇幅论述了音之“敛”“侈”“适中”和“正、变”。何谓“敛”“侈”？他说：

> 音之敛侈必适中，过敛而音变矣，过侈而音变矣。[9][p.815]

“敛”“侈”是最容易观察到的唇舌部发音开口度大小或舌位前后的生理现象。段氏认为它的变化导致了语音的变化，而敛侈“适中”则不会发生语音变化。“敛”“侈”之说来自江永。江永说：“真谆臻文殷与魂痕为一类，口敛而声细，元寒桓删山与仙为一类，口侈而声大”。[7][p.42]所不同的是：江永的“敛”“侈”之说类似于古韵的拟音，而段氏则用来解释语音变化。

何谓“正”？敛侈“适中”的音就是“正”音。“变”音的产生是因为音之“过敛”或“过侈”，从而产生新的韵。段氏将古韵十七部与206韵对应，指出音之“正”与“变”。如“之，音之正也；咍，之之变也。萧宵，音之正也；肴豪，萧宵之变也”[9][p.815]。这段文字指出十七部与206韵的演变关系，“音之正”与“变”反映历时系统韵部演变的走向。我们据此认为所谓“适中”的“正”音就是古韵十七部。段氏说“古有正而无变”[9][p.815]可以做旁证。这就是说只有古韵十七部才是正音，而没有变音。既然古韵无变音，那么变音如何产生呢？段氏说“古合韵即音转之权舆也"[9][p.837],即古韵的合韵是音变的开始,使"正"音产生出"变"音。如古韵第一部之咍多与第三部尤幽合韵,"是以之咍部内字多转入尤韵"[9][p.837]。

段氏还说:

> 大略古音多敛,今音多侈。之变为咍,脂变为皆……。[9][p.837]

他认为,那些"变"音多是"侈"音,音韵古今演变是由"敛"到"侈"变化的过程。在这个变化过程中韵部越来越多。古音多敛,今音多侈之说的依据何来?孙玉文先生认为"受前代学者注音的影响。前代学者注古韵文音多将侈注为敛……陈第、顾炎武等人也把许多侈音注成敛音"[12],此说有理。段氏不仅对音变过程有较为具体的描写,而且划分了音变的三个时期,即唐虞夏商周秦汉初时期,汉武帝后洎汉末时期,魏晋宋齐梁陈隋时期。上述研究使陈第提出的语音演变著名论断在古韵研究中扎扎实实地体现出来。

段玉裁又说:

> 其变之微者,亦审音而分析之。音不能无变,变不能无分。古有正而无变,知古音之甚谐矣。[9][p.837]

由此得知段氏也重视审音,其对象主要是那些历时发生变化的音,特别要把握细微之变。这是他审音的独特之处,建立在语音变化思想的基础之上,通过建立"敛""侈"和"正""变"的音变模式,表现历时语音变化的原因和过程。他认为通过详审古今音变,方知古音无变而且"甚谐"。

段氏对古音变化论述用了较多篇幅，《六书音均表》表一、表三是理论阐述部分，其中表一专设"古十七部本音说"和"古十七部音变说"论述音变问题，表三主要论述与音变相关的合韵问题，证明他在音变研究上下了一番功夫。他为什么如此重视音变问题？我们以为这正反映段氏独特的古韵思想，他关注的不仅是建立古韵十七部，而且还有十七部到206韵之间的演变及原因，建立演变的途径。对此等韵理论似乎帮不了什么忙。

段氏的古韵十七部主要依据考古建立，十七部与音变审音有什么关系呢？前文说，他通过细说古今音变证明古韵十七部是"甚谐"的，而"甚谐"正是天籁之音，是古韵分部的最高境界。

三

纵观段氏古韵研究，表现出来的系统性思想、辩证思想及重视语音变化的思想都是正确的。仔细阅读段玉裁的著述，不乏独有的闪光之处。也有一些局限在所难免，段氏晚年也有检讨和修正。如他在《答江晋三论韵》中说：

> 仆于《毛诗》，诚有本非韵而斥为韵者，本可不韵之处而定为韵者，有用本韵而谓之合韵者，疵类不少。[8][卷六p.28]

能够经常反躬自省，是成为著名学者的必备条件。

段氏古韵思想建立在深入考古的基础之上，这没有错误。但是一味排斥等韵也未必高明。作为古代语音学理论的等韵学虽然出现时间较晚，但是基本反映汉语语音结构的特点，作为一种理论具有普遍性，对于建立汉语语音系统具有指导意义，同样

适用于古韵系统研究。段氏排斥等韵,产生了以下相关的问题:

1. 对入声韵部处置不尽合理。段氏基本继承了顾炎武将入声韵部并在阴声韵部的做法,始终坚持入声韵不独立。但是声调却有入声,这就形成了矛盾。段氏用异平同入解决平入押韵问题,如第五部鱼和第十部阳共有入声药铎,为一阴一阳同入;第十六部支和第十七部歌同有入声麦锡,为两阴共入,第十二部真配入声,为一阳一入等。这样安排虽然解决了诸韵部音近合韵问题,但是韵部的阴阳与入相配缺乏规律,同入韵部的数量参差不齐,不能体现汉语语音结构的特点。在这方面,孔广森古韵十八部将阴阳韵部各八个,整齐相配,与段氏形成鲜明的对比。但是孔氏不承认古有入声,仍不能解决入声押韵问题。与段氏交往较多的王念孙、江有诰将盍、缉及至、祭(去入)独立成部,对入声韵部的处置胜过段氏。段氏离世前几年对异平同入做了局部修正:接受了江有诰的意见,将第四部侯配有"屋烛觉之半";十五部的祭泰月曷等,分别与十三部文和十四部元相配。但是缉合九韵仍旧分配侵覃九韵为二部。[8][卷六p.33]总之,段氏古韵韵部的阴阳与入相配仍然不合理,问题的关键是入声韵部仍然合在阴声或阳声韵部之中。而入声韵部独立,才是最终的出路。

2. 十七部将蒸登与侵盐、覃谈同归在第三类,同类韵部的韵尾发音部位不同,这就不单是与等韵不合的问题了。

以上缺陷不是考古不精所致,而是稍微考虑一下等韵就以可避免。

结　语

传统习惯用"考古派"或"审音派"来概括古韵学家研究的特

点，这些称名可以表现古韵学家对研究对象的基本认识，反映一些思想倾向。今天我们无需判断“考古派”“审音派”孰优孰劣。段玉裁是公认的考古派，其古韵研究成果“登峰造极”。其师戴震是公认的审音派，将等韵理论引入古音研究，其研究思想可赞。但是其研究成果不如段玉裁，而受段氏的影响颇多。我们认为：作为审音精髓的等韵是古代语音理论；考古作为中国传统学术研究的重要基础，总是走在审音的前面；古韵研究以考古开始，以审音结束。事实证明两者是互补的，不可或缺。

参考文献

[1] 何九盈．乾嘉时代的语言学[J]．北京大学学报，1984(1)．

[2] 王力．清代古音学学[M]．北京：中华书局，1992．

[3] 鲁国尧．就独独缺《中国语言学思想史》[A]．语苑撷英(二)——庆祝唐作藩教授八十华诞学术论文集[C]．北京：语文出版社，2008．

[4] 何九盈．中国古代语言学史[M]．广州：广东教育出版社，2000．

[5] 唐作藩．汉语语音史教程[M]．北京：北京大学出版社，2011．

[6] 顾炎武．音学五书[M]．北京：中华书局，1982．

[7] 江永．古韵标准[M]．北京：中华书局，1982．

[8] 段玉裁．经韵楼集[A]．续修四库全书(集部·别集类)[C]．上海：上海古籍出版社，2011．

[9] 段玉裁．六书音均表[A]．说文解字注[C]．上海：上海古籍出版社，1981．

[10] 陈燕．试论段玉裁的合韵说[J]．天津师大学报，1992，(3)．人民大学复印报刊资料语言文字学，1992，(8)．

[11] 王力．上古韵母系统研究[A]．龙虫并雕斋文集(第一册)[C]．北京：中华书局，1982．

[12] 孙玉文．音有正变：音之敛侈必适中[J]．湖北大学学报，1990，(5)．

[13] 李文．论段玉裁的古异平同入说[J]．古汉语研究，1997，(2)．

(作者工作单位：天津师范大学文学院)

出土文献"是是"句新解*

梁冬青

一、问题的提出

先秦"是"字可否充当系词,一直是语法学界倍加关注的问题。1973年,长沙马王堆三号汉墓出土了帛书《天文气象杂占》,文中有"是是帚彗"等五个"是是"句。后来,湖北云梦睡虎地秦墓出土的《日书·甲种》、甘肃天水放马滩秦墓出土的《日书·乙种》也有类似的"是是"句。"是是"句的出现,为系词"是"何时产生的讨论提供了新的语言材料。大多数学者认为"是是"句中第二个"是"字是系词(裘锡圭1979、郭锡良1990、唐钰明1991),由此得出系词"是"产生于先秦的结论。对此,王力先生说:"这个材料很怪,'是是'连用,只见于这个材料,我还有保留。"①

分析"是是"句这种语法现象,唐钰明先生近年认为:"必须要有一个全局的、完整的观念,必须把它放在当时的语法系统中去进行考察……第二个'是'字有可能是副词'实'。"②出土文献"是是"句中第二个"是"字究竟是系词还是副词?为此,本人除了选用有"是是"句的出土文献外,还选择了其他同

---

* 本文在唐钰明教授的鼓励下写成,谨此致以诚挚的谢意。

属先秦时期的出土文献作为语言材料。即：长沙马王堆汉墓帛书《天文气象杂占》[③]、湖北云梦睡虎地秦墓竹简[④]、甘肃天水放马滩秦墓竹简《日书》[⑤]、湖北江陵九店五十六号楚墓竹简[⑥]、湖北江陵望山一号、二号楚墓竹简[⑦]、湖北荆门包山二号楚墓竹简。[⑧]本文对上述六种出土文献中“是”字的用法进行穷尽性的分析，希望对“是是”句中第二个“是”字能作出较合理的解释。

二、关于六种出土文献资料的说明

1. 关于长沙马王堆汉墓帛书《天文气象杂占》的时代性质，有不同意见。郭锡良先生（1990）认为“应该算是西汉初年的资料”。顾铁符先生（1978）鉴定其“成书是在战国时期公元前403年三家分晋之后……成书的年代和《周礼》相去不远”。本人从后一种意见。

2. 甘肃天水放马滩秦墓竹简至今还没有全面系统的专著出版，其《日书·甲种》的释文已经公开发表，而《日书·乙种》只是在何双全先生（1989）的文章中有少量的介绍，有争议的“是是”句及“是”字句均在《日书·乙种》。由于资料不全，对本文的分析论证有一定的影响，这是非常遗憾的事情。

3. 何双全先生对放马滩秦墓竹简《日书·乙种》的标点尚有可商榷之处。如：“是是”句均在第一个“是”字后标逗号，现从刘信芳先生（1990）的标点。[⑨]

三、把出土文献“是是”句中第二个“是”字解释为系词的疑点

上述六种出土文献中，“是”字共出现181次。其词性或所处的位置如下：

词性或位置 / 文献名称	基本无商榷意见的		有商榷意见的			总计
	代词	副词	"是是"句中第二个"是"字	名词后		
				名词前	形容词前	
湖北望山一、二号墓竹简						0
湖北包山二号墓竹简	1					1
湖北九店五十六号墓竹简	20					20
马王堆《天文气象杂占》	11		5			16
甘肃放马滩秦墓竹简						
日书・甲种	1					1
日书・乙种	6		4	1	1	12
湖北睡虎地秦墓竹简						
编年记						0
语书	8					8
秦律十八种	2	5				7
效律	1	1				2
秦律杂抄						0
法律问答	25					25
封诊式						0
为吏之道						0

（续表）

词性或位置 / 文献名称	基本无商榷意见的		有商榷意见的			总计
				名词后		
	代词	副词	“是是”句中第二个“是”字	名词前	形容词前	
日书·甲种	75		9			84
日书·乙种	5					5
合计	155	6	18	1	1	181

上述六种出土文献中“是”字的用法，可分为两大类。一是基本无商榷意见的：作代词，充当主语、定语等。如：

(1) ［寅、卯、辰］、巳、午、未、申、栖（酉）、戌、亥、［子］、丑，是胃（谓）结日。（九店五十六号墓竹简25）

作副词，用法同“寔”，充当状语。如：

(2) 啬夫免，效者发，见杂封者，以隄（题）效之，而复杂封之，勿度县，唯仓自封印者是度县。（睡虎地《秦律十八种》23）（睡虎地秦墓竹简整理小组注：是，在此用法同“寔”。）

二是有商榷意见的：“是是”句中第二个“是”字，或“是”字用在普通名词后。如：

(3) 是是竹彗，人主有死者。(马王堆《天文气象杂占》)

(4) 南门是将军门，可聚粮，使客八岁更。(放马滩《日书·乙种》4)

从上述六种出土文献中“是”字的使用情况来看，“是”字是一个常用词，使用频率颇高。将“是是”句中第二个“是”字理解为系词，有一些疑点。

疑点之一：如果把出土文献“是是”句中第二个“是”解释为系词，那为什么系词“是”只出现在个别的篇章或某些特定的范围？

上述六种出土文献中，大多数学者认为是系词的“是”字共出现 19 次，其中 18 次出现在“是是”句，1 次出现在普通名词后。按照一般规律，在一定的历史阶段，如某种语言现象在文献中出现达 19 次之多，就说明这种语言现象在当时已不罕见。但是，“是是”句只出现在《天文气象杂占》、睡虎地《日书·甲种》、放马滩《日书·乙种》。而且，放马滩《日书·乙种》共有八章，“是是”句只出现在第八章《禁忌》；睡虎地秦墓竹简有 10 篇文章，“是是”句仅出现在《日书·甲种》，而且 9 个“是是”句有 8 句集中在《日书·甲种·诘》这一节。其他文献或其他章节也有不少判断句，为什么就不使用系词“是”字呢？王力先生指出：“如果某词只在一部书中具有某种意义，同时代的其他的书并不使用这种意义，那么这种意义是可怀疑的。”[10]

疑点之二：“是”字作为系词，在句中不应该是可有可无的。

但是在“是是”句中，第二个“是”字大多可删去而不影响句意。以“是是”句比较集中的睡虎地《日书·甲种·诘》为例，大致相同的表达形式，可用“是是”句，也可用“是”字句，甚至不用“是”字，并没有太多不同。如：

(5) 人毋(无)故而鬾(发)挢若虫及须(鬚)瞏(眉)，是是恙气处之，乃鬻(煮)蕡(贲)屦以纸(抵)，即止矣。(睡虎地《日书·甲种》61 背贰)

(6) 一室人皆毋(无)气以息，不能童(动)作，是状神在其室，屈(掘)遝泉，有赤豕，马尾犬首，享(烹)而食之，美气。(同上 38 背贰)

(7) 夏大暑，室毋(无)故而寒，幼蠪(龙)处之。取牡棘烰(炮)室中，蠪(龙)去矣。(同上 51 背壹)

疑点之三：如果把“是是”句中第二个“是”字解释为系词，那么为什么系词“是”18 次均放在代词“是”字之后，而只有 1 次放在普通名词之后？

如果在第一个“是”字下再加一个“是”字是为了加强主语“是”的指示作用，避开交际上的模糊，那大可以用代词“此”代替第一个“是”字，“此是……”。既不削弱指示功能，又能避开了交际上的模糊，岂不是两全其美。在上述六种出土文献中，“此”字可以在判断句中充当主语。如：

(8) 若弗智(知)，是即不胜任、不智殹(也)；智(知)而弗敢论，是即不廉殹(也)。此皆大罪殹(也)。(睡虎地《语书》7)

但是在六种出土文献中均没有“此是……”的句子。

疑点之四：在六种出土文献资料中，某些大致相同的内容，可用“是是”句表达，也可用“是谓”句表达。“是是”与“是谓”之间有什么关系呢？如：

(9) 是是蒿彗，兵起，军幾（饥）。（马王堆《天文气象杂占》）

(10) 是胃（谓）秆彗，兵起，有年。（同上）

两个彗星图的说明，一为“是是”句，一为“是谓”句。

(11) 春子夏卯秋午冬酉，是是人彼（破）日，不可筑室，为啬夫。娶妻嫁女，凶。（放马滩《日书·乙种》209）

(12) 葬日，子卯巳酉戌，是胃（谓）男日·午未申丑亥辰，是胃（谓）女日。（睡虎地《日书·甲种》30 正贰）

(13) 午、未、申、梄（酉）、戌、亥、子、丑、寅、卯、辰、巳，是胃（谓）侌（阴）日。（九店五十六号墓竹简 29）

同是说明什么时辰属什么日子，或用“是是”句，或用“是谓”句。

句中的“是是”可用“是谓”表示，意思基本不变，它们属同构关系。根据唐钰明先生(1991)变换考察的方法，“是谓”句中，“谓”字是动词，不是系词，那么，“是是”句中，第二个“是”字也不是系词。当然，从大类上分，系词可属动词，但不能以此推断第二个“是”字就是系词。洪诚先生(1957)《论南北朝以前汉语中的系词》一文中有一节论述“系词和动词的区别”，兹不赘述。

综上所述，把“是是”句中的第二个“是”字解释为系词，难以自圆其说。那么“是是”句中第二个“是”字该如何解释呢？

四、出土文献“是是”句中第二个“是”字的作用

出土文献“是是”句中第二个“是”字的词性是什么？作用是什么？这必须从“是是”句本身的情况加以分析研究。

《天文气象杂占》的最下一行，画有29个彗星。每个彗星图的下面均有简短的文字，说明是什么彗星，以及这种彗星出现的后果。说明的形式有三种，一是“是是”句，二是“是谓”句，三是无“是”句（凡重复出现的彗星也用无“是”句）。如：

(14) 是是苦彗，天下兵起，若在外归。（马王堆《天文气象杂占》）

(15) 是胃（谓）白灌，见五日而去，邦有亡者。（同上）

(16) 蚩又（尤）旗，兵在外归。（同上）

大致相同的说明形式，为什么用不同的句式来表达？分析所有的句子，发现一个很有意思的现象，句子的内容与形式有着某种内在的联系。用“是是”句表达的内容，往往程度较严重，或关系较重大；用“是谓”句或无“是”句表达的，则大都比较缓和。

“是是”句：人主死（竹彗）；天下兵起（苦彗）；兵起、军饥、（蒿彗、苦茇彗）；有内兵、年大熟（帚彗）。在先秦，君主死亡、大范围的战争、饥荒等都是关系到国家生死存亡的大事；粮食获得大丰收，在当时也是一件大事。

“是谓”句、无“是”句：邦有亡者或反者（白灌）；小人负子逃

或啼号(天箭);兵在外归(蚩尤旗);兵起、有年(秆彗);有兵或有小兵(干彗、厉彗、彗星);兵兴、将军死(赤灌);大战(抐星);小战、大战(瘤星);天下疾(蒲彗);一邦亡(毚);春见岁熟、夏见旱、秋见水(翟星)等。与“是是”句相比较,程度大都比较缓和。

睡虎地《日书·甲种·诘》的情况也基本相似。《诘》有 71 小段,其中 46 段的写法大体一致,首先指出一种现象,然后说明原因,再提出对付的方法。说明原因的表达形式有三种,一是“是是”句,共 8 句;二是“是”字句,共 30 句;三是无“是”句,共 8 句。“是是”句所指出的现象往往比“是”字句、无“是”句严重些。如:

“是是”句:其中 2 句是室人皆疫,或死或病;2 句是被鬼进攻或纠缠不已;2 句是鬼藉其宫或召人出宫;只有 2 句程度稍轻,鬼入人室饩食或头发须眉弯曲如虫。

“是”字句和无“是”句:只有 2 句伤及人命,人生子未能行而死;一室人皆疫。而后一句睡虎地秦墓竹简整理小组认为句中的重文符号有误,应是“是是”句。(11) 其他的都较缓和,如:鬼夜鼓人门;室无故而寒;众虫袭入人室;一室人皆痒体等。

可见,以上“是是”句中的第二个“是”字都有一个共同的特点,它们不是对某一个事物或情况进行判断,而是对事实的真实性、严重性,对其动作行为或事态进行强调。所以,我们认为,出土文献“是是”句中第二个“是”字应解作“寔”,副词,用在谓语之前,充当状语。

王引之《经传释词》:“是,犹‘寔’也。《诗·閟宫》曰:‘是生后稷。’言姜嫄寔生后稷也。”《说文解字》:“寔,正也。”段玉裁注:“《召南》毛传曰:‘寔,是也。’……《谷梁传》曰:‘寔来者,是来也。’按许云正者,是也。然则正与是互训。寔与是音义皆同。”

“寔”又假借为“实”，朱骏声《说文通训定声》：“寔，假借为实。”传世文献中，“是”、“寔”、“实”往往可以通用。如：

(17)《尚书·秦誓》：“人之有技，若己有之。人之彦圣，其心好之，不啻若自其口出。是能容之，以保我子孙黎民，亦职有利哉！”(《礼记·大学》引“是”作“寔”)

(18)《诗经·召南·小星》：“肃肃宵征，夙夜在公，寔命不同。”(《韩诗外传》卷一引“寔”作“实”)

(19)(《左传·昭公二十五年》：“天地之经，而民实则之。”《孝经·三才》引“实”作“是”。

把“是是”句中第二个“是”字解作“寔”，用作副词，充当状语，那么，它可用，也可不用；可放在代词“是”之后，也可放在普通名词后；可用于判断句，也可用于非判断句。如此解释，文理皆通，以上疑点也可以迎刃而解了。

我们就此把所有的“是是”句检查一遍，看其是否合乎情理。《天文气象杂占》的“是是”句除了(3)、(9)、(14)例句之外，还有2句。

(20) 是是帚彗，有内兵，年大孰(熟)。(马王堆《天文气象杂占》)

(21) 是是苦茇彗，兵起，幾(饥)。(同上)

睡虎地《日书·甲种》的“是是”句除了例(5)外，还有8句。

(22) 人毋(无)故鬼攻之不已，是是刺鬼。以桃为弓，

牡棘为矢，羽之鸡羽，见而射之，则已矣。（睡虎地《日书·甲种》28背壹）

(23) 人毋（无）故鬼昔（藉）其宫，是是丘鬼。取故丘之土，以为伪人犬，置牆（墙）上，五步一人一犬，睘（环）其宫，鬼来阳（扬）灰毄（击）箕以喿（譟）之，则止。（同上29背壹）

(24) 人毋（无）故而鬼取为膠，是是哀鬼，毋（无）家，与人为徒，令人色柏（白）然毋（无）气，喜契（洁）清，不饮食。以棘椎桃秉（柄）以㩇（敲）其心，则不来。（同上36背壹）

(25) 一宅中毋（无）故而室人皆疫，或死或病，是是棘鬼在焉，正立而貍（埋），其上旱则淳，水则干。屈（掘）而去之，则止矣。（同上39背壹）

(26) 一宅之中毋（无）故室人皆疫，多瞢（梦）米（寐）死，是是㔷鬼貍（埋）焉，其上毋（无）草，如席处。屈（掘）而去之，则止矣。（同上42背壹）

(27) 凡鬼恒执匴以入人室，曰“气（餼）我食”云，是是饿鬼。以屦投之，则止矣。（同上63背贰）

(28) 鬼恒召人出宫，是是遽鬼毋（无）所居，罔謼（呼）其召，以白石投之，则止矣。（同上28背叁）

(29) 是日在行不可以归，在室不可以行，是是大兇（凶）。（同上108背）

放马滩秦简《日书·乙种》的“是是”句，除例(11)外，还有3句：

(30) 夷则、黄钟、姑洗之卦曰：是是可亡不复，可求弗得，中时不乐，又若席舞，上下行往，莫中吾步。（放马滩《日

书·乙种》133)

(31) 毋射、大簇、蕤宾之卦曰:是是水火之贫,贫虽蔓以云,□□可论可言,里室可迁,徙投其户门,公认大始寓。(同上163)

(32) 正月东方,四月南,七月西方,十月,凡是是咸池会月矣。不可垣其乡垣高厚。死。取谷兵,男子死,谷坏女子死。(同上327)

以上“是是”句,第二个“是”字均应解释为“寔”,充当状语。

放马滩秦简《日书·乙种》还有一个“是”字放在普通名词后,即“南门是将军门”(见例(4))。这个例子向来被认为是“是”字作系词的典型例句。那么,该如何分析呢?根据何双全先生的介绍,放马滩《日书·乙种·门忌》有30条。很遗憾,何先生只公布了5条。其中2条有“是”字。除了例(4)外,还有:

(33) 仓门是富,井居西南,囷居西北,廥必南无。(放马滩《日书·乙种2》)

“仓门是富”不是判断句,而是叙述句。“是”字用在形容词“富”前,不是系词,而是副词,表示“仓门寔主富”的意思。由于“是”字是副词,不仅可以放在判断句中,也可以放在叙述句中,对“仓门主富”这个事实进行强调。既然“仓门是富”不是判断句,那么,以“南门是将军门”一个孤例来求证“是是”句中第二个“是”字为系词,就未免有些单薄。

由于放马滩《日书·乙种》资料不全,我们不妨借用睡虎地的材料,以求进一步论证。睡虎地《日书·甲种》也有类似放马滩《日书·乙种·门忌》的表述，叫"直(置)室门"，共有22个门。其中19个门以其特点命名，仓门、刑门、货门等。如：

(34) 货门，所利贾市，入货吉，十一岁更。(睡虎地《日书·甲种》120正叁)

另外3个门以方向命名，东门、南门、北门，其形式就有所不同。如：

(35) 南门，将军门，贱人弗敢居。(同上116正贰)

(36) 北门，利为邦门，贱人弗敢居。(同上126正贰)

(37) 东门，是胃(谓)邦君门，贱人弗敢居，居之凶。(同上119正叁)

它们均有两个名称。南门、北门、东门是以方向命名，将军门、利为邦门、邦君门是以其特点命名。可能是古人认为仅从方向命名，无法领会其特点，所以再起一个名称。这两个名称之间的关系怎样呢？以东门为例，"东门，是胃(谓)邦君门"，东门，它叫邦君门。看来竹简的作者是想告诉我们，"东门"还有一个名称叫"邦君门"。以此推断，南门、北门也该如此。即：南门，是谓将军门；北门，是谓利为邦门。

如果这一解释能够成立，"南门是将军门"中的"是"解释为系词就显牵强，还是解释为"寔"字为好。"南门是将军门"，即"南门寔将军门"。

五、结　语

我们认为，根据现有的材料，把出土文献"是是"句中第二个

“是”字理解为系词，有些仓促，容易违背语言发展的社会性、系统性。所以，在没有新的出土文献资料面世之前，“是是”句中第二个“是”字还是应该理解为“寔”，副词，用在谓语前，充当状语，对事实的真实性，对动作行为或事态进行强调。

附注

① 见郭锡良先生 1990《关于系词“是”产生时代和来源论争的几点认识》。

② 据唐钰明先生 1998 年讲课的记录，经唐先生同意转引。

③ 国家文物局古文献研究室 1979《西汉帛书〈天文气象杂占〉释文》，《中国文物》第 1 期。

④ 睡虎地秦墓竹简整理小组 1990《睡虎地秦墓竹简》，文物出版社。

⑤ 秦简整理小组 1989《天水放马滩秦简甲种〈日书〉释文》，甘肃省文物考古研究所，《秦汉简牍论文集》，甘肃人民出版社；何双全 1989《天水放马滩秦简综述》，《文物》第 2 期。

⑥ 李家浩 1995《江陵九店五十六号墓竹简释文》，湖北省文物考古研究所，《江陵九店东周墓》，科学出版社。

⑦ 湖北省文物考古研究所、北京大学中文系 1995《一号墓竹简释文与考释》、《二号墓竹简释文与考释》，《望山楚简》，中华书局。

⑧ 刘彬徽、彭浩、胡雅丽、刘祖信 1991《包山二号楚墓简牍释文与考释》，湖北省荆沙铁路考古队，《包山楚墓》，文物出版社。

⑨ 放马滩秦墓竹简《日书・乙种》有 4 句“是是”句。刘信芳先生(1990)认为“若将‘是是’分属上下句，则读不通”，将“是是”连读。文中举了其中 3 例，1 例未见说明(本文例(11))。根据刘先生的观点，本文将例(11)的“是是”连读。

⑩ 王力《训诂学上的一些问题》，《龙虫并雕斋文集》第一册，中华书局，1980 第 1 版。

⑪ 此句原文是：毋(无)故一室人皆疫，或死或病……是**宲宲**人生为鬼。睡虎地秦墓竹简整理小组注：**宲**字下原有重文号，现改正在是字下。

参考文献

郭锡良. 关于系词“是”产生时代和来源论争的几点认识. 汉语史论集. 商务印书馆，1997 年第 1 版.

顾铁符. 马王堆帛书〈天文气象杂占〉内容简述. 文物，1978 年第 2 期.

洪 诚.论南北朝以前汉语中的系词.语言研究,1957年第2期.
刘信芳.〈天水放马滩秦简综述〉质疑.文物,1990年第9期.
裘锡圭.谈谈古文字资料对古汉语研究的重要性.中国语文,1979年第6期.
唐钰明.上古判断句的变换考察.中国语文,1991年第5期.
唐钰明.中古“是”字判断句述要.中国语文,1992年第5期.

(原刊《中国语文》2002年第2期。
作者单位:广东第二师范学院中文系)

敦煌变文研究的新成果

——评项楚先生《敦煌变文选注》

何志华

在19世纪的最后一年，敦煌莫高窟藏经洞发现了四万余卷古代遗书，震动了世界学坛，从此产生了一门国际性的综合学术——敦煌学。在数量浩瀚的汉文卷子中，人们前所未闻的许多俗文学作品——变文、曲辞、白话诗等等，又是其中最具特色、最引人入胜的材料之一。它使研究者大开眼界，改变了对中国文学史的认识。其中尤以“变文”最先引起中外研究者的广泛注意。早在七十多年前，郑振铎先生在《中国俗文学史》中就曾说过：“在敦煌所发现的许多重要的中国文书里，最重要的要算‘变文’了。在‘变文’没有发现以前，我们简直不知道：‘平话’怎么会突然在宋代产生出来？‘诸宫调’的来历是怎样的？盛行于明、清二代的宝卷、弹词及鼓词，到底是近代的产物呢？还是‘古已有之’的？许多文学史上的重要问题，都成为疑案而难以有确定的回答。但自从三十年前斯坦因把敦煌宝库打开而发现了变文一种文体之后，一切的疑问，我们才渐渐的可以得到解决了。我们才在古代文学与近代文学之间得到了一个连锁。我们才知道宋、元话本和六朝小说及唐代传奇之间并没有什么因果关系。我们才明白许多千余年来支配着民间思想的宝卷、鼓词、弹词一类的读物，其来历原来是这样的。这个发现使我们对于中国文学史的探讨，面目为之一新。”这段话已经大致揭示了“变文”发现的伟大意义。事实上，“变文”中的许多优秀作品，本身就为中国古代文学宝库增添了一笔珍贵的财富。就在唐代的伟大作家们把诗歌和古文推向前所未有的高峰时，就在中国文学发展到光辉灿烂的顶峰时，在民间也有无数不知名的作者，正在创造各种通俗文学样式，由它们所代表的文学新趋势，最终发展成为中国文学史后半期的波澜壮阔的主流。

几十年来，中外学者对敦煌变文从各个角度进行了研究，取得了许多重要的成果，例如王重民等六位先生编校的《敦煌变文集》，潘重规先生编校的《敦煌变文集新书》，蒋礼鸿先生著《敦煌变文字义通释》，以及其他许多专著和论文。巴蜀书社 1989 年 12 月出版的项楚先生著《敦煌变文选注》，就是敦煌变文研究的最新硕果。

变文是一种特殊的古代作品，素以“难读”著称。中外学者研究变文，存在着三个主要障碍：一是原卷文字错讹满纸，夹杂着许多俗字别字，有时达到“难以卒读”的地步。二是其中使用了大量唐五代口语词汇，这在当时虽然是一听就懂，今天的读者却感到索解为难。三是其中有许多描写佛教题材和表现佛教思想的作品，由于时代的变迁，今天的读者就十分隔膜了。项楚先生的《敦煌变文选注》就是为了帮助读者克服以上三个障碍而写作的。全书收入变文 27 篇，72 万字，包括了变文中思想和艺术比较杰出的名篇，也兼顾了不同体裁和不同题材的各类作品，其中解决了变文研究中一大批难点疑点，代表了变文研究的最新水平。

潘重规先生在《敦煌变文集新书引言》中说，变文中“有许多极难校正的错误，不但没有机会阅读原卷的学者，无法判断；即使看过原卷的学者，也不易发觉它的错误。最大的原因，是变文卷子多半是唐五代时的写本。抄写的文字讹俗满纸，但是讹俗之中，又自有它的习惯，自有它的条理，如果你不小心推敲，擅作主张，便会陷于错误之中而不自觉。”下面随便举出《敦煌变文选注》(以下称为“本书”)几个校订文字的例子。

《破魔变》写魔王的军队说：“当时差马头罗刹哲为游弈将军，捷疾夜叉保作先锋大将。”项楚先生按“马头罗刹哲”和“捷疾夜叉保”是佛经中的鬼众，但“马头罗刹”和“捷疾夜叉保”却无从索解。本书校“哲”为“暂”的形误，“保”为“补”的音误，于是群疑冰释。“保”和“补”在唐五代敦煌方言中是同音字。《破魔变》中还有一句“叆叇之云空里报”，《变文集》校记说：“乙卷‘报’作‘布’，同声通用。”本书从乙卷。“报”和“布”通用的音理与“保”和“补”通用的音理一样，可证本书所校是正确的。这是由于字形和字音相似而造成错误的例子。

《丑女缘起》底本(《敦煌变文集》)中有几句是这样排列的：

再三自家嗟叹了，无计遂罪粧台中。
亿(诣)佛乞垂加护。

《变文集》校记说：“‘粧台’下原衍‘心’字。”项楚先生按衍文也和错字一样，往往有道理可寻，可是这个“心”字却衍得毫无道理。“无计遂罪粧台中”也似通非通，大可怀疑。校“亿”作“诣”也不可取，因为中古时期这两字的读音相去甚远。本书校记说：“这段文字全系散文，兹为重新校理如下：‘再三自家嗟叹’为一句。‘[叹]了无计’为一句，‘了’上拟补‘叹’字，盖叠字误脱其一也。‘遂罪(罢)粧台’为一句，原文‘罪’字是

'罢'字形误,'遂罢粧台'即指下文'胭脂合子捻抛却,钗朵珑璁一旁'之事。'心中亿(忆)佛'为一句,'心'字并非衍文,《变文集》误删;'亿'当作'忆',并非'诣'字。'乞垂加护'为一句。"项楚先生把这段文字读作:"再三自家嗟叹,叹了无计,遂罢粧台,心中忆佛,乞垂加护。"于是怡然理顺了。底本的错误,关键在于不知两个"叹"字中脱去了一个,由此派生出一系列相应的错误。按古人书写习惯,对于叠字的下字,有时只书作两点或者一点,极易脱去。这是由于叠字误脱其一而引起错误的例子。

《燕子赋》(甲)底本中有两句:"忉(叨)闻狐死兔悲,恶(物)伤其类。"本书校"忉"作"窃",是正确的。项楚先生按原文"忉"是"切"字形误,而"切"又是"窃"字音误。至于"恶"字,原校作"物",似乎是理所当然的,其实是犯了以今语改古语的错误。本书注释说:"按原文'恶'字不误,即'厌恶'之'恶'。《太平广记》卷四三四《宁茵》(出《传奇》):'寅怒,拂衣而起曰:宁生何党此辈?自古即有班马之才,岂有班牛之才?且我生三日,便欲噬人,此人况偷我姓氏!但未能共语者,盖恶伤其类耳。'宋洪迈《夷坚志》支癸卷七《陈秀才游学》:'才行,狂疾大作,叱送仆退,掷装橐于市桥石栏杆边,危坐七昼夜,不饮不食,纵值风雨,亦不动摇。众士虑其死亡,且恶伤同类,列状白邑宰叶初,使传铺递押归汀州。'这个成语后来才演变成'物伤其类'。"这是原文不误而被误改的例子。这一类的例子在书中比比皆是,由于本书作者项楚先生的慧眼校正而使读者得到了准确无误的变文定本。

敦煌变文基本上是用唐五代的通俗白话写作的,可是对于的今天的读者来说,越是白话越难索解,这正是变文难读难懂的重要原因。俗语词研究本是传统训诂学所不屑一顾的角落，现在却显示出蔚为大观的发展趋势。蒋礼鸿先生的《敦煌变文字义通释》就是研究变文口语字义的开山之作，几十年来多次增订，在学术界享有崇高的声誉。此外，当首推本书的作者项楚先生了。本书的一个突出的特点，就在于对俗语词汇的诠释，创见精义，纷陈叠出，例证丰富确切，信息容量可观。从这个意义上说，本书也是一部研究唐五代俗语词的重要著作。下面顺手拈出几个例子。

《叶净能诗》："长年廿，便入道门。身为樗冠黄帔。"项楚先生按其中的"樗冠"，有人解释为"樗（即臭椿树）皮制的帽"。但樗树本是古人所谓的"不才之木"，用樗皮制帽的说法闻所未闻。本书注释说："樗冠：即'桦冠'，用桦木皮所制之冠，与'黄帔'皆为道士之服。按'樗'本指臭椿树，但唐代民间或用同'桦'字。慧琳《一切经音义》卷六十《根本说一切有部毗奈耶律》卷十音义：'桦树，华跨反。《考声》云："桦树，山木名，或从雩作樗，音同。"按桦有赤白两种，皮堪为烛，赤者薄妙光净。'《本草纲目》卷三五《桦木》：'其皮厚而轻虚柔软，皮匠家用衬靴里及为刀靶之类，谓之暖皮。'《五灯会元》卷十六《大梅法英禅师》：'宣和初，敕天下僧尼为德士。……至绍兴初，晨起戴桦皮冠，披鹤氅，执象简，穿朱履，使击鼓集众。'按'戴桦皮冠'等即道士之装束。《宋高僧传》卷十九《封干传附寒山子传》：'然其布襦零落，面貌枯瘁，以桦皮为冠，曳大木屐。'按寒山诗：'桦巾木屐沿流步，巾裘藜杖绕山回。''桦巾'即是'桦皮冠'也。"由于本书作者项楚先生从《一切经音义》所引《考声》中发掘出"桦"字"或从雩作樗，音同"这一条独一无二的材料，证明"樗"字是"桦"字的异体，这个难题才得到解决。

《捉季布传文》:“顺风高绰低牟帜,逆(逆)箭长垂锁甲裙。”项楚先生按其中“低牟”一语,几十年前曾引起一次小小的讨论。先是冯沅君先生说:“所可惜的是‘低牟’前后两见而终不可解。”接着郑静远先生补正说:“我以为‘低’字,应是‘兜’字之误,‘牟’与‘鍪’通。‘兜牟’或‘兜鍪’,就是胄或盔。”随后冯先生说:“‘低牟’可能是‘兜鍪’。‘低’与‘兜’音近致误。”表示接受了郑说(引文俱见《敦煌变文论文录》下册)。这场讨论已经过去多年,可是“低”是“兜”字之误的说法仍然令人生疑。本书注释说:“低牟:‘鞮鍪’的同音借字,即兜鍪。《文选》卷九扬雄《长杨赋》:‘鞮鍪生虮虱,介胄被沾汗。’李善注:‘鞮鍪,即兜鍪也。鞮,丁奚切;鍪,音牟。’《汉书·韩延寿传》:‘令骑士兵车四面营阵,被甲鞮鍪居马上。’按‘兜鍪’即头盔。《说文》:‘兜,兜鍪,首铠也。’”这才算是找到了“低”的本字。

《王昭君变文》:“□□□搜骨利干,边草叱纱纥罗(逻)分。”项楚先生按“骨利干”和“纥逻分”,陈寅恪先生在《元白诗笺证稿》中已有精辟的阐释,“叱沙”则仍是一个尚未解决的难点。本书注释说:“叱沙:即‘吒沙’,‘叱’通‘吒’,蓬乱伸张貌。陆龟蒙《吴俞儿歌·剑俞》:‘秋照海心同一色,纛影吒沙干影直。’按‘纛’以犛牛尾制成,其影蓬松,故云‘吒沙’。亦写作‘挓挱’。《集韵》平声麻韵:‘挓挱,开貌。’亦写作‘觰沙’、‘鮓沙’。韩愈《月蚀诗效玉川子作》:‘赤乌司南方,尾秃翅觰沙。’苏轼《于潜女》:‘鮓沙鬓发丝穿杼,蓬沓障前走风雨。’”这种解释是很正确的。项楚先生按“吒沙”本是记录口语读音的词,所以有不同的写法,后世也写作“奓沙”、“查沙”、“扎煞”等,如元无名氏《博望烧屯》杂剧一折{醉中天}:“奓沙起黄髭髯,你显出那五霸诸侯气力。”无名氏《气英布》杂剧三折[剔银灯]:“查沙着打死麒麟手,这半合儿敢骂遍了诸侯。”《红楼梦》六十二回：“宝玉不知有何说话，扎煞着两只泥手，笑嘻嘻的转过来问：‘作什么？’”

变文中的佛教文学作品，充斥着大量佛教术语和佛经典故，缺乏这方面专门知识的读者和研究者，往往会感到扞格难入。项楚先生曾经通读大藏经，谙熟佛教典籍，研习佛教义理，在本书的注释中，旁征博引，出入无碍，因此这些佛教文学作品在一般读者面前，也揭去了神秘的面纱，读起来亲切动人，醰醰忘倦。原文中许多与佛教有关的讹误，也得到了纠正。例如《大目乾连冥间救母变文》底本的开头有几句话：“为众僧咨下此日会福之神，八部龙天，尽来教福。”简直无法读懂。本书校订为：“为众僧[自]咨(恣)[解]下(夏)，此日会福，之(诸)神八部龙天，尽来教(徼)福。”本书注释说：“原文‘咨下’疑当作‘自恣解夏’，脱‘自’字、‘解’字，又‘恣’误作‘咨’，‘夏’误作‘下’。自恣、解夏：按佛教制度，每年雨季三个月期间，僧徒集中寺舍，禁止外出，致力于禅定修学，称为‘安居’，或云‘坐夏’。《大唐西域记》卷二：‘故印度僧徒，依佛圣教，坐雨安居，或前三月，或后三月。前三月当此从五月十六日至八月十五日，后三月当此从六月十六日至九月十五日。前代译经论者，或云坐夏，或云坐腊。’中国僧徒坐夏在农历四月十六日起的三个月，至七月十五日坐夏结束，称为‘解夏’。此日为‘自恣日’，行‘自恣’之法，僧徒相互举发过失，并自我忏悔。道宣《四分律删繁补阙行事钞》卷上四：‘然九旬修道，精练身心，人多迷己，不自见过，理应仰凭清众垂慈诲示，纵宣己罪，恣僧举过，内彰无私隐，外显有瑕疵，身口托于他人，故曰自恣。’按佛教信徒多于自恣日设种种精美食品，供养众僧。”原文的意义于是明白无误了。显然，如果不是很熟悉佛教制度，是很难恢复这段文字的原貌的。

上引原文的错误是由书手制造成的，不过有时候情况不同，例如《文殊问疾》底本说："失来妙德，亦是不堪。"本书校"失"作"适"，校"妙"作"善"，本书注释说："原文'妙'字应是'善'字之误，盖'妙德'即文殊师利之义译，下文既云'今仗文殊'，则此处固不应云'适来妙德'。据《维摩诘经》，佛命善德长者行诣维摩诘问疾，善德告曰不任，然后佛才命文殊问疾。因知此处'妙德'显然是'善德'之误。"项楚先生推断，这就不像是书手之误，而像是变文作者之误了。

从读者的角度着眼，对于像变文这类难读的古代俗文学作品，怎样的注释才算是理想的注释呢？我们认为除了校订准确的文本，解释难懂的语词，疏通佛教的障碍以外，还应该尽可能提供相应的背景知识，使读者真正理解表面文字以外的丰富内容，这就需要具备文化史等各方面的广博学识，是最难做到的。《伍子胥变文》说："城上修营战格，门门格立，抛车更伏，作冶熔铜。"防守城池为什么要"作冶熔铜"呢？或许有人以为是为了打造兵器，其实不然。本书注释说："作冶熔铜：建立熔铜炉，按古人以铜铁汁用于作战，如《通典》卷一五二：'行炉熔铁汁，舁行以洒敌人。……灰麸糠粃，因风于城上掷人，以眯敌目，因以铁汁洒之。'又《资治通鉴》陈文帝天嘉元年：'瑱发拍以击琳舰，又以牛皮冒蒙冲小船以触其舰，并熔铁洒之。'《新五代史·四夷附录第一》：'文进又教契丹为火车、地道，起土山以攻城。城中熔铜铁汁挥之，中者辄烂坠。'宋石茂良《避戎夜话》卷上：'又用炼金汁泼贼，皆堕，杀伤甚众。'"像这样的内容也可以不注，可是注出以后才能帮助读者理解"作冶熔铜"的含义，大有多闻广见的效果。如果平时不留心于古代作战的方式，仓卒之间是不容易挖出这些材料的。

又如《茶酒论》说："街上（中）罗织平人，脊上少须十七。""十七”显然是说笞背十七下，不过细心的读者也许会追问一句：历代刑律记载笞杖之法，多是以十为单位，如笞背十下、二十下等等，这里为什么偏偏要说十七下呢？本书注释说：“十七：指杖脊十七下。《梦溪笔谈》卷二二：‘包谓其市权，捽吏于庭，杖之十七。’宋周密《志雅堂杂钞》卷上：‘内前打鼓百姓冉兴，为人嗾使打鼓，告官家差役不均。御笔：与臀后十七板。’皆以‘十七’为言，盖本应二十下，饶免三下，即为十七下。明田艺衡《留青日札摘抄》卷一《大诰减等》：‘元世祖笞杖之刑既定，曰：天饶他一下，地饶他一下，我饶他一下。自是合笞五十，止笞四十七；合杖一百，止杖九十七。……卢仝诗“打汝九十七”，亦此。’楚按，饶三下之说当不起于元世祖，故唐宋皆有杖十七之数。《太平广记》卷三八二《裴则子》（出《冥报拾遗》）：王曰：“汝虽非故心，终为不谨。”且遂令人杖其腰七下。’盖亦本应杖十下，饶免三下，故云七下也。”项楚先生又补充了一个敦煌文书中的例子，《斯坦因劫经录》载 4505 号《行人转帖》：“限今月卅日卯时于南门外取（齐），捉二人后到，决杖七□。”最后的缺字也应该是“下”字，盖本应决杖十下，饶免三下，故决杖七下也。像这样的材料和案断，不但可以解答一般读者的疑问，即使是研治刑法史的学者，想来也是乐于闻见的。类似这样的注释在全书中随处可见，并不是多余的蛇足，而是帮助读者深入理解原文所需要的，显示了本书很高的学术价值。

本书作者项楚先生是我国卓有成就的学者，四川大学中文系教授，曾获 1985 年中国社会科学院青年语言学家奖金一等奖，该项奖金评委会的评语说：“项楚的论文立论严谨，不为牵强附会之辞，征引繁富，考证精详。凡所论列，大都确凿可信，其中有不少说法能纠正旧说的阙失和疏漏。”项楚先生自己漫谈治学之道时也说过：“研究敦煌文学，如果不满足于浅尝辄止，那么同时在语言、历史、宗教、哲学、民俗……等等相关学科上也下一番工夫，就是必要的。”《敦煌变文选注》和项楚先生的另一种著作《王梵志诗校注》(全文刊载于《敦煌吐鲁番文献研究论集》第四辑)一样，体现了他的上述治学风格。

附记

拙文刊载于国务院古籍整理出版规划小组编《古籍整理出版情况简报》第232期。

《敦煌变文选注》由我组稿并担任责任编辑。我查阅了大量相关的资料并反复学习项楚先生的这部专著，写了此文。

有人说，编辑是“为他人作嫁衣”，我并不这么看。我每编一部书，通过查阅相关资料和学习所编书的知识，自己的知识也得到了增长。

赵振铎先生在看完我给他编的《音韵学纲要》的清样后，给我写了一封信，其中谈到：“看了清样，知道你用了不少时间，查核了不少材料，作为一个责任编辑，能够如此负责也是难得。当年王利器先生作范老《文心雕龙注》和戴明扬《嵇康集校注》责编，也不过如此。”

赵先生的这封信，我至今珍藏。我一直把赵先生的这句话作为我尽心尽力当一名合格编辑的座右铭。

拙文《敦煌变文研究的新成果——评项楚先生〈敦煌变文选注〉》是我比较称心的文章，这是我们的导师向老师对我的辛勤教育的结果。值此恩师向老师九十寿辰之际，微表我的感激之情。

何志华
2015.1.21

(作者工作单位：四川民族出版社)

“和合”析论

郭　齐

近年来，一些学者在中国哲学史研究中发掘出“和合”的概念，并进而提出建立新的哲学理论型态——“和合学”的构想。“和合”一语本来的内涵究竟是什么？它是怎样产生发展而成的？这是一个值得研究的问题。

“和”字的起源很早，甲骨文、金文中已屡见不鲜。春秋时期，逐步演变为与“同”相对的重要哲学范畴。“合”字也见于甲骨文、金文，其义屡迁，但并无明显的哲学意味。至迟在春秋时期，“和”“合”二字开始并举或连用，汉代以后成为常用语。随着语境和构成成分意义的不同，“和合”一语也具有不同的含义。本文拟从语言发展与思维发展相结合的层面，对上述历史过程作比较详尽的考察，以供学界参考。

一

《说文解字》：“和，相应也，从口，禾声。”在甲骨文、金文中，“和”也是从口禾声的形声字，其形体没有更具体的意义方面的提示。但全面观察了“和”字的整个词义引申系统之后，我们有理由相信，《说文解字》所指出的正是“和”的本义。其实《国语·周语下》说“声应相保曰和”，就已经解释了“和”的本义，比许慎早了几百年。

不论是《说文》的“相应”，还是《国语》的“声应”，其解释都比较简略笼统，没有说明是什么声音的相应。根据“和”字的意符，所谓的“声”，最初应该是指人的语音或动物的叫声。《诗·郑风·萚兮》云“叔兮伯兮，倡予和女”，《论语·述而》云“子与人歌而善，必使反之，而后和之”，《战国策·燕策三》云“高渐离击筑，荆轲和而歌”，是人的语音的例子。《易·中孚·九二》云“鹤鸣在阴，其子和之”，《左传·庄公二十二年》云“凤凰于飞，和鸣锵锵”，是动物的叫声的例子。“和”最早就是指“人或动物互相跟着发声”，后来扩大到指无生物声音的互相呼应。如《周礼·地官·鼓人》：“以金錞和鼓”，指乐音的呼应；《庄子·齐物论》：“前者唱于而随者唱喁，泠风则小和，飘风则大和”，指自然界声音的相应，等等。

“和”在字形上又写作“咊”、“訸”、“龢”，其中，“和”“龢”二字的关系因与“和”的本义有关，需要提出来加以讨论。对于二字的关系，有几种不同的看法。《说文解字》对“龢”字的解释是“调也，从龠禾声，读与和同”，把它与“和”字作为完全没有关系的两个字分别训释，显然不妥。段玉裁注释说：“此与口部‘和’音同义别，经传多假‘和’为‘龢’”，认为二字是通假字的关系。其实二字上古同音（匣母，歌部），而“调”义又是“相应”义的引申（详见下文说明），它们实为一词。二字的区别只是文字上的问题，不是语言上的问题。段玉裁忽略了二字意义上的联系，因而断为通假，显然也是错误的。不同于许慎、段玉裁，不少人正确地认识到“和”“龢”实为一词，而将二字断为古今字的关系。其中，一种意见认为“龢”是古字，“和”是今字。如《正字通》说：“和，本作龢”。《文选》卷十七王褒《洞箫赋》“与讴谣乎相龢”李善注云：“龢，古和字。”郭沫若进一步作了详细阐述，认为“龢”的本义是一种管乐器之名,即《尔雅》所说的“小者谓之和”。由乐声之谐和始能引申出《说文》的“调”义,由乐声之共鸣始能引申出《说文》的“相应”义。当以“龢”为正字,“和”乃后起之字。他还认为甲骨文中“和”字的意符“口”或者并不是“口”字,而是像管乐中的汇管之器,那么“和”字也可能直接从“龢”字省变而成。(见《甲骨文字集释》)另一种意见则认为“和”是古字,“龢”是后起的分别字。如王力就明确地指出:“音乐和谐本写作‘和’,后来写作‘龢’,以区别于和平的‘和’”。(《同源字典》p.21)不难看出,郭沫若的观点见解新颖,不仅从文字上说明了二字的古今关系,更重要的是企图推翻《说文解字》的结论,从语源上重新将“和”的本义定为“一种管乐器”。由于“和”“龢”二字皆见于甲骨文、金文,我们没有更早的文献依据来断定二字的先后。但从人类文化与思维发展的进程来看,音乐是人类文明发展较高级阶段的产物,而人类自有思维之日起,就可能从物质生活(比如说劳动号子)中或对自然现象的观察中形成声音相应或协调的概念并为之命名,不必等到乐器出现之后,由乐声之和谐与共鸣方引出对“相应”和“调”的认识。相反,“和”这种乐器的得名,倒是可能由其应和其他乐器的功用而来。《尔雅·释乐》:“大笙谓之巢,小者谓之和。”孙注:“和,应和于笙。”这种情形就跟叫做“和”的车铃是由于其应和于“鸾”的功用而得名一样:《韩诗内传》云:“鸾在衡,和在轼前。升车则马动,马动则鸾鸣,鸾鸣则和应。”《诗·蓼萧》“和鸾雝雝”孔疏云:“和亦铃也,以其与鸾相应和。”因此,将“和”的本义定为乐器名,把“相应”和“调”作为引申义,似有本末倒置之嫌。而王力认为“龢”为后起分别字,专指音乐和谐,比较合乎实际。这样,“和”为古字,“龢”即为今字。但由于各种原因,古书中并没有这样严格地区分。如《国语》

中二字常常互用，已经看不出有什么不同，二字实同异体。所以有些字书在“龢”字下就简单地注作“同‘和’”。总之，不论将“和”“龢”二字看作古今字还是异体字，“和”的本义都应该是声音的相应。

声音互相呼应，此起彼伏，配合得适当、匀称，就产生了和谐的效果，于是“和”由指声音的相应引申而指声音的和谐或使声音和谐。《国语·周语下》说“声应相保曰和”，韦昭注云：“保，安也。”“相保”、“安”，都是配合妥帖得当，这里清楚地解释了由声音的相应到声音的和谐的引申过程。《周语》又说：“耳之察和也，在清浊之间”；《左传·僖公二十四年》说“耳不听五声之和为聋”；《礼记·郊特牲》说：“割刀之用而鸾刀之贵，贵其义也，声和而后断也。”孔疏云：“必用鸾刀，取其鸾铃之声宫商调和而后断割其肉也。”以上都是泛指一般声音和谐的例子。而声音之和谐，莫过于音乐，故古人言乐，几无不以“和”形容者。《书·舜典》说“声依永，律和声”，《诗·宾之初筵》说“籥舞笙鼓，乐既和奏”，《周礼·春官·典同》说“凡和乐亦如之”，《礼记·檀弓上》说“子夏既除丧而见，予之琴，和之而不和”，皆是其例。

声音可以彼此配合妥帖得当而达到和谐，天地万物也莫不可彼此配合得当而达到和谐。因此“和”又由特指声音的和谐进一步引申为泛指一般事物的和谐。由于音乐的和谐最为直观而具代表性，引申的基本途径是把指称的事物的和谐比作像音乐一样和谐，即比喻引申。《左传·襄公十一年》说“八年之中，九合诸侯，如乐之和，无所不谐”，《国语·周语下》说“夫政象乐，乐从和”，就是对这种引申过程的最好说明。通过这样的引申，“和谐”成为“和”的中心义。围绕这一中心义，辐射出种种引申义，广泛运用于人、事、物、自然、社会等各个领域。例如：

指人——人与人相处融洽、团结，彼此协调，化解矛盾，像音乐一样和谐，叫做“和”。反之，互相抵牾、争斗，就是不和。《书·多方》言“自作不和”，《蔡仲之命》言“以蕃王室，以和兄弟”，《周礼·天官·大宰》言“三曰礼典，以和邦国”，《论语·学而》言“礼之用和为贵”，《孝经》言“然后能保其社稷而和其民人”，《孟子·公孙丑下》言“天时不如地利，地利不如人和”，《左传·桓公十一年》言“师克在和不在众”，《管子·形势》言“上下不和，令乃不行”，所谓“和”，指人的团结、和睦或使团结和睦。《周礼·地官·鼓人》言“以节声乐，以和军旅”，《管子·五辅》言“官长任事守职则动作和”，“和”指人行为的协调一致或使协调一致。《周礼·地官·调人》所言“和难”之“和”，指使人化解矛盾而归于和好。

对单个的人而言，每个人皆自成一系统，从内到外，都有一个诸要素配合得当与否的问题，因此就都有一个“和”与“不和”的问题。大约可分为四类：身和，心和，德和，气和。

《管子·禁藏》云“食饮足以和血气”，《国语·周语下》云“不精则气佚，气佚则不和，于是乎有狂悖之言”，《墨子·辞过》云“衣服节而肌肤和”，《战国策·赵策四》云“老臣今者殊不欲食，乃自强步，日三四里，少益耆食，和于身也”，《乐记》云“耳目聪明，血气和平”，《魏书·彭城王勰传》云“岂谓上灵无鉴，复使圣躬违和”，唐李华《国之兴亡解》云“身或不和则药石之，针灸之”。以上是身和的例子。这里的“和”指身体的健康舒适。健康舒适为什么叫做“和”？因为这时人体器官运转正常，配合协调，就像音乐一样和谐，所以叫做“和”。如果身体失调，某种功能出现障碍，那就会像音乐中出现了不和谐音符一样，人就会得病而感到不适了。

《易·兑·初九》云"和兑吉",《书·舜典》云"八音克谐,无相夺伦,神人以和",《诗·常棣》云"兄弟既翕,和乐且湛",《礼记·乐记》云"心中斯须不和不乐,而鄙诈之心入之矣",孔疏云"心中斯须不能调和,则不能喜乐",《管子·内业》云"彼心之情,利安以宁。勿烦勿乱,和乃自成",《庄子·渔父》云"故强哭者虽悲不哀,强怒者虽严不威,强亲者虽笑不和"。以上是心和的例子。心和之"和",有的字书解释为"喜悦",其实细分之,"和"与"乐"并非一事。"乐"是喜悦,"和"指平静无波澜,协调无抵牾的心境,类似于《中庸》的"喜怒哀乐之未发谓之中"。观以上用例及《荀子·大略》"和而不发不成乐",尤为明白。只是"和"与"乐"往往密不可分,乐者须和,和则必乐,故"和"又似有"乐"义了。平静协调的心境就像音乐一样妥贴、完美,"八音克谐,无相夺伦",所以叫做"和"。《中庸》又有喜怒哀乐"发而皆中节谓之和"的说法,指喜怒哀乐得体,这个"和"字与心和之"和"不同。

《书·君陈》云"宽而有制,从容以和",《左传·文公十八年》云"宣慈惠和",孔疏云"和者,体度宽简,物无乖争也",又《昭公二十六年》云"兄爱弟敬,夫和妻柔",《论语·子路》云"君子和而不同,小人同而不和",《孟子·万章下》云"柳下惠,圣之和者也",《庄子·缮性》云"夫德,和也。……德无不容,仁也",《礼记·乐记》云"感条畅之气,而灭平和之德",又《中庸》云"故君子和而不流",以上是德和的例子。这里的"和",指为人宽厚平易,谦让不争的品德。就人与人之间的关系来讲,相处融洽、团结叫做"和";就单方面的人来讲,待人宽厚不争,是实现人际之和的前提,因此也叫做"和"。

《管子·内业》云"和于形容,见于肤色",《战国策·齐策三》云"齐王和其颜色",又《赵策四》云"夫望人而笑,是和也",《礼记·祭义》云“孝子之有深爱者,必有和气”,又《昏义》云“和于射乡”,以上是气和的例子。气和指外在的言谈举止温和可亲,今天常说的“和蔼”、“和颜悦色”、“一团和气”皆是此义。言谈举止之“和”似乎引申得更远一些,但和则亲近而无所不谐,不和则乖违而扞格难通,其与“和谐”这一中心义的联系还是明显的。

指事——凡处置得宜,百事妥帖,无所不谐,叫做“和”。这正如音乐中高低得宜,轻重得当,强弱得所一样,所以也是从“和谐”这一中心义引申而来。“政象乐”,故以“和”指政事为多。如《书·大禹谟》云“正德、利用、厚生惟和”,孔疏云“此三事惟当谐和之”,又《立政》云“和我庶狱庶慎”,又《周官》云“庶政惟和”,《周礼·地官·土均》云“以和邦国都鄙之政令刑禁”,贾疏云“畿外邦国、畿内都鄙之政令及五刑五禁与其施舍不役之等,并须调和之,使之得所也”,《左传·昭公二十年》云“宽以济猛,猛以济宽,政是以和”,《管子·君臣下》云“圆者运,运者通,通则和”,《礼记·乐记》云“是故治世之音安以乐,其政和”,皆是其例。与之相近,年成好也叫做“和”。如《左传·昭公元年》云“国无道而年谷和熟”。

指物——《诗·宾之初筵》云“酒既和旨”,郑笺云“和旨,酒调美也”。《周礼·考工记·轮人》云“三材既具,巧者和之”,郑注云“调其凿内而合之。”又《辀人》云“辀注则利准,利准则久,和则安”,贾疏云“前后曲直调和,则人乘之安稳”。《礼记·王制》云“皆有安居和味”,又《月令》云“薄滋味,毋致和”,孔疏云“滋味和调”。《管子·侈靡》云“从其宜则酸鹹和焉。”《荀子·议兵》云“弓矢不调则羿不能以中微,六马不和则造父不能以致远。”《墨子·节用中》云“不极五味之调,芬香之和”。《银雀山汉墓竹简·孙膑兵法·兵情》云“弩张柄不正,偏强偏弱而不和”。《战国策·赵策二》云“察五味之和”。以上“和”字或指味道,或指气味,或指舟,或指弓,或指马,其与“和谐”这一中心义的联系是一目了然的。《礼记·礼器》又云“内金,示和也。”郑注云“金从革,性和。”贾疏云“谓诸侯所贡纳金以为庭实,示其柔和也。”凡物柔顺则无所不谐,刚戾则处处相牾,故柔顺也叫“和”。

“和”不仅指称具体事物,还可以用来指称抽象事物。如《易·乾·文言》云“利者义之和也”,指万物各得其宜,和谐不乱。《左传·襄公七年》云“恤民为德,正直为正,正曲为直,参和为仁”。杜注云“德、正、直三者备乃为仁”。意即三种品质协调配合。《礼记·儒行》云“歌乐者,仁之和也”。指宽厚敦实是仁的一种性质。

指自然——《管子·七法》云“根天地之气,寒暑之和。”又《四时》云“岁掌和,和为雨”。《周礼·春官·保章氏》云“以十有二风察天地之和”。《礼记·乐记》云“动己而天地应焉,四时和焉。”又《祭义》云“日出于东,月生于西,阴阳长短,终始相巡,以致天下之和”。以上言和,取其协调之义。《管子·四时》云“土生皮肌肤,其德和平用均。”《国语·周语上》云“瞽告有协风至”,韦昭注云“协,和也,风气和、时候至也。”《素问·五常政大论》云“其候温和。”汉王逸《九思·伤时》云“风习习兮和暖。”以上言和,取其柔顺之义,皆自中心义“和谐”引申而来。

以上指人、指事、指物、指自然,随着运用场合与指称对象的不同,“和”字的意义也各别,但无不紧紧围绕着“和谐”这一中心。除此之外,“和”还经常用于“阴”“阳”二者的关系。如《管子·七臣七主》云“四者俱犯,则阴阳不和,风雨不时。”《周礼·地官·大司徒》云“风雨之所会也,阴阳之所和也。”《老子》第四十二章云“万物负阴而抱阳,冲气以为和。”《庄子·田子方》云

“至阴肃肃，至阳赫赫。肃肃出乎天，赫赫发乎地，两者交通成和，而物生焉。”又《知北游》云“生非汝有，是天地之委和也。”《墨子·辞过》云“地壤之情，阴阳之和。”《荀子·天论》云“阴阳大化，风雨博施，万物各得其和以生”。很明显，以上“和”字已经不限于指人、事、物或自然现象，而进入对生命和世界本源、宇宙生成的探索；不仅仅指称具体的对象，而具有某种比较抽象的、普遍的、一般的性质了。《易·乾·上九》象辞说“保合太和”，所谓“太和”，指阴阳二气融合协调。阴阳二气既为万物之本源，其融合协调岂不是宇宙万物之大和，而非人、事、物或自然之小和？这是一种终极的和谐，最高境界的和谐，这个“和”字，其哲学意味也更加明显。不过，以上这些“和”字基本上还是“和谐”的意思，真正成为哲学范畴的，是《左传》和《国语》中的两个例子。

《左传·昭公二十年》云：“齐侯至自田，晏子侍于遄台。子犹驰而造焉，公曰：‘唯据与我和夫！’晏子对曰：‘据亦同也，焉得为和？’公曰：‘和与同异乎？’对曰：‘异。和如羹焉，水火醯醢盐梅以烹鱼肉，燀之以薪，宰夫和之，齐之以味，济其不及，以泄其过。君子食之，以平其心。君臣亦然，君所谓可，而有否焉，臣献其否，以成其可。君所谓否，而有可焉，臣献其可，以去其否。是以政平而不干，民无争心。……声亦如味，一气，二体，三类，四物，五声，六律，七音，八风，九歌，以相成也。清浊大小、短长疾徐、哀乐刚柔、迟速高下出入周疏，以相济也。君子听之，以平其心。……今据不然，君所谓可，据亦曰可；君所谓否，据亦曰否。若以水济水，谁能食之？若琴瑟之专一，谁能听之？同之不可也如是’。”在这段话里，晏子举出和羹、音乐、君臣关系三个例子，深刻地阐明了“和”与“同”的根本差异。“和”是事物多样性的统一：如果没有差异，就如同以水济水，琴瑟专一，君可臣可一样，事物就不能存在和发展。反之，诸要素不能协调配合，不能“和之”，“齐之”，“济其不及，以泄其过”，“出入周疏”，“相成”“相济”，也不成其为“和”，事物也就不存在了。

如果说晏子还只是用比喻来说明问题，那么史伯的一段话则从理论上更加鲜明地表明了自己的观点，更具有思辨色彩。《国语·郑语》记载史伯回答郑桓公的话说：“夫和实生物，同则不继。以他平他谓之和，故能丰长而物归之。若以同裨同，尽乃弃矣。故先王以土与金木水火杂，以成百物。是以和五味以调口，刚四支以卫体，和六律以聪耳，正七体以役心，平八索以成人，建九纪以立纯德，合十数以训百体。出千品，具万方，计亿事，材兆物，收经入，行姟极。……声一无听，物一无文，味一无果，物一不讲。”这段话论“和”，有两个要点，其一是讲什么是“和”，即“以他平他谓之和”。“他”指矛盾对立的诸方面、诸要素，“平”指诸方面、诸要素的协调配合，相辅相成。世间万物，莫不由彼此矛盾的诸要素组成。诸要素既互相对立，又互相依存，共同决定着事物的面貌。无“他”不成事物，无“平”也不成事物，二者缺一不可，“和”就是事物，事物就是“和”。其二是讲“和”的重要性，即“和实生物”。事物内部诸要素的对立统一推动着事物的发展，没有这种对立统一，则会“不继”，“无听”，“无文”，“无果”，“不讲”，会“尽”会“弃”了。因此“和”是事物运动变化发展的规律。史伯的论述充满辩证法思想，见解是深刻的。

历代学者继承了晏子、史伯的思想，如《诗·伐木》“终和且平”，郑笺云：“以可否相增减曰和。”《国语·郑语》韦昭注云：“和谓可否相济。”又《周语中》“和同可观”韦昭注云：“以可去否曰和。”《后汉书·刘梁传》云：“以可济否谓之和。”《逸周书·大开武》“维王其明用开和之言”孔晁注云：“可否相济曰和。”又《王佩》"化行在知和",孔注同。

以上所述,为"和"字词义引申发展的主流。除此之外,"和"字还从"声相应"的本义向另一个方向引申出"混合"或"使混合"这一重要意义。如《书·说命下》云"若作和羹,尔惟盐梅",《诗·烈祖》云"亦有和羹,既戒既平。"《周礼·天官·食医》云"掌和王之六食、六饮、六膳、百羞、百酱、八珍之齐。"《仪礼·公食大夫礼》云"大羹湇不和",贾疏云:"太古质,故不和以盐菜。"《庄子·田子方》云"宋元君将画图,众史皆至,受揖而立,舐笔和墨。"《礼记·内则》云"冠带垢,和灰请漱。衣裳垢,和灰请澣。"《公羊传·庄公三十二年》云"季子和药而饮之。"其实,由"声相应"引申为"混合"或"使混合",是很好理解的:声音的呼应必然导致声音的混杂。因此,"和"字应该有"声音混杂"一义。只不过现存古代文献中这种"和"字罕见,《文选》卷十七王褒《洞箫赋》云:"啾哔[咈]而将吟兮,行鍖銋以和啰,"李善注云:"啾,众声也。哔[咈],声出貌。行,犹且也,胡庚切。鍖銋,不进貌。和啰,相杂貌",似即此义。由声音的混杂再引申,即进而指凡物之混合了。

"和"字还有诸多引申义,但归纳起来,大致不出上述范围。通过连锁和辐射的方式,由本义向"和谐"、"混合"两个方向的发展,构成了"和"字的整个词义引申系统。这一系统勾画出了"和"字起源与发展的轨迹。

二

《说文解字》:"合,合口也,从亼口。"在甲骨文、金文中,"合"是一个会意字,下半部分像器物之形,而非"口"字,上半部分像器物的盖子。这样,许慎的解释就与本义有出入了。不少学者已经正确地指出，甲骨文、金文中的"合"字像器盖相合之形，许慎所说的"合口"，乃是其引申义。因此，"合"字的本义应该是"器物盖上盖子"。

由"器盖相合"的本义，引申为凡物之闭或合拢。如《仪礼·乡射礼》云："合足而俟。"《战国策·燕策二》云："蚌方出曝，而鹬啄其肉，蚌合而拑其喙。"又《赵策三》云："夫胶漆，至粘也，而不能合远。"《庄子·秋水》云："公孙龙口呿而不合。"《左传·成公十六年》云："在陈而嚣，合而加嚣。"又《哀公九年》云："宋皇瑗围郑师，每日迁舍。垒合，郑师哭。"《山海经·大荒西经》云："西北海之外，大荒之隅，有山而不合，名曰不周负子。"唐白居易《寄行简》诗云："春来梦何处，合眼到东川。"不难看出，以上用例蚌合、口合、眼合离本义最近。

凡物之闭或合拢，就是原来分离的部分聚集在一起，合就是聚，聚就是合，因此由"闭"或"合拢"又引申为"聚集"或"使聚集"。《诗·民劳》"以为民逑"，郑笺云："合，聚也。"这种意义出现以后，成为"合"的中心义。绝大多数"合"字，都是围绕着这一中心的。分类举例如下：

指人——《周礼·天官·掌次》云："合诸侯亦如之。"又《地官·族师》云："若作民而师田行役，则合其卒伍，简其兵器。"《韩非子·饰邪》云："君臣也者，以计合者也。"以上指简单的聚集。《诗·常棣》云："妻子好合"，《左传·昭公二年》云"寡君命下臣来继旧好，好合使成，臣之禄也"，《管子·枢言》云"先王事以合交，德以合人"，又《君臣上》云"法制有常则民不散而上合"，《礼记·坊记》云"故君子因睦以合族"。以上"合"字意为团结，结盟，也自"聚集"而来。《荀子·儒效》"合天下"，杨倞注云："合天下，谓合会天下诸侯，归一统也。"此"合"字意为统一，统一就是大合。《仪礼·丧服》云:“夫妻牉合也。”《礼记·礼运》云:“合男女,颁爵位,必当年德。”《楚辞·天问》云:“女岐无合,夫焉取九子?”北齐刘昼《新论·命相》云:“庆都与赤龙合,而生唐尧。”以上特指男女的结合。

《书·益稷》云:“合止柷敔。”《周礼·地官·里宰》云:“以岁时合耦于耡,以治稼穑。”又《春官·大司乐》云:“以六律、六同、五声、八音、六舞大合乐。”《仪礼·少牢馈食礼》云:“司士合执二俎以从。”以上这些“合”字,不是指人与人的聚集,而是指人的动作同时进行。同时进行就不是各自为政,所以叫做“合”。

还有一些“合”字,不是简单地指人的相聚,而是连带指人聚集之后的行为。如《国语·鲁语下》云“天子及诸侯合民事于外朝,合神事于内朝;自卿以下,合官职于外朝,合家事于内朝”。这里的“合”,实际上是合议。因为欲议必先聚,所以叫“合”。《左传·宣公二年》云:“既合而来奔。”杜注云:“合,犹答也。”《睡虎地秦墓竹简·封诊式》云:“自杀者必先有故,问其同居,以合其故。”《马王堆汉墓帛书·战国纵横家书·苏秦自赵献书于齐王》云“奉阳君合臣曰……”。以上“合”字是“答”的意思,取其聚而问答之义。《左传·襄公十年》云“使王叔氏与伯舆合要”,孔疏云:“合要者,使其各为要约言语,两相辩答”,与之相类。《左传·成公二年》云“自始合,而矢贯余手及肘”,此所谓合,指交锋。交锋必聚,故称“合”。

指物——《周礼·考工记·函人》云“合甲寿五属”,郑众云:“合甲,削革里肉,但取其表,合以为甲。”此指皮革之聚。又《弓人》云“秋合三材”,此指胶、丝、漆之聚。《老子》第五十五章云:“未知牝牡之合而朘作。”《礼记·月令》云:“乃合累牛腾马。”此“合”字指动物交配。交配必聚,其义甚明。《礼记·礼运》云:

“范金合土。”又《内则》云：“稻米二，肉一，合以为饵煎之。”《抱朴子·外篇·尚博》云：“虽有起死之药，犹谓之不及和、鹊之所合也。”鲍照《代淮南王》诗一云：“琉璃作盌牙作盘，金鼎玉匕合神丹。”以上“合”字意为调和、拌和，其自“聚集”之义而来，一望可知。

指天地自然——《周礼·地官·大司徒》云：“天地之所合也。”《庄子·达生》云：“天地者，万物之父母，合则成体，散则成始。”《礼记·乐记》云：“天地訢合，阴阳相得。”以上指天地。《易·噬嗑》彖辞云：“雷电合而章。”此指雷电。《国语·周语下》云：“合通四海”，此指江河。《左传·昭公十七年》云：“水火所以合也。”此指星辰。

指抽象事物——《易·乾·上九》彖辞云“保合太和”，“保”指保持，“合”指使阴阳二气常交融而不乖离。《谷梁传·庄公三年》云：“独阴不生，独阳不生，三合然后生”，与此义近。其他如《周礼·考工记·弓人》云“合九而成规”。《左传·襄公十年》云：“众怒难犯，专欲难成。合二难以安国，危之道也。”《国语·周语中》云：“于是乎有折俎加豆，酬币宴货，以示容合好。”又《晋语四》云：“故异德合姓，同德合义。”

不难看出，以上“合”字虽随着指称对象和运用场合的不同而意义各异，但基本上都是紧贴“聚集”这一中心义的，它们之间的联系一目了然。此外，从“聚集”这一中心出发，还朝不同的方向分别引申出几个稍远的义项，如：

凡事合则成，离则败，故将事情办成，也叫做“合”。如《国语·鲁语下》云：“今诗以合室，歌以咏之，度于法矣。”韦昭注云：“合，成也。”《左传·成公十二年》云：“宋华元克合晋楚之成。”合晋楚之成，意即促成了晋楚两国的和好。《管子·侈靡》云：“作此相食,然后民相利,守战之备合矣。”“合”就是成。宋王安石《与刘原父书》云:“方今万事所以难合而易坏,常以诸贤无意耳。”“合”本指事情的进行,“成”是进行的结果。由指事情的进行转而指事情的结果,即由“聚集”的中心义引申为“办成”、“办妥”了。

凡物合则完,分则残,故完全的、整个的事物也称作“合”。如《管子·侈靡》云:“一亲往,一亲来,所以合亲也。”房玄龄注云:“谓一亲往死,一亲来生,亲无绝时,故曰合亲。”这里的“合亲”,指保持应有血缘的完整无缺。《旧唐书·陆德明传》云:“合朝赏叹。”《齐民要术》卷十引裴渊《广州记》云:“罗浮山有桔,夏熟,实大如李,剥皮噉则酢,合食极甘。”《天工开物·养忌》云:“西南风太劲,则有合箔皆僵者。”以上“合”字,皆作“整个”讲,也是由指过程、状态引申而指结果。

物以类聚,凡合者必有所同,无所同者必不能合。因此,由“聚合”又引申为“相同”。这种意义的“合”字又分为两类:并列而无主次之分的事物之间言“合”,是“相同”、“一致”的意思;有主次之分,一事物同于另一事物称“合”,是“符合”、“适合”的意思。前一类例子如:《易·乾·九四》云:“大人者,与天地合其德,与日月合其明,与四时合其序,与鬼神合其吉凶。”又《小畜·六四》象辞“上合志也”,孔疏云:“已与上九同合其志,共恶于三也。”《墨子·迎敌祠》云:“合心比力。”《战国策·燕策一》云:“臣之趣固不与足下合者。”《礼记·内则》云:“道合则服从。”后一类例子如:《管子·四时》云:“刑德合于时则生福。”《周礼·春官·大宗伯》云:“以礼乐合天地之化。”《孙子·九地》云:“合于利而动,不合于利而止。”《孟子·离娄下》云:“周公思兼三王,以施四事,其有不合者,仰而思之。”《史记·廉颇蔺相如列传》云:“括徒能读其父书传,不知合变也。"《新唐书·沈传师传》云:"每断狱,召幕府平处,轻重尽合乃论决。"以上"合"字意义上抽象一些,离"聚"的中心义也稍远一些,但其联系还是明显的。

以上就是"合"字词义引申系统的轮廓。总的看来,"合"字的发展变化比较简单,其词义引申的过程比较清晰。各种意义的"合"字,都没有明显的哲学意味,其本身不成为哲学范畴。

三

至迟在春秋时期,"和""合"二字开始并举或连用。在此基础上,"和合"一语逐渐形成。关于这个过程,下面两个例子是很好的说明。《管子·幼官》云:"畜之以道则民和,养之以德则民合。和合故能习。""和"指睦而不争,"合"指聚而不散,各是一义,互不相混,故后面的"和合"很明显是二义并举,二字之间关系松散,不成其为一个整体。又《文子》云:"若天若地,何不覆载,合而和之者君也。""合"是聚,"和"是调,与上一例相类,也很清楚地说明了"和合"形成的过程。随着语言的发展,"和""合"二字逐渐成为密不可分的整体,"和合"一语也就产生了。

在先秦文献中,"和合"还不多见,仅出现数例。从汉代起,"和合"成为常用语,广泛见于史、子、集及注疏中。

从语法方面看,"和合"一语主要是动词性的,可以及物,也可以不及物。也有少数是名词性的或形容词性的。其构成方式为并列结构,"和"与"合"可以互换位置而意义不变。语音上,"合"读 hé;"和"一般也读 hé,但当其为"混合"的意义时,按今天的语音应读作 huò。

在分析"和合"的意义之前,我们先要弄清一个问题,那就是"和"与"合"的意义关系问题。"和""合"上古虽同属匣母,但

"和"为歌部,"合"为缉部,韵部相差很远;且"和"的本义为声相应,"合"的本义为闭拢,二字音异义不同,它们没有任何渊源关系,是可以肯定的。但将二字词义引申系统相比较,可以发现它们有相近、相通或交叉之处。如"妻子好合"与"夫妇和","和于楚、韩"与"合于魏、赵","阴阳和"与"阴阳合","和药"与"合药"等等。因此古人对二字有时不加区别,简单地等同起来。古训中,有许多二字互训或同训的例子。互训的例子如:《吕氏春秋·有始》"夫物合而成"高诱注云:"合,和也。"《战国策·秦策二》"令田章以阳武合于赵"韦昭注云:"合,和也。"《汉书·王莽传中》"玄炜和平"集注引晋灼云:"和,合也。"《礼记·郊特牲》"阴阳和而万物得"孔疏云:"和,犹合也。"又《逸周书·谥法》及《汉书·荆燕吴传赞》集注分别释"和"为"会也"、"集也",其意也以"合"为"和"。同训的例子如:《尔雅·释诂》云:"谐、辑、协,和也。"《说文》云:"协,众之同和也。"《书·洪范》"协用五纪"孔传云:"协,和也。"《左传·昭公二十五年》"乃能协于天地之性"杜注云:"协,和也。"《书·尧典》"协和万邦"孔传云:"协,合",孔疏云:"《释诂》以协为和,和、合义同,故训协为合也。"又《洪范》"相协厥居"孔疏云:"协,合也。"《左传·昭公七年》"告之梦,梦协"杜注云:"协,合也。"《国语·周语中》"将和协典礼"韦昭注云:"协,合也。"《广韵》云:"洽,和也,合也。"

那么二字的关系究竟如何呢?我们认为,相近相通不等于相同。尽管二字有时区别不大,但从来源上讲,其细微差异总是存在的。如上引《吕氏春秋》、《礼记》二例,和者必合,合即有和,是相通的一面;但"合"是交,"和"是融,侧重点仍有不同。二字互训,或是发挥,或是引申,不能视为对原文的准确解释。《战国策》一例,实与《东周策》"周恐,必以国合于所与粟之国"相类,是联合的意思,与《秦策一》"引军而退,与荆人和"是不同的。此时齐、赵既未战,也就无所谓和。以"和"释"合",显非直训。至于"协"字,其与"合"字晓匣旁纽,盍缉旁转,音近,而与"和"字语音相差很远;其字即"劦"之孳乳,本义应为"合力",所以后来才能引申出"协助"的意思。因此,"协"、"合"从来源上讲最初实为一词,释"协"为"合"是本训,释"协"为"和"是引申。正如"辑"的本义为车舆,释"辑"为"和"乃其引申一样。

"和""合"二字的关系,涉及到对"和合"意义的理解。当"和"、"合"组合成"和合"后,这个组合的整体意义发生两种情况:一是两个成分意义的总和,一是以一个成分的意义为主。多数情况下,这个组合不再是原来的单一概念,它不简单地等于"和"或"合"。所谓"和合",是由"和"、"合"共同化生而出的新的复合概念。这一新义内部密不可分,构成成分之间相互补充,"和"中有"合","合"中有"和",缺一不可。它也不是"和"、"合"的简单相加,而是二者的水乳交融,有机结合。这是第一种情况。有的场合"和合"的意义明显地偏向构成成分之一方,它仍然是一个单一概念,等于"和"或"合"。古训中用"和合"来解释"和"或"合"的时候,这种情况尤为常见。如《周礼·秋官·县士》"协日刑杀"注引郑众云:"协,合也,和也。和合支干善日,若今时望后利日也。"按注释者的理解,这里的"和合"就是"合"或"和"。《礼记·中庸》"故君子和而不流",孔疏释为"性行和合而不流移",这个"和合"是随和的意思,基本上就等于原来的"和"。《墨子·兼爱中》云:"昔越王勾践好士之勇,教驯其臣,和合之。焚舟失火,试其士曰……"这里"和合"指聚集,主要是"合"的意思。这种整体意义偏于一方的构成方式在汉语中是能产的,可以视为“和”或“合”的双音化或所谓“偏义复词”。这是第二种情况。

“和合”一语广泛运用于人、事、物、天地阴阳等各个方面，随着指称对象和构成成分意义的不同，其意义也有不同。以下分类觇缕述之。

1. 用于人。“和合”的基本意义是指人际之间的和睦团结或使人和睦团结，由此引申，而有小异。如《墨子·尚同中》云：“内之父子兄弟作怨仇，皆有离散之心，不能相和合。”《礼记·乐记》云：“所以合和父子君臣，附亲万民也。”这里“和”指和睦，“合”指团结，分别自其“和谐”与“聚集”的中心义引申而来。《国语·周语上》“和协辑睦于是乎兴”韦昭注云：“协，合也。辑，聚也。睦，亲也。”“辑睦”与“和合”同义，“辑”就是“合”，“睦”就是“和”。类似的说法也见于《管子》中，《五辅》云：“和协辑睦，以备寇戎。”《管子·形势解》又云：“臣不亲其主，百姓不信其吏，上下离而不和。”可见人与人之间不但要“合”，也要“和”，缺一不可。《书·尧典》“协和万邦”，孔疏的解释是“合会调和天下之万国”，“合”是合会，“和”是调和，就更清楚了。以上数例可以说明用于人的“和合”确实包含了“和睦”与“团结”两个方面的内容。这种用法的“和合”比较常见，如《汉书·公孙弘传》云：“今人主和德于上，百姓和合于下。”又《杜延年传》云：“延年议论持平，合和朝廷。”《书·尧典》“协和万邦”孔疏云：“谓使从顺礼义，恩情和合。”《诗·常棣》“妻子好合，如鼓瑟琴”孔疏云：“志意合和，如鼓瑟琴相应和。”《周礼·地官·大司徒》“以乐礼教和”贾疏云：“凡人乖离，皆由不相和合。”唐元稹《辨日旁瑞气状》云：“臣下忠诚辅主，国中欢喜和合。”以上指一般的和睦团结。《史记·魏世家》云“上下和合”，又《循吏传》云：“施教导民，上下和合”，《书·

汤誓》“有众率怠弗协”，孔传云：“众下相率为怠惰，不与上和合。”以上指统治者与被统治者之间的融洽团结。《史记·三王世家》云：“大臣欲和合骨肉，难伤之以法。”《左传·昭公十四年》“禄勋合亲”孔疏云：“和合其亲戚，使宗族皆相亲也。”以上指使骨肉团聚，亲密无间，其义重在“合”。《周礼·秋官·掌交》“使和诸侯之好”郑注云：“有欲相与修好者，则为和合之。”又《地官·调人》郑注云：“调，犹和合也。”《易林》云：“衔命上车，合和两家。”以上三例取调解之意，调解就是使人由离散而聚合，化怨怒为和睦。而《战国策·燕策二》云：“寡人有时复合和也。”韦昭注云：“预言不胜与齐合。”这里的“合和”指两国之间化解矛盾而归于和好。《红楼梦》第二十八回云：“女儿乐，夫唱妇随真和合。”这里特指夫妻之间的和睦恩爱。

当“和合”用于指天下、国家、人民的团结和睦时，则含有“统一”之意。如《尚书大传·洛诰》云：“一统天下，合和四海。”《春秋繁露·楚庄王》云：“天下未遍合和，王者不虚作乐。”《史记·五帝本纪》云：“合和万国。”《汉书·师丹传》云：“匡率百僚，和合天下者也。”《后汉书·杜诗传》云：“海内合和，万世蒙福。”统一就是总体范围内的大团结、大和睦。

“和合”另一个常见的用法是特指男女之间的结合。如《管子·入国》云：“凡国都皆有掌媒，丈夫无妻曰鳏，妇人无夫曰寡，取鳏寡而合和之。”《易林》云：“使媒求妇，和合二姓。”《周礼·地官·序官》“媒氏下士二人”贾疏云：“谓别姓三十之男，二十之女，和合使成婚姻。”唐张鷟《游仙窟》云：“五嫂如许大人，专拟和合此事。”

当指单方面的个人时，“和合”是随和的意思。如《荀子·非十二子》“古之所谓士仕者，厚敦者也，合群者也”，杨倞注云：

“合，谓和合群众也。”“合群”一语，沿用至今。《礼记·中庸》“故君子和而不流”，孔疏云：“不为南北之强，故性行和合不流移”，又云：“以其性和同，必流移随物，合和而不移，亦中庸之德也”。

2. 用于事。“和合”用于事，其基本意义是“协调配合”。如《国语·郑语》云：“商契能和合五教，以保于百姓者也。”韦昭注云：“五教，父义、母慈、兄友、弟恭、子孝。”这里的“和”指协调得当，“合”指综合利用。《书·大禹谟》云：“正德利用厚生惟和。”孔传云：“三者和，所谓善政。”又《洪范》云“协用五纪”，孔传云：“协，和也。”“和”“协”之意与之相类。《诗·那》“依我磬声”孔疏云：“又依倚我玉磬之声，与之和合。”《周礼·地官·鼓人》郑注云：“音声，五声合和者。”贾疏云：“六鼓四金与音声和合，故连言音声也。”《礼记·乐记》“节奏合以成文”孔疏云：“使音声和合，成其五声之文也。”以上几例指音乐演奏中的协调配合。《书·舜典》“协时月正日”孔疏云：“以时月须与他月和合，故言协。”这是时日的协调配合。《周礼·秋官·乡士》“协日刑杀”，郑注引郑众云：“协，合也，和也。和合支干善日，若今时望后利日也。”《管子·四时》云：“刑德者四时之合也，刑德合于时则生福。”房注云：“德合于春夏，刑合于秋冬。”以上两例清楚地说明“和合”就是协调干支，使符合要求。又指时日配合得当，等于说“好日子”。如《警世通言·小夫人金钱赠年少》云：“明日是个和合日，我同你先到张宅讲定财礼，随到王招宣府一说便成。”

凡事能协调配合则有成，故“和合”又指事成，把事情办妥。《左传·宣公二年》“既合而来奔”，孔疏引贾逵云：“言宋人赎我之事既和合，而我即来奔耳。”可见汉代“和合”已有“成”义。《书·洪范》云：“相协厥居”，此句有多种解释，孔疏引王肃云：“王者当助天和合其居所”，以“和合”释“协”，即事成、办妥之意。

凡事成则善,因此"和合"又有顺当、顺利之意。《荀子·礼论》云:"故人之欢欣和合之时,则夫忠臣孝子亦惮诡而有所至矣。"宋周去非《岭外代答·茅卜》云:"其卦甚吉,百事欢欣和合",句意相同。这里的"和合"指顺当,顺利。元杨显之《酷寒亭》第三折云:"谢天地买卖和合。"又缺名《盆儿鬼》一云:"明日个蚤还家,单注着买卖和合,出入通达。"两句意同,也是顺利的意思。

3. 用于物。这种用法的"和合"意义比较简单,就是混合、调和的意思。前面说过,"和"与"合"本身就有上述含义,但"和"重在"混"和"调","合"重在"聚","和合"则兼二义而有之,成为一个密不可分的整体。如《墨子·非攻中》云:"今有医于此,和合其祝药之于天下之有病者而药之。"《齐民要术·造神麴并酒》云:"大率小麦生、炒、蒸三种等分,曝蒸者令干,三种和合,碓臼市,净簸择,细磨。"又《白醪酒》云:"取小麦三石,一石熬之,一石蒸之,一石生。三等合和,细磨作屑。"《魏书·术艺传·徐謇》云:"謇合和药剂,攻救之验,精妙于修。"《朝野佥载》卷一云:"仲乃录取药,合和为丸,服之应时而愈。"《周礼·地官·媒氏》贾疏云:"麴麦和合得成酒。"《礼记·礼运》"范金合土"孔疏云:"合土者,谓和合其土,烧之以作器物。"又《郊特牲》"贵天产也"孔疏云:"余物皆人功和合为之,盐则天产自然。"宋范成大《素羹》诗云:"合和二物归藜糁,新法侬家骨董羹。"清昭梿《啸亭杂录·内务府定制》云:"执事者执金瓶,女官以丞爵酌酒,合和以进。"

也有少数"和合"用于抽象事物的例子。如《易·乾·文言》云:"利者义之和也。"又云:"利物足以和义。"对这两句,有各种不同的解释。孔疏云:"言君子利益万物,使物各得其宜,足以和合于义,法天之利也。"又云:"利是利益也,合和也。"细玩文意,孔氏所谓“和合”、“合和”，乃取和谐、协调之义。

4. 用于天地阴阳。如《吕氏春秋·有始》云：“天地合和，生之大经也。”《韩诗外传》卷三云：“天施地化，阴阳和合。”《淮南子·天文训》云：“阴阳和合而万物生。”又《本经训》云：“天地之合和，阴阳之陶化。”《素问·生气通天论》“两者不和”李冰注云：“两谓阴阳，和谓和合则交会也。故圣人不绝和合之道。”《尔雅·释岁阴》“协洽”注引李巡曰：“言阴阳化生万物，和合含英秀也。”以上的“和合”或“合和”，皆为“交融”之意。阴阳二气化生万物，不交不行，交而不融也不行，不单要“合”，而且要“和”。单说“和”的时候，是强调了阴阳协调的一面；单说“合”的时候，是强调了阴阳相聚的一面。说“和合”，则兼顾了两个方面。《庄子·田子方》云：“至阴肃肃，至阳赫赫。肃肃出乎天，赫赫发乎地，两者交通成和，而物生焉”，很清楚地说明了这一点。《白虎通·八风》云：“四十五日，不周风至。不周者，不交也，阴阳未合化也。”“交”就是“合”，“化”就是“和”。

阴阳化生万物的思想，在中国哲学史上占有极为重要的地位。但就“和合”本身的含义来讲，似乎并不具有特定的一般性内容，因此还不能算作严格的哲学范畴。

5. 作名词或构成名词性词语。作为神名使用的有四种，第一种即所谓“万回哥哥”。《酉阳杂俎》云：“和合神姓张，唐河南人。得神术，尝访其兄于安西，途万余里，朝往而夕归，故称为万回。”《西湖游览志余·委巷丛谈》云：“宋时杭城以腊月祀万回哥哥，其像蓬头笑面，身著绿衣，左手擎鼓，右手执棒，云是和合之神，祀之，可使人在万里之外亦能回家，故曰万回。”此神称“和合”，显然是取其骨肉团聚，共享天伦之乐之义。第二种是婚神，民间画其像两尊，皆蓬头笑脸，身着绿衣，一尊手持荷花，一尊手捧圆盒,婚礼时祀之。此神称“和合”,是取夫妻和睦恩爱之意。《西湖游览志》云:“今婚礼俗祀和合,盖取和谐好合之意。”第三种是所谓“和合二圣”。《通俗编·神鬼》云:“国朝雍正十一年封天台寒山大士为和圣,拾得大士为合圣。”寒山、拾得为唐天台山高僧,两人举止怪异,情同手足。今清代陶瓷和合二圣像为二和尚亲热笑对,当是取其亲昵和睦、随和旷达之意。第四种为小说中神仙形象。《四游记·哪吒行兵收华光》云:“又有和合二神禀曰:‘不须本官出马,某二人愿往。’”

“和合”加上其他词语,可以构成各种专有名词。如佛教方面,有所谓“和合僧”,又称“和合众”,指比丘三人以上集同处,持同戒,行同道者。《行事钞》云:“僧以和合为义。”和合僧又分为理和合僧、事和合僧。僧众又称为“和合海”,比喻众僧和谐一致,有如海水之一味。对和合僧功德的尊崇,称为“和合尊”。“和合性”为唯识宗所说百法之一,也是二十四不相应行法之一,指形成心、色等诸法的因缘能够彼此融合的性质。该法认为,有为诸法产生时,必须集中融会众多的因缘而成。显然,以上“和合”,皆取其聚集融合协调之义。又有所谓“和合香”,指用于密教的由各种香料调制而成的香,俗称“五种香”。这里的“和合”是混合、调和之义。

在医学方面,有药名“和合草”。此草产于云南澜沧江外,根洁白,形如男女交媾状。据医书称,此草专治夫妇相憎,伉俪不谐者,服此即欢好。此“和合”取夫妻和睦恩爱之意。气功中有所谓“和合四象”,宋张伯端《金丹四百字》序云:“含眼光,凝耳韵,调鼻息,缄舌气,谓之和合四象。”不难看出,此处的“和合”意为协调配合。戏剧中,强调时间、地点、情节必须始终一致的“三一律”,也叫做“和合律”,得名于协调一致之义。数学上,一个数的各整除数之和等于另一个数，这两个数叫做“伴数”，又名“和合数”。这里的“和合”，指两个数恰好偶合，互为依存。

综上所述，以“和”、“合”为构成成分，通过意义上的并举连用和语音上的双音化两种途径，形成了“和合”一语。前一种情况，“和合”既不等于“和”，也不等于“合”，而是二者交融而成的复合概念。后一种情况，“和合”为单一概念，是“和”或“合”的双音化。“和合”中的“和”，其基本意义是“和谐”，由此引申出和睦、平和、协调、混合诸义。“合”的基本意义是“聚集”，由此引申出团结、统一、结合、配合、事成等义。“和”、“合”诸引申义的不同组合与运用对象的不同，形成了“和合”一语的多种意义。不论哪种意义的“和合”，都没有继承春秋时期“和”那样的特定的普遍性内涵，都没有发展成为严格的哲学范畴。

“和”、“合”各自还有许多同义词，这些同义词与“和”或“合”彼此配搭，构成一系列与“和合”意义相同相近的双音组合。其中尤以“合”诸同义词与“和”组合为多。如《荀子·荣辱》云：“是夫群居和一之道也。”《三国志·蜀志·谯周传》：“故国内和一，大小勠力。”分则为多，合则为一，“合”“一”义近。比较“百姓和合于下”、“海内合和”。《管子·立政》云：“大臣不和同，国之危也。”《礼记·月令》云：“天地和同，草木萌动。”“合”有“同”义，二字义近。比较“上下和合”、“天地合和”。《左传·隐公十一年》云：“寡人有弟，不能和协。”《逸周书·允文》云：“上下和协，靡敌不下。”“合”、“协”同源义近，比较“不能相和合”、“上下和合”。《史记·屈贾列传》云：“天下和洽。”“洽”、“合”同源义近，比较“海内合和。”《晏子春秋·谏上七》云：“是以天下治平，百姓和集。”张纯一注云：“和则亲睦而不离，集则团聚而不散。”“合”的中心义即“集”，比较“百姓和合于下。”《管子·五辅》云：“举错得则民和辑，民和辑则功名立矣。""辑"有"聚"义，与"合"义近。《国语·周语上》韦昭注云："辑，聚也。"比较"百姓和合。"又有"辑和"，《资治通鉴·晋武帝太元二十一年》云："道子欲辑和内外。""辑睦"，《管子·五辅》："和协辑睦，以备寇戎。""辑"是"合"，"睦"是"和"。"辑穆"与此相类，晋刘琨《劝进表》："群臣辑穆。"《隋书·高祖纪上》："志在匡弼，辑谐内外。""辑"是"合"，"谐"与"和"同源义近。此类尚多，以上属举例性质。这类组合，为我们准确理解"和合"的内涵和性质提供了很好的旁证。

从本文的分析可以看到，"和"的基本内涵是和谐，"和合"加入新的成分，将和谐凝聚为完整。这表明古人在实践中接触认识到"和"与"和合"这一事物的合理存在方式，进而自觉要求和谐与完整。但是，这种认识在总体上还停留在比较简单粗浅的阶段，古人看到人际之间须和睦团结，事情须协调配合，阴阳须水乳交融，却没能向前一步，概括起来，抽象出来。因此，这种认识与其说是哲学思考，毋宁说是审美追求。只有个别思想家达到了比较深刻的层面，代表了当时的最高水平。尽管如此，"和"与"和合"的确复盖了整个自然、社会和人，的确包含着原始的辩证思维，包含着对世界存在及其变化发展的观察、思索和理解，并且反映出我们民族偏爱静止的文化心态，因此，确实值得认真发掘和研究。本文所作的，只不过是初步的探索。

（原载《四川大学学报》（哲社版）1999 年 2 期，
作者工作单位：四川大学古籍整理研究所）

汉语称谓词概说

俞理明

一、称谓词的定义和分类原则

称谓有广义和狭义的两种理解，广义的称谓，是指对各种事物的称说；狭义的称谓，专指称述各类人物的词。本文采用狭义的概念，讨论称述各类人物的词。

我们按照称谓词所反映的人物特征展开分类，由于人在社会上处于复杂的关系之中，出现在称谓词中的各项特征，有时不是唯一性的，一些称谓在特征方面具有综合的特点。因此，在分类中，可能出现亦此亦彼的现象，对此，需要采取一定的措施作适当的处理。

在一个词的多个意义要素之间，有一些要素更能反映事物的个性特点，而有的要素则更能反映事物的类同关系。同样反映事物特点的语义要素，个性特点越鲜明，它的类同性就越差；反之，个性特点不够鲜明、相对比较隐晦的语义要素，类同性会更强。二者呈相反相对的关系。

就具体的称谓词分类操作而言，从技术上说，从上述两个角度采用不同的优先顺序都是可操作的，但各有长短。其中，以称谓词最鲜明的意义特点为分类的优先条件，各词的意义特点可以更为突出，各类的色彩也会更鲜明，但同类词中的类同性就比较差。而以类同性为优先考虑的话，分类的类同关系能得到比较好的照顾，但也导致意义特点在分类中没有充分体现。

由于分类主要考虑的是类别关系，以类同性为优先，比较适宜保证分类系统的严整关系，值得优先考虑。

从类同优先的角度看称谓词，不同的语义要素的先后顺序可作如此排列：首先是表示人物性别、年龄、种族的语义要素居先，其次是有关人物职业的语义要素，再次是有关人物的生理心理的语义要素，以及财富和身份地位等语义要素。

从称谓词的形式构成来看，通常，修饰限定成分突显人物的特点，受限成分反映人物的类同关系。词汇的形式与意义关系之间存在一定的对应性，可以作为分类的直接参考。

二、称谓词的整体分类

从语义上看，称谓词大致有两个功能，或是反映不同人物的社会关系，我们把这类称谓词叫做关系称谓词；或是与人物关系无关的、单纯地反映各类人物各方面特征，为特征称谓词。

在人物社会关系称谓词中，往往也包含了人物的某些特征，但关系称谓词的最大特征是，在语境中两相对立，彼此依存。比如，当我们使用了某一关系称谓词的时候，它意味着与之相应的另一个称谓对象的存在。在提到某人是儿子的时候，一定有与他相对的父亲或母亲存在于语境中。在关系称谓中，假如一方不存在，那么另一方也无法存在，比如不存在没有丈夫的妻子、没有徒弟的师父，等等。

不涉及人物社会关系的特征称谓词，主要反映人物在生理、心理、个人行为、社会职业等方面的特征，这类称谓词在语境中的出现在是独立的、彼此不相依附。比较“老人在前面走着”和“母亲在前面走着”两句的差异,“老人”句中没有暗示任何其他的人的存在,而“母亲”句中则暗示女儿或儿子的存在。

三、社会关系称谓词

社会关系称谓词也可以叫作关系称谓词,它反映存在于人与人之间的各种社会关系。

在社会生活中,人们总是处在各种关系之中,这些关系归纳起来有两种基本类型:基于血缘关系的亲属关系和基于社会交际关系的社交关系。

但是,二者之间存在交叉,亲属关系中有些人之间没有血缘的联系,而社交关系中,人们会引入亲缘的因素。结果,在汉语的关系称谓词中,产生了一种介于二者之间的中间状态的关系:结亲关系。

因此,社会关系中包括了三种类型:血亲关系、结亲关系、社交关系。其中,血亲关系是家庭或家族关系的基础,社交关系是社会活动中人际关系的反映,而结亲关系介于二者之间,兼有血亲关系和社交关系两方面的部分因素,但既不等同于血亲关系,也不等同于社交关系。

3.1　血亲关系

血亲关系指具有血缘联系的人们之间的亲缘关系,亲缘关系具有天然的、不可选择的特点,也是形成家庭宗族关系的客观基础。

从使用者的角度来看,对最近的第一层血亲关系区别最清晰,“父”“母”“子”“女”“兄”“弟”“姊”“妹”,以及第二层的“祖”“孙”“姑”“舅”“姨”等,同时表达了性别、辈分。在同类关系不止一人时，古人还以“伯”“仲”“叔”“季”这样形式来作区别，这种区分，后来改作序数“大(一)”“二”“三”“四”“五”等等标写在相应的称谓词前，甚至直接用它们来表示人的排行，或直接作人名，如“张三”“李四”，或前加表称谓的词头“阿”或“老”称人，比如“阿大”“阿二”或“老三”“老四”等等。以标序区分各种同辈亲属排行的方法，流行到现在。

血亲关系中，有直接亲缘关系与间接亲缘关系的差异，形成反映远近不同关系的、具有层次性的亲属网络。在汉语称谓中，为了强调血缘关系的亲近，可以在称谓词前加上“亲”“嫡亲”“亲生”“胞”等限定成分，而用“从”“堂”“叔伯”“远房”“本家”“薄”等修饰成分，表示血缘关系的疏远。

此外，受父系社会宗法观念的影响，父系亲属与母系亲属在亲属关系网络中的地位也有差异，有了内外中表之别，古人从男子的角度，区分兄弟的儿子为“从子”“犹子”“比儿”、姐妹的儿子则称为“甥”；而女子则把兄弟儿子称为“姪”，姐妹的儿子也称为“甥”。男系的后代得到更多的关注，称谓用词区分细致，而女系的后代则不作区分了。由于宗法观念与一夫多妻制的综合影响，“妻”生的儿子，被称为“嫡子”(或专指嫡长子)，而“妾”生的孩子是“庶子”，他们要以父亲的“妻”为“嫡母”，生身母亲只能称“生母”或者比母亲疏远一点的“姨”。

一些涉及女系方面的称谓词前，可加上限定成分“外”表示非本宗族的亲缘关系，比如“外公”“外婆”“外甥”“外孙”等等，或用“表”兼表血缘和宗族关系的疏远，如“表兄”“表妹”“表叔”“表姑”“表舅”“表侄”“表甥”等等。

3.2 结亲关系

结亲关系指不具血缘关系的人们，通过建立某种紧密的社会联系，把社会关系转化为家庭关系。

结亲关系有三种表现形式，包括：通过婚姻形成的姻亲关系；通过结义、拜认、领养等形成的义认关系；还有，在社交场合中，用亲属关系称呼无亲属关系的人，构成拟亲关系。三种关系都基于社交活动，但结果并不相同，其中有的造成了新的家庭组合，有的只表示对人的亲近态度，它们对于人际关系的影响，也大不相同。

结亲关系通过社交形成，因此，不具备天然性而有很高的自由度，形成很强的选择性和扩散性。

3.2.1 姻亲关系

人际的婚配行为，通过两个本无血缘关系的男女的结合，使得两个家族群体之间形成了确定的姻亲关系，对人际关系的影响最大。

首先，它把本无血缘关系的人，纳入到了一个家庭亲属体系中，并通过婚姻之后的生育，转换为有血缘联系的人；其次，它把本来不是同一家庭或宗族的成员联系在一起，形成了新的亲族关系。由于婚姻关系，本来没有亲缘联系的家庭被联结在同一个亲属系统中，成为姻亲，使这些人之间有了紧密联系的纽带，彼此关系发生了质的变化。

汉语称谓中，对于关系最近的姻亲关系会作出一些区别，比如以“岳父”“岳母”“大舅子”“小舅子”“大姨子”“小姨子”或者“公公”“婆婆”“大伯子”“小叔子”“大姑子”“小姑子”等，分别区分夫妻双方的父母和兄弟姐妹；也可以在亲属称谓词前附加“亲(qìng)”或“亲家”来表示这种姻亲关系。但对于关系稍远的姻亲就不加区别了，比如在父母辈的亲属中，把有血缘关系的“伯父”“叔父”“舅父”“姑妈”“姨妈”等长辈归入“父”“母”类别中，同样地,把他们的没有血缘关系的配偶"伯母""叔母""舅母""姑父""姨父"也归入了"父""母"类别中,而不加标识。

有些表示婚姻关系的称谓词,还标示婚姻状况。比如,用"未亡人"表示婚后失去了丈夫的妇女,此外,用"寡""孀"作为修饰限定成分,构成了一批与婚姻关系有关的称谓词,例如:"寡母""寡婶""寡妻""寡嫂""寡姊""寡妹""寡女""寡媳"或"孀母""孀姑""孀妻""孀嫂""孀姊""孀女"等既含婚姻状况,兼有亲缘因素的称谓词。"望门寡"被用来指失去了未婚夫的女子,她们通过订婚进入了婚姻的程序,但男方在成婚前去世了。此外,还有用"新"表示处在成婚过程中的男女,比如"新人""新娘""新郎",或用"前"标示曾经有过、因死亡续配或离异而中断的婚姻关系,比如"前夫"、"前妻"。

婚姻关系对群体规模产生影响,受制于家庭成员的数量,家庭成员数量越多,会有更多的婚姻发生,由此产生的姻亲群体关系的规模就越大。在称谓上,与婚配人物有关系切近的人物,都有专门的称谓用词,而稍远的姻亲关系就随婚配对象称呼,或用"姻"作为限定来表示区别,比如"姻兄""姻弟""姻伯""姻叔""姻翁""姻母""姻亲"等等。

3.2.2 义认关系

义认把本无亲缘关系的人,视为家庭成员,也是一种结亲。义认的方式很多,它的结果,可能是让没有血缘关系的人组成一个家庭,也可能仅仅是一种社交关系的亲密化,并不形成新的家庭。

义认关系可以不加标识,以示彼此亲近。但在需要标识的时候,也有一些区别的方式,比如,组成同一家庭的义认关系,通常用"养"作为限定,比如"养父""养母""养子""养女"等等;没有组成家庭的义认关系,通常用"干"或"义""契"作为限定,比如

“干爹”“干娘”“干子”“干女”“干兄”“干弟”“干姊”“干妹”或“义父”“义母”“义子”“义女”“义兄”“义弟”或“契父”“契母”“契子”“契女”“契兄”“契弟”“契妹”等等；明清以来江湖上男子互相结盟义认，称“拜把子”，通常用“把”“拜”作为这类关系的标识作限定，比如“把兄”“把弟”“拜兄”“拜弟”等等。

义认关系在理论上是没有限制的，一个人能跟多少人发生义认关系是无法确定的。但在实际生活中，能够把非家庭成员纳入家庭之中，或者把非家庭成员认同为家庭成员，彼此之间一定存在密切的利害关系或者情感联系，受这种利害关系和情感联系的制约，义认关系的认定其实也是有限制的。

此外，义认关系意在缩小人际距离，以形成一种亲近感。但是，在社会生活中，人与人之间，尤其是异性之间应该保持适当的距离，不能过度接近，越过道德的底线。但实际的生活中，就是有人在这样的名义下，掩饰不正当的婚外关系，在一些地方，部分带“契”的称谓词，因此有了指称情恋关系，包括同性恋关系的含义，比如“契兄”“契弟”“契兄弟”等。

3.2.3 拟亲关系

拟亲关系指在社会交际中，把本无亲缘亲属关系的人，包括从未谋面的陌生人，当作亲属来称呼，虽并不因此构成新的家庭亲属关系，但由此形成一种亲切感，拉近彼此的情感距离，以利达成沟通，获得良好的交际效果。

拟亲称谓词的使用，出于交际策略的考虑，目的是尽量拉近与对话人的关系，因此，拟亲称谓用词在原则上是越近越好。但人际关系过于亲近，会导致关系的质变，因此，这种亲近还需要把握适当的度，不能过分。拟亲关系称谓词的用词，以表示第二层的亲缘关系的异辈亲属称谓词和一般平辈亲属称谓词为主。

所谓第二层的亲缘关系，指跟自己直接关系（如父母夫妻）之外的那一层亲缘关系。

从形式上看，拟亲称谓跟亲属称谓词没有区别，比如：爷爷、奶奶、伯伯、叔叔、阿姨，等等，都既可以用来称呼血缘亲属，也可以用作拟亲称呼素不相识的人。从交际效果来看，这些用词既可以拉近与对方距离，又不至于因过分亲昵而引起误会。

而那些涉及成人的、体现最亲近关系的异辈亲属称谓词，比如爸爸、妈妈、儿子、女儿、丈夫、妻子等，都不能用于拟亲关系称谓，否则会被认为有失庄重，是严重的不得体。但是，涉及未成年人的平辈亲属用词就没有这方面的限制，像姐姐、妹妹、哥哥、弟弟等，则经常性地出现在儿童的拟亲称谓中，一般的平辈亲属称谓词也常常用在公共交际中，比如大哥、兄弟（男性称比自己年轻的男子，女性通常要用“大兄弟”）、大姐、大妹子、大嫂等等，这些词通常比直接称呼事实亲缘关系的用词要多一点加敬的成分，比如前面赘加上一个表敬语素“大”——这也形成了一种区别，避免与真正的亲缘关系发生混淆。

拟亲关系称谓以亲近的关系称谓词称呼无亲缘关系的人，因此，关系稍疏远的亲属称谓词就不宜用于拟亲称谓，比如父系长辈男亲的“叔叔”“伯伯”都可以用来称呼陌生人，但是母系的“舅舅”则不宜这样使用，关系更远的“舅母”“姑父”“姨父”则绝不能这样用了。

由于拟亲关系称谓词主要是一种交际手段，并不具备实质性，不需要实际的联系或利益作支撑，因此它所称呼的对象就相当广泛。尽管如此，拟亲关系称谓的使用还是有一定的限制的，从整体上看，拟亲关系称谓词的使用者，小孩比大人多，妇女比男子多，生人比熟人多——从这个角度来看，拟亲称谓词的使用目的，还有通过拉近关系，求得对方善意以消解自身在交际中弱势的含义。

3.3 社交关系称谓词

社交关系称谓词，反映社会生活中亲缘亲属关系之外的人与人之间的各种关系，比如社会管理关系、交易关系、交友关系，等等。

3.3.1 社会管理关系，反映社会上人与人之间的等级和尊卑差异，就整个社会而言，有反映统治与被统治关系的君王和臣下的关系，长官与属民的关系，上级与下级关系，等等。

社会管理的层级相当复杂，因此，反映社会管理的称谓词中，多数只在人物的统称方面形成对应关系，那些具体反映不同社会管理者身份的称谓词之间，并没有对应性，这些称谓词更多的体现为职业身份，而没有关系对应的特点。比如“君上”与“臣下”的对应关系是明确的，但在“臣下”之中，诸如公、卿、大夫、宰相、文臣、武将、书吏、衙役一直到庶民百姓之间，只有分工的差异，没有严格对应的依存关系。

也有一些管理关系出现在家庭之中，比如古代的主仆关系。

3.3.2 社会交易关系，是社会物质和精神生产活动中，形成的各种人际关系。社会分工的结果形成了不同的职业，提高了社会生产率，同时也促进了社会中人与人之间的交流。社会分工的结果，是把某些满足社会大众需要的工作，交由少数人来完成，但少数人完成的工作或产品，必须与大众实现交换，因此，形成了一批反映社会分工和需求关系的人际关系模式。比如反映生产活动中，涉及劳务雇佣关系的雇主和雇工；商品交易的买卖关系中，店主（及服务营业人员）与顾客；文化技能知识学习中的授受关系中，师生、师徒关系；文化艺术作品表演和欣赏活动中的作者与读者、演员和观众关系，等等。

由职业分工造成的社会交易关系，是单纯反映人与人之间的一种物质关系，它们大多比较分散，也比较笼统，各类职业关系之间也没有太多的联系，缺乏明显的系统性。此外，在这类交易关系中，职业者往往兼有两种身份，即既有交易中供者的身份（一种社交关系），还另有一个职业身份（不涉社交关系的特征称谓），比如某个屠夫或者铁匠、金匠，他们的称谓反映了他们的身份特征，而当他们作为商品的供应者接待顾客时，形成了店主与顾客这样的社交关系。二者区分的角度是不同的。

3.3.3 交友关系也是一种社会关系，这是一种掺杂利害和情感的社会关系，包括敌对关系、朋友关系和伙伴关系。在这三种关系之间，存在对立或区别关系，不过由于利害和情感都可以发生变化，这种对立或区别关系也是可以转化的，伙伴关系加深，可以成为朋友；朋友反目，也可能成为仇敌——当然，也可以化敌为友。

反映交友关系的称谓词有一个特点，就是在多数情况下，同一个称谓词可以兼用于交际双方，认定其中一方的身份属性，另一方不言而喻地自然具有了同样的身份属性。比如，双方可以互为敌人、仇人、冤家、对头、朋友、至交、情人、恋人、伙伴、伴侣、同伙、同乡、邻居、故旧，等等。尽管形成这些关系必须有两个方面的人，包括至少两个个体，但对双方的称谓用词却可以完全没有区别。

当然，在必要的时候，我们也可以对交友关系中的称谓对象在用词上作出区别，比如敌方与我方、男朋友与女朋友之类，但区别是特殊的，混一是普遍的。

四、特征称谓词

特征称谓词，是不反映社会关系的人物称谓词，它反映人物在生理、心理、行为、品质、职业、兴趣爱好等方面，是社会人物的群体差异在称谓词中的具体反映。

一些特征称谓词之间也有相对关系，可以互为反义词。但这种相对关系，不反映人的社会关系，它只是反映人物属性特征方面的对立性差异，比如胖瘦、高矮、男女、智愚、喜怒等等，而这种对立性差异，不是有此便有彼的绝对对立关系，而是通过不同方向的超常表现，间接形成的。比如一个人的身高明显高于同类人的平均水平，但并不意味着必须有一个身高明显低于同类人平均水平的人的存在，因此，有一个“高个子”，不必同时要有一个“矮个子”与之相对。

从词汇形式来看，特征称谓词之间的相对关系，多表现为语素层面的反义对立，比如“好人”“坏人”中的“好”与“坏”；也可以表现为词义内涵的相对，比如“孩童”的“幼小”义。而社会关系称谓词的相对性，主要表现为词义内涵的相对，如“父”与“母”、“兄”与“弟”，等等，它们的意义相对，在语素层面是没有显示的；即使在语素层面有了显现，也往往是不对称的，如“祖父”与“外祖父”，“祖父”以无标记形式出现，而“外祖父”以标记形式出现。

此外，特征称谓词的相对关系，也与社会称谓词不同，它没有一对一的依存关系，它的相对关系往往有散发性，我们无法从一个特征称谓词直接推知与它相对的另一个对象，而是呈现多向性或多点性的特点，比如与老年人相对的，可以是青年、少年、儿童、婴孩等不同年龄的人；老太太可以和大姑娘相对，也可以跟小伙子相对，其中前者的差异点在年龄，后者的差异点既有年龄,还有性别。

当然,对于很多特征称谓词来说,并不存在意义上的相对关系,它们在不同的义场内松散地聚集在一起,而不像社会关系称谓词那样密切地相对应,并且可以形成亲疏不同的系统关系。

4.1 体现人物生理特征的称谓词

人物的生理特征表现在多个方面,包括人物的年龄性别、婚姻和健康状况、体形外貌、生存状态等等,由此形成了丰富的称谓用词。

4.1.1 年龄性别和婚姻特征。年龄和性别是人的基本特征,有一批称谓词专门表现人物的年龄特征,比如老人、中年人、青年人、少年、儿童、成年人、未成年人、大人、小孩、孩子、幼儿、婴儿,等等。也有一批称谓词专门表现人物的性别特征,比如男性、女性、二尾子,等等。但更多的表示年龄性别的称谓词,是综合了年龄和性别因素的,比如“老头”指老年男性,“老太太”指老年女性,“男孩”指未成年的男性,“妇女”通常指成年的女性,“姑娘”指年轻女性,等等。

有一些统称不同年龄性别人们的称谓,比如男女老幼、老老少少、父老乡亲,等等,这些词语有时不能光从字面上来理解。比如有些商家宣传的“童叟无欺”,其中的“童叟”就不能简单理解为“小孩和老头”,而是不论老幼,包括中年青年壮年,当然还要包括性别不同的男女;“一家老小”中“老小”也不能简单地理解为“老人和小孩”,而是包括不同年龄性别在内的全体家庭成员。

生存状态指人的生命状态,处在生命的延续状态的人是“生”、“活”,生命中止的人就成为“死”、“亡”;此外,根据人存活的年限,还有“寿”、“夭”、“殇”等限定成分用于称谓词。

婚姻状态也会成为年龄性别相结构，成为称谓词表现的内容，在很多地方，未婚或无偶的男性是“单身汉”，年长未婚或无偶则为“寡汉”，年轻未婚的男性是“小伙子”，年轻未婚的女性是“大姑娘”，过了一般婚龄而未婚的是“老姑娘”，未婚的“姑娘”还跟年轻已婚的“小媳妇”或再婚的“二婚嫂”形成区分。同时，还有表示婚后丧偶的“寡妇”“孀妇”等。

4.1.2　健康状况也是称谓词中经常表达的意义，其中一般体格健全健康的人，往往用零标记的方式表达，而对于身体状况特别的人，就有必要作区别性的表达。包括生理无缺陷但健康状态不同于一般的人，以及生理有缺陷的人。

健康状态不同于一般的人，其实也有两类，一是强于常人，身体特别强壮勇健，比如：壮夫、健妇、体汉、健儿、勇士、力士，等等。一是弱于常人，身体羸弱或患病，其中有一批称谓词专门指称患有各种疾病的人，比如：瘘人、湿家、齁包，等等。

人的健康状况会有变化，其中有的是经过长期缓慢形成的，有的则通过突发性的变化出现的。同时，健康还有短时状况和一般状况的区别，因此，反映健康状况的称谓词也有不同，这类称谓词指称的人物状况有些重在当时状况，有些反映人物的一般状况。

由于病患或者先天原因，有些人的身体发生残疾，也成为称谓标识的一种途径，比如涉及生理功能不健全的聋、哑、盲、瞎等等，也有肢体功能不全或形体残缺赘生的瘸、拐、驼、瘫、瘸等等。

4.1.3　形体外貌特征也是称谓表达的一个方面，身体的高矮、胖瘦，皮肤的黑白，头发的长短有无，长相的俊丑，等等，都是形体外貌称谓的表达途径，比如：大块头、麻子、秃子、疤子、等等。

一些影响人物外貌的衣饰用具或人的衣着效果，也会被作为人的外形特征用来称呼人，比如古时平民不能穿染色的衣服，因此称“白衣”，女仆多穿青色衣服，称“青衣”，现在一些地方把带眼镜的人称为“眼镜”或“四眼”，等等。

4.2 体现人物心理特征的称谓词

人物的心理特征可以包括两个方面，惯常的和临时的。前者具有天赋的特性，表现在一贯行为之中，后者是人物因环境影响而临时产生的心理反映。

反映人的基本心理特征的称谓词，体现不同的人所具有的不同心智特点，比如智、敏、巧、捷、愚、笨、痴、呆等称谓修饰成分。

同一个人会在不同情况下有不同的心理表现，因时因地而有所不同，比如喜、怒、哀、乐、怨、恨、悲、愁等称谓修饰成分。

性格也是人的基本心理特征的一个方面，但它经常在某些具体生活环境中，在行为上反映出来，比如：凶、暴、残、和、善、古板、随顺、直爽等称谓修饰成分。

人物在心理方面的这些差异，也成为称谓词取义的根据，构成一批不同的称谓词。

4.3 体现人物行为特征的称谓词

人物的行为，有几种不同的情况，有的表示正在进行或某一时间临时发生的行为，有的表示人物的特有的经常性行为，也有表示人物的一般行为习惯。

人物往往处在行动之中，对于处在某一行为状态中的行为者，我们常常以他们的行为特征作为对他们的称呼，比如行人、路人、旅客、食客、乘客、驾驶员、旁观者，等等。

有些人物有经常做出某些行为，这些行为成了这些人的个人特征，也就被用来作为对这些人的标识，比如：大快嘴、馋嘴猫、色鬼、好事之徒，等等。

4.4　体现人物品质的称谓词

人的心理和行为构成了人在社会上的综合表现，形成了人物的品质和社会评价，比如仁、慈、圣、贤、善、忠、孝、节、义、勤、惰、勇、怯、恶、称谓修饰成分，这些因素纳入称谓之中，形成了反映各种人物品质称谓词。

此外，在社会上，每个人都需要与其他人发生关系，因此，一个人的行为会直接或间接地涉及到其他人，给其他人的生活生存带来不同的影响，不论这个人在主观上是故意的，还是无意的。人们因此给他人带来不同影响的人作出社会评价，比如：给人带来好运的是“福星”、“财神”，损害他人利益的是“克星”“魔星”“白虎星”“扫帚星”“灾星”，等等。

4.5　体现人物职业的称谓词

人们必须在社会上从事某一职业，形成了所谓的三百六十行，以及三教九流等社会职业群体。从事各行各业的人，就以他们的职业为背景，形成了众多的职业称谓，比如士、农、工、商、官吏、衙役、军官、士兵、僧侣、道士、屠夫、厨师、裁缝、织工、绣女，等等。

现代社会的社会分工越来越细，职业分类也随之细化，与此相应的职业的称谓也在不断地产生。

4.6　体现人物兴趣爱好的称谓词

社会生产力的发展，使得人们有了更多的业余时间，可以用于消闲，投入到不同的兴趣爱好之中，形成了相关的群体，产生了这方面的称谓，其中，有的属于泛称性质的，比如：玩家、粉丝、等等；有的则专致于某一个方面，比如爱好音乐的“发烧友”，爱好球类运动的“球迷”，爱好打麻将的“麻友”，等等。

4.7 体现社会地位生存状态的称谓词

人在社会上占有的财富和社会地位不同，造成了人与人之间的生活生存状态的差异，影响到称谓词的产生。人的生存状态包括人的社会地位、经济状况和生存的综合状况。

称谓词中，有的反映人的社会地位或社会影响力，比如直接指称人的：权贵、大人物、小人物、平头百姓之类，还有主要用于修饰限定的高、贵、贱、卑、微、鄙、陋、下，等等。

人的生存有赖于物质的保障，财富因此成为对人物状态的一个重要指标，一些称谓词就偏重于反映人的财富情况，比如：财、富、贫、窭称谓修饰成分。

反映综合生存状况的，有通、达、穷、寒称谓修饰成分。很多时候，综合生存状况，常常基于物质的保障，因此，这一类的词，常常跟财富有密切关系。不过，综合生存状况还带有主观性或预设性，未能达到主观预设目标的，就归入消极状态，达到或超过主观预设目标的，就归入积极状态。

4.8 体现人物种族地域特征的称谓词

人物的种族地域特征，本来与人的血统有关，也可以表示在人的生理上，但最主要的，还是反映在人的生活行为中。汉语称谓中，一般指称的都是汉族人，所以称谓词通常不用种族和地域标记。但中国是一个多民族的国家，汉族与其他民族长期共存，接触到其他民族，因此汉语称谓中也出现了不少标示民族身份的称谓词，比如蛮、夷、胡、狄、羌、獠、洞、蜑、番、洋、倭，等等。

人际往来不仅出现在不同民族之间，汉族内部也存在大量的人口迁移现象，于是，外来的人被称为“客”，与原在本地生活的本地人相对；也可以称本地为“土”，而外来人就是“侨”。

中国土地广阔，即便同为汉族，各地人们的生活习惯也会有很大的差异，这也造成了一些区别人口地域特点的用词，比如南人、北人等等。人与人之间往往还互相贬斥，其中，有的就使用某些对少数民族的称谓，比如唐代“獠”、“蛮”、“番”、“夷”等都曾被用来指南方人，也有一些专为彼此贬抑而产生的称谓词，比如称北方一些地区的人为“伧”。在各地人彼此嘲讽戏谑过程中，还为一些地方的人专门造了一批带有调侃意味的称谓词，这类成分大多带有攻击性，有伤彼此感情，是称谓词中消极的成分。

五、称谓词的语用差异及其形成因素

汉语称谓词在使用中，有面称和背称的差异、自称和他称的差异，即有些称谓词可以用来当面使用，有些则不宜当面称呼人，有些词可以用来称自己却不宜称别人，反之亦然。这些差异出现在不同类别的称谓词中，甚至出现在同一类别意义相对的称谓词之间，值得关注。称谓词语用中出现的这些差异，跟以下因素有关。

5.1 礼貌表达

称谓词语用中的礼貌表达，可以分为三类：常礼、加敬、自谦。

5.1.1 常礼是指交际中的一般礼貌表达。在意义相对的称谓词中，有的客观地反映了人与人之间的长幼尊卑的不同，其中，表示尊长义的称谓词由于凸显了对方在交际关系中的优势地位，比较适合用于一般场合下的称呼，而与之相对的称谓词，则不太适宜用来称呼对方。比如，在家庭亲属之间各种反映尊卑长幼的称谓词中，指称尊长的称谓词，大多可以直接用作面称，比如爸爸、妈妈、爷爷、奶奶、哥哥、姐姐等等，都是适宜的面称用词。而与之对应的指称卑幼的称谓词，比如儿子、女儿、孙子、孙女、弟弟、妹妹，在交际中的使用率明显低于与之对应的称谓词，这些词在称呼成年人就更少见了。对处在这种亲属关系中的人，人们在交际中通常采用的是他们的名字，甚至小名。以通常的父子的对话为例，儿子直接称父亲为"爸爸"是常态，但父亲一般不称儿子为"儿子"，而称呼儿子的名字——只有在某些特殊的情况下，父亲才把"儿子"用作面称。这种情况，也普遍地出现在其他亲属关系中，叔叔、伯伯、姑姑、姨姨、婶婶、舅舅、舅妈、姑父、姨父等等，都是合适的面称用词，而"侄儿""侄女""外甥"等都很少直接作为面称使用。

在对应的社会关系称谓中也有这样的现象，师生之间，学生都称教师为"老师"，但老师不称学生为"学生"，而叫"同学"——事实上，"同学"是指一起学习的人，更适宜用于学生之间。师徒之间，徒弟称师傅为"师傅"是非常正常的，但师傅称徒弟也往往直呼其名，或用"小"加上对方的姓，"小张""小李"，等等，很少用"徒弟"相称。上下级之间，下级称上级的职衔含有敬意，而上级用职衔称呼下级，有暗中突出自己身份地位优势的意味，因此，常常采用更为亲近的"老张""小李"一类的称呼。

在社会行业背景的称谓中，带有比较明显的技术性或专业性、得到正面社会评价的称谓词，也可以用来称呼人：张木匠、李铁匠、王裁缝等等，反之，则不宜用来作为面称称呼人。

5.1.2 加敬是指交际中对人的特别表敬，是指采用在礼貌角度高于实际身份的称谓用词来称呼人。

这在社会交际中尤其常见，一些表示某种身份的称谓词，尽管已经有的尊长的含义，但在交际中，为了表示尊敬，采用了为某一身份的人另外创制的尊称，比如旧时皇帝被称为皇上、陛下，等等。

一些亲属称谓词也可以通过附加表敬成分的方式，达到加敬的目的，比如旧时称父母为“父母大人”。一些称呼幼卑亲属的称谓词，在加敬后可以作为面称直接称呼对方，比如“贤侄”“贤甥”，等等。汉语中因此产生了一批专门用来表示加敬的称谓附加成分，比如“令”“尊”“贤”“贵”等等，广泛地用于称呼对方或对方的亲属。

5.1.3　自谦是在对话中采用显示自己卑幼身份的关系称谓词，或用低于自己实际身份的称谓用词，或者加附加谦词的方式，通过自我的谦抑以达到尊敬对方的目的。

采用凸显自己卑幼身份的关系称谓词自称，通常并不使用那些具体细致反映自己实际身份的称谓用词，而是采用笼统地指称自己一类人的用词。比如古代各级官员都是“臣”，因此，官员在对皇帝自称时，就笼统地自称为“臣”，并不具体称自己的职衔。类似的自称用词还有下级对上级自称的“卑职”，属民对长官的自称“小人”“小民”，等等。

也可以采用低于自己实际身份的称谓用词作为自谦用词，比如古代男子对人自称为“仆”，妇女对人自称为“妾”。或突出自己的不幸或不足，如帝王以“孤家”“寡人”“不谷”自称（《战国策·齐策四》：“是以侯王称孤、寡、不谷，是其贱之本与?”），太后以“哀家”自称（皇后在死了丈夫、儿子当上皇帝后，升格成太后）。

有一些表谦的修饰用语也经常用在交际之中，比如“愚”通常被用在表示自称的称谓词前，学生对老师自称为“愚生”，年青人对世交长辈自称“愚侄”，称自己的妻子为“拙荆”，自己的儿子为“犬子”，在与自己相关的人物称谓前加“敝”，比如“敝人”（自称）、“敝师”（对人称自己的老师）、“敝内”（对人称自己的妻子）、“敝上”（对人称自己的长上）、“敝友”（对人称自己的朋友）等等。

类似的修饰用语还有“卑”“鄙”“弊”“薄”等等。

5.2 非礼表达

在人际交往中，采用谦让的方法，目的是为了通过尊重对方，创造良好的对话气氛，达到与对方良好沟通的目的。但人与人之间，除了合作，还有矛盾冲突，由此在交际中出现争强好胜、尊己贬人的现象，形成了非礼的称谓表达，包括自傲、贬人等等。

自傲，是指在称谓词的使用中，采用突出尊长显贵意义的称谓词作为自称，以显示自己在身份方面的优势，尽管这种优势可能是自我设定，并没有被对方认可。比如男子对人自称“老子”，女子对人自称“老娘”，《水浒传》中，李逵就经常以“爷爷”自称。

强调自己实际的尊长身份，也是一种自傲的表现，比如一个被称为“老爷”或“大爷”的男子，通常并不以此自称，以示谦逊，在自称“老爷”“大爷”的时候，就是强调自己的身份示傲了。

揭短，人的身份具有客观性，其中，多数身份在社会上的评价是正面的，没有明显的褒贬含义。但社会上客观上存在“贱业”，从事这些行业的人，在社会的道德评价方面具有消极色彩。社会交际中，采用在社会上评价消极的称谓词来称人，也是一种非礼的称谓行为，比如旧时的妓女，在面称时，多用美誉之称，比如大姐、姐姐、小姐之类，像娼妇、乐户、婊子一类直接反映她们身份称谓，如直接用来称呼，就相当于揭短骂人。

涉及人体生理缺陷的一些称谓词，虽然也具有客观性，但它反映的是别人的不幸和苦难，因此若用这类称谓词来称呼人，也具有揭人伤疤的意味，对人有伤害。

蔑称，用贬低他人的身份或智能的称谓，或采用低于对方实际社会身份的称谓来称呼人，表示对人的贬低、蔑视或憎恶，比如对一般正常状态的人称“傻瓜”“笨蛋”“奴才”之类。

5.3 亲近关系的表达

汉语称谓词在亲近关系的表达方面，呈现出两种不同的状态，其中，有一部分亲近关系在比较直接地通过称谓词的使用表现了出来，而有些亲近关系，则采取了委婉的方式表达，这在传统的称谓词使用中尤其明显。

在对幼儿的亲近关系的表达方面，可以采取直露、不加掩饰的亲昵称谓用词进行表达，比如心肝、宝贝、肉儿、亲亲、乖乖，等等。在相恋关系方面，处在热恋中的双方，也可以采用这类称谓词相称。但称呼幼儿的称谓词可以在公开场合使用，而恋情双方在使用这类称谓词时，只限于两人之间的私密小范围，不宜在公开场合或有第三人出现的场合中使用。

恋情双方在公开的场合或有第三人的场合，通常用采比较含蓄的称谓，在现代汉语中，这样的心态直接影响了“朋友”一义的变化，使它从一个指称一般友好关系，转向指称恋爱关系。

在家庭关系中，血亲关系具有先天性，具有不可选择性，但夫妻关系例外，这是家庭中唯一不具先天性的关系，也是包括亲属关系在内的各种社会关系中，人与人之间可以选择的最亲近的异性关系。对于这一亲近关系，在旧时汉语的表达中，通常避免采用直露的方式，尤其在第三者面前提及时，往往采用委婉的方式，比如旧时俗间普遍流行的“我家那口子”“孩子他妈(爹)”之类。

5.4 语体

汉语称谓词在历史的发展中，产生了大量的同义形式，不少称谓对象都有多个称谓词可供选择使用。其中，有些称谓词的使用跟地域习惯有关，比如称呼父亲，有些地方倾向于用“爹”，有些地方好用“爸”，也有用“爷”，用“大”等等。此外，称谓的语体特征，也影响称谓词的使用。

通常情况下,用于面称的亲属称谓词,都带有口语色彩,显得随意而亲近。而一些有书面色彩的称谓词则因比较正式而带有疏远意味,不宜用作面称,比如“母亲”“叔母”等等。

多种不同的语用因素,影响了不同称谓词的使用,也促成了许多称谓词的产生,蕴含了丰富的民族文化信息。

六、结语

对人的称呼反映了人与人之间的各种关系以及人的社会身份和生理心理状态,涉及广泛。对于汉语这样的语言来说,依托于丰富的历史文献和悠久的文化传承,大量的历史称谓词不仅保存在文献之中,也对后世产生了持续的影响,而新兴的称谓词又随时尚的变化不断产生,其中的文化意义更为复杂。面对这样的复杂情况,或许很难用一个简单的方法把它们之间的关系全部理清。但应该相信,人的思维是有规则的,尽管这种规则反映在语言中,又随其他各种外界因素的影响,形成复杂的局面,但只要立足于汉语称谓的实践,遵循严格科学的思路,深入分析,蕴含在汉语称谓词中的各种规则,都是可以清理出来的。

后记

1983 年,有幸考入四川大学中文系汉语史专业,和何志华、郭齐二位师兄一起成为向熹先生指导的硕士研究生。先生倾心学术,敦厚仁慈,循循相诱,三年期间,大获教益。毕业时,被留系任教,得以继续在先生的指导下深入钻研。1987 年,先生提议,组织我们几人合作编写称谓词典,最初的参与者还有郭齐、郑红、钟如雄诸兄,共五人。后来,由于工作繁忙,无力分身,郭、郑二位退出了这项工作。

称谓词典的最初规划，大约是五十万字的规模，计划两三年内完成。但方案做得很大，想通过对历代有代表性的文献中称谓词的查找，参考前人已有的研究，汇编成册。因此，材料的搜集，持续到1992年方完成清代以前文献的资料搜集。尝试编写了一部分。但不久又停下，先生接受学界朋友建议，认为材料最好能够覆盖现代。于是又对清末以下的材料作补充调查，到1995年，重新恢复编写。初稿在1997年写成，用三百格的稿笺纸，每一条起一页，堆积起来高二米四。书稿太大，出版几经周折，一再删改，至今仍在努力之中。

但对我来说，十年的工作获益甚丰。首先是通览了很多书籍，比如六朝的史书、历代的笔记小说、敦煌变文和曲子词、元明戏曲、明清白话小说、一批现代文学作品（包括当时出版的几种港台小说集和1980—1990年间的《小说选刊》），还有一些杂志，比如《歌谣》《民俗》《方言》等，从中开阔了视野，广泛接触了各类语料。其次，在编写过程中，接触了大量的历时材料，深深感受到历时关系的错综复杂，改变了自己对于语言的许多简单化的想法，提高了实际的分析处理能力，也积累了丰厚的资料。长期的合作，也为我们几位合作者之间建立了深厚的友谊。

《称谓词典》的编写工作，促发了对词汇问题的深入思考，并且形成了研究生课程“历时词汇学”讲义的基本框架，成为个人学术研究的一个重要方面。在此，深深感谢先生的提挈之恩。

本文尝试对汉语称谓词从语义角度作一个系统的梳理，是《称谓词典》编后又产生的一些想法，以此纪念人生这一段珍贵的成长经历，并作为对先生的寿礼。

（作者工作单位：四川大学文学与新闻学院）

先生风范,山高水长

常强华

我是1985年开始跟随向先生学习汉语史的。在这不平凡的三年学生生涯里,我充分领略到先生的长者风范——做事踏踏实实、为人坦坦荡荡和生活朴朴素素。

我在"文革"期间上山下乡,经推荐进入大学学习。因此在研究生阶段,学习方法、科研能力方面需要导师的切实指导。先生是我们基础课的任课教师,每次上课,先生深入浅出的讲解,循循善诱的方法,使我受益匪浅。我很快从一个汉语史的门外汉,初步掌握了学科基础知识和基本技能。我对汉语史这座巍峨的大厦仰慕至极,然而却不知道如何找到进门的起点。这时,先生针对我的情况,教导我做事要从大处着眼,从小处入手。在先生的直接指导下,我最终选定的硕士论文选题为"《水浒传》副词初探"。之所以选定这个题目,就是在先生踏踏实实做事的原则下,自己愿意力所能及地为汉语史建设做一份小小的贡献。

在跟先生学习的过程中,我最深的感受就是先生为人的坦坦荡荡。一是一,二是二,从不欺人,也从不自欺,堂堂正正地做一个学者。我记得,20世纪80年代还没有电脑的辅助,所有的统计工作都是人工计数。为了统计《水许传》中副词的频率,我从头到尾地翻拣了几十遍原书。有一次,经过跟先生的反复请教,副词的范围又有了新的扩大。我就委婉地提出,这个副词的使用频率就估计一下，行不行？先生立即严肃地指出，做学问要做到问心无愧，做其他事情也一样。我马上意识到，这是先生对我的严格要求。通过学做论文，我学到了做人的道理。对人对己坦坦荡荡，对得起自己的良心，这是一个知识分子立足社会的基本准则。

先生除了在教室里关怀我们，还不时邀请我们到他家中去讨论论文进展，解答我们的疑问。我初次踏入先生家门的时候，对先生居处的简陋感到十分惊讶。先生住在学校分配的教工宿舍里，住处在底层，没有客厅。走进先生的卧室，光线很暗，只见卧室中最显眼的是一张垫得高高的双人床。原来室内潮湿，先生身体不是太好，为了尽量避免底楼潮气的侵袭，师母不得不垫高床铺。这样一来，上下床就很不方便。房内除了床铺，就是书籍。先生就是在这样的卧室里，孜孜不倦地做着学问，又在这样的卧室里，为我们传道授业解惑。我们几位师兄弟每每谈起先生的生活环境，经常感慨道，像先生这样的学者，生活这样朴素，难道我们还有什么可抱怨的吗？

先生的长者风范不仅在当时指引我完成了学业，而且在几十年里一直影响着我。由于各种原因，此后我在高等教育、基础教育、国际教育等方面辗转了不少新的领域，在各类学校当过教师，做过管理工作。工作生活环境一变再变，然而，唯一不变的是，先生的风范始终引领着我，在新的环境里学会如何做事、如何做人、如何生活。我坚信，先生风范，山高水长，它将伴随我一生。

谨以此文献给先生九十华诞。

一九八五级　常强华

2014 年 6 月 25 日于上海

（作者工作单位：上海复旦附中国际部）

北宋句尾语气词“也”研究

罗 骥

一般认为，近代汉语从晚唐五代开始，这样，北宋时期在近代汉语发展中的重要地位不言而喻。本文在北宋三种典型的语言材料的基础上，[①]对长期以来在汉语虚词中占有重要地位的语气词“也”作较为集中而详尽的研究，同时，以此为基础，本文还对“也”在整个近代汉语中的发展作了考察。

1. 古汉语句尾语气词“也”使用频率很高，北宋“也”的使用仍然很频繁，计禅宗语录 1005 例，程语（指《二程语录》，下同）2219 例，全宋词 89 例，根据其用法，我们可以把以上“也”分为三类来讨论：A. 表示对静态事实的肯定或判断。B. 表某个事实已成过去或完成；C. 表某个事实将要发生。

1.1 A 类的“也”

这类“也”程语最多，共 1891 例，其次禅宗语录 309 例，全宋词仅 5 例。例如：

(1)仲尼，元气也；颜子，春生也。（程语 76）(2)南岳石头是汝师也。（灯录 310）(3)不可唤作拳头也。（灯录 353）(4)元来只此是道，要在人默而识之也。（程语 118）(5)天下作者拱手归降，何也？（法演 654）(6)问：“孔子称伯夷、叔齐曰：‘不念旧恶，怨是用希’，何也？”（程语 173）(7)故人何处也?(宋词 642)(8)岂不庆快也!(法演 603)(9)不知当时薄昭有罪,汉使人治之,因杀汉使也?还是薄昭与汉使饮酒,因忿怒而致杀汉使也?(程语 243)(10)宋门玄妙当只恁么也?更别有奇特?(灯录 371)

以上(1)(2)例"也"用在判断句,表判断。(3)(4)例用在叙述句,表肯定,应为古汉语"也"的典型用法。(5)-(10)用于疑问句;一般认为,这种"也"并不传疑,而仍然表一定程度的肯定。

1.2 B类的"也"

这类"也"禅语 385 例,全宋词 67 例,程语 10 例。又可分为以下几种:

a. 无明显的语法标志,但据句意可知"也"表已然,如:

(11)叫云:"维那捉住也,捉住也!"(灯录 278)(12)燕子归来人去也。(宋词 263)(13)酒儿熟也,赢取山中一醉。(宋词 897)(14)凡晚参时,必曰:"此人老也,休来!"(程语 278)

例(14)用在形容词之后,表状态的变动。

b. 句中有表已然的时间词,如"已"、"早"、"适来"、"来"、"又"等,例如:

(15)师曰:"已被冷睛人觑破也。"(灯录 330)(16)才拟追捕,已磋过也。(圆悟 749)(17)其涸者已无也。(程语 163)(18)孟子时已有置而不足论也。(程语 235)(19)曰:"岂无方便?"师曰:"早是屈仰也!"(灯录 350)(20)师曰:

“作尼来多少时也?”(灯录 313)(21)“汝行脚来多少时也?”(灯录 413)(22)断桥斜路,又是春来也。(宋词 1052)

“早”表事情已成过去;“来”表过去直至现在的一段持续时间,表完成;“又”表相同的事情重复发生,“也”应表已然。

c. 动词后有表完成的词尾,如“却”“了”等,例如:

(23)云:忘却也! 忘却也!(法演 654)(24)手中珠被贼偷却也!(灯录 258)(25)第一座输却山子也!(灯录 264)(26)孤芳一世,供断有情愁,销瘦却东阳也。(宋词 801)(27)则狭窄却气象也。(程语 284)(28)已被漫天网罩却也。(圆悟 770)(29)白师曰:“堂头和尚已关却门也。”(灯录 295)

“却”用在动词后作词尾表完成貌,这在唐及北宋是很常见的用法。“却”表完成貌,句尾的“也”也应表完成语气。例(28)(29)句中还有表已然的副词“已”,更证明了这一点。

(30)此错看了理字也。(程语 196)(31)若书子纠,则正了他当立也。(程语 179)

北宋时,完成貌词尾“也”已大量使用,词尾“却”逐渐被词尾“了”置换,例(30)、(31)即为此种情况。这种句子与语气词“了”的典型句式:动 + $了_1$ + (宾) + $了_2$ 极其相似,只须把句尾的“也”换成“了”即可。这说明这种句子中的“也”与$了_2$用法一致,均表完成的语气。

d.“也”前还有表完成的语气词，连用成“了也”、“去也”，例如：

(32)僧云：“瑞岩迁化了也。”(圆悟 797)(33)有人将去了也。(灯录 266)(34)这个义理，仁者又做仁了也。(程语 42)(35)苟得外面物好时，却不知自家身与心却已先不好了也。(程语 10)(36)若也会得，早传了也。(圆悟 796)(37)才生心动念，早不本分了也。(圆悟 783)(38)只这无处所，早是处所了也。(圆悟 735)(39)直下无事，早是相埋没了也。(圆悟 753)

有人认为，语气词“了”的确立应在南宋，事实上，北宋时，语气词“了”就已成熟了，所以，以上句子中的“了”都应是地道的语气词。但毕竟这种语气词形成不久，所以还要在其后加上当时已用得很普遍的、与“了”语法功能一致的、表完成语气的“也”以助之。有学者认为，“了也”既然均为语气词，就应该有所分工，其中“了”表完成，而“也”表肯定。[②] 持这种看法的学者恐怕没有注意到唐宋时已有大量的“也”转而表完成语气这一事实。我们已经看到，全宋词里“了”“也”不连用，程语连用的仅 3 例，到了南宋中，偌大一部《朱子语类》，连用的仅 8 例。不过，这种现象也反证了“了”和“也”确有相同的语法功能。至于元曲里又出现了大量的“了也”的确使人不好解释，这需要人们进一步的研究。[③]

(40)时第三座曰：“诸人，和尚舌根硬也。”师曰：“苦哉！苦哉！诚如第三座所言，舌根硬去也。”(灯录 487)(41)师曰：“太老去也。”(灯录 559)

二例中的“去”本为趋向动词，在此大约是个表完成语气的语气词，[④]“也”与“去”的语法功能应同，其连用的理据同“了也”。

关于B类的“也”，还可举出其他一些北宋的例子：

(42)然孔子已是言“述而不作”也。(张语319)(43)草木之实，自其初结时已受脂也。(张语316)(44)才劫之不测，又早是信也。(张语314)(45)臣见太皇太后与仁宗宴，临白玉栏干。赏牡丹，无意复来人间也。(东轩126)

1.3 C类的“也”

这类“也”禅语349例，程语410例，全宋词11例。用于一般的将来句或条件句。

a. 用在将来句，如：

(46)归来应过重阳也，菊有残枝。(宋词435)(47)待得月明归去也，青蘋，更有凉风解送人。(宋词780)

从整个句子的语气看，“也”在此表事情将要发生。在禅语中，条件分句往往用“恁么”充当：

b. 用在条件句(包括假设句)，如：

(48)霞云：若踏倒则不来也。(圆悟800)(49)去即十分去也，如何问，千种思量？(宋词622)(50)才有纤毫见刺，则打不过也。(圆悟776)(51)盖一在于庄，则情不通也。(程语294)

(52)恁么有第二月也。(明觉697)(53)师云:“大众普闻,恁么则和尚慈悲也。”(法演965)

a、b两类往往“去也”连用,如:

(54)师云:“杨歧今日抢马拖旗去也。(杨歧643)(55)山僧今夜与他作主去也。”(圆悟763)(56)从今向去,不疑天下老和尚舌头去也。(灯录317)(57)若道不得,山僧这里八字打开去也。(圆悟658)(58)若有不闻,彼此相谩去也。(灯录374)(59)学者须是真知,才知得是,便泰然行将去也。(程语188)(60)进云:“恁么则改故换新去也。”(圆语188)(61)恁么则丧身失命去也。(灯录375)

“去”本为趋向动词,在此大约是表事情将会发生的语气词。“也”与之连用,其语法功能应一致。在12.d中,也有一个“去也”,我们认为,其中的“去”为表完成的语气词。可见总起来说,这种“去”应表事实变动语气,其作用与古汉语的“矣”近似。

一般的将来句与条件句虽有差异,但都表事情还没有发生但将发生或可能发生,所以a、b两类“也”的语法功能是很接近的。

2. 从以上的讨论中,我们可以发现以下几点值得注意的问题。

2.1 “也”已产生了新的用法,即从表静态的肯定和判断转而表事实变动,承担了“矣”的语法功能。B类的“也”表完成语气,与“矣”的相应用法完全一致;C类的“也”表将然语气,虽然古汉语表将然的句子并不总是在句尾用“矣”,不过得承认绝大多数将来句(包括条件句)都用“矣”，所以，吕叔湘先生说：“‘矣’表变动性的事实，而条件句示变化之结果，是动性的句子，所以条件句用‘矣’。”[⑤]可见C类的“也”与“矣”的相应用法基本一致。

2.2 在口语中，表事实变动已成为当时“也”的主要用法。我们把北宋三种材料中的A、B、C三类“也”作了穷尽性的统计，结果如下：

A类 禅语309 程语1891 全宋词5

B类 禅语385 程语10 全宋词67

C类 禅语348 程语410 全宋词11

可见，B、C两类在禅语和全宋词这样代表大众语言的材料中，已大大超过A类；至于程语，A类远超B、C两类，这说明代表当时知识分子口语的程语距大众口语尚有相当距离，但程语中的C类绝对数并不低，这也能说明“也”的新用法发展的势头。

2.3 新用法的“也”大行其道与当时语气词“了”的地位有关。我们认为，到北宋，“了”已经成熟，但也仅是刚刚成熟而已，尚未到定于一尊的地步，所以我们在上述三种材料中一共只统计到286例语气词“了”。而“也”比较早就已能表事实变动，而此时，老的语气词“矣”不被大家青睐，新的语气词尚未王天下，这样，使唐代北宋成了表事实变动的语气词“也”的全盛期。后来，随着语气词“了”的持续兴盛，这种“也”也就逐渐式微了。

3. 让我们再来看看北宋前后表事实变动“也”的使用。

3.1 北宋时“也”的新用法已相当成熟，事实上，这种用法南北朝就已有使用：

(62)孔子曰:"天下已有主也,为赤刘。"(搜神记 111)(63)雀之为麋也,蝵之为虾也,不失其血气而形变也。(搜神记 147)(64)我辈攻之,竟不敢出,太原兵到,我等畏之如神,皆走还也。(起居注 9)

温大雅《大唐创业起居注》是隋末唐初的作品。唐代小说中的例子更多:

(65)初不相记,今即悟也。(唐人小说 44)(66)向来大大不逊,渐渐深入也。(同上书 29)(67)太真笑曰:"沈婆儿作天子也,大奇!"(同上书 152)(68)公知虬髯得事也。(同上书 181)(69)后数年,恕念其女,以为蓬头垢面,不可识也。(同上书 236)(70)意足而起,其身已成虎也。(同上书 218)(71)复云:"杀却也,且吃茶!"(同上书 172)

敦煌变文有:(72)张令曰:"其夜妻子卒亡。"净能曰:"必被岳神取也。"(变文集 217)(73)大众咸言:"外道胜也!"(同上书 408)

3.2 北宋以后,新用法的"也"仍有使用:

(74)秀才请家里坐,老身等候多时也。(杂剧 4)

(75)可早到咱家门首也。(杂剧 304)(76)如今孩儿七岁了也。(杂剧 304)(77)可早来到了也。(杂剧.334)(78)打了多少也?(杂剧 301)(79)孩儿,你得了官也。(杂剧 225)

最后两例应是继承了程语"动+了+宾+也"这类句式。

(80)你好大胆,却才商量的事,我都知了也。(水浒176)

《水浒》中这种“也”已很少见,以后就更难一睹了。表事实变动的“也”确实显赫了一阵,但它终于竞争不过与之语法功能相同的“了”,迅速地衰落了下去。

4. 一点思考。

王力先生说:“汉语语气词的发展有一个特色,就是上古的语气词都没有留传下来,有的连痕迹都没有了……”⑥我们发现,在北宋,古汉语语气词消亡的速度非常快,例如,如剔除非口语成分,“乎”在“灯录”里有46例,“焉”有47例,但在北宋中晚期大致同样容量的禅宗诸语录中,分别竟只有1例,这说明,一些语气词在几十年乃至一百年的时间里,就减少到几乎绝迹的地步。

但语气词的消亡存在不平衡现象,个别语气词的速度要慢得多,造成这种语气在使用时的数量相对增加,“也”就属此种现象。

“也”之所以消亡速度相对很慢,是因为它产生了新的用法,而且发展很快,迅速扩张,北宋时在数量上已超过了原有用法,直到元代,“也”仍能保持相对稳定,在元杂剧里,其他旧语气词极少见到,而“也”仍然较多被使用且运用范围很广。

在一类旧语法形式整体消亡过程中,某个体在某个历史阶段似乎并没有灭亡的迹象,反而产生对语言有很大影响力的新的语法功能,并表现出很强的生存能力。对汉语史中这种特殊现象,我们应加以注意。

附注

① 三种北宋语言材料指:A.代表文人口语的《河南程氏遗书》(《二程集》第一册.中华书局 1981)B.代表通俗口语的北宋禅宗语录:a.《景德传灯录》b.《汾阳无德禅师语录》c.《杨歧方会和尚语录》d.《法演禅师语录》e.《明觉禅师语录》f.《黄龙慧南禅师语录》g.《圆悟佛果禅师语录》C.(全宋词》(北宋部分,至第二册张元干止)中华书局 1965,以上分别简称为:"程语""灯录""汾阳""杨歧""法演""明觉""黄龙""圆悟""宋词"。

② 如潘维桂、杨天戈,见《宋元时期"了"字的用法兼谈"了"字虚化的过程》,(人大《语言学论集》2)和木霁虹《〈朱子语类〉中的时体助词"了"》(《中国语文》1986 年 4)

③ 对此,刘坚等人著《近代汉语虚词研究》(语文出版社 1992)如是解释:A.北方方言可能很晚"了也"还在连用,与人们所据的南方史料有方言之别。B.这是戏曲艺术夸张手法的一种需要。

④ 参阅吕叔湘《释〈景德传灯录〉中在、著二助词》、刘坚等人著《近代汉语虚词研究》P129。

⑤ 见吕叔湘《中国文法要略》P275。

⑥ 见王力先生《汉语语法史》P321 商务 1985。

引书目录

晋·干宝《搜神记》,汪绍楹校.中华书局,1979。

唐·温大雅《大唐创业起居注》,上海古籍出版社,1963。

《唐人小说),汪辟疆校录,上海古籍出版社,1963。

《敦煌变文集》,王重民等编,人民文学出版社,1957。

北宋·魏泰《东轩笔录》,中华书局,1983。

北宋·张载《张子语录》,(《张载集》,中华书局,1978 年)。

《元人杂剧选》,顾肇仓选注,人民文学出版社,1956。

(以上分别简称为"起居注"、"变文集"、"东轩"、"张语"、"杂剧")

明·施耐庵《水浒传》,人民文学出版社,1985。

(原刊《古汉语研究》1994 年 3 期。

作者现工作单位:云南师范大学学报)

"诗圣"杜甫与长沙

贺孝武

杜甫(712—770 年)字子美,我国唐代伟大的现实主义诗人,出生于巩县(今河南郑州巩义市)一个"奉儒守官"并有文学传统的家庭,祖父即武则天时著名诗人杜审言。他少年即"群书万卷常暗诵",以"读书破万卷"来含蕴学识、饱蓄经纶。早年又壮游吴越齐赵等地,领略山川大地之灵气,为诗著文,"下笔如神"乃渐有名气。他早年与"诗仙"李白交谊甚厚,诗风亦富浪漫气息。壮年入仕,曾任左拾遗、工部侍郎等职,但他官运平平,在仕途上屡屡受挫。复经历安史之乱(755—763 年),生活遭多次变故,经济每况愈下,沦落为"一介寒士",因而对下层民众及社会现实有了深深了解,诗风为之一变。其诗代表了唐代诗歌最高的艺术成就,诗中所洋溢的"儒家仁政"思想和忧国忧民情怀及"沉郁顿挫"的艺术风格,对历代诗人产生了深远影响,被誉为"诗史",他本人也被后世尊为"诗圣"。

安史之乱后,唐王朝从鼎盛时期开始跌落,各地军阀割据,战乱频仍。这时的杜甫,家境渐窘,身体健康状况也渐趋衰弱。为避战乱和投靠亲友,他离开四川,以舟为家,经湖北入湖南,开始了他的"行吟诗人"生活。他离开四川的时间和原因,我们可以从他的《去蜀》诗中得到推断:"五载客蜀都(今四川成都),一年居梓州(今四川绵阳)。如何关塞阻,转作潇湘游。世事已黄发，残生随白鸥。安危大臣在，不必泪长流。"杜甫离开成都的时间是765年，出蜀前，他又在夔州（今重庆市奉节）住了两年，因此，他应当是768年出川的。唐代交通远不如现在发达，所谓"蜀道难，难于上青天。"（李白《蜀道难》）一般出川，须数月时间，杜甫虽从奉节出发，但由于战乱及旅资短缺的因素，加上或许并不急于匆匆赶路，所以他由川经鄂入湘颇花了一段时间。

大历四年（769年）孟春，杜甫进入湖南这片对他而言尚十分陌生的地域。一首《登岳阳楼》反映了他当时的心情与窘境："昔闻洞庭水，今上岳阳楼。吴楚东南坼，乾坤日夜浮。亲朋无一字，老病有孤舟。戎马关山北，凭轩涕泗流。"杜甫溯湘江而上，驾舟驰往长沙。途中一首《南征》再次表白了他的心境："春岸桃花水，云帆枫树林。偷生长避地，适远更沾襟。老病南征日，君恩北望心。百年歌自苦，未见有知音。"尔后杜甫舟行经望城县乔口、铜官、新康等处而进入长沙城区。他所作的《入乔口》《铜官渚守风》《北风·新康江口信宿方行》这三首诗，清楚地记录了他进入长沙的行程。

杜甫晚年生活穷困潦倒，"八月秋高风怒号，卷我屋上三重茅……布衾多年冷似铁，娇儿恶卧踏里裂。床头屋漏无干处，雨脚如麻未断绝。"（《茅屋为秋风所破歌》）住宿条件如此，以至他发出"安得广厦千万间，大庇天下寒士俱欢颜，风雨不动安如山"的感慨。"李白斗酒诗百篇"，唐代大多数诗人均善豪饮，杜甫亦嗜酒，但囊中羞涩，有时只好戒酒："艰难苦恨繁霜鬓，潦倒新停浊酒杯。"（《登高》）

当其时，全国到处是战事，长沙相对安宁。杜甫身躯羸弱，心神交瘁，似无力再四处漂泊，故尽管未联系上湖南亲友，也只得羁留长沙。其间，杜甫一次赴衡阳投靠他一远亲长辈韦之晋

(时任湖南团练使)未果,旋踵归长沙;一次因战乱逃难衡阳,二三个月后返回长沙。就这样,杜甫在长沙过着捉襟见肘的生活,并从事他所钟爱的诗歌创作,度过了他生命的最后一年多的岁月。770 年深秋后的一天,杜甫猝然去世,一代文学巨星就此陨落。关于杜甫的死因,史学、文学界有种种说法:一种说法是,湘江某支流山洪暴发,杜甫被困耒阳,饿了九天后被县令救出,犒以牛肉白酒,不料竟猝死于席间;一说病死舟中;一说意外落舟,溺水而亡。此三说似较可信,但均无法证实。

杜甫在长沙的生活,是他一生中凄苦至极的日子。天寒时节,他要忍受“疏布缠枯骨,奔走苦不暖”的痛苦。饥饿时,靠野菜煮粥果腹:“盘餐讵糁藜”。(《水宿遣兴奉呈群公》)即使是良辰佳节偶尔改善下伙食,也是酒劣菜不及:“佳辰强饮食犹寒,隐几萧条戴鹖冠。”(《小寒食·舟中作》)他平日宿于舟中,偶尔憩于江阁(后人称此江阁为“杜甫江阁”,并演化为长沙湘江之滨著名八景之一),闲暇时四处走走,长沙城区及周边郊区遍布了他的足迹。他常去的地方是长沙驿馆:“他时临江待,长沙旧驿楼。”(《重送刘十弟判官》)借此处获取外界信息,并希冀邂逅过往的旧日亲朋。他蓬门冷落,交游日稀,与有一定身份的人应酬、面晤的机会,寥寥十来次而已。遥想当年,他亦曾出入豪门,“岐王宅里寻常见,崔九堂前几度闻。”(《江南逢李龟年》)如今却无资格叩击朱门。“当时天上清歌,如今沿街鼓板。”(李龟年《长生殿·弹词》)他饱尝人间世态的炎凉,连故园的燕子也不愿意过多地与他寒暄:“湖南为客动经春,燕子衔泥两度新。旧入故园尝识主,如今社日远看人。可怜何处巢居室,何异飘飘托此身。暂语船樯还起去,穿花贴水益沾巾。”(《燕子来舟中作》)何况是当时有一定权势的人呢?按儒家“学而优则仕”的理念逻辑，古代文人对于文才与仕才的区别是混淆不清的，同时儒家讲究经世致用，故身为文人，尤其是自认为满腹经纶的著名文人而仕途不顺，是痛苦不堪的。无奈生活际遇的反差就是如此强烈，现实就是如此残酷，杜甫内心的凄苦可想而知。

时局动荡，亲友尽疏，北归无望，老病缠身，生计日蹙。即使如此，杜甫在哀叹自己不幸的同时，更多地却是忧虑国家和民众的灾难。此时的他仍然钟情于对秀美山川的热爱，仍然没有抛弃“致君尧舜上，再使风俗淳”的理想，仍然致力于诗歌的创作。他晚年的诗歌，沉郁顿挫的风格更加突出。领略杜甫晚年的遭遇，心情不免沉痛愤懑，阅读杜甫晚年的诗，辄每每涕泗纵横！杜甫一生创作颇丰，传世有《杜工部集》等，约诗歌 1500 首。在长沙，杜甫到底创作了多少首诗？近年经长沙学人考据、爬梳，得 50 首，但它们难以一一确证，只能是大概数字。这些诗，有的记录诗人在长沙的行迹，有的描述了湖南境内的山川美景，有的反映了当时长沙社会经济发展的状态，有的述说了诗人当时的窘境和矛盾心情，有的抒发了强烈的爱国爱民情怀和始终如一报效朝廷、造福黎民的渴求。诗歌内容丰富，是留给今人的宝贵精神财富，成为长沙这座城市的永恒记忆。今天，长沙人民为纪念这位伟大诗人，在长沙西湖桥江边新建“杜甫江阁”，遵其旧制，并刻杜诗及今人词赋于其间，供人们缅怀和凭吊，为人们提供了一个进行爱国主义教育及接受中国文化艺术熏陶的场所。

（作者工作单位：长沙市政协）

“动弹”“动换”考源

杨 琳

“动弹”义为活动、行动，最早见于元代，“弹”亦作“但”“旦”“掸”“弹”“惮”“耽”等字。下面是一些用例：

(1) 吓得项王目瞪口呆，动弹不得。（元佚名《赚蒯通》第一折）

(2) 赴佳期，早些儿动惮。（元关汉卿《钱大尹智勘绯衣梦》第一折）

(3) 宋江已自冻得身体麻木了，动掸不得。（《水浒传》（容与堂刻本）第三十一回）

(4) 雷炯、计稷惊得麻木了，动但不得。（《水浒传》（容与堂刻本）第九十八回）

(5) 那老魔扳着葫芦口张了一张，见是个半截身子动耽，他也不认真假，慌忙叫兄弟盖上。（明吴承恩《西游记》第三十四回）

(6) 不一时，虔婆扶拐而出，半边肐膊通动但不得。（《金瓶梅词话》第十一回）

(7) 西门庆只在房里动旦，走出来又走进去，忧上加忧，闷上添闷，如热地蚰蜒一般。（《金瓶梅词话》第十七回）

(8) 老晁夫妇见了这们一个肘头霍撒脑、浑身都动弹的个小媳妇,喜的癟着眉,沈着脸,长吁短叹,怪喜欢的。(清西周生《醒世姻缘传》第七回)

以上写法中,“动弹”的写法相对要多一些,但“弹”并非本字,因为“弹”的动词义弹射、弹击、手指拨弄等,放在这里都不合适。至于“但”“旦”“掸”“惮”“耽”“弹”等字,其意义也都与活动义无关。我们认为“弹”(表示“弹”这个语素)的本字有可能是“澹”或“颤”。

《说文》:“澹,水摇也。”《玉篇·水部》:“澹,水动皃。”宋玉《高唐赋》:“水澹澹而盘纡兮,洪波淫淫之溶滴。”引申泛指动荡。《汉书·礼乐志·郊祀歌》:“相放悲,震澹心。”颜师古注:“放悲,犹髣髴也。澹,动也。”明李实《蜀语》:“摇动不停曰动澹。澹音淡。《说文》:‘澹,水摇也。’”清李成谋《石钟山志》卷十五清徐昂发《过彭蠡湖》:“暧暧斜阳中,悠悠动澹船。”清张惠言《茗柯文补编》卷上《与钱鲁斯书》:“若乃汉人之书,碑碣額署粲然犹存,大都奇恣纵宕,鸟駴龙扰,其笔墨之所出入,意象之所来往,隅锷之所激厉,波澜之所动澹,盖亦足以寻其毛角,会其神恉者矣。”“澹”《广韵》音徒滥切,演变中韵母的-m 尾变为-n 尾,就变成“弹”的读音了。

“颤”应该与“澹”同源。“颤”上古为章母元部,“澹”为定母谈部,声母邻近,韵部通转。元谈通转的例子如“见”(元部)、“监”(谈部)、“看”(元部)、“瞰”(谈部)同源,“岸”(元部)、“巖”(谈部)同源。《说文》:“颤,头不正也。”“正”段玉裁注本作“定”,注云:“不定,各本作不正。今正。颤、頙皆不宁之皃。上文頛、頔、䫋、颇四篆言头不正,此则义别。头不定,故从页。引申为凡不定之偁。"段说可从。唐玄应《一切经音义》卷十三《所欲致患经》:"战掉,字体作颤,又作㦕,同。之见反。下又作疛,同。有瘤反。《说文》:'颤頙,谓掉动不定也。'"王筠《说文句读》:"元应引云:'颤頙,谓掉动不定也。'葢隳括两字引之。""颤"的文献用例都是颤动,没有用于头不正的。《玉篇·页部》:"颤,颤动也。"玄应《一切经音义》卷十二《起世经》第四卷:"颤动,又作軇,同。之善反。"《集韵·线韵》:"軇,体摇也。通作颤。"颤可以指身体的颤动。如《淮南子·说山》:"故寒者颤,惧者亦颤。"也可泛指物体的震动。如宋史达祖《杏花天·清明》词:"栖莺未觉花梢颤,踏损残红几片。"《宣和画谱》卷五《郑法士》:"〔郑尚子〕善为颤笔,见于衣服手足木叶川流者,皆势若颤动。"

颤古来也常写作战。《尔雅·释训》:"战战、跄跄,动也。"郭璞注:"皆恐动趋步。"唐慧琳《一切经音义》卷二十二《新译大方广佛花严经音义》卷中"稽首作礼"条:"四曰振首,战动拜也。"明陈所闻《南宫词纪·八声甘州·咏马嵬事》套曲:"时把翠鞭轻袅,丝缰慢笼心意懒,坐不稳雕鞍身战摇。"《西游记》第九十七回:"諕得唐僧在马上乱战,沙僧与八戒心慌。"

《汉语大词典》:"动颤,犹动弹。郭沫若《牧羊哀话》四:'我的四肢手足就同瘫了的一般,再也不能动颤。'沙汀《涓埃集·闯关》十五:'左嘉没有张声,也没有动颤。'"许宝华、宫田一郎(1999:1571):"动颤,动弹。东北官话。"可见"动弹"即"动颤"。"颤"有"弹"音,正如亶今天既读 dàn(《集韵》荡旱切)又读 chán(《集韵》时连切)、膻既读 dàn(《广韵》徒旱切)又读 shān(《集韵》尸连切)、澶既读 dàn(《广韵》徒案切)又读澶 chán(《广韵》市连切),分化的规律是一致的。

澹的同源词还有飐(《广韵》占琰切)。《说文新附》:"飐,风吹浪动也。”西汉刘歆《遂初赋》:“回风育其飘忽兮,回飐飐之泠泠。”《古文苑》宋章樵注:“飐飐,动摇貌,音占。”金元好问《续夷坚志·关中丁亥岁灾变》:“平凉西草场天王塑像前后飐动,凡两昼夜不止。”水动谓之澹,人动谓之颤,风动谓之飐,澹、颤、飐音近义通,为一组同源词。

《金瓶梅词话》第六回中有“动啖”的说法:“王婆把大门顶着,和迎儿在厨中动啖。”王利器(1988:117):“动啖,吃东西。”白维国(1991:134):“动啖,行动;活动。”但后来白维国(2011:283)又改释为“吃喝”,算是认同王利器的看法。目前赞同理解为“吃喝”的人似乎占了上风(参刘敬林 2008:22)。

释“动啖”为“吃喝”主要是语境中有“厨中”二字,文意能讲得通。然而检索古今各种资料,再也不见有“动啖”的用例,仅此一见,这不符合语言的社会性原则和普遍性原则,所以“动啖”的说法恐难成立。明代官话中“啖”“旦”读音相同,《金瓶梅词话》中“动弹”一词又多次出现,“弹”写作“旦”“但”“弹”等字,所以把“动啖”看成“动弹”的一种写法是符合社会性原则的。文意上也没问题,意思是说王婆和迎儿在厨房中活动,不去打扰正房中的西门庆、潘金莲二人。崇祯本作“和迎儿在厨房中坐地”,“坐地”不是坐在地上,而是“坐着”、“待着”的意思,“地”是个助词。例如《词话》第五十七回:“西门庆忙的不迭,即便整衣出外,迎接升堂。就叫小厮摆下桌儿,放下小菜儿,请吴大舅上坐了,众人一行儿分班列次,各叙长幼,各各坐地。”“在厨房中坐地”是说在厨房中待着,这跟“在厨房中活动”意思差不多,也可佐证“动啖”不是吃喝。

《篆隶万象名义》卷九:“䭡之善反头、箦”(见附图),吕浩(2007:40)校释本录作:“䭡,之善反。头也,箦也。”释云:“《玉

篇》作'軆，裸形也'。《名义》疑当作'顕也，簀也'。"顕是顯的手写体頭(见《名义》卷第廿二《石部》"碥"字下)的楷化写法，《名义》中并无直接写作顕的。头疑为显大约是与裸露义有些沾边，簀疑为簀则未明其故。軆未见有显、簀二训，此说无稽。軆为顫之异体。顫本义为头摇动。《集韵·上声·有韵》："疚，顫疚，头摇皃。""摇"俗体作"榣"。《说文》："榣，树动也。"段玉裁注："榣之言摇也，今俗语谓煽惑人为招摇，当用此从木二字，谓能招致而摇动之也。"《名义》卷廿三："騷，补袜反。榣头怒。"《名义》大约撰成于830年前后，今天传世的《名义》则为日本高山寺所藏鸟羽永久二年(1114年)的一个抄本，距成书已有近三百年的时间，这期间《名义》应该被多次辗转传抄。由于抄写者汉语文水平十分有限，错抄漏抄及臆改之处不少，正如杨守敬《日本访书志》卷四中所指出的："钞此书者草率之极，夺误满纸。"《名义》"軆"下原本当训"头榣"，因从"木"与从"艹"古可互换，如"梠"或作"莒"、"椵"或作"葭"、"栜"或作"茦"、"芒"或作"杧"、"芫"或作"杬"、"葚"或作"椹"等，故"头榣"或作"头萫"。"萫"讹误成"蒉"，"艹""⺮"两头古常混同不别，因此"蒉"又写成了"簀"。敦煌写本中摇作摇(S. 298)，右边与"簀"近似，可为参证。滛字从水，《说文》训为"水摇也"；軆字从身，《集韵》《类篇》训为"体摇也"；顫字从页，故训为"头摇也"，文例相同。《名义》"头"下点号应为抄写者误加。

軆既是顫的异体，又是亶的异体。亶之异体的軆是裸体的意思，《广韵》《集韵》音旨善切，上声。顫之异体的軆《集韵》音之膳切，玄应《一切经音义》卷十一《增一阿含经》第二十四卷“颤顫”条音之缮反，去声。《类篇·身部》：“軆，旨善切，倮也。又之善切，体摇也。”“旨善”“之善”二切读音相同，又音无谓，“之善”之“善”应为“膳”或“缮”之误。《名义》“軆”音之善反，其误与《类篇》相同。

从古代文献中“弹”的多种写法来看，元明官话中这个词一般读端母，这与其来源“澹”是吻合的。但在今天的北方话中，“弹”读[t]读[t‘]的都有，如山西忻州话、山西长治话、西安话、四川万荣话等读[t]，山东淄博话、山西襄汾话、乌鲁木齐话、天津话等读[t‘]。《现代汉语词典》(第6版)“动弹”的注音为dòng·tan，早在《国语辞典》(1948年印本)中“动弹”的注音就已经是dòng·tan，这说明清代以来的北京话中“弹”一般读[t‘]。造成[t]改读为[t‘]的原因大约是“弹”的动词义读tán，读dàn则为名词义，“动弹”是动词，所以大家选择了tán。

还有一个与“动弹”同义的词叫“动换”。《汉语大词典》：“动换，方言。犹动弹。田汉《丽人行》第二一场：‘别动换！咱们客客气气的。’”也写作“动唤”。袁学骏、李保祥主编《耿村民间文化大观：中国故事第一村》(北京图书馆出版社1999：1496)：“小芳浑身伤疤，动唤不了，就派了几个丫环婆子伺候着小芳。”史铁生《史铁生小说选》(人民文学出版社2009：168)：“奶奶看了我一会儿，又往窗外看看，笑了，说：‘不是树刮的风，是风把树刮得动唤儿了。风一刮，树才动唤儿了哪。’”“换”的交换义、“唤”的呼喊义都与“动换”的活动义不协调，所以都不是本字。傅民、高艾军(1986：69)：“动换，又作‘动撼’、‘动幌’。行动，活动。”“动幌”之幌读huan，轻声，与换同音。写作“幌”是因为“幌”有摇动的意思，但“幌”也不是本字，因为“幌”在其他情况下都读后鼻音。

我们认为"换"的本字应该是"撼"。"撼"的本义就是动。《广雅·释诂一》:"撼,动也。""动撼"一词早见于宋代。宋代道经《混元八景真经》卷三:"但看时候,刻漏不差,即便起功。先导引四肢经络,次舒展手足,令百节开通,然后动撼浑身,使气往来无滞。"后代也有用例。明许仲琳《封神演义》第十二回:"摆一摆,江河幌动;摇一摇,乾坤动撼。"清孙宝瑄《忘山庐日记》:"虽然灵性附合全体,而总聚于脑,故用心时,其血管脑筋皆动撼。"清道崇编《敏树禅师语录》卷十《寄相国文铁庵居士》:"如靠一座须弥山相似,任是八面风来吹,一不动撼,一不去。"《汉语大词典》:"动撼,指触动。端木蕻良《科尔沁旗草原》十七:'你小子敢,你敢动撼动撼你老娘!女的笑着喊,两人的声音混在一片混乱里。'""动撼"就是动,释为"触动",未确。

至于"撼"为何变成了"换",我最初的设想是"撼"受了"动"的同化增生了韵头 u,读音变成了 huan,这样人们就搞不清本字了,于是写成了"换""唤"等字。"动弹"也有相同的音变现象。如乌鲁木齐话中"动弹"读[$tuŋ^{213}$ · t'uan](李荣 2002:3803)。有些地方写作"动团"。甘肃省舟曲县地方志编纂委员会编《舟曲县志》(北京:生命·读书·新知三联书店 1996:670):"动团,即动弹,行动的意思。"这样的解释仅就"动撼""动弹"而言似乎说得过去,但类似音变发生在不少词身上,如俞敏(1988)指出,天津武清话中的连词"hèi"本字为"会",还有介词"管"也写作"赶","还"(huán)作副词时不少方言中音变为 hán。面对韵头 u 可增可减的音变现象,同化说就行不通了。俞敏的解释是高频词的开合口容易混乱。江蓝生(2012)认为:"此类语音异化是语法化在语音上的反映,即,词义的虚化引起语音的弱化,弱化又引起了异化。脱落[u]介音或把闭音节变为开音节，客观上使动词与副词或连—介词等虚词有了语音上的区别。”我们看“动换”“动弹”中的“换”“弹”都是轻读音节，作连词、介词的“会”“管”也都轻读，可见轻读容易造成u介音的增加或脱落。

邢公畹(1999:249)说：“现代汉语作‘动弹’讲的 $tuŋ^5$ · xan 的 · xan，似应写作‘捍’。”“捍”自古以来一般用于捍卫义，其摇动义仅见于《集韵》和《广韵》。《集韵·潸韵》：“捍，捍攡，摇动也。”《广韵·潸韵》：“捍，捍握，摇动。”疑“握”为“攡”之讹误。《集韵》和《广韵》都是先把“捍”释为复音词，然后再解释词义，这表明“捍”单用没有摇动义。而事实上，无论是“捍”还是“捍攡”，都未见有摇动义的用例。一个从不使用的词是不可能成为构造新词的语素的，所以将“捍”认作[xan]的本字难以成立。我们将[xan]的本字定为“撼”应该更为合理。

清蔡钧《诗法指南》卷四《诗家解数诸法》：“次论起承转合。夫唐人最重之法，起陡然落笔，如打椿，动换一字，不得为佳。”这里的“动换”是移动更换的意思，与动弹义的“动换”无直接关系，未可混为一谈。

字随音变的现象语言中很常见，俗语词在这方面尤为突出。北方话中称闲聊、吹牛为“白货”(也写作“白活”)。曹禺《曹禺剧作》(浙江文艺出版社 2001：274)：“我不是跟你小妹妹瞎‘白货’，我从前在班子的时候也是数一数二的红唱手。”与此同义的有“白唬”(也写作“白乎”)。鲍光满《作妖》(长春：时代文艺出版社 1998：223)：“自己要没有在新闻界的一点地位，就是再能白唬王小菁也不见得看得上自己。”这两个词都是“白话”的音转。“白”和“话”都有说的意思，故组合到一起表示闲聊。宋楼钥《攻媿集》卷八十一《戏赠怡云平老》：“闹市里寻得静处，相逢了白话三通。"明冯梦龙《醒世恒言》卷九:"王三老正在门首同几个老人家闲坐白话。"由于"白话"之"话"常常轻读,所以读音变为[xuo]或[xu],字随音变,写成了"货""唬"。台湾的国语中连词"和"读 hàn,这是继承了老北京的读音。据江蓝生(2012)考查,"和"读去声目前所知最早见于清末为在华日本人编的汉语教科书《燕京妇语》(成书不晚于 1905 年)中。俞敏(1988)、江蓝生(2012)都认为连词 hàn 的本字为"唤"。但"唤"有 u 介音,与 hàn 不能吻合。我们认为 hàn 的本字应该是"喊"。"喊"和"唤"都有叫喊的意思,都虚化为连词和介词。许宝华、宫田一郎(1999:6064):"喊,⑩〈介〉向。粤语。广东斗门斗门镇[ham33]喊他借。⑪〈连〉和。吴语。江苏江阴[hæ53]我喊他一起走。"《广韵》和《集韵》的上声《豏韵》下"喊"都有"下斩切"的读音,这应该就是"喊"今北京音读 hàn 的由来。

知道了俗语词演变的这一特点,我们在探求俗语词理据的时候别忘了还有音变这样一条思路,以免老在字面上兜圈子而不能自拔。

参考文献

白维国.金瓶梅词典.北京:中华书局,1991.

白维国主编.白话小说语言词典.北京:商务印书馆,2011.

傅　民、高艾军.北京话词语.北京:北京大学出版社,1986.

江蓝生.汉语连—介词的来源及其语法化的路径和类型.中国语文,2012年第 4 期.

李　荣主编.现代汉语方言大词典,综合本.南京:江苏教育出版社,2002.

刘敬林.金瓶梅方俗难词辨释.北京:线装书局,2008.

吕　浩.篆隶万象名义校释.上海:学林出版社,2007.

王利器主编.金瓶梅词典.长春:吉林文史出版社,1988.

邢公畹.汉台语比较手册.北京:商务印书馆,1999.

许宝华、宫田一郎主编.汉语方言大词典.北京:中华书局,1999.

俞　敏.北京话本字札记.方言,1988年第2期;收入《俞敏语言学论文二集》,北京师范大学出版社,1992。

(作者工作单位:南开大学文学院)

我国现行农村宅基地制度问题研究

杨珍惠

我国现行的农村宅基地制度是指1986年颁布的《中华人民共和国土地管理法》确立的农村宅基地使用和管理制度。二十多年来,我国的宅基地制度也经历了计划经济到市场经济的发展过程,计划经济的制度模式已经不适应市场经济的要求,尤其是2007年颁布的《中华人民共和国物权法》明确宅基地使用权是一种用益物权,使宅基地从单一的人身保障权兼具了财产权,宅基地使用权制度面临着从无流动向有流动转变的改革要求,使现行的宅基地使用和管理制度出现了许多新的问题需要研究和解决。本文试图分析现行宅基地使用和管理中遇到的矛盾和问题,提出改革我国现行宅基地制度的初浅意见。

一、我国现行农村宅基地制度的基本特征

(一) 宅基地公有私用制度

1982年12月4日中华人民共和国第五届全国人民代表大会第五次会议通过的《中华人民共和国宪法》规定:“农村和城市郊区的土地,除由法律规定属于国家所有的以外,属于集体所有;宅基地和自留地、自留山,也属于集体所有。”

1986年6月25日颁布的《中华人民共和国土地管理法》第六条也作了同样的规定。宅基地公有私用是我国现行宅基地制

度的一个重要特征。

（二）宅基地需严格审批的制度

新中国成立以后直到改革开放，我国农村建房使用土地没有统一的土地管理部门，宅基地由农村集体经济组织领导干部同意即可，无需审批。20 世纪 80 年代，随着农村土地承包经营制度的建立和农村改革的推进，农业生产得到极大的发展，农民不仅解决了温饱问题，还出现了建房的高潮，发生了大量占用耕地建房的问题，党中央和国务院相继发文，加强了对宅基地的管理，1986 年颁布的《土地管理法》确定了宅基地面积限额，严格了宅基地审批程序。《土地管理法》规定："使用耕地的，经乡级人民政府审核后，报县级人民政府批准；使用原有的宅基地、村内空闲地和其他土地的，由乡级人民政府批准。"1998 年修订的《土地管理法》取消了乡级人民政府对占用非耕地建房的宅基地的审批权，所有占地建房须经县级人民政府审批，占用耕地的需要办理农用地转用手续。

（三）宅基地无偿划拨的福利制度

农村宅基地的福利分配制度，首先表现在限量分配、人人均等的政策。由于宅基地的所有权属于集体经济组织，村民作为集体经济组织的成员，只能享有使用权，作为成员身份权，理应人人平等，使用面积一样，不能有差异。由于保护耕地的需要，村民不能随意占用耕地建房，必须要有限量，因而《土地管理法》严格规定"农村村民一户只能拥有一处宅基地，其宅基地的面积不得超过省、自治区、直辖市规定的标准。"

其次，农村村民使用宅基地，是无偿的无限期的制度。1986 年—1990 年，宅基地的使用没有收取土地使用费，只象征性地收取了一点土地管理费，占用耕地的，每平方米收取 1—2 元，占用非耕地的,收取0.5—1元。1990年1月3日,国务院批转了《国家土地管理局关于加强农村宅基地管理工作的请示的通知》,在对宅基地用地的审批手续作了更具体的规定的同时,确立了农村宅基地有偿使用试点。1993年,为减轻农民负担,《中共中央办公厅、国务院办公厅关于对涉及农民负担项目审核处理意见的通知》明令取消了农村宅基地有偿使用费和农村宅基地超占费,有的地方甚至取消了宅基地用地管理费,农村宅基地基本上是无偿使用。

(四)宅基地基本无流动制度

从新中国成立以来,我国农村宅基地流转历经了一系列演变,可归纳为以下几个阶段:

第一阶段,土地改革初期.实行农民私人所有的土地制度,大部分地区的农民领取了政府颁布的《中华人民共和国房地产权证书》,农村宅基地可以自由处置。

第二阶段,社会主义改造初期。农村土地仍然是农民私有,但是土地的经营已经由个体农民转变为集体统一经营,农民的宅基地仍然由农民保有绝对的所有权,对其自由处分没有禁止性规定。

第三阶段,高级农业社的出现,确立了农村土地集体所有制。宅基地所有权也收归集体所有,农民只对宅基地享有使用权,并且不能出租、买卖等。

第四个阶段,1986年颁布和1998年修改的《土地管理法》皆规定:农民"出卖、出租房屋后,再申请宅基地的,不予批准"。允许宅基地使用权人对地上建筑物进行出卖、出租的处分。

第五个阶段,90年代末,随着城市居民生活水平的极大提高,改善住房的愿望十分强烈,城市居民到农村购买土地建房或直接购买农民宅基地和房屋的现象日益突出,农村非法转让土地的违法现象越来越多。1999年5月国务院办公厅《关于加强土地转让管理严禁炒卖土地的通知》(国办发【1999】39号)明确规定“农民的住宅不得向城市居民出售,也不得批准城市居民占用农民集体土地建住宅,有关部门不得为违法建造和购买的住宅发放土地证和房产证”。2004年10月,国务院《关于深化改革严格土地管理的决定》明确“禁止城镇居民在农村购置宅基地”。同年11月国土资源部《关于加强农村宅基地管理的意见》提出两个“严禁”:“严禁城镇居民在农村购置宅基地,严禁为城镇居民在农村购买和违法建造的住宅发放土地使用证。”2007年12月《国务院办公厅关于严格执行有关农村集体建设用地法律和政策的通知》再次重申:“农村住宅用地只能分配给本村村民,城镇居民不得到农村购买宅基地、农民住宅或‘小产权’房。”这一阶段,农村村民的住宅只能转让给本集体经济组织内缺少宅基地的村民,绝对不能转让给本集体经济组织以外的人员,尤其是城镇居民。同时2007年颁布的《物权法》也规定:农村宅基地不能抵押。

二、我国现行农村宅基地制度已不适应新的形势要求

我国现行的宅基地制度形成的基础是计划经济体制下的集体分配制度,强调的是集体经济组织成员权,注重的是农民的居住保障作用,因而是无偿无限期无流动的使用制度。然而,随着我国经济制度、土地制度和农村产权制度改革的深入,农村宅基地使用和管理面临着新的矛盾和问题,已与新的形势要求不相适应,也需要进行制度改革。具体来说,已与四个方面的形势发展不相适应:

(一)与《物权法》的要求不相适应

按照《物权法》的规定,宅基地使用权是一种用益物权,物权是一种财产权,是权利人在法律规定的范围内对一定的物享有

直接支配并排除他人干预的权利。而按照现行的宅基地制度，宅基地使用权是基于集体成员身份享有的一种保障性的权利。作为基本保障和福利待遇，宅基地使用权不应当流转到集体经济组织之外，也不能无限扩大，因而宅基地使用权不能转让给本集体经济组织以外的人员。由于抵押可能涉及到抵押款不能清偿造成的抵押物转让，因而《物权法》规定宅基地不能抵押。宅基地是否可以继承？法律法规没有明确规定，但按照一户一宅的规定，家庭人员死亡后，宅基地自然由家庭其他成员享有，可能出现"生不添，死不减"的情况。农村父母死亡后，房屋可以由集体经济组织以外的子女或亲朋好友继承，但宅基地使用权不能继承，房屋灭失后，不能再建，宅基地由集体经济组织收回。此外，农村宅基地在一定条件下，还可以由集体经济组织无偿收回。这些规定都表明，农村村民对农村宅基地只有使用权，没有处置权和收益权。但宅基地使用权作为物权中的用益物权，应当享有占用、使用和收益的权利，收益权包括"在他人土地上建造楼宇用以出售、出租以取得收益等"。(《物权法知识读本——理解与适用》，全国人大常委会法工委民法室扈纪华主编)作为财产权，宅基地使用者应当享有直接支配并排除他人干预的权利，于是宅基地使用权产生了身份权的限制和财产权的不能干预的矛盾，实际上是集体土地所有权和集体土地使用权之间的矛盾。强化所有权和身份权，使用权和财产权就不能充分体现，强化使用权和财产权，就必须弱化所有权和身份权。2008 年党的十七届三中全会《中共中央关于推进农村改革发展若干重大问题的决定》强调："完善农村宅基地制度，严格宅基地管理。依法保护农户宅基地用益物权。"2009 年《国土资源部关于促进农业稳定发展农民持续增收推动城乡统筹发展的若干意见》(国土资发【2009】27 号）要求“严格宅基地管理，依法保障宅基地用益物权，促进集约节约利用农村土地”。根据十七大《决定》和国土资源部的“意见”，依法保障宅基地用益物权被提到了新的高度，保护宅基地用益物权，就应当弱化集体土地所有权和身份权，允许宅基地使用权流转而获取收益。

（二）与集体建设用地使用权流转的要求不相适应

像国有土地使用权制度改革一样，20 世纪 80 年代末，关于集体建设用地使用权流转的探索就一直在各地进行。1994 年福建省古田县允许集体非农建设用地进行流转，1996 年苏州出台《农村集体建设用地使用权流转管理暂行办法》。而自 1999 年以来，国土资源部更是在全国范围内较大规模安排了多处集体建设用地流转试点，如安徽芜湖、广东顺德、浙江湖州等地。此外，全国不少地方政府相继制定了集体建设用地使用权流转管理办法，进行了集体建设用地流转探索，如辽宁大连、山东烟台、江苏南京、福建泉州、四川成都等。尤其是 2005 年，广东省政府正式出台了集体建设用地使用权流转的管理办法，提高到了地方法规的层面。国务院 2004 年第 28 号文《关于深化改革严格土地管理的规定》进一步明确“在符合规划的前提下，村庄、集镇、建制镇中的农村集体所有建设用地使用权可以依法流转”。28 号文件及以后的许多土地管理重要性文件中都给集体建设用地使用权流转指出了积极明朗的改革方向。十七届三中全会“决定”进一步明确：“在土地利用规划确定的城镇建设用地范围外，经批准占用农村集体土地建设非公益性项目，允许农民依法通过多种方式参与开发经营并保障农民合法权益。逐步建立城乡统一的建设用地市场，对依法取得的农村集体经营性建设用地，必须通过统一有形的土地市场、以公开规范的方式转让土地使用权,在符合规划的前提下与国有土地享有平等权益。”

集体建设用地包括增量建设用地和存量建设用地,增量建设用地需要有农用地转用年度计划指标并办理农用地转用手续,在农用地转用指标有限的情况下,将集体农用地转变为集体建设用地比较困难,因而增量集体建设用地流转几乎不太可能。而存量的集体建设用地中,除少数农村基础设施公益事业用地和乡镇企业用地外,主要是农村宅基地。在成都市,宅基地用地占集体建设用地总量的90%。农村基础设施公益事业使用的集体建设用地不允许流转;原来的乡镇企业用地流转需符合土地利用总体规划和“三个集中”原则(工业向园区集中、土地向规模经营集中、农民向城镇和集中居住区集中);现行的土地管理政策规定,农村宅基地不能向城镇居民流转,因而农村存量集体建设用地可以原址流转的也十分有限。这就是集体建设用地使用权流转规模小、市场难以发育,集体建设用地使用权制度改革不能像国有土地使用权制度改革那样顺利成功的原因所在。要改革征地制度,缩小征地范围,建立集体建设用地直接入市制度,建立城乡统一的土地市场,除将农用地转用指标直接分配给集体建设用地外,还要开放存量集体建设用地市场,允许占绝对比例的农村宅基地流转,才能真正盘活农村存量建设用地,建立完整的集体建设用地市场。

(三)与农村产权制度改革的要求不相适应

虽然我国的改革开放开始于农村,即1978年进行的农村土地制度改革——建立农村土地家庭联产承包经营制度,但我国改革开放的成绩主要在城市。三十多年来,农村的改革着力较少,进展不大,致使城乡差距日益加大,“三农”问题日益突出。近几年来,党中央国务院高度重视“三农”问题,十六大、十七大提出了统筹城乡发展的思想，但采取的主要办法是输血法，即城市支持农村、工业反哺农业，没有从农村经济体制改革这个根本问题抓造血。2007 年 6 月，成都市被国家正式确立为全国统筹城乡综合配套改革试验区，成都市委市政府通过认真研究，在总结 2003 年以来抓城乡统筹推进城乡一体化工作的基础上，提出了进行农村产权制度改革的重大举措。成都市农村产权制度改革的主要内容是：建立耕地保护补偿机制、开展农村集体土地和房屋确权登记、推动土地承包经营权、集体建设用地使用权和农村房屋流转。耕地保护是农村产权制度改革的前提，确权登记颁证是农村产权制度改革的基础，农村产权的流转是农村产权制度改革的目的。而农村产权制度改革主要是农村土地制度改革，农村土地制度是农村的基本经济制度，农村土地制度改革实际上是农村经济体制的改革。土地是最重要的不动产，集体土地产权是农村产权的重要内容之一。土地管理制度改革的基本要求，就是要建立归属清晰、权责明确、保护严格、流转顺畅的农村土地产权制度。明晰农村集体土地所有权和使用权并登记颁证，对保护农民土地权益，平等保护物权，健全土地市场体系，维护土地市场交易安全具有重要意义。成都市在集体土地特别是农村宅基地使用权确权登记中，直面矛盾，坚持“台账数据总量控制、发挥村民自治作用、尊重历史实事求是、还权赋能有所突破”的原则，对超出标准的现状房屋、附属设施、独用院坝占地作为其他集体建设用地确定给实际使用土地的农户或农村集体经济组织，有效化解了历史难题。成都市在探索集体建设用地使用权流转工作中，主要运用城镇建设用地增加与农村建设用地减少相挂钩的政策，通过对农村存量建设用地（主要是宅基地）的整理，促进农民集中居住后，将节约的集体建设用地置换到规划的城镇建设用地区集中流转使用，实现了农村集体建设用地的集约节约利用，盘活了宅基地的资产效益，改善了农民居住环境。在土地整理和挂钩整理中，农村宅基地实际上在集中置换流转。此外，在地震灾后农村住房重建中，成都市按照统筹城乡的要求，将农村产权制度改革与灾后重建相结合，尝试了农村住房联建和抵押的办法，很好地为农村灾后重建解决了资金来源。成都市的农村产权制度改革以还权赋能为核心，维护了宅基地的财产权益，得到了农村群众的衷心拥护。

（四）与集约节约用地促进农民集中居住的要求不相适应

上世纪80年代，由于农村土地制度的改革（建立农村土地家庭联产承包经营制度），农村经济迅速发展，解决了温饱的农民开始建房改善居住条件。同时，由于土地承包到户，农民只能在自己的承包地或自留地上建房，从原有的村落迁移到自己的承包地或自留地上，一户一院的情况越来越多，造成更加分散的使用土地。虽然有审批面积限制，但住宅周边形成大量院坝、道路、林盘用地，超占用地十分普遍，造成耕地被大量占用。为了保护耕地，促进集约节约用地，同时改善农民居住环境，90年代末，国家开始提倡农民相对集中建房。

1997年，中共中央国务院《关于进一步加强土地管理切实保护耕地的通知》（中发[2007]11号文件）要求："农村居民的住宅建设要符合村镇建设规划，有条件的地方，提倡相对集中建设公寓式楼房。"

1999年，国务院办公厅《关于加强土地转让管理严禁炒买土地的通知》要求："农村居民点要严格控制规模和范围，新建房屋要按照规划审批用地，逐步向中心村和小城镇集中。"

2004年，国土资源部《关于加强农村宅基地管理的意见》要求：

"各地要采取有效措施,引导农村村民住宅建设按规划、有计划地逐步向小城镇和中心村集中。对城市规划区内的农村村民住宅建设,应当集中兴建农民住宅小区,防止在城市建设中形成新的'城中村',避免'二次拆迁'。对城市规划区范围外的农村村民住宅建设,按照城镇化和集约用地的要求,鼓励集中建设农民新村。在规划拆并的村庄范围内,除危房改造外,停止审批新建、重建、改建住宅。"

2009年,国土资源部《关于促进农业稳定发展农民持续增收推动城乡统筹发展的若干意见》要求:"按照统筹城乡建设用地和控制总量、合理布局、节约用地、保护耕地的总要求,严格划定农村居民点扩展边界,合理确定宅基地数量、布局和用地规模。创造条件,编制好村级土地利用规划,引导农民住宅相对集中建设,促进自然村落适度拆并。"

近年来,在城乡统筹发展中,为了进一步改善农村村民住房居住条件和环境,政府加大农村居住配套设施和农村基础设施投入,加快农村土地整理,加速了农民向小城镇和农村新型社区集中居住,农民集中居住区用地出现了新的问题,迫切要求对宅基地使用政策进行调整。

三、新形势下我国农村宅基地制度遇到的问题和改革思考

(一)关于宅基地面积标准问题

宅基地作为集体所有的土地,只有集体经济组织成员才能享有其使用权,因而宅基地的使用对象只能是农村集体经济组织成员,集体经济组织以外的其他人员不应当在农村享有宅基地使用权。这一点,目前的宅基地管理法律法规是越来越明确,但在《土地管理法》刚颁布时并不是很严格。1982年的《村镇建房用地管理条例》规定,"回乡落户的离休、退休、退职职工和军

人，回乡定居的华侨”，以及“集镇内非农业户”建房需要宅基地的，经过批准，可以取得宅基地。1986 年《土地管理法》第 41 条：“城镇非农业户口居民建住宅，需要使用集体所有的土地的，必须经县级人民政府批准，其用地面积不得超过省、自治区、直辖市规定的标准，并参照国家建设征用土地的标准支付补偿费和安置补助费。”1998 年修定的《土地管理法》取消了 1986 年版的第 41 条，1999 年国务院文件明确规定：“农民的住宅不得向城市居民出售，也不得批准城市居民占用农民集体土地建住宅。”以上说明，农村宅基地是农村村民享有的一种特殊权利，与农民的身份紧密关联，也可以说是一种成员权和身份权。

但过去的宅基地权利主要是一种保障权，保障农民居住的需要，强调的是保障功用，因此使用面积标准主要以户来分配：如河北省，人均耕地不足一千平方米的平原或者山区县（市），每处宅基地不得超过 200 平方米，人均耕地 1000 平方米以上的平原或者山区县（市），每处宅基地不得超过 233 平方米，坝上地区，每处宅基地不得超过 467 平方米。山东日照市、菏泽市，青海省，浙江宁波市，海南省三亚市等地都分别不同的地区按户制定宅基地面积标准。四川省规定人均 20—30 平方米，三人以下户按三人计算，五人以下户按五人计算，也基本上是以户限制面积。这种标准造成的最大问题是分户严重，农民为了多占宅基地建房，常常将父母子女分户居住，造成宅基地占地更多。由于户籍管理制度的改革，分户容易，户的概念不清，为了多占宅基地建房，户的划分趋小化，尤其在房屋增值的城市郊区农村，不利于耕地的保护。此外，宅基地按户分配，没有体现人均享有的公平性，在《物权法》的规定下，宅基地是物权，是不动产，是财产，应当体现享受的公平性，在同一地区，尤其是土地价值巨大的城市郊区，不能是有的人多，有的人少。多占一平方米宅基地，就多一点不动产，而这样的不动产，是政策赋予的，不是农民自身创造的。因此，宅基地分配应尽量做到人人均等，可以考虑宅基地按人头平均分配。

为维护宅基地的用益物权，成都市农村产权制度改革工作的一项重要内容，就是为农村产权进行确权登记颁证工作。在宅基地确权颁证工作中发现，农村宅基地实际占地面积多数超过审批面积，对于这些超占面积如何确权是个难题。不予确权，又已经是建设用地；按照实际面积确权，又将违法超占的土地面积合法化了，不仅对遵纪守法的人不公平，对土地管理法律法规也是一种冲击。对此成都市采取的办法是：1987 年《土地管理法》颁布以前建房占地按实际占地面积确权，1987 年以后建房占用的宅基地，分为两个面积确权登记颁证，一部分是政策批准的宅基地面积，一部分为其他建设用地面积，宅基地面积属于农民个人，其他建设用地可由农民使用，一旦涉及征地补偿或集体建设用地流转，收益归集体经济组织，由集体经济组织成员共同享有其收益。这个办法虽然较好地体现了宅基地福利政策的公平性，但没有解决超占用地的问题，且有鼓励超占用地之嫌，不利于土地管理法律法规的执行。目前宅基地面积标准有普遍偏小的问题，不符合农村生产生活需要的实际，建议在分散居住的地区，宅基地面积应包括住房占地面积和院坝、道路等其他配套用地面积两个部分，人均相对大一些，避免建房后再违法占用土地作为院坝等配套用地。

（二）关于农民集中居住用地问题

1. 集中居住占用的土地如何补偿

当前，农民适度集中居住，不仅是集约节约土地的要求，也是农民改善居住环境和条件的途径，是建设社会主义新农村的内容之一。过去，农民分散居住，建房用地几乎都是使用自己的自留地或承包地。现今，农民向中心村或聚居点集中，就需要使用他人的承包地，甚至跨村组用地，涉及到土地承包经营权和土地所有权的调整。而土地所有权和承包经营权调整很困难，集中居住成片占用的农民的土地谁来补偿？在实施的土地整理或挂钩项目中，新建集中居住小区的用地一般采取租地的办法使用集体土地，但支付租金是个长期的行为，农民入住后，项目实施单位拆走，谁来支付土地租金？由住房的农民长期支付租金很难，政府支付更不合理，不予支付，对土地被占用的农民土地权益没有保护，这是困扰农民集中居住用地的一个重大问题。有的地方采取参照征地补偿办法一次性给予补偿，失地农民仍然是集体经济组织成员，可以租赁或转包其他农民的土地耕种，也可以另谋职业或外出打工。这种办法没有遗留问题，只要经济补偿合理，农民愿意接受，是相对较好的一种办法。

2. 集中居住的土地权属如何确权登记

按照我国现行农村土地制度，集体土地属于农村集体经济组织——主要是村民小组，作为集体经济组织的成员农民建房用地使用的是本集体经济组织所有的集体土地。而农民向城镇或中心村集中居住，就需要跨组甚至是跨村使用集体土地，集中居住区的土地所有权和使用权如何确权？土地使用权确定给农户后，土地所有权确定给谁？实践中，有两种做法：一是跨组的确定给村集体，跨村的确定给乡镇集体，但是村和乡镇两级集体经济组织不健全，且值得研究（关于农村集体经济组织问题，另有探讨）；二是将集中居住区用地转变为国有土地，虚化土地所有权，强化土地使用权。只要农民愿意，转为国有土地较为简单，不会留下后遗症。

3. 城镇规划区范围内农民如何集中居住

按要求，为避免二次拆迁，在城镇规划区范围内，不再进行零星宅基地审批，也不建设低层住宅，应按照城镇建设规划建多层或高层楼房，因而农民一家一户无法自建。城镇规划区农民宅基地如何分配，房屋如何建设呢？这是农村宅基地管理中的一个新问题。建议给每个农民划一份宅基地，这些农民再将宅基地集中起来，按城镇建设规划组织自建，或由社会资金参与联建，或由政府、集体经济组织开发建设后以建房成本价（不含土地价格）出售给农民居住，在即将征地的地区可以按照征地住房补偿安置政策无偿提供给农民居住。

4. 集中居住后农民新增加人员怎么办

集中居住后，农民的身份如果没有转变，仍然是集体经济组织成员，集体土地仍然是集体土地，按照土地管理法律法规规定，农民家庭中新增加的人口在符合宅基地申请的条件下，仍然可以依法申请宅基地建房，这是土地管理法律法规赋予农民的权利，对这些新增加的农民是否审批宅基地建房？这也是农民集中居住后的一个重大问题。建议在远离城市的农村地区，集中居住区预留一部分土地或房屋解决新增人员住房问题；在城镇规划区范围内的农民居住区建好后，农民身份转为城镇居民，土地转为国有土地，今后新增加人口不再享受宅基地政策，但可以享受城市居民经济适用房和廉租房待遇。

（三）关于宅基地使用权流转问题

农村宅基地房屋流转是市场经济体制的必然，是保护宅基地用益物权的需要，是集体建设用地流转的重要组成部分。《土地管理法》的规定是："农村村民出卖、出租住房后，再申请宅基地的，不予批准。”并未禁止宅基地住房流转。为保护耕地，防止城镇居民（包括其他人员）在农村违法购买农村土地建房，国务院 2004 年 28 号文件“禁止城镇居民在农村购置宅基地”的规定是应当的，但国土资源部《关于加强农村宅基地管理的意见》“严禁城镇居民在农村构筑宅基地，严禁为城镇居民在农村购买和违法建造的住宅发放土地使用证”和 2007 年 12 月《国务院办公厅关于严格执行有关农村集体建设用地法律和政策的通知》扩大到了购买农民住房：“农村住宅用地只能分配给本村村民，城镇居民不得到农村购买宅基地、农民住宅或‘小产权’房。”建议解除《物权法》农民宅基（房屋）地不能抵押、其他土地管理文件农民宅基地和房屋不能转让给城镇居民的禁令，允许农民合法取得的宅基地和房屋自由流转。

农村宅基地虽然是农民基于成员身份权获得的福利待遇，但正如当初城市居民的福利房一样，改革后也可以进入市场流转，只是转让后不得再申请宅基地。对宅基地的流转，政府总是担心农民失去宅基地后就没有了居住保障，这其实是有点杞人忧天。没有后路，绝大多数农民不会切断前路，而希望将宅基地流转出去的农民恰恰是已经找到了后路的人，不能因为极个别的农民不负责任地转让宅基地出现后路问题而禁止一部分不愿居住在农村的农民自由处置自己的不动产——农村房屋宅基地，况且没有后路的极少数人员如果真的失去了居住保障，还应当建立社会住房保障制度，如类似城市的经济适用房、廉租房。

另外，由于宅基地的所有权性质和无偿使用制度，许多省市的宅基地管理法规规定，宅基地使用权可以由集体经济组织无偿收回，这与宅基地的用益物权相矛盾，不利于宅基地用益物权的保护。另有观点，宅基地由集体经济组织有偿收回，这种办法难以操作。在很多农村地区,集体经济组织不健全,没有经济收入,哪里有钱来收回宅基地?况且,收回来做什么用?有偿卖给需要建房的农民?农民本身可以无偿取得宅基地,他又何必花钱去买。鼓励农民有偿退出宅基地很好,可以盘活农民宅基地,体现用益物权的资产属性,但不是集体经济组织去有偿收回,应当允许流转,或者在土地整理中置换房屋,或者退耕后变成集体建设用地指标由有关机构收购储备,指标流转后用于集体建设用地。

(本文原刊于《资源与人居环境》2010 年 6 期,又为《中国土地》2015 年 4 期重刊)

感谢人生路上有您

——向熹先生对我的影响

翻开《历史不忍细看》(文欢主编),首篇即是向熹先生的《司马迁之惑》。惊异于先生对古汉语研究精专之外,竟有这样深刻认识现实的文章。文中说:"人的管理,实质就是欲望的管理,通过管理,实现欲望的释放与管束。释放欲望,可以激发人无穷的创造力;欲望的满足可以带来幸福感,欲望的不满会带来痛苦。于个体而言,欲望满足往往是暂时的,而痛苦却是经常的;于群体而言,欲望的创造力与破坏力并存。因此,欲望这把双刃剑需要约束。""在释放与约束消长往复的慢慢历史进程中,每个人心中都有了神龛,不同的是龛中的'神'不同。""这些年过去了,'神'被换了几轮的中国人心中的神龛,目前多是空的,从历史规律来看,这样发展是不可持续的,中国人呼唤幸福的声音越来越强烈,折射出的,正是认识人生目的的渴望,对欲望制衡的渴望。这时,传统文化的热潮就显得那么自然。"先生从历史、文化、宗教、人的生理、心理、精神等方面对现实社会所做的深刻剖析令我敬服。反复咀嚼先生的这些论断，深有感触。我毕业工作二十多年来，经历了我国改革开放的变化，见识了社会的进步与落后，也体验了生活的酸甜苦辣，但是人生总归算积极，尤其在从政的路上，经受住了各种诱惑，没有犯下什么罪错，是在欲望的管理中，神龛中装有一个正确的神，这个神与先生给我的指导密切相关。

就读向熹先生的硕士研究生，是 1987 年秋，那时的我只有二十二岁，还没有社会的经历，人生也只能算刚起步，懵懂的我为了爱情，入校不久就办理了结婚手续。先生得知后，对我有些不满，他严厉地嘱咐我，趁年轻应多读点书，多钻研点学问，要对得起自己的学历。先生的严厉虽然使我感到委屈，但却激发了我的学习斗志，在知识还受尊重的年代，我保持了自己从中学到大学的勤奋品质，得到了先生的肯定，但是先生却在我心目中成为了一位严师。我那时有点怕他，对他有点敬而远之，直到快毕业时，我才改变了对他的认识。

向熹先生是中国传统语言学宗师王力先生的弟子，在接收我时已很有成就，大有成为王氏学派得力传承者的趋势。可我后来却不太喜欢传统语言学对字词句的考证研究，而是渐渐喜欢上了复旦大学申小龙为代表的转换生成语言学，喜欢语言、思维与文化关系的探讨。我准备毕业论文在这个方向选题，可是，先生会同意吗？没想到，当我小心翼翼地向先生汇报我的想法时，先生却没有表示任何反对，还指点我如何将这个学派的理念与古汉语相结合，研究汉语自身的特质和规律。我选择了对古汉语中的同形词进行研究，试图通过对古汉语词义、语法、形态的引申转换研究汉语对汉语文化的影响，论文在先生的指导下顺利完成。先生的支持与鼓励，使我更坚定了信心，决定把这项研究作为自己今后工作的一个方向。可惜的是，在毕业选择工作时，我却为了即将到手的一套住房放弃了我的理想——当一名受学生喜欢的大学教授，放弃了先生为我推荐的一所高校，选择了我大学毕业时不愿选择的政府机关。当我怀着忐忑不安的心情告诉先生我的选择时，我准备好了被先生教训一顿，可没想到先生很理解地说：机关也不错，现在政府正需要人才，何况住房能够解决，很好啊。当时的学校，年轻老师多半是住集体宿舍，何时才能拥有自己独立的房间？那时谁也说不清。谢谢先生的理解，我的心里如释重负，反而担心自己在机关做不好工作。“没问题，你完全能够胜任机关的工作。”先生的鼓励再一次增强了我的信心，我开始感到了先生的包容、大度和亲切。

如果说三年读书期间，得到更多的是先生的传道与授业，那么毕业工作后，在与先生的来往中，得到更多的是先生对我人生路上的解惑和指导；如果说，读书时认识的先生是一位严师、良师，那么工作后认识的先生更是一位长辈、益友，在我工作困惑的时候，总能得到先生及时的指导，受到先生潜移默化的影响。

来到政府机关工作，我的确经历了很多的不适应：勤奋工作，做出成绩，是我对工作的态度和认识，可是努力的工作并不能得到领导、同事的肯定，复杂的人际关系、任人唯亲的人事制度，让我才了解和感受到人生的不易。当我向先生倾诉自己的苦闷，指责社会人心的不公，先生却像一位慈爱的前辈看惯了社会人生的曲折，在理解的同时，轻描淡写地说起他当年经受的更多挫折。先生毕业后工作时的好长一段时间，知识分子不但无用武之地，反而是受到社会的各种批判，他个人不仅没法实现理想抱负，连生活成家都很困难。是呀，就是现在，先生虽然是一名受人尊敬的教授，可他的工资、住房、奖金等待遇还不如我呢。我刚毕业才几年，工资与他不差上下，住房比他的还好，奖金福利更远远超过了他，我还抱怨什么呢？有所得就有所失嘛。我的心里平衡了，好好工作，管他别人看不看得到，于是我又恢复了工作的热情。

几年的努力，几年的默默无闻，终于得到了领导的赏识和同事的肯定，三十二岁的我，当上了单位的办公室主任，有点春风得意的味道。办公室主任，工作虽然辛苦，却是让人羡慕的位置。在我事业顺心时，自然忘不了我的恩师向熹先生。为了感谢先生对我的指导和帮助，也为了显示自身的得意，我遂邀请先生和几位师兄到当时流行的农家乐聚谈。此时的机关正盛行请客吃饭，我们单位也在一些餐饮娱乐之地定点消费，作为办公室主任，可以签字买单。公款消费，菜品当然很丰盛，先生说："那么多东西，要多少钱呀？"我骄傲地说："不用担心，我签个字就可以了。"先生似乎没明白："签什么字？""这儿是我们单位的定点接待单位，我在账单上签我的名字，就行了，以后单位一起结账。"假公济私，我的虚荣变成了心虚，满脸慈爱的先生脸色一下严肃起来："那哪行呢，这样要不得，在机关工作，千万不能这样做哟，做官一定要清白……"几位师兄面面相觑，我的脸一下红到了脖子根。"这样，今天的费用我来出。"先生说。那哪行呢，我来，我来，几个师兄争先恐后。"接受先生的批评，今天的单由我自己出钱。"我立马改正道。为了缓和气氛，先生说，就由珍惠买单，算是请客祝贺吧，珍惠工作这么快就有了成绩，我们感到很高兴。此次事件给我教训很深，觉得自己简直是小人得意太浅薄，假公济私更是错错错。从此以后想起此事就感到羞愧，再没有动过这样的念头。在我从政的二十多年中，没有追逐权力为自己获取好处的想法，我只想做事，在工作上干出成绩。

可是办公室工作十分繁杂，不是请客吃饭就是应付各种检查，连文章也是千篇一律，官样八股，渐渐地我觉得工作又累又没有意思。我向先生抱怨，先生说：土地管理很重要，是一门高深学问，你应该好好研究一下土地管理政策法规，把工作当学问来做，今后成为这方面的专家。先生的话犹如醍醐灌顶，我一下醒悟过来。几年来，虽然我写文章不少，也有涉及土地管理政策法规的，但大多工作不是我喜欢的。随着对土地管理业务工作的逐步熟悉，我越来越喜欢土地管理政策法规研究。当时，土地管理工作在我国才起步，工作千头万绪，一切都在探索过程中，我把工作兴趣和重点转移到了土地管理政策法规研究中。随着时间的推移，我的业务不断精进、工作能力不断增强，工作成绩也有目共睹。眼看快到四十岁了，自己还是个科长，论学历、资历和能力，职位早就该晋升一步了。可新来的局长对我不认同，认为政策法规工作不是单位的主要工作，说我只能空谈理论，不懂实际。对新局长的不满，使我感到工作很不愉快，产生了逃离的念头。当我对先生说：我想考博士研究生，再回高校工作。先生却并不支持，他帮我冷静分析了机关与高校的优劣，我的现在和未来，建议我潜心研究学问，多在土地管理学术领域出成绩。想到自己年龄大了，考博士、读博士殊为不易，便放弃了转行的打算。因为我的文章经常在土地管理刊物上发表，引起了上级机关法规处处长的注意，他问我是否愿意调到市局法规处工作。换一个单位，从主任科员干起，我很犹豫，先生却表示支持，认为到更高一级的机关，眼界更加开阔，更有利于土地管理问题研究。为了换一个环境，为了我喜欢的土地管理工作，我做出了新的选择。

政策法规处，在国土局来说，就是最冷清的部门。当土地成为社会的热点，当"土地爷"成为权力的象征，当掌权捞钱在社会蔓延开来的时候，我却偏偏喜欢无权无利的政策法规工作。调到市国土局后，正赶上了城乡统筹试点、土地制度改革加快的机遇期，市局领导尤其是一把手工作能力强，开拓创新意识强，政策法规处的任务很重，工作虽然忙碌，我却感到充实而有意义。我也从一名主任科员被提升为政策法规处副处长、处长。也许是领导为了肯定我，又出乎我意料地把我安排在了实权部门当处长。面对权力，我十分害怕。当我向先生请教，先生嘱咐我一定要小心用权，要坚持工作原则，要经受得住各种诱惑，千万不要犯下大错。这时，改革开放三十年了，虽然社会不断进步，人们生活水平得到很大提高，可是贫富分化，腐败突出，人心不古，社会乱象丛生，人人都在向钱看，先生每每与我们谈到都充满忧虑。而我自己，虽然痛恨政府官员的腐败，但面对社会的分配不公，时时也有不平衡之叹。尤其想到自己在别人羡慕的土地部门工作了二十多年，既没有当到官（局长），也没有发到财；而看到在大学工作的师兄们个个当了教授，专业成绩显著，后悔自己当初放弃理想，专业上也没有成绩，在先生和师兄面前感到很惭愧。而先生总是安慰我：社会分工不同，每项工作都是有意义的，你在土地部门也做了不少事，成绩也不错嘛。说到当官发财，那是不义之财，是很危险的。如果你一心追逐权力和金钱，表面上很风光，说不定哪天就进去了（进监狱）。是呀，先生的话很实在，而且他自己也很淡薄名利。每当我去到先生家里，看到他一个知名教授住的也不过三间屋，吃的照样是三餐素。退休了，不仅继续教学、带学生、写文章、搞研究，年纪那么大了，还要照顾多病的老伴，亲自做家务，骑着自行车上街，每次劝他请佣工做家务，再不要带学生搞研究，他总是说自己乐在其中，“现在的生活已经很好了，做点力所能及的事，也没什么不好。”看到先生这样乐观地生活，我心里想：钱和权真的没有那么重要！后来，根据单位工作的需要，我主动申请离开了实权部门，选择了专心从事土地管理学术研究和交流的土地学会，彻底远离了权力。而今，看到反腐风暴下，那么多曾经权势炙热的贪官纷纷落马，我总是暗自庆幸自己没有追逐权力而平安着陆，也深深感谢我的导师向熹先生对我从政之路的指导。

先生即将步入九十高龄，看到他身体依然硬朗，精神依然矍铄，对社会、对工作、对家庭还在继续履职尽责，我总是很感动。而今，我也快到退休年龄，工作和事业似乎快要画上句号，但是，先生的退休生活仍然影响着我。我寻思，今后也要像先生那样，退而不休，多做一些对社会、对土地管理和对自己的家庭有益的事。

杨珍惠

2015 年 1 月

（作者工作单位：成都市国土资源局）

自然方位属性对尊卑传统的影响

孙占林

0 引言

关于尊左尊右孰是孰非的争论由来已久,古今皆然。今人的结论,大致有这么四类:

0.1 古代尊左和尊右的文化习俗都是普遍存在的,它是历时变化在共时平面上的反映,不足为奇。[1][2]或者说,这种尊卑意识的转化,从一个侧面反映了中国人的智睿,这是一种灵活变通的观物态度。[3]

0.2 先秦时期尚左、尚右观念错杂流行,后发展为普遍流行的尚右观念。[4]因此,尊右是汉民族文化中的一条主线,古今一致,贯穿在各个方面。尊左是一种有条件的偏离现象。语言和文化中的尊右也是多种语言和文化中的一种普遍现象。[5]

0.3 秦朝军功爵是尊右,秦朝官制是尊左,以官制中的事例来论证官制中的尊卑更为贴切准确。[6]

0.4 从阴阳观念出发,中国古人尊左卑右;从权力崇拜出发,中国古人尊右卑左。[7]

这些研究都有一个共同的特点,即一般不涉及面位和特定场景中的配位格局,也不分析左右的性质特点,仅就字面上的带有“左右”的例句进行比较分析。本文拟从自然位、面位、配位和自身位等几个不同角度对左右尊卑中的自然方位投射的影响做一些分析研究,以求得到一些比较接近实际的解释。

1. 自然位

自然位指带有特定文化属性的自然方位,本文中的自然方位一般指东南西北。文化属性包含的内容很多,为分析研究方便起见,可以粗略地分为两种类型:一是不带有明显尊卑意味的属性,如阴阳、五行、吉凶等;二是有明显尊卑意义的身份属性,这在配位系统中体现最为明确,如君王坐北朝南、臣民立南朝北、宾左主右等等。

我们在分析自然位对左右的投射作用时,强调的文化属性一般指的是前者。自然位的书面表现形式为:东、南、西、北或×方、×边、×侧。

2. 面位

面位指的是以自己的视点方向为基准的朝向方位。面位在书面的表现形式为:×面、×向(乡)。面位由基础位和朝向位构成,基础位是对象自身所处的自然方位,朝向位是对象面部视点所对应的自然方位。基础位和朝向位在具体的自然方位上相反。面位规定了左右所投射的具体自然方位,是判断左右尊卑最重要的标志之一。在面位研究中,重要的关注点有两个:北面位和面位相对。

2.1 北面位

君臣位南北面是古代礼仪的固定模式。在行文中,常用的是北面位,很多情况下,即便不注明面位,也往往都是北面位。北面位的确认,对正确理解左右的尊卑意义极其重要。

2.1.1 堂礼

《礼记·檀弓下》[疏]:"'北面再拜稽首'者,辞毕,乃稽首谢过受谏也。'北面'者,在堂礼也。故《乡饮酒礼》宾主皆北面拜。"《仪礼·特牲馈食礼》:[疏]"则知凡堂下,虽不见面位者,皆北面拜可知。云凡宾以下,至於私人拜受送,皆北面,故云'凡'也。"凌廷堪《礼经释例·卷一》:"凡门外之拜皆东西面,堂上之拜皆北面。……盖堂上以南乡为尊,故拜以北面为敬。"臣在北面位,其右则为东。

2.1.2 书写格式

古人书写时,在竹简或纸张上体现的方位是北面位。《礼记·曲礼上》[疏]:"'献粟者执右契'者,粟,粱稻之属也。契谓两书一札,同而别之。郑注此云:'契,券要也,右为尊。'以先书为尊故也。"就行而言,右边要先书。名录排位在上的必然要写在右边,依次从右往左。如果位次下移,在书写上必然从右往左移,因此,职位下迁为左,地位低下也为左。如《史记·灌夫传》:"诸士在己之左,愈贫贱,尤益敬,与钧。"《史记·廉颇蔺相如列传》:"既罢归国,以相如功大,拜为上卿,位在廉颇之右。"索隐:"王劭按:董勋答礼曰:'职高者名录在上,于人为右;职卑者名录在下,于人为左,是以谓下迁为左'。"正义:"秦汉以前用右为上。"君王尊东,"于人为右"是北面位下的右为东,所以,君王拜蔺相如为上卿,位次在廉颇之右。在书写格式上,位次第一的写在右边。既然排名第一写在最右边,那么,没人超过他,也就"无出其右"了。如果换成南面位,如《史记·信陵君窃符救赵》:"公子于是乃置酒大会宾客。坐定,公子从车骑,虚左,自迎夷门侯生。"足见信陵君对侯生之尊敬。这儿的"虚左"是以信陵君为主视,采南面位,左为东,为尊。

综上分析，“位在廉颇之右”、“无出其右”和“虚左”，其“左”、“右”所投射的自然方位都是东方，关键在于南北面位的转换，与其说尊左尊右，还不如说是尊东。而“左迁”的“左”所投射的自然方位是“西”，从东往西迁移则暗喻着“贬官”之意。“虚左”和“左迁”的“左”，字是一个，但其所投射的自然方位，前者指东，后者指西。这就是“虚左”、“左迁”与“无出其右”在古代传统文化中并行不悖的原因之一。

2.2 面位相对

《礼记・玉藻》：“凡侍于君，……视下而听上，视带以及袷，听乡任左。”[疏]：“此一节论人臣侍君及被君召之仪。‘凡侍于君’者，谓臣侍君法也。凡者，臣无贵贱皆然也。……听上，谓听尊者语宜谛听，故仰头而面乡上以听之也。……‘听乡任左’者，此解‘听上’也。庾云：‘听上’及‘听乡任左’，皆备君教使也。郑注《少仪》曰：‘立者尊右，则坐者尊左也。’侍君之时君坐，故侍者在右。是以‘听乡’皆以左为任也。此谓臣以左耳近君，故云‘任左’。”立者与坐者面位相对，尊者南面而坐，左为东；臣北面而立，右为东。“坐者尊左”指君王以左为尊。“立者尊右”指臣以右为尊，以东为上，即统于君。坐者和立者所尊的“左”和“右”都是东边。有学者将此例中的左右作为对立的例证，显然是不辨面位所致。[8]

3. 配位

3.1 配位的基本性质

配位指在特定场景中，多人并列排位时，取某一端的自然方位为尊的方位格局。它们具有突出的尊卑意义。配位的书面形式为：×上。配位以组的方式出现，每组配位均由两个自然方位组成。其中起主导作用的为主配,其余的为次配。如北上与东上、西上与北上、西上与南上等等。

配位与社会生活场景密切相关。不同的场景必须采用相应的配位组,以体现规定的方位尊卑格局。如《礼记·曲礼上》:"古者地敷横席而容四人,四人则推长者居席端。"席端的尊贵来自身份、地位、属性的归属,即"所统",古人称之为"配位"。如:"奇龄又谓北郊既改从北向,则配位即统於所辂。地道尚右,配位当以东为上,东乃北向之右也。今考《仪礼·大射仪》曰:'诸公阼阶西,北面东上。'《燕礼》曰:'卿大夫皆入门右,北面东上。'则北郊北向,配位以东为上,与《仪礼》北面东上义例全通。"[9] 如果混淆了规定的场景及相应的配位组,势必会造成左右尊卑理解上的矛盾。此前的许多学者无法解释一些字面上的矛盾现象,其原因有三:要么不知道何谓配位,要么把配位中的"上"理解为动作方向,要么混淆了配位组的场景类型。

3.2 配位的基本类型

配位有三种基本类型,对应着中国古代传统社会的三类基本生活场景。

3.2.1 现实世界:君王坐北朝南,北方为尊,南面为尊。它是君臣朝拜活动场景,简称南面位。南面位分为两个层次:第一层次为君王之位,坐北朝南;第二层次,君王以其左为尊,即以东为尊,东是阼位(帝位)。臣的尊卑取向也有两个层次:首先取北的朝向位为尊,这是统于君;其次以东为尊,即以臣的右边为尊,这是统于主。南面位有两个主要变体:南变1(宾主位),南变2(夫妇位)。

3.2.2 神灵世界:太祖坐西朝东,西方为尊,东面为尊。它是祭祀神灵活动场景,简称东面位。由此,规定了室内的尊卑方位。“凡室中房中拜以西面为敬……室中以东乡为尊,故拜以西面为敬。房中则统于室,亦以西面为敬欤。”(凌廷堪《礼经释例》卷一)东面位有三个主要变体:东变1(宾主位),东变2(父子位),东变3(师徒位)。

3.2.3 平常家居:坐阳尚左,坐阴尚右。西方为尊,东面为尊。它是平常家居生活场景,这是家居位。它的基本性质来自神灵世界的东面位,即在室内以西方为尊,但配位与东面位有差别。神灵世界东面位的配位为西上和北上,平常家居为室内平常布席之位,其配位为西上和南上。

3.3 基本类型的内在关系

在祭祀礼仪中,有两种方位格局:一是朝践之事;二是朝献之事。如《礼记·礼运》[疏]:“案《逸礼》云:‘毁庙之主,昭共一牢,穆共一牢,于是行朝践之事,尸出于室。太祖之尸,坐于尸西南面,其主在右,昭在东,穆在西,相对坐,主各在其右。’故郑注《祭统》云:‘天子诸侯之祭,朝事延尸于户外,是以有北面事尸之礼。’……乃后延主入室,大祖东面,昭在南面,穆在北面,徙堂上之馔于室内坐前,祝以斝爵酌奠于馔南。……郑云:‘变朝践云朝献,尊相因也。’朝献,谓此王酳尸因朝践之尊也。”朝践之事在室外,其方位尊卑格局遵循现实世界的朝堂礼仪,太祖南面。朝献之事在室内,方位尊卑格局遵循神灵世界的礼仪,太祖东面。《礼记·礼运》[疏]:“郑云:‘变朝践云朝献,尊相因也。’”神灵世界的方位尊卑格局因袭了现实世界朝堂礼仪的尊卑等级,而这种变化来自“尊相因”。又南面位与东面位的朝向方位之门均为国门。如《礼记·玉藻》[疏]:“东门、南门,皆谓国门也。”所以崇阳是其核心特征。这两个配位的基本格局奠定了古代社会方位尊卑的重要基础。“室中以东向为尊,堂上以南向为尊。”(凌廷堪《礼经释例》卷一)而平常家居的方位格局则来自神灵世界的东面位,其主要区别则为正式礼仪与否。

3.4 三类场景中的配位

3.4.1 南面位

配位为"北上"和"东上"。北上为"统于君",东上为"统于主"。

坐北朝南是传统文化尊卑方位系统的最尊位置。因此,在配位系统中,"北上"就成为一个首要的、最尊贵的方位坐标,与此同时,"东上"也成为尊贵的方位标志之一。因为"阼,主阶也",天子即位时践阼升殿,因称帝位为阼。

《礼记·明堂位》:"三公,中阶之前,北面东上。诸侯之位,阼阶之东,西面北上。诸伯之国,西阶之西,东面北上。诸子之国,门东,北面东上。诸男之国,门西,北面东上。……朝位之上,上近主位,尊也。"[疏]:"三公则东上,侯尊于伯,故在东。子尊于男,亦在东,是'上近主位,尊也'。"这些位次的排列均按照由东到西的次序进行。即东尊于西。接近主位的方位是北和东。

3.4.1.1 南变1(宾主位)

(1) 主位的性质

《礼记·乡饮酒义》:"主人必居东方。东方者春,春之为言蠢也,产万物者也。主人者造之,产万物者也。"郑玄注:"言礼之所共,由主人出也。"由此可见,主人位之尊是不言而喻的。

《礼记·乡饮酒义》[疏]:"宾者接人以义,言宾故以成主人之惠。……今以宾敬接待之,事其尊敬,学习术道,身得成就而有令名。'是故圣人务焉'者,以上宾主德义之事于礼最重,故圣人务行焉。"

(2) 宾位的性质

《礼记·少仪》:“宾客主恭,祭祀主敬……恭在貌也,而敬又在心。”[疏]:“恭在貌,敬在心。宾客轻,故主恭。祭祀重,故主敬。”因此,主对宾的“尊”更侧重于表面态度的“恭”。元敖继公《仪礼集说》卷八下:“乡食之礼,君亲为主,故以宾为宾,尊宾也。君与臣燕,则宰夫为献主,故不以宾为宾,而以为苟敬,亦尊宾也。”《仪礼·聘礼》:“从诸公之席,命为苟敬。苟敬者,主人所以小敬也。”

(3) 宾与主的身份轻重

宾主的身份轻重有三种类型:宾重于主,宾敌于主,宾轻于主。

《礼记·燕义》:“设宾主,饮酒之礼也。使宰夫为献主,臣莫敢与君亢礼也。不以公卿为宾,而以大夫为宾,为疑也,明嫌之义也。……公卿尊矣,复以为宾,则尊与君大相近。”[疏]:“公卿,朝臣之尊;宾又敌主之义。……云‘尊与君大相近’,言公卿在朝,位与君相近。今若使为宾,被君所敬,则其尊与君大相逼近,故经云‘以大夫为宾’,为其疑故也。”“不以公卿为宾,而以大夫为宾”,有三层含义:一是说明主人是尊的,非主人则次之。如果要把非主人的地位提高,则把他作为宾,这样宾就具备了与主人对等的地位,因为“宾又敌主之义”。二是说明公卿本来的地位就很高,仅在君之下,或者说低一个等级。如果把公卿作为宾,则提高了一个等级,就使得公卿与君平等了。“公卿尊矣,复以为宾,则尊与君大相近。”三是说明宾不管多么尊,不能与君平等,即使“大相近”也不行,所以就以大夫为宾。大夫本来就低公卿一个等级,即便为宾,也只是提高了一个等级,还是无法与君相对等。此外,在很多场合中,临时任命一个献主(宰夫),也是为了在饮酒之礼中方便行主宾之礼，以成全君王的德义之事。这也说明对宾之尊是虚的。

(4) 宾主位的左右关系

《仪礼·有司彻》："南面于其右，主人之位恒左人。"[疏]："'南面於其右，主人之位恒左人'者，谓人在主人左，若《乡饮酒》、《乡射》之等，于西阶上北面，主人在东，宾在西。此南面，则主在西，宾在东，故云恒左人也。"北面位时，主的位置在东，宾的位置在西；南面位时，宾的位置在东，主的位置在西，但宾仍在主的左边。所以，以主人为基准来确定宾客的左右位置。"主人之位恒左人"就是强调主和宾在同一朝向时，左边的位置一直是宾的，其中的内涵是"尊左"。此时，左边所投射的自然方位则可以是任何方位。这是"左右"尊卑含义演变的一个非常重要的标志，即由阴阳属性定位发展到尊卑意义投射，再固定为自身器官肢体的定位，许多以"左"为尊的词语往往都和这个变化的影响有关。

(5) 宾主格局中的配位

该场景中的配位，"北上"为统于君，"东上"为统于主，"西上"为统于宾，但"西上"只是限于宾客的、少数人的临时的配位规则。从该场景的整体情况看，仍是遵从北上、东上的配位规则。

如《仪礼·有司彻》[疏]："尸在门外北面西上，统于宾客，至此升堂，亦应西上，故决之。云'东上，统於其席'，以其宾席以东为上故也。"

因为尸、侑统于宾客，在门外应该遵循"西上"，但到入席，则应"东上"，因为"以其宾席以东为上故也"。这说明，"西上"在宾主方位格局中，是统于宾的、临时的、局部的配位规则，一旦入了席，则应该服从于“席以东上”的上位规则。

（6）宾主位与南面位的层次关系

《礼记·学记》：“凡学之道，严师为难。严，尊敬也。师严然后道尊，道尊然后民知敬学。是故君之所不臣于其臣者二：当其为尸，则弗臣也；当其为师，则弗臣也。尸，主也，为祭主也。大学之礼，虽诏于天子，无北面，所以尊师也。尊师重道焉，不使处臣位也。武王践阼，召师尚父而问焉，曰：‘昔黄帝、颛顼之道存乎意，亦忽不可得见与？’师尚父曰：‘在丹书。王欲闻之，则齐矣。’王齐三日，端冕，师尚父亦端冕，奉书而入，负屏而立。王下堂南面而立。师尚父曰：‘先王之道不北面。’王行西、折而南，东面而立，师尚父西面道书之言。”[疏]：“此一节论师德至善，虽天子以下，必须尊师。‘是故君之所不臣于其臣者二’者，二，谓当其为尸及师，则不臣也。此文义在于师，并言尸者，欲见尊师与尸同。‘当其为尸，则弗臣也’者，若不当其时，则臣之。……虽天子至尊，当告授之时，天子不使师北面，所以尊师故也。……云‘师尚父西面道书之言’者，皇氏云：‘王在宾位，师尚父主位，故西面。’王庭之位，若寻常师徒之教，则师东面，弟子西面，与此异也。”

（7）武王践阼例有以下几层意思：

① 君王对其臣不以臣待之的情况有两种：一是当他作为祭主时；二是当他作为老师时。如果不当其时，则仍作为臣，这说明“尸”与“师”的身份是临时的，其尊也是临时的。如以虚实而喻，宾之尊为虚尊，主之尊为实尊。

② 南面位与宾主位处于两个层次。师尚父曰：“先王之道不北面。”因此，不能以臣之道待师，武王只能下堂来，由君臣的南面位换成宾主方位格局，同时为了表示对师的尊敬，让师尚父

居于主位，这说明主位尊于宾位，否则无尊师之说。这两种方位格局的选择顺序及其尊位的方位正好也反映了南面位场景中配位的性质层次。

③ 在朝堂之上，师徒之教的方位，则以老师东面，弟子西面。“与此异也”则强调说明武王下堂来，请师尚父站立在东方，取的是第二层次(宾主位)中的尊位——主人位，而不是第三层次(师徒之教)的弟子位。

3.4.1.2　南变2(夫妇位)

夫妇并列时均为北面位，即妇左(西)夫右(东)，这是夫妇之正位。“布卧席，则夫东妇西，从男女之正位也。”[10] 我们熟知的“男左女右”，那是南面位的结果，两者的阴阳关系一致。但在特定场景中，两者的位置会有变化，但这只是临时的、有特定含义的规矩。如《礼记·昏义》[疏]：“‘妇至，壻揖妇以入者’，谓妇至壻之寝门，壻揖以妇入，则稍西避之。故《魏诗》云‘宛然左辟’，谓此时也。‘共牢而食’者，在夫之寝，壻东面，妇西面。”婿与妇进入寝室，进门时，婿稍微向西让一点，也就是往自己的左边再让一点。“左辟”就是往左边让，以示尊敬。进门时，左为西，右为东。又《仪礼·士昏礼》[疏]：“若然，前布同牢席，夫在西，妇在东，今乃夫在东，妇在西，易处者，前者示有阴阳交会有渐，故男西女东，今取阳往就阴，故男女各于其方也。”夫东妇西是正位，先前位置的临时变化，是为了表示“阴阳交会有渐”。

又《礼记·曾子问》[疏]：“‘就道右者，行相左也’者，‘就道右’者，以道东为右也。”“道路，男子由右，女子由左”的相对位置关系就由此而来，它和夫妇北面位时的左右关系是一致的。

3.4.2　东面位

该场景的配位组为：西上、北上。

《礼记·王制》[疏]:“始祖之主于西方东面,始祖之子为昭,北方南面,始祖之孙为穆,南方北面。自此以下皆然。从西为上,禘则太王、王季以上迁主,祭於后稷之庙,其坐位乃与袷相似。”就是说,第一层次为西尊,第二层次为北尊。

3.4.2.1　东变1(宾主位)

君子在家,东面为尊。《礼记·玉藻》:“君子之居恒当户。”郑玄注:“乡明。”其“当户乡明”的位置在居室内的西北角。《仪礼·特性馈食礼》[疏]:“郑注云:‘当室之白,谓西北隅得户之明者也。’凡言‘厌’者,谓无尸直厌饫神,故郑云‘则尸未入之前为阴厌矣’,谓祭于奥中,不得户明,故名阴厌。对尸谡之后,改馔于西北隅为阳厌,以向户明,故为阳厌也。”阴厌是神坐,是子事父道的父位。阳厌以向户明,是君子在家居之位。如果在堂上,向明则为南面,如《礼记·曲礼上》[疏]:“‘俱南面’,解‘乡与客并’也。言于堂上俱南面,是向明故也。若不于堂上,则未必南面,当随时便而俱向明。”

又《礼记·曲礼上》[疏]:“非饮食客,谓来讲问者。布席,谓舒之令相对。……若讲问之客,布席相对,须讲说指画,使相见也。……相对者,唯讲说之客耳。不在牖前,或在于室。……‘主人跪正席’者,客虽来讲问,而主人宜敬,故跪而正席,示亲客之来也。虽来讲问,犹以客礼待之,异于弟子也。”因为在室内,主人在西(东面),对来讲问者,尽管其位在东(西面),不能等同于弟子,要以客礼待之。即主人坐在西边,客人坐在东边,面面相对,此为室内的宾主之位。

3.4.2.2　东变2(父子位)

在宗庙里,君王以子礼事尸。《礼记·礼运》[疏]:“王在宗庙,以子礼事尸。”子事父之道,有两个面位:一是在户外,《仪礼·特牲馈食礼》[疏]:“父北面而事之,所以明子事父之道也。……天子诸侯之祭,朝事延尸於户外,是以有北面事尸之礼”;二是在室内,《仪礼·士虞礼》[疏]:“西面向尸,尸东面。”因此,室内的父子之位,父东面,子西面。即父亲在西边,面朝东,儿子在东边,面朝西。以父位为尊。

3.4.2.3 东变3(师徒位)

《礼记·学记》[疏]:“云‘师尚父西面道书之言’者,皇氏云:‘王在宾位,师尚父主位,故西面。’王庭之位,若寻常师徒之教,则师东面,弟子西面,与此异也。”又《史记·淮阴侯列传》:“信乃令军中毋杀广武君,有能生得者购千金。于是有缚广武君而致戏下者,信乃解其缚,东乡坐,西乡对,师事之。”师徒之位,同于父子之位,“一日为师,终生为父”。即老师在西边,面朝东,学生在东边,面朝西。

3.4.3 平常家居

平常家居的主要特征是室内的非正式礼仪。遵循“坐阳则尚左”、“坐阴则尚右”的尊卑规则。其配位为:西上、南上。即,以西为上尊,以南为次尊。最尊的位置在“奥”,即西南角。《礼记·曲礼》:“席南乡北乡,以西方为上;东乡西乡,以南方为上。布席无常,此其顺之也。上,谓席端也。坐在阳则上左,坐在阴则上右。”[疏]:“‘席南乡北乡,以西方为上’者,谓东西设席,南乡北乡,则以西方为上头也。所以然者,凡坐随于阴阳,若坐在阳则贵左,坐在阴则贵右,南坐是阳,其左在西,北坐是阴,其右亦在西也,俱以西方为上。‘东乡西乡,以南方为上’者,谓南北设席,皆以南方为上者。坐在东方西乡,是在阳,以南方为上。坐若在西方东乡,是在阴,亦以南方为上,亦是坐在阳则上左,坐在阴则上右。此据平常布席如此,若礼席则不然。”简言之,东、南是阳位，西、北是阴位，主人坐在阳位上，以其左边为尊；坐在阴位上，以其右边为尊。这就是家中待客之道。

《礼记·曲礼》："为人子者，居不主奥，坐不中席，行不中道，立不中门。"[疏]："'居不主奥'者，主犹坐也。奥者，室内西南隅也。室乡南户，近东南角，则西南隅隐奥无事，故呼其名为奥。常推尊者于闲乐无事之处，故尊者居必主奥也。既是尊者所居，则人子不宜处之也。"

3.5 三个场景之间的配位组关系

三个场景中，配位有无"北上"是区分官方礼仪场合与平常家居场合的重要标志。在官方礼仪场合中，"北上"为尊君，"东上"为近主，均表示尊；"西上"为尊神；局部的、临时的"西上"为尊宾。平常家居中的"西上"为尊尊、尊亲，它以"西上"、"南上"与官方礼仪场合的"北上"、"东上"形成相对。由于场景的配位格局不同，左右所投射的尊卑意义也就不同，如堂上的宾主位，以东为尊，（北面位）右为尊；室内的宾主位，以西为尊，（北面位）左为尊。就实质而言，都是以主人为尊。

4. 自身位

4.1 自身位的性质

自身位指以自己的视点为基准，以自身左右对称的肢体为参照的相对方位。自身位没有具体的自然方位属性，由于面位不同，其所投射的自然方位可以随意变化。

自身位分为三种类型：一是自身肢体器官的功能特性，即自身位（功能）；二是自身肢体器官的位置，即自身位（体位）；三是左右所对应的自然方位，即自身位（方位）。

4.1.1 自身位（功能）

自身位(功能)可以细分为功能(便利)和功能(勇力)两类。

(1) 功能(便利)

《仪礼·士昏礼》:"设对酱于东。"郑玄注:"对酱,妇酱也,设之当特俎。"[疏]:"婿东面设酱,在南为右,妇西面,则酱在北为右,皆以右手取之为便,故知设之当特俎东也。"《礼记·少仪》:"带剑之法在左,以右手抽之便也。"

(2) 功能(勇力)

《礼记·曲礼上》:"效马效羊者右牵之。"[疏]:"马羊多力,人右手亦有力,故用右手牵制也。"

《礼记·曲礼上》[疏]:"'献民虏者,操右袂'者,'民虏'谓征伐所获彼民以为外虏,故云'民虏'也。'右袂'者,右边袖也。献之,以左手操于囚之右边袂,右边袂,右边有力,故此用右手以防其异心。"右手便利和右手有力是相辅相成的,所以也有将两者合起来的表述。如《礼记·内则》[疏]:"皇氏云:'左旁用力不便,故佩小物。'……皇氏云:'以右厢用力为便,故佩大物。'"

也有将便利与阴阳联系起来的,如,《礼记·少仪》[疏]:"'冬右腴'者,腴,谓鱼腹。冬时阳气下在鱼腹,故'右腴'。'夏右鳍'者,鳍,谓鱼脊。夏时阳气上在鱼脊,故'右鳍'。凡阳气所在之处肥美,故进鱼使乡右,以右手取之便也。"

自身位的功能特性赋予了左右手便利和有力的自然属性。它们与自然方位没有任何必然的联系。

4.1.2 自身位(体位)

《礼记·少仪》[疏]:"'其执之,皆尚左手'者,言执此诸物,皆尊尚左手。左手在上而执之,右手在下而承之。"《礼记·内则》:"凡男拜,尚左手。"郑玄注:"左阳。又:"凡女拜,尚右手。"郑玄注:"右阴也。"[疏]:"女拜,尚右手者,右,阴也,汉时行之也。”

体位类的重要特征首先来自自然方位的阴阳属性，包括吉凶、生死等等。在特定面位下，左右手与特定自然方位建立了牢固的投射关系，以至于自然方位的阴阳属性等深深地印在左右体位之中，如：左眼跳福，右眼跳祸等。

4.1.3　自身位（方位）

《礼记·内则》：“子生，男子设弧於门左，女子设帨於门右。”郑玄注：“表男女也。弧者，示有事於武也。帨，事人之佩巾也。”

《仪礼·特牲馈食礼》[疏]：“释曰：鼎在门外北上，东为右人，西为左人，右人尊，入时在鼎前，左人卑，入时在鼎后。”

方位类是左右手对应的自然方位，既可以投射为自然方位的阴阳属性，也可以体现为相对关系的客观表述。

4.2　自身位的引申演变

4.2.1　自身位（功能）类的引申变化

功能类的变化有其鲜明的特点，一般不受自然方位和面位等因素的影响，由其“便利”和“勇力”的意义出发，直接沿着当时社会主流文化方向演变为表示尊卑的词语。如，孔颖达《左传》疏说：“人有左右，右便左不便，故以所助为右，不助为左。”《礼记·王制》[疏]：“卢云：‘左道谓邪道，地道尊右，右为贵。’”这是由其“便利”的特性作引申。

《战国策·赵二》张仪说赵王曰：“今楚与秦为昆弟之国，而韩魏称为东藩之臣，齐献鱼盐之地，此断赵之右臂也。”这是崇尚武力的结果，由“勇力”的特性所引申。“右”从而再进一步引申为“崇尚”、“尊贵”之义，如《后汉书·虞诩传》：“先王之道，上教化而下刑法，右文德而左武功，此其义也。”

4.2.2　自身位（体位）类的引申变化

由于左右手与身体密不可分，阴阳因素与体位结合紧密，体位类在演变过程中，自然方位因素的投射作用逐渐消失。如《礼记·既夕礼》[疏]："云'招而左'者，以左手执领，还以左手以领招之。必用左者，招魂所以求生，左阳，阳主生，故用左也。"《礼记·杂记》[疏]："凡招魂皆北面而招。"招魂为北面位，左投射的自然方位是西方，但"以左手以领招之"依据的是阴阳因素"左阳，阳主生"。"左阳"来自自然方位的东，取的是南面位。可见，自然方位因素对自身位（体位）的投射和制约作用已经逐渐消失，只有文化因素沉淀其中。

4.2.3　自身位（方位）类的引申变化

由于左右所投射的是自身之外的某个方位，方位类变化有两种情况：一是左右和自然方位属性的投射联系紧密，这在各配位场景中有充分的体现；二是左右逐渐脱离了面位过滤和自然方位因素的投射而逐渐演变为相对关系位置的标志。

如《仪礼·有司彻》："南面于其右，主人之位恒左人。"[疏]："'南面于其右，主人之位恒左人'者，谓人在主人左，若《乡饮酒》、《乡射》之等，于西阶上北面，主人在东，宾在西。此南面，则主在西，宾在东，故云恒左人也。""主人之位恒左人"强调的是主人与宾客之间固定的左右方位关系，自然方位的投射因素已经逐渐淡化了。这种方位关系首先来自自然位对左右的投射，由于宾主之间的相对位置关系固定，也就逐渐脱离了自然位投射的制约。即先云"南面"，再云"北面"，最后云"恒"。但不管怎么变化，宾左主右的身份位置关系不变。

4.3　左右投射的定位类型

4.3.1　阴阳定位

阴阳定位：指以自然方位为观察基点，某自然方位在面位的过滤下，固定投射到自身位的左或右。即，阴阳→左右。阴阳定位有两种类型。

（1）一对一

即一个自然方位投射一个左右，如东为阳，西为阴，男对应左，女对应右，这是南面位下的投射关系。该投射关系的建立，以附着在自然方位之中的阴阳因素为主导，将特定的自然方位和某个对象建立联系。如《礼记·内则》："凡男拜，尚左手。左阳。……凡女拜，尚右手。右阴也。"

（2）一对二

即一个自然方位投射二个左右。由于面位的转变，某个特定的自然方位会分别投射成左或右。如《仪礼·士相见礼》[疏]："凡门出，则以西为右，以东为左；入门则以东为右，以西为左，依宾西主东之位也。"即"东"可以是"右"，也可以是"左"。

4.3.2 关系定位

关系定位：指以自身位的左右关系为观察点，在特定面位的过滤下，自然方位的投射影响逐渐减少。即，左右→关系。关系定位有两种类型：

（1）方位因素弱化

即同一个左右，由于面位的不同，所投射的自然方位可以是两个。自然方位对"左右"投射的制约作用弱化。如"地道尊（尚）右"的"右"。既有"西方"的投射，也有"东方"的投射。如《礼记·乡饮酒义》[疏]："北面设尊，玄酒在左，谓在酒尊之西也。所以设玄酒在西者，地道尊右，贵其质素故也。"这儿的"地道尊右"是指"右"为西，它是南面位的判断。然而纪昀却有相反的解释："地道尚右，配位当以东为上，东乃北向之右也。……奇龄徒以地道尚右定之，亦为未审。"[1]这里采用的是北面位，右为"东"。

(2) 方位因素虚化

当自然方位与某个对象建立了固定的投射关系后，在使用过程中，自然方位因素逐渐虚化，以至于消失，附着在自然方位上的阴阳因素也逐渐被左右关系所替代。如《礼记·内则》："道路，男子由右，女子由左。"道右为东，这首先来自"东为阳"，所以，男子由右，但道路的方向多变，这儿的"右"就不再仅指东了。又《礼记·曲礼上》[疏]："'献粟者执右契'者……契谓两书一札，同而别之。郑注此云：'契，券要也，右为尊。'以先书为尊故也。"在书写方式上，先书的必然在右，右在北面位时，投射的是东方，因为君王尊左(尊东)，臣得统于君。所以，职位高的名录必然在右。然而在书写的过程中，这个"右"与自然方位的东方已不再有显性的直接关系了。换句话说，自然方位因素的虚化，阴阳文化因素的泛化以及渐变过程中的异化是"左右"关系意义演变的决定性因素。

4.3.3 尊卑定位

尊卑定位，指以尊卑意义为观察点，投射到自身位的左右。这个定位表示左右与自然方位已无多少实在联系，演变为带有"尊卑"意义的词语了。即，尊卑→左右。

《后汉书·虞诩传》："先王之道，上教化而下刑法，右文德而左武功，此其义也。"又"闾左"，此前的一些研究者往往都用"闾左"来印证"左"的卑下，但在证明时，却从自然方位或自身位的角度寻找理据，显然有失偏颇。"闾左"的"左"是表示卑下的意思，它来源于居住在闾里之中平民的卑下身份和地位。张衡《〈四愁诗〉序》："'又多豪右并兼之家'，即用'豪右'来指有权势的大家。"一些势力强大的豪姓，则被称为"右姓"，豪门大族则可称为"右族"。皇家贵戚，在史书中则称为"右戚"。而频繁出现在史籍中的“朝右”一词则正好与“闾左”相对而言，一为在朝之权贵，一为在野之平民。《汉书·诸侯王表》：“作左官之律”注引服虔说：“仕于诸侯为左官，绝不得仕于王侯也。”应劭注：“人道尚右，今舍天子而仕诸侯，故谓之左官也。”颜师古注：“左官犹言左道也。皆僻左不正，应说是也。汉时依上古法，朝廷之列以右为尊，故谓降秩为左迁，仕诸侯为左官也。”[11]“朝廷之列以右为尊”取的是北面位，右为东。“凡门外之拜皆东西面，堂上之拜皆北面。……盖堂上以南乡为尊，故拜以北面为敬。”（凌廷堪《礼经释例·卷一》）“‘闾左’谓平民，陈涉、吴广皆平民也。《汉书·诸侯王表》：‘作左官之律。’颜师古注：‘汉时依上古法，朝廷之列以右为尊。’《循吏传》：‘文翁以为右职。’颜师古注：‘右职，郡中高职也。’名门贵族谓之右族，则是‘闾左’谓平民也。秦曰‘闾左’，汉曰‘良家子’，义并同。”[13]

4.4 自身位性质与左右投射定位的关系

综合自身位的性质与左右投射定位类型的关系，自身位的变化大致有三种情况。

4.4.1 A类：自然方位的阴阳因素对左右的投射关系密切，左右的尊卑遵循于特定配位场景的方位尊卑，受面位和配位的制约。如：左辟，虚左，听乡任左，出左入右，昭左穆右，左青龙右白虎，夫右妇左，左旋、右周，左史、右史等等。

4.4.2 B类：自然方位因素对左右的投射作用逐渐减弱，积淀了阴阳属性的左右逐渐演变成某种相对关系的表述。如：（体位）招而左，左上右下，男上女下，男左女右；（关系）坐阳尚左、坐阴尚右，左迁，无出其右，主人之位恒左，地道尚右，名录在上、于人为右，契、右为尊，道路男子由右、女子由左，军尚左、卒尚右，左丞相、右丞相等等。

4.4.3 C类：由自身位的功能特性（右手利）为基础，在崇尚武力“胜王败寇”的历史进程中，逐渐摆脱了自然方位因素的影响，演变为以右为尊，“右”成了“勇力”、“崇尚”、“显贵”、“正派”的代名词。如，左道、右道，闾左，豪右，右族，右职，右贤左戚，右文德左武功，所助为右、不助为左等等。

这三种变化，在一定程度上反映了左右尊卑意义变化的轨迹。自然定位是左右尊卑属性的基础，左右定位是自然方位因素投射作用逐渐弱化和虚化的演变过程，尊卑定位是左右尊卑意义形成的显性体现。这三种不同的情况投射到“左右”的书面表述上，则造成了“左右”尊卑意义的错综复杂。但不管怎么变化，其起因都首先来自自然方位的阴阳因素的投射。然而，在使用中，A类的左右尊卑受特定配位场景和面位的制约最强，自然方位因素的投射明确而清晰，泾渭分明；B类的左右手，在阴阳因素沉淀的作用下，自然方位因素的投射逐步减弱，以至消失，形成了某些固定的概念，左右方已经固定为某种特定关系的表述；C类的左右则基本不受自然方位因素投射以及面位的影响，由自身位的功能特性（右手利）逐渐演变为表示“勇力”、“尊卑”、“贵贱”、“正邪”意义的特定词语。所以，看似繁杂、矛盾的左右尊卑的书面现象，并不会造成使用上的混乱，这就是它们在传统文化中并行不悖的深层次原因所在。

5. 自然位、面位、配位和自身位之间的关系

自然位是研究方位尊卑的基础，其阴阳属性是最重要的因素之一。面位是研究左右方位尊卑的前提，不辨面位则无法明确左右指称的具体方位以及投射演变规律。配位是辨别方位尊卑关系格局的背景因素，忽略配位特点，势必会混淆不同关系格

局的尊卑特点，造成对左右尊卑理解的误判。自身位，即左右与自然位之间的投射关系是研究左右尊卑的关键，不详细剖析自身位的性质特点，就难以辨析左右尊卑意义演变的类型与途径。

6. 结论

6.1 先民居住的自然地理环境孕育了汉民族的崇阳心理

崇阳心理赋予了古人对自然方位的阴阳属性，阴阳属性在皇权统治下衍生出了自然方位的尊卑等级，君王的面位规定了尊卑的基本方位关系格局，不同的社会生活场景则规定了特定的方位关系格局和相应的配位组。堂上南面和室内东面的朝向方位均为阳，即南与东。

6.2 自然方位的阴阳属性投射和人体肢体器官性质等因素，对不同面位和不同场景配位格局中的“左右”的文化内涵有着复杂的制约作用。在君位之下，现实世界的朝堂礼仪以尊东为主要特征，神灵世界以及现实世界的室内以尊西为主要特征。

6.3 面位判断是理解特定配位格局中左右尊卑的重要因素。面位的朝向位与基础位之间的特定关系往往会影响到自然方位对尊卑层次的投射。如《礼记·礼器》[疏]:“君於阼阶而乡酌牺尊，夫人於西房之前东乡酌罍尊。……‘礼乐之器，尊西也’者，郑据此经而论，牺尊贵于罍尊，而牺尊在西，县鼓大于应鼓，而县鼓在西，故云礼乐之器尊西。”阼阶(东)是君的基础位，“牺尊”(西)是君的朝向位，因为“君于阼阶而乡酌牺尊”，所以“礼乐之器，尊西也”。然而，“牺尊”之尊是无法与“阼阶”之尊同日而语的。

6.4 尊卑的层次与虚实

6.4.1 尊卑的层次

书面上左右皆为尊时，以左为第一层次。《礼记·少仪》:

"军尚左。"郑玄注:"左,阳也。阳主生,将军有庙胜之策,左将军为上,贵不败绩。"又:"卒尚右。"郑玄注:"右,阴也,阴主杀。卒之行伍,以右为上,示有死志。"[疏]:"'军尚左'者,军,谓军将。行伍尊尚左方,左是阳,阳主生,欲其生不败绩也。'卒尚右'者,言士卒行伍贵尚於右,右为阴,示其有必死之心。"

乘车之法的尊卑也有两个层次,第一层次,君在必然居左,勇力者居右;第二层次,君不在,勇力者仍旧居右。

6.4.2 尊卑的虚实

南面位和东面位格局下的"西",其尊有虚实之分。如在南面位宾主位格局中,西为宾位,为虚尊;在东面位室内宾主位格局中,西为主位,为实尊;在师徒位格局中,西为师位,为实尊;在父子位格局中,西为父位,为实尊。

又《史记·孝文本纪》:"右贤左戚,先民后己,至朋之极也。"裴骃集解引韦昭曰:"右犹高,左犹下也。"君王在治天下之事中,先要做的有五件,其首就是治亲。《礼记·大传》:"'所且先者五,民不与焉。"郑玄注:"且先,言未遑余事。"又:"一曰治亲,二曰报功,三曰举贤,四曰使能,五曰存爱。"疏:"一曰治亲'者,此治亲即乡者三事,三事若正,则于家国皆正,故急在前。'"而所谓的三事,则为上治祖祢,下治子孙,旁治昆弟。《礼记·大传》:"上治祖祢,尊尊也。下治子孙,亲亲也。旁治昆弟,合族以食,序以昭缪,别之以礼义,人道竭矣。"在五事之中,"举贤"只排第三。所以,在贤与戚中,当然得以"戚"事为急、为重,尊戚才是实尊。至于说"右贤左戚,先民后己",则表示君王"礼贤下士",并非以"贤"为治理天下之重。同时,这儿的"左右"不再是指方位,而是表示"尊卑"意义的词语,所以,"右贤"就是虚尊了。

6.5　书写方式对左右尊卑观念的催化作用

书写方式是臣民北面位的方位格局在书写页面上的投射。在书写过程中，自然方位的投射作用已经虚化，但尊卑等级的投射则强烈地制约着人体器官肢体的左右方位。北面位的“右”与虚化的自然方位相对应，其所尊的方位仍旧是“东”。官职“左迁”则从东往西。“先书为尊”则先从右边写起。

6.6　朝代更迭对左右尊卑的影响

不同的朝代对左右尊卑的崇尚各有自己的理解。如，《礼记・檀弓上》：“其三正当从伏羲，以下文质再而复者，文质法天地，文法天，质法地。周文法地而为天正，殷质法天而为地正者，正朔文质不相须，正朔以三而改，文质以二而复，各自为义，不相须也。”《礼记・祭义》［疏］：“何休云：‘质家右宗庙，尚亲亲，文家右社稷，上尊尊。’”

这些变化，无非两种类型：质家和文家。但万变不离其宗。如《仲尼・燕居》：“子曰：‘礼之所兴，众之所治也。礼之所废，众之所乱也。目巧之室，则有奥阼，席则有上下，车则有左右，行则有随，立则有序，古之义也。室而无奥阼，则乱于堂室也。席而无上下，则乱于席上也。车而无左右，则乱于车也。行而无随，则乱于涂也。立而无序，则乱于位也。昔圣帝、明王、诸侯，辨贵贱、长幼、远近、男女、外内，莫敢相逾越，皆由此涂出也。……自‘目巧’以下，古今常事，不可废改也。’［疏］‘目巧之室，则有奥阼’者，言但用目准视，巧思存意，虽不由法度，犹有奥阼宾主之处，不可不有也。……云‘自目巧以下，古今常事，不可废改也’，言经中目巧以上论说礼乐之事，或质文沿革，随时变改。自目巧以下尊卑上下万代恒行，故云‘古今常事，不可废改’也。”所以，在传统文化中，左右尊卑的实质，在现实生活的朝堂礼仪场景中是尊东；室内的尊西，则主要来自现实生活场景中“当户乡明”的缘故。

左右尊卑的取向，在书面上看似杂乱无序、自相矛盾的表述，如果把它们放到具体的配位格局中，透过面位的过滤，关注到左右的性质特点对自然方位投射的影响和演变规律，就能发现其尊卑取向规律非常有序，其本质就是崇阳、尊君、敬亲和尚师。

参考文献

[1] 杨豪.我国古代尊右卑左制俗与衣著左右衽[J].岭南文史，2003(1)：19—21.

[2] 李斌.古代“左右”与“尊卑”关系考据[J].现代语文，2007(4)：7.

[3] 梁宁森.方位座次中的文化含义[J].河南科技大学学报(社会科学版)，2004(3)：15—17.

[4] 张景贤.中国古代的尚左与尚右观念[J].历史教学，2000(9)：15—18.

[5] 王希杰.就左和右说语言和文化关系的复杂性[J].新疆大学学报(社会科学版)，2004(2)：125—130.

[6] 姚国旺.秦朝官制尊左卑右考[J].首都师范大学学报(社会科学版)，1987(2)：39—43.

[7] 谭学纯.“左、右/东、西”：尊卑意识及其文化蕴含[J].社会科学战线，1994(5)：259—266.

[8] 常林炎.尊右、尊左辨[J].北京师范大学学报，1989(5)：23—27.

[9] 纪昀等.北郊配位议[M].四库全书总目提要：卷八十二·史部三十八.

[10] 黄淦.仪礼精义·士昏礼[M].上海：上海古籍出版社，1996：341—406.

[11] 纪昀等.北郊配位议[M].四库全书总目提要：卷八十二·史部三十八.

[12] 何晋.“间左”考释[M].国学研究：13卷.北京：北京大学出版社，2004.

[13] 郭嵩涛.史记札记：卷四[M].上海：商务印书馆，1957.

(原载《黄石理工学院学报(人文社会科学版)》2010年1期、2期，作者工作单位：上海徐汇区中国中学)

《诗经》单音状态词研究

石 锓

1. 引言

杨建国（1979）、赵金铭（1982）、刘丹青（1991）、郭锡良（2000）等诸位先生在分析先秦形容词时都已注意到了现代汉语已经消失了的一个小词类——单音状态词的存在，并有过初步的分析，但至今没有人对这一词类做出专门的研究。郭锡良（2000）指出："单音节状态形容词，在先秦主要出现在《诗经》中……其他典籍中用得很少。"本文受此启发，拟重点研究一下包括单音状态形容词在内的《诗经》单音状态词的种类、语法特征和语义特征。

2.《诗经》单音状态词的种类

《诗经》单音状态词从形式上看是单音节的，已无法再分类；从表达的意义上看，它可以分为模拟声音状态、模拟动作状态、模拟心理活动状态和模拟属性状态等四类。模拟声音状态的又叫拟声词；模拟动作状态和模拟心理活动状态的又叫状态动词；模拟属性状态的又叫状态形容词。《诗经》中共有单音状态词217个。其中，模拟声音的状态词有12个，模拟动作的状态词有35个，模拟心理活动的状态词有11个，模拟属性的状态词有

159个。

2.1 模拟声音的状态词

现代汉语的单音拟声词较少,多音拟声词较多。《诗经》里有双音拟声词,也有12个单音拟声词。例:

(1) 坎其击鼓,宛丘之下。(《陈风·宛丘》。《毛传》:"坎坎,击鼓声。")

(2) 殷其雷,在南山之阳。(《召南·殷其雷》。《毛传》:"殷,雷声也。")

(3) 有女仳离,嘅其叹矣。(《王风·中谷有蓷》。朱熹《诗集传》:"嘅,叹声。")

(4) 有弥济盈,有鷕雉鸣。(《邶风·匏有苦叶》。《毛传》:"鷕,雌雉声也。")

上述各例中,"坎"模拟的是鼓声;"殷"(yǐn)模拟的是雷声;"嘅"模拟的是叹气声;"鷕"模拟的是野鸡叫声。

2.2 模拟动作的状态词

现代汉语有"出溜"等一类模拟动作作为的多音节拟态词,但单音节的拟态词似乎已不见了。《诗经》里有35个单音节拟态词。例:

(5) 有女仳离,啜其泣矣。(《王风·中谷有蓷》。《毛传》:"啜,泣貌。")

(6) 睠言顾之,潸焉出涕。(《小雅·大东》。《毛传》:"潸,涕下貌。")

(7) 髧彼两髦,实维我仪。(《鄘风·柏舟》。朱熹《诗集传》:“髧,发垂貌。”)

(8) 我来自东,零雨其濛。(《豳风·东山》。朱熹《诗集传》:“濛,雨貌。”)

上述各例中,“啜”是哭的样子;“潸”是流泪的样子;“髧”是发辫下垂的样子;“濛”是下濛濛细雨的样子。

2.3 模拟心理活动的状态词

《诗经》中模拟心理活动的状态词描写的都是一些心理活动,历代注家谁也不用“××貌”去解释,大都可以重叠。这类词在《诗经》中有11个。例:

(9) 不我以归,忧心有忡。(《邶风·击鼓》。《毛传》:“忧心忡忡然。”)

(10) 舒窈纠兮,劳心悄兮。(《陈风·月出》。《毛传》:“悄,忧也。”)

(11) 悠哉悠哉,辗转反侧。(《周南·关雎》。《毛传》:“悠,思也。”)

(12) 进厥虎臣,阚如虓虎。(《大雅·常武》。朱熹《诗集传》:“阚,奋怒之貌。”)

上述各例中,“忡”、“悄”描写的是忧心的样子,“悠”描写的是思念的样子,“阚”描写的是发怒的样子。

2.4 模拟属性的状态形容词

《诗经》中模拟事物性质状态的单音状态词就是一般所说的单音状态形容词,其数量最多,有159例。例:

(13) 松桷有舄,路寝孔硕。(《鲁颂·閟宫》。《毛传》:“舄,大貌。”)

(14) 宛彼鸣鸠,翰飞戾天。(《小雅·小宛》。《毛传》:“宛,小貌。”)

(15) 有漼者渊,萑苇淠淠。(《小雅·小弁》。《毛传》:“漼,深貌。”)

(16) 乃立皋门,皋门有伉。(《大雅·绵》。《毛传》:“伉,高貌。”)

上述各例中,“舄”、“宛”、“漼”、“伉”分别描绘了松树椽子大大的状态、斑鸠小小的状态、水潭深深的状态和王城郭门高高的状态。

3.《诗经》单音状态词的语法特征

对《诗经》单音状态词的语法特征的考察,我们主要关注两个方面:一是它们在结构上的独立性,二是它们的语法功能。

3.1 《诗经》单音状态词在结构上的独立性

《诗经》中,单音状态词的独立性相当差,它很少能单独充当句子成分,一般需要附加其他成分或者与虚词配合,或者自身重叠后才能充当句子成分。我们拟从四个方面分析:一、单音状态词与附加成分的组配;二、单音状态词与虚词的组配;三、单音状态词的重叠;四、单音状态词的独用。

3.1.1 单音状态词与附加成分的组配

《诗经》中单音状态词与附加成分的配合使用有两种情况:一是与前附加成分配合使用;二是与后附加成分配合使用。

3.1.1.1 前附加成分 + 单音状态词

前附加成分有“有”、“其”、“思”、“斯”、“伊”等5个。其中，“有”是所有附加成分中使用最多的，分别与79个单音状态词构成了“有×”构式。例：

(17) 笾豆有楚，殽核维旅。(《小雅·宾之初筵》。《毛传》:“楚，列貌。”)
(18) 新台有泚，河水弥弥。(《邶风·新台》。《毛传》:“泚，鲜明貌。”)
(19) 庶姜孽孽，庶士有朅。(《卫风·硕人》。《毛传》:“朅，武壮貌。”)
(20) 伐木于阪，釃酒有衍。(《小雅·伐木》。《毛传》:“衍，美貌。”)

单音状态词“楚”、“泚”、“朅”、“衍”分别与“有”构成“有楚”、“有泚”、“有朅”、“有衍”等构式充当句子成分。

其次，“其”作为单音状态词的前附加成分使用也较多，分别与15个单音状态词构成了“其×”构式。例如：

(21) 丝衣其紑，载弁俅俅。(《周颂·丝衣》。《毛传》:“紑，洁鲜貌。”)
(22) 北风其凉，雨雪其雱。(《邶风·北风》。《毛传》:“雱，盛貌。”)
(23) 兕觥其觩，旨酒思柔。(《小雅·桑扈》。朱熹《诗集传》:“觩，角上曲貌。”)
(24) 二子乘舟，泛泛其景。(《邶风·二子乘舟》。王引之《经义述闻》卷五:“景，读如憬。……憬，远貌。”)

单音状态词“紑”、“雱”、“觩”、“景”分别与“其”构成“其紑”、“其雱”、“其觩”、“其景”充当句子成分。

前加成分“思”、“斯”、“伊”与单音状态词配合使用不多，“思”与4个单音状态词组配，“斯”与3个单音状态词组配，“伊”与两个单音状态词组配。例：

(25) 间关车之舝兮，思娈季女逝兮。(《小雅·车舝》。《毛传》:“娈，美貌。”)

(26) 其笠伊纠，其镈斯赵。(《周颂·良耜》。《毛传》:“赵，刺也。”胡承珙《毛诗后笺》:“盖刺者，锋利之谓。”)

(27) 王公伊濯，维丰之垣。(《大雅·文王有声》。《毛传》:“濯，大。”)

单音状态词“娈”、“赵(tiǎo)”、“濯”分别与前加成分构成“思娈”、“斯赵”、“伊濯”充当句子成分。

3.1.1.2 单音状态词+后附加成分

后附加成分有“彼”、“其”、“如”、“然”、“而”、“若”、“焉”、“言”、“斯”等9个。其中，“彼”的使用最多，与27个单音状态词构成了“×彼”构式。例：

(28) 睆彼牵牛，不以服箱。(《小雅·大东》。《毛传》:“睆，明星貌。”)

(29) 节彼南山，维石岩岩。(《小雅·节南山》。《毛传》："节，高峻貌。"）

(30) 淠彼泾舟，烝徒楫之。（《大雅·棫朴》。《毛传》："淠，舟行貌。"）

(31) 瑟彼玉瓒，黄流在中。（《大雅·旱麓》。《郑笺》："瑟，洁鲜貌。"）

单音状态词"睆"、"节"、"淠"、"瑟"分别与"彼"构成"睆彼"、"节彼"、"淠彼"、"瑟彼"充当句子成分。

其次，后附成分"其"也与16个单音状态词构成了"×其"构式。例：

中谷有蓷，暵其乾矣。（《王风·中谷有蓷》。《毛传》："暵，菸貌。"石按：菸，枯萎的样子。）

(33) 溱与洧，浏其清矣。（《郑风·溱洧》。《说文·水部》："浏，流清貌。"）

(34) 兄弟不知，咥其笑矣。（《卫风·氓》。朱熹《诗集传》："咥，笑貌。"）

(35) 宛其死矣，他人是愉。（《唐风·山有枢》。《毛传》："宛，死貌。"）

状态词"暵"、"浏"、"咥"、"宛"分别与"其"构成"暵其"、"浏其"、"咥其"、"宛其"充当句子成分。

其他后附加成分的使用不多，它们已搭配的状态词的数目分别是"如"5个、"然"4个、"而"3个、"若"2个、"焉"、"言"、"斯"各一个。例：

(36) 有美一人，婉如清扬。（《郑风·野有蔓草》。《毛传》："婉然美也。"）

(37) 终风且霾，惠然肯来。（《邶风·终风》。屈万里《诗经诠释》："惠然，和顺貌。"）

(38) 惠而好我，携手同归。（《邶风·北风》。《毛传》："惠，爱。"）

(39) 桑之未落，其叶沃若。（《卫风·氓》。朱熹《诗集传》："沃若，润泽貌。"）

(40) 睠言顾之，潸焉出涕。（《小雅·大东》。《毛传》："睠：反顾也。潸焉：涕下貌。"）

(41) 王赫斯怒，爰整其旅。（《大雅·皇矣》。陈奂《诗毛氏传疏》："赫，盛怒之貌。斯，语词。"）

状态词"婉"、"惠"、"沃"、"睠"、"潸"、"赫"分别与其后附加成分构成"婉如"、"惠然"、"惠而"、"沃若"、"睠言"、"潸焉"、"赫斯"等充当句子成分。

3.1.2 单音状态词与虚词的组配

《诗经》中，单音状态词的独立性差，不仅表现在需要构词性附加成分的配合，而且也表现在需要句法虚词来帮助足句和表状态。这也有两种情况：一是句尾虚词协助表状态；二是句首虚词协助表状态。

3.1.2.1 单音状态词+句尾虚词

协助单音状态词表状态的句尾虚词有"兮"、"矣"、"哉"、"止"、"与"五个。他们都是句末语气词。其中，"兮"的使用最多，分别协助过53个状态词表状态。例如：

(42) 裳裳者华，其叶湑兮。(《小雅·裳裳者华》。《毛传》："湑，盛貌。")

(43) 子之昌兮，俟我乎堂兮。(《郑风·丰》。《毛传》："昌，盛壮貌。")

(44) 角枕粲兮，锦衾烂兮。(《唐风·葛生》。朱熹《诗集传》："粲、烂，华美鲜明之貌。")

(45) 容兮遂兮，垂带悸兮。(《卫风·芄兰》。朱熹《诗集传》："悸，带下垂之貌。")

状态词"湑"、"昌"、"粲"、"烂"、"悸"在表状态时，借助语气词"兮"足句。

其次，语气词"矣"协助7个状态词表状态。例如：

(46) 乌乃去矣，后稷呱矣。(《大雅·生民》。《毛传》："后稷呱呱然而泣。")

(47) 何彼襛矣？华如桃李。(《召南·何彼襛矣》。朱熹《诗集传》："襛，盛，犹曰戎戎也。")

状态词"呱"、"襛"借助于语气词"矣"足句。

语气语"哉"、"止"、"与"与单音状态词的组配不多，它们已搭配的单音状态词数目分别是："哉"4个、"止"2个、"与"2个。例：

(48) 永言孝思，昭哉嗣服。(《大雅·下武》。朱熹《诗集传》："明哉其嗣先生之事也。")

(49) 卉木萋止，女心悲止。(《小雅·杕杜》。陈奂《诗毛氏传疏》:“萋,犹萋萋也。”)

(50) 猗与那与!置我鞉鼓。(《商颂·那》。马瑞辰《毛诗传笺通释》:“按猗、那二字叠韵,皆美盛之貌。”)

状态词“昭”、“萋”、“猗”、“那”在表状态时借助于语气语“哉”、“止”、“与”足句。

3.1.2.2　句首虚词+单音状态词

在句首协助单音状态词表状态且足句为四字格的只有句首叹词“於(wū)”,共配合6个状态词足句并表状态。例:

(51) 於粲洒扫,陈馈八簋。(《小雅·伐木》。朱熹《诗集传》:“於,叹辞。粲,鲜明貌。”)

(52) 於皇武王!无竞维烈。(《周颂·武》。朱熹《诗集传》:“於,叹辞。皇,大。”)

(53) 王在灵沼,於牣鱼跃。(《大雅·灵台》。《毛传》:“牣,满也。”)

(54) 於铄王师,遵养时晦。(《周颂·酌》。《毛传》:“铄,美。”)

状态词“粲”、“皇”、“牣”、“铄”在句首叹词“於”的协助下表状态。

3.1.3　单音状态词的重叠

《诗经》中,单音状态词的独立性差,不仅表现在它充当句子成分时需要附加成分和虚词的协助,而且还表现在许多单音状态词需要重叠使用,以增强其描状性。《诗经》217个单音状态词中，有 48 个单音状态词有相应的重叠形式。例如：

(55) A. 北风其喈，雨雪其霏。(《邶风·北风》。朱熹《诗集传》："霏，雨雪分散之状。")

B. 今我来思，雨雪霏霏。(《小雅·采薇》)

(56) A. 依彼平林，有集维鷮。(《小雅·车舝》。(《毛传》："依，茂木貌。")

B. 昔我往矣，杨柳依依。(《小雅·采薇》)

(57) A. 嘤其鸣矣，求其友声。(《小雅·伐木》。向熹《诗经词典》："嘤，鸟叫声。")

B. 伐木丁丁，鸟鸣嘤嘤。(《小雅·伐木》)

(58) A. 不我以归，忧心有忡。(《邶风·击鼓》)

B. 未见君子，忧心忡忡。(《召南·草虫》)

上述四例中，"其霏"与"霏霏"、"依彼"与"依依"、"嘤其"与"嘤嘤"、"有忡"与"忡忡"，它们表状态的意义完全相同(王显 1956)。

3.1.4 单音状态词的独用

通过分析，我们发现：《诗经》中的单音状态词既没有附加成分的组配，又没有虚词的协助，还不用重叠，自己能单独充当句子成分的只有 9 个，那就是"偲"、"鬈"、"俨"、"佶"、"薖"、"傩"、"樛"、"彤"、"扬"。例：

(59) 卢重鋂，其人美且偲。(《齐风·卢令》。朱熹《诗集传》："偲，多须之貌。")

(60) 卢重环，其人美且鬈。(《齐风·卢令》。朱熹《诗集传》："鬈，鬚鬓好貌。")

(61) 有美一人,硕大且俨。(《陈风·泽陂》。《毛传》:"俨,矜庄貌。")

(62) 四牡既佶,既佶且闲。(《小雅·六月》。朱熹《诗集传》:"佶,壮健貌。")

(63) 考槃在阿,硕人之薖。(《卫风·考槃》。《毛传》:"薖,宽大貌。")

(64) 巧笑之瑳,佩玉之傩。(《卫风·竹竿》。严粲《诗缉》:"傩,腰身袅傩也。")

(65) 南有樛木,葛藟累之。(《周南·樛木》。《毛传》:"木下曲曰樛。")

(66) 彤弓弨兮,受言藏之。(《小雅·彤弓》。《毛传》:"彤弓,朱弓也。")

(67) 扬之水,不流束薪。(《王风·扬之水》。朱熹《诗集传》:"扬,悠扬,水缓流之貌。")

其中,"偲"、"鬈"、"俨"、"佶"、"薖"、"傩"在句中作谓语,"樛"、"彤"、"扬"在句中作定语。

从以上的论述可以看出,《诗经》中的单音状态词在使用中独立性相当差,比较受限制,一般都需要附加成分和虚词的配合,或重叠后才能自由运用。

有的状态词既可以带附加成分,又可以与虚词配合,还可以重叠。如状态词"皇"。例:

(68) 有皇上帝,伊谁云憎?(《小雅·正月》)

(69) 朱芾斯皇,室家君王。(《小雅·斯干》)

(70) 思皇多士,生此王国。(《大雅·文王》)

(71) 皇矣上帝,临下有赫。(《大雅·皇矣》)

(72) 於皇武王! 无竞维烈。(《周颂·武》)

(73) 皇皇后帝,皇祖后稷。(《鲁颂·閟宫》)

以上例句中,“有皇”的“有”、“斯皇”的“斯”、“思皇”的“思”是附加成分;“皇矣”的“矣”、“於皇”的“於”是虚词;“皇皇”是“皇”的重叠形式。

3.2 《诗经》单音状态词的语法功能

《诗经》中的音单状态词在附加成分和虚词的协助下,主要作句子的谓语、定语和状语。

3.2.1 单音状态语作谓语

《诗经》中,单音状态词的主要功能是作谓语。例:

(74) 笾豆有践,兄弟无远。(《小雅·伐木》。《郑笺》:“践,陈列貌。”)

(75) 静女其娈,贻我彤管。(《邶风·静女》。朱熹《诗集传》:“娈,好貌。”)

(76) 野有蔓草,零露漙兮。(《郑风·野有蔓草》。朱熹《诗集传》:“漙,露多貌。”)

(77) 桃之夭夭,有蕡其实。(《周南·桃夭》。《毛传》:“蕡,实貌。”)

上述各例中的“有践”、“有娈”、“漙兮”、“有蕡”分别充当句子的谓语。例(77)中“有蕡其实”应是“其实有蕡”的倒装,所以尽管“有蕡”在句子的前部,也是倒装的谓语。《诗经》中这类句式共出现 34 例。

3.2.2 单音状态词作定语

《诗经》中,单音状态词除作谓语外,第二大功能是作定语。例:

(78) 有杕之杜,其叶湑湑。(《唐风·杕杜》。《毛传》:“杕,特貌。”)

(79) 嘒彼小星,三五在东。(《召南·小星》。《毛传》:“嘒,微貌。”)

(80) 殷其雷,在南山之阳。(《召南·殷其雷》。《毛传》:“殷,雷声也。”)

(81) 彼姝者子,何以畀之?(《鄘风·干旄》。《毛传》:“姝,顺貌。”)

上述各例中的“有杕”、“嘒彼”、“殷其”、“姝”分别充当句子的定语。

3.2.3 单音状态词作状语

(82) 骍骍角弓,翩其反矣。(《小雅·角弓》。朱熹《诗集传》:“翩,反貌。”)

(83) 好人提提,宛然左辟。(《魏风·葛屦》。《毛传》:“宛然,避貌。”)

(84) 敦彼独宿,亦在车下。(《豳风·东山》。《郑笺》:“敦敦然独宿于车下。”)

(85) 武王载旆,有虔秉钺。(《商颂·长发》。马瑞辰《毛诗传笺通释》:“有虔,正形容强武之貌。”)

上述各例中的“翩其”、“宛然”、“敦彼”、“有虔”分别充当句子的状语。在作状语的构式中,以“×其”格式为最多。单音状态词在其他成分的配合下作状语共47例,而“×其”构式作状语就有23例。其次,“单音状态词+然(如、若、而、焉)”构式大多作状语。

《诗经》中的217个单音状态词,共使用440次。其中,单音状态词作谓语的有270例,作定语的有123例,作状语的有47例。

4.《诗经》单音状态词的语义特征

刘丹青(1991)曾把状态词的语义概括为四种语义特点:(一)整合性,区别于形容词的分析性;(二)形象性,区别于形容词的抽象性;(三)模糊性,区别于形容词的确定性;(四)顿悟性,区别于形容的理喻性。这一概括应是比较全面的。在此基础上,笔者认为,状态词的最主要特点是它的形象性,其他的特点都由此而衍生。针对《诗经》单音状态词,我们发现其形象性有两大特点:一是状态的具体性;二是状态的多样性。

4.1 状态的具体性

状态词实际上包括拟声词、状态动词和状态形象词三类。从古至今,拟声词所模拟的声音都是具体而特定的,如“喔”模拟公鸡的叫声,“哞”模拟牛叫,因此拟声词是状态词的典型成员。《诗经》中,如前文的例(1)至例(4),“坎”只模拟鼓声,“殷”(yǐn)只模拟雷声,“嘅”只模拟的叹气声;“鷕”只模拟野鸡叫声。这些词所描摹的对象非常具体,都是特定的声音。这体现了状态的具体性。

状态动词与一般动词的区别也在于它描摹对象的具体性。

如，一般动词“飞”可以表现人、动物、物体等各种事物的飞的行为，但状态词“翩”、“鴥”、“振”却只用来描摹鸟类飞翔的状态。例如：

(86) 翩彼飞鸮，集于泮林。(《鲁颂・泮水》。《毛传》：“翩，飞貌。”)

(87) 鴥彼晨风，郁彼北林。(《秦风・晨风》。《毛传》：“鴥，疾飞貌。晨风，鹯也。”)

(88) 振鹭于飞，于彼西雍。(《周颂・振鹭》。朱熹《诗集传》：“振，群飞貌。”)

而且，这三类飞的状态还各不相同，一个是“飞貌”，一个是“疾飞貌”，另一个是“群飞貌”。因此，这三个词并不在于表达“飞”这一行为，而在于描摹“飞”的各种不同状态。这种状态非常具体，非常个别。这也体现了状态的具体性。

《诗经》中的单音状态形容词，不但与现代汉语的性质形容词不同，而且也与现代汉语的状态形容词不同，其描摹的对象一般很具体。如，现代汉语里，“长”用来形容各种具有长的属性的人和事物，“长长的”用来描写各种长的状态。但在《诗经》中，形容人身材修长用“颀”，形容狐狸尾巴长用“芃”，形容鱼尾之长用“莘”，形容松树椽子之长用“梴”，形容枣木勺子之长用“捄”。例：

(89) 猗嗟昌兮，颀而长兮。(《齐风・猗嗟》。《毛传》：“颀，长貌。”)

(90) 有芃者狐，率彼幽草。(《小雅・何草不黄》。朱熹《诗集传》:“芃,尾长貌。”)

(91) 鱼在在藻,有莘其尾。(《小雅·鱼藻》。《毛传》:“莘,长貌。”)

(92) 松桷有梴,旅楹有闲。(《商颂·殷武》。《毛传》:“梴,长貌。”)

(93) 有饛簋飧,有捄棘匕。(《小雅·大东》。《毛传》:“捄,长貌。”)

虽然历代注家对“颀”、“芃”、“莘”、“梴”、“捄”都用“长貌”释之,但它们所描写的对象却各不相同,且非常具体。

又如,现代汉语里,“大”可以形容各种大的状态。但在《诗经》中,形容人的嘴大用“哆”,形容鱼的头大用“颁”,形容马的头大用“颙”,形容松子椽子大用“舄”,形容衣服大用“蓆”。例:

(94) 哆兮侈兮,成是南箕。(《小雅·巷伯》。《毛传》:“哆,大貌。”)

(95) 鱼在在藻,有颁其首。(《小雅·鱼藻》。《毛传》:“颁,大首貌。”)

(96) 四牡修广,其大有颙。(《小雅·六月》。《毛传》:“颙,大貌。”

(97) 松桷有舄,路寝孔硕。(《鲁颂·閟宫》。《毛传》:“舄,大貌。”)

(98) 缁衣之蓆兮,敝,予又改作兮。(《郑风·缁衣》。《毛传》:“蓆,大也。”)

虽然历代注家对“哆”、“颁”、“颙”、“舄”、“蓆”都用“大貌”或

“大”来解释，但它们描写的对象都很具体，都各不相同。

上述两例的情况还是体现了状态的具体性。

4.2 状态的多样性

与状态的具体性相适应的是《诗经》单音状态词所表状态的多样性，也就是说，一个单音状态词往往包含有两种状态。这是性质形容词属性的单一性所不可能做到的。如，看到“颀”不仅想到修长的状态，也有人身体的鲜活状态在内，看到“颁”不仅想到大的状态，而且还包含了鱼头的样子。不仅如此，笔者还发现，《诗经》中的单音状态词有些还包含了多种状态。如“蓼”作为单音状态词，不仅包含了“蒿”类植物的形象，而且还包含了“长”和“高”两种状态。例：

(99) 蓼彼萧斯，零露湑兮。(《小雅·蓼萧》。《毛传》：“蓼，长大貌。”)

“蓼彼萧斯”用今天的话说就是“长得长长高高的白蒿啊”。“蓼”既表“长长”的状态，又表“高高”的状态，因此《毛传》以“长大貌”释之。

又如，“觉”作为状态词，不仅包含了“屋柱”的形象，也包含了“高”和“大”两种状态。例：

(100) 殖殖其庭，有觉其楹。(《小雅·斯干》。《毛传》：“有觉，言高大也。”)

“有觉其楹”即“其楹有觉”，用今天的话说就是“楹柱又高又大”。“觉”除含有“屋柱”的形象外，既表“高高”的状态，又表“大大”的状态，因此《毛传》以“高大”释之。

有些单音状态词，古人有不同的解释，这恰好说明了他们各自发现了这个状态词不同方面的状态。如，“盼”。例：

(101) 巧笑倩兮，美目盼兮！（《卫风·硕人》）

《毛传》释为：“盼，白黑分。”马蝠释为：“盼，目动貌。”这恰好说明“盼”不仅包含了眼睛的形象，也表现了“黑白分明”和“眼珠转动”两种状态。

又如单音状态词“倬”。例：

(102) 倬彼云汉，为章于天。（《大雅·棫朴》。《毛传》：“倬，大也。”）

(103) 倬彼昊天，宁不我矜？（《大雅·桑柔》。《郑笺》：“倬，明大貌。”）

同一个“倬”，《毛传》看到了它“大”的状态，《郑笺》却看到了它“广大”而又“明亮”的状态。这也说明：“倬”不仅包含了“天空”、“银河”的形象，也包含了“大大的”和“亮亮的”两种状态。因此，马瑞辰《毛诗传笺通释》解释说：“倬兼明、大二义。”

笔者还发现，古人常用一些模糊的术语去解释《诗经》中的单音状态词。如什么“盛貌”、“好貌”、“众貌”等等用得较多。这也恰好说明，古人具体也说不清，这些词到底包含了哪些状态。举两个例子具体说明。例：

(104) 桃之夭夭，有蕡其实。（《周南·桃夭》。《毛传》："蕡，实貌。"）

（105）有杕之杜，有睆其实。（《小雅·杕杜》。《毛传》："睆，实貌。"）

同样是水果，"桃子"的状态用"有蕡"描述，"棠梨果"的状态用"有睆"描述。仔细分析不难发现，它们其实有许多共同的状态：（一）外形都是圆圆的；（二）成熟后颜色都有青有红；（三）味道都是甜甜的。它们具有这么多状态，我们怎么解释呢？古人无法，只好通通用一个"实貌"释之。两者都有些什么状态？都有多少种状态？说不清，你自己去感悟吧。既然有这么多共同的状态，为什么还要用不同的两个词"蕡"和"睆"分别去形容呢？因为它们毕竟还存在着不同的状态。

5. 结语

文章对《诗经》单音状态词进行了具体分析，发现《诗经》单音状态词有模拟声音、模拟动作、模拟心理活动和模拟属性等四类。其中，模拟属性的单音状态词最多。《诗经》单音状态词的语法特征有二：一是结构上独立性太差；二是功能上主要作谓语，其次作定语和状语。《诗经》单音状态词的语义特征也表现在两个方面：一是状态的具体性；二是状态的多样性。

参考文献

郭　锐．现代汉语词类研究．商务印书馆，2002．

郭锡良．先秦汉语名词、动词、形容词的发展．中国语文，第3期，2000．

蔺　璜．状态形容词及其主要特征．语文研究，第2期，2002．

刘丹青．从状态词看东方式思维．东方文化，第1集．东南大学出版社，1991．

宋亚云．上古汉语性质形容词的词类地位及其鉴别标准．中国语文，第1

期,2009.

王　显.诗经中跟重言作用相当的有字式、其字式、斯字式和思字式.语言研究,第1期,1956.

向　熹.诗经词典.四川人民出版社,1986.

向　熹.诗经语言研究.四川人民出版社,1987.

向　熹.诗经译注.高等教育出版社,2009.

杨建国.先秦汉语的状态形容词.中国语文,第6期,1979.

张国宪.现代汉语形容词功能与认知研究.商务印书馆,2006.

张国宪.状态形容词的界定和语法特征描述.语言科学,第1期,2007.

赵金铭.《诗经》中的形容词研究.程湘清主编《先秦汉语研究》.山东教育出版社,1982.

(作者工作单位:湖北大学)

"次"的时间义及其源流

段文清

"次"有"时候、时刻"一义,不为众辞书所载。"次"的这一意义形成于唐代,宋代仍然广泛使用,一直延续到元代。首先看看《敦煌变文集》中的例子:

(1) 更须捉得两人,便请同行,两盈不知,赚下落马,跼跪存身,受口敕之次,便乃决鞭走过。(《汉将王陵变》)

(2) 项羽帐中盛寝之次,不觉精神恍忽,神思不安。(同上)

(3) 行次临河,舜见以郡(一群)鹿,叹云:"凡为人身,游鹿不相似也。"泣泪呼(吁)之次,又见商人数个。(《舜子变》)

(4) 舜来历山,俄经十载,便将米往本州,至市之次,见后母负薪,诣市易米。(同上)

(5) 向西行经五十余里,整行之次,路逢一山,间(问)人曰:"此是甚山?"(《爐山远公话》)

(6) 叹念之次,看人转多。(同上)

(7) 和尚若也不信,使君现患生脑疼次,无人医疗。(《韩擒虎话本》)

(8) 整梳之次，镜内忽见一人，回故(顾)而趣，员(原)是圣人，从坐而起。(同上)

(9) 一日殿中起舞，正歌之次，欢喜国王见这夫人面上身边(一道)气色，知其有相，七日身亡。(《欢喜国王缘》)

(10) (侧)忽因歌舞次，死于(相)千边彰。(同上)

(11) 忧疑之此(次)，有人传语……(同上)

(12) 后因游戏之次，夫人敛容进步(向前咨白大王云云)。(《丑女缘起》)

(13) 经一月余日，汉景帝大会群臣，政朝之次，真即将表而诣殿前，将使君梁元纬事条。(《搜神记一卷》)

(1)—(3)的“次”都可译为“当……时候”。如(1)“受口敕之次”可译为“当(二将)接受口头命令的时候”。(2)“项羽帐中盛寝之次”可译为“当项羽在帐中睡得正香的时候”。其余均同。需要说明的是(5)(8)中的“整”和(13)中的“政”均通“正”，“整行之次”即“正在进行的时候”；“整梳之次”即“正在梳妆的时候”；“政朝之次”即“正在朝政的时候”。

从以上用例和下面即将谈到“次”的时间义的发展的用例，可以看出“次”确有表时间的意义。从这些用例，我们可以看出“次”的这一意义的用法特点：从出现位置上看，“次”只能出现在这种结构中，即“×××之次”或“动词(或动宾词组)+次”，前者如：(1)—(6)、(8)、(9)、(11)—(13)，后者如(7)、(10)；从句法功能看，有“次”的分句在整个句子中作时间状语。

现在我们来看一看“次”的这一意义的产生、发展和消亡。

"次"的时间义在唐代产生以后,就被大量使用,我们可以从唐人的笔记中看到:

(14) 即有老父,须发甚秃,衣服亦弊,自堂西出而曰:"老夫虽无所解,然性好文章,适不知郎君来,正与和且耶联句次,闻郎君吟'为客多苦辛,日暮无主人'。"(唐《玄怪录·滕庭俊》)

(15) 但觉异香满屋,其夫惊以告其父母,共欢之次,邻人来曰:"昨夜夜半,有天乐从西而来,似若云中下于君家,奏乐久之,稍稍上去。"(唐《续玄怪录·杨敬真》)

(16) 院中香气,数日不歇,其盏锁于柜中,亲朋来看,莫不传视,竟不能辨其所自,后十余日,转观之次,忽堕地,遂不复见。(唐《续玄怪录·张庾》)

(17) 十一月八日夜,仆夫他宿,独庾在月下,忽闻异香氛馥,惊惶之次,俄闻行步之声渐近。(同上)

到了宋代"次"的这一意义广泛使用。如:

(18) 傅经喜,受金与酒,得转关之法,诣金刚仙,仙持杯向口次,忽有数岁(数岁二字原阙,据陈校本补)小儿跃出,就手覆之曰:"酒是龙所将来而毒师耳。"(宋《太平广记·鸱鸠和尚》)

(19) 幽求因趋走前,见朱衣人不顾而入,幽求进退不得。左右诸龙虎时时目幽求,盘旋次,门中数十人出,龙虎奔走。(宋《太平广记·白幽求》)

(20) 数人方饮茶次,李公等因往求宿,内一人曰:“须报洞主。”(宋《太平广记·李虞》)

由于《太平广记》中有些就是唐代的东西,还不能很好地说明“次”在宋代被广泛使用这一论点。下面的例子,则更充分有力:

(21) 既成婚数日,忠老梦至一官居,两庑皆囚系人也。忠老方顾不见之次,忽见有绯衣人升厅事据案而坐者,群吏庭集声喏而退。(宋《春渚纪闻·宿生盲报》)

(22) 一雨三日,千里之外,蒙被甘泽,时郡倅曾绂帅郡官,贺雨之次,密以前日公漫不省众请,而一出便致霈泽,如宿约者,何谓也。(宋《春渚纪闻·李右辖抑神致雨二异》)

(23) 始语次,即有牛首人持饭至。(宋《春渚纪闻·牛王宫饦饭》)

(24) 生已忘前事,神人谓生曰:“汝至某村,有僧附舟,汝以渔饭之次,有恶兽欲截汝舟。我时已阴护之矣。”(宋《春渚纪闻·鱼菜齐僧》)

(25) 后遇远讳之日,与曝像之次,必有一蝶随至,不论冬夏也。(宋《春渚纪闻·花月之神》)

除《春渚纪闻》外,其他宋代笔记也随处可见:

(26) 师卧次,椑树云:“作甚么?”师云:“盖覆。”……师

见椑树坐次,师云:"作甚么?"(宋《景德传灯录》卷十四)

(27) 师煎茶次,道:"吾问煎与阿谁?"(同上)

(28) 先子需澄江次,为有力者攘去,再以毗陵等三垒干祀第,逾月不报。(宋《齐东野语·祠山应语》)

(29) 明日,果遇盗,逐至林间,窘惧次,猛忆昨语,亟诵一声。(宋《夷坚丙志》卷第六《十字经》)

(30) 至十月,将就蓐,宜哥焚诵之次,见神人十辈,立侍于旁,异光照室,少焉生。(宋《夷坚甲志》卷第二《齐宜哥救母》)

此外,《夷坚甲志》卷第二《郑氏女震》、《夷坚丁志》卷第八《瑞云雀》、《夷坚支丁》卷第九《淮阴张生妻》、《夷坚支丁》卷第十《王侍晨》等篇中都有用例,不再列举。

"次"字的"时间"义在金代用法是常见,还是罕见,由于我们对金代的材料没有做广泛的研究,因此,还无法断定,但金代这种用法还存在,是可以肯定的。如:

(31) 泽州有针工。一日人定后,方阅针次,闻人沿濠上来。金《续夷坚志·溺死鬼》

(32) 鸡泽农民五人,同采樵,出门望,西风势甚恶,退回不欲往。又为一叟所难,四人者还家,一人往来樵次,大风从西北来,震荡天日,此人走避不及,伏于沟中。金《续夷坚志·鸡泽神变》

(33) 四月上七日,先夫人焚诵次,乃见杏棠皆作花。金《续夷坚志·陵川瑞花》

(34) 冯翊士人王献可，字君和，元丰年中，试京师，待牓次，一日晨起，市人携新鱼至。(金《续夷坚志·盗射王君和》)

到了元代，“次”的这种用法比较稀少。如：

(35) 及归，郡官例送至第一驿。行次，见水清澈，乃驻马曰：“此水可濯吾足。”(元《砚北杂志》)

(36) 是日元祐往候之，项可立煮三建汤饮之，犹力疾答扬州盛如斋。语次，又训饬学者，以自树立。(元《遂昌杂录》)

(37) 茶毗之日，舁其龛至淮河岸，冰合已久，举火之次，忽大响一声，则河冰自裂。(元《山居新语》)

大约到了明代，“次”的这种用法就消失了。

“次”为何具有时间义呢？我们从语言学的角度作一简单探索。

《说文》：“次，不前不精也，从欠，二声。”王筠《说文句读》：“不前者，逗留不进也。精，择也。不择，则不精。是次也。”

《汉语大字典》是收罗词义最完备的字典，“次”字条下共列21个义项(例从略)，分别是：(1)按顺序叙事，居于前项之后的称次；(2)次序，顺序；(3)第二，第二的，副，次级的；(4)次等的，质量较差的；(5)量词，表示动作回数；(6)位，职位；(7)古代官吏治事的处所；(8)古时用帷幕遮蔽的歇息或更衣的处所；(9)古人居父母丧时住的房子；(10)都市里的望楼，用以瞻伺；(11)处所；(12)中，间；(13)近，旁边；(14)行列，队列；(15)排列，编次；(16)

驻地，止歇；(17)特指太阳运行时止宿之所；(18)至，及；(19)古代妇女编结头发作装饰叫次；(20)通“恣”，放纵；(21)姓。

这21个义项，除通假义(20)和姓(21)外，还有19个义项，这19个义项可分成两大系统：

a. 由“不前”引申而来的系统，姑且叫做“处所系统”，包括(6)—(11)，(16)—(18)。

b. 由“不精”引申而来的系统，姑且叫做“次序系统”，包括(1)—(5)，(12)—(15)，(19)。

“次”的两个词义系统“处所”和“次序”都是表示空间的。

时间和空间是紧密联系的。时间和空间是运动着的物质存在形式。时间是指物质运动过程的持续性。任何物质的运动都是一个持续的过程，其间经历着不同的阶段。它表现为：一事物和另一事物，一个运动过程和另一个运动过程的依次出现的先后顺序；它们之间的间隔长短；一事物存在和一种运动过程进行的久暂。也就是说，时间本身包含着空间顺序。

空间是指运动着的物质的广延性。

时间和空间是同物质运动不可分离的，一方面，时间和空间离不开物质运动，离开物质运动的时间和空间是不存在的，时间是以物质在空间的运动来度量和认识的，离开物质在空间的运动，它就成为无法度量、神秘莫测的东西；另一方面，空间同样也是以物质在时间上的运动来度量的。

时空紧密相关的理论，在语义学中的具体表现是词义的时空引申律。陆宗达、王宁在《训诂方法论》中指出：“词义引申是一种有规律的运动。”他们认为词义引申的第一种类型是理性的引申。这些理性的认识常常反映出客观上的相对运动，因此，又常常与某种哲学上的相因关系一致。因与果，时与空，动与静，施与受，反与正，虚与实……都是相因相关的，因此都可以互相引申。

时空引申是理性引申的一种方式。时空引申律的具体内容可表述为：词义在发展过程中，一个表示“时间”意义的词可以引申出“空间”意义；同样，一个表“空间”意义的词可以引申出“时间意义”。时空相互引申在古代汉语词义发展中并不少见。最典型的莫过于“时”与“处”的相互引申。

《说文》：“时，四时也。”本是表示“时间”意义的词，引申有表示空间的“处所”义。如：丘为《题农夫庐舍》：“东风何时（一作处）至，已绿湖上山。”韩翃《题僧房》：“身在心无住，他方（一作时）到几回。”“时”与“处”“方”同义通用。黄滔《陈侍御新居》：“树势想高日，地形夸得时。”“得时”等于说“得地、得处”。罗邺《留献彭门郭常侍》：“层构尚无容足地，尺波宁有跃鳞时。”韩翃《寄武陵李少府》：“小县春山口，公孙吏隐时。”以上“时”与“地”“口”等互文，义并相近。白居易《题岳阳楼》：“春岸绿时连梦泽，夕阳红处近长安。”杜牧《见刘秀才与池州妓别》：“金钗横处绿去堕，玉筯凝时红粉和。”又《寄澧州张舍人笛》：“檀的染时痕丰月，落梅飘处响穿云。”此皆“时”与“处”互文，义亦相同。《幼学琼林·器用》：“退思岩，是鱼头参政退思时；知妄室，乃半山居士知妄处。”此退思岩，是宋鲁道宗所筑室名，“时”正作“室”“处”解。

《说文》：“处，止也。”“处”本是表空间“处所”义，可引申出“时间”义。如：《敦煌变文集·父母恩重经讲经文》：“闻语笑时无意听，见歌欢处不抬头。”又《佛说观弥勒菩萨上生兜率天经》：“行处五云从后，坐时七宝随身，不曾一日忧煎，只是长时快乐。”又《欢喜国王缘》：“六宫送处皆垂泪，三殿辞时哭断肠。”又《佛说观弥勒菩萨上生兜率天经》：“男见女时如见妹，女逢男处似逢兄。”又《维摩诘经讲经文》：“心能了处头头了，心若精时事事精。"以上皆"时""处"互文,"处"犹"时"也。除变文外,宋词中也不乏其例。周邦彦《六丑·蔷薇谢后作》:"漂流处,莫趁潮汐。"史达祖《绮罗香·咏春雨》:"临断岸,新绿生时;是落红,带愁流处。"刘辰翁《沁园春·送春》:"风回处,寄一声珍重,两地潸然。"以上"处"皆犹"时"也。

除了"时""处"外,还有:"咫尺"、"参差"。

"咫尺"本是指空间距离的靠近,但引申有表示时间短暂之义。如《全宋词》所载赵长卿《喋蝶恋花·春深》:"咫尺莺花还又老,绿入闲阶,只有青青草。""咫尺"云云,言春景变化之速。同书《凤栖梧·送子廉侄南下》:"闻道吴天消息好,鸳鸯西池,咫尺君应到。""咫尺"犹云即刻。《西厢记》第二本第二折:"一封书到逡巡至,半万雄兵咫尺来。""咫尺"与"逡巡"互文见义。

"参差",本是不整齐貌,是表示空间意义的,但"参差"又可引申出"顷刻"义,表时间。如无名氏《黄鹤楼》三折"殿前欢":"谁承望命在参差,任渔公自三思。""尾声":"恰便似火上浇油,命掩参差。"郑庭玉《金凤钗》四折"川拨棹":"好险些儿险些儿遭横死!死在参差,命若悬丝。"孙仲章《勘头巾》二折"梁州第七":"想危亡顷刻参差,端的是垂命悬丝。"其他例子很多,不再枚举。

"次"表时间义正是它的空间义循着类似的规律引申的结果。

(原载《四川大学学报(哲社版)》1991年1期,
《人大复印资料·语言文字》1991年5期全文转载)

师恩情深

1988年我从南充师范学院中文系(现西华师范大学)毕业

考取四川大学研究生，师从向熹先生研究汉语发展史。当时四川大学该学科和北京大学该学科齐名，是全国的重点学科，有一批著名学者包括张永言、赵振铎、向熹、经本植先生等在此执教。赵振铎、向熹、经本植、李崇智等先生给我们这一届授过课，分别教授音韵学、词汇学、文字学、文献学等。

向熹先生是湖南双峰人，1954 年北京大学保送研究生，师从王力先生攻读汉语史专业，同届师门还有郭锡良、齐冲天、祝敏彻等 3 位先生。王力先生是我国现代语言学的奠基人之一，1990 年 8 月 10 日是王力先生诞辰九十周年，北京大学举办了“纪念王力九十诞辰语言学研讨会”大型学术纪念活动，出席会议的有 250 多人，其中有著名学者季羡林、朱德熙、张志公、俞敏、周祖谟、萧璋、吴宗济、张清常、林庚、阴法鲁、冯钟芸、李赋宁、林焘等，一些来自海外的学者也参加了会议。季羡林先生致开幕词，会上，宣读了胡乔木同志的贺辞，吕叔湘先生和严学窘先生的书面发言，胡裕树、林祥稠、张斌、王均、姜亮夫等先生的贺信、贺电、贺诗。我有幸陪同先生参加了盛会，陪同先生拜师访友、参加学术活动、祭扫王力先生陵墓。

王力先生的学术成果展览给我极大震撼，其内容之丰富，数量之巨大超出了想象。王力先生在音韵学、语法学、诗律学、汉语史、语言研究史、语源学、历史词典学和古汉语教材建设等八个方面都作出了不可磨灭的贡献。此外，王力先生 30 年代撰写的《江浙人学习国语法》，40 年代发表的《汉越语研究》，也是在方言研究、汉藏语研究方面的经典性的著作。五十多年来，王力先生勤于著述，笃于教学，培养了一代又一代的语言学人才，写出著作四十多种，论文一百三十多篇，总计在一千万字以上。当然，巨大成就的背后是巨大的付出，从王力先生夫人处得知，王力先生每周只下楼一二次，其余时间完全用在做学问上，累了就活动活动手脚，休息片刻又继续工作，几十年如一日。此情此景，让我深刻领悟了冰心先生“成功的花，人们只惊羡她现时的明艳！然而当初她的芽儿，浸透了奋斗的泪泉，洒遍了牺牲的血雨”那首诗所蕴含的意义。先生常说做学问是寂寞的、清贫的，“板凳要坐十年冷”，要以殉道者的精神、持之以恒的毅力，方能有所发现有所创造。

此次北京之行，先生的用意非常明确，除了希望我们学习前辈的治学精神外，更希望我们通过学术交流，了解该领域的学术研究动态，以便我们确定学术研究方向，更多地把眼光投向那些尚未开垦的领域，使我们的研究能够站在更高的起点、站在研究的前沿、站在前人和他人的肩膀之上。

经过半年多的收集资料和思考，我写了一篇《“次”的时间义及其源流》的学术文章，得到先生肯定，先生多次提供补充资料、提出修改意见。又请经本植先生为本文最后把关。后来此文发表在《四川大学学报》上，并被中国人民大学复印报刊资料《语言文字学》1991 年第 5 期转载。“师傅领进门，修行在各人。”这也算先生正式把自己引入了学术研究的殿堂。

先生在生活上无微不至关怀弟子，每学期大约一二次邀请弟子到他家聚餐。先生当时住东风路铮楼 1 楼，阴暗潮湿，居住条件虽然不好，但大家仍然感到温馨幸福。受邀的学生除同门杨珍惠、罗向荣、孙占林、石锓、段文清外，还包括赵振铎先生的学生高一勇、胡敕瑞等，每次大家有说有笑，其乐融融。我参加工作后有了房，先生还把使用过的一套沙发、一把藤椅、一个茶几，一套新的厨房刀具赠送给我，让我尽快有了一个家的雏形，这套家具伴随我搬了两次家、用了五六年，而那套厨房刀具至今还在使用。

走上工作岗位后我一直从事税收宣传工作，业余时间也以写字画画为乐事，看似与所学专业无关，实际上研究生的学习经历，除学到了专业知识，更重要的是学到了系统的全面的辩证的思考，学到了分析问题和解决问题的方法，学到了对人生对社会的态度，学到了先生治学的精神和高尚的人格。我想，我今天能够平安、幸福、健康、快乐地生活，能够在工作中百折不挠、扎实进取、有所贡献，是先生之教、先生之范、先生之惠，而我当谨记、我会铭记。

段文清

（作者工作单位：四川省国家税务局税收科学研究所）

陕西西乡县三花石乡四川方言岛初探

——兼谈现代四川方言的形成[1]

黄尚军 李国太 王 振

陕南地处汉水上游秦巴山地，北有秦岭山脉，南据大巴山系，下辖汉中、安康、商洛。界内山川纵横，历史上交通不便。其地处秦、陇、鄂、豫、蜀五省交界，北通关中，南迫川蜀，西连陇右，东接鄂豫，为关陇、巴蜀、荆襄间交通要道。加之优越的自然环境，使其在历史上成为重要的人口迁入地。广泛、连续的人口迁徙和大量的经贸往来，造就了陕南五方杂陈的民俗和语言现象。目前，学界关于陕南语言的整体状况有较多看法，而存在西南官话的观点已无异议。邢向东曾作过如下描述：

> 陕南地区共有13个区县属于或分布着西南官话。陕南西南官话具有一定的混合性，主要体现在与中原官话、江淮官话之间的互相接触、感染、交融，以及西南官话不同片的特点兼而有之。……其中，汉中市镇巴、宁强等方言显示西南官话成渝片的特点……安康市几县的方言则反映出相反的特点。不过，留坝、佛坪、汉阴等在上述几个方面互有参差，带有一定的混合色彩，显示不同来源的西南官话互相交融，恰与陕南西南官话区移民的来源相互印证。[2]

据此，可清晰看到四川方言在这一区域的存在。而陕南一些地方志也记载说，紧邻川东北巴中市的南郑县，语言就基本属于西南官话，个别地区还是地道的四川方言，其中碑坝全区纯为四川方言分布区。境内其他地区也形成各自的方言特点：从大的方面区分，有南山与北川两大片。平川话叫"坝腔"，山区话叫"山腔"。平川地区处于汉中与巴蜀过渡地带，语言为川楚变种；山区大部毗邻巴蜀，四川方言的色彩更浓。其语言特点为：坝腔多团音，山腔多尖音。[3]而洋县四川方言的留存情况则更为典型。《洋县志》不仅记载了含有四川方言音韵的地点，还指出了其移民的来源：

> 县内各地的语音有明显的差异，大体可分为酉水区、华阳区、汉江南岸丘陵区、谢村区、城关和汉江南岸平坝区等5个方言小区。酉水区以桑溪、秧田乡为代表，明、清时期由湖北省西北部迁来的移民较多，方言内含荆襄语音较重；汉江南岸的黄家营、黄金峡、石关、草庙等地，多数是从四川东部迁来的移民，含有较多的四川音韵。[4]

洋县和城固虽仅一河之隔，口音和部分习俗则迥然不同。洋县至今都顽强地保留着关中秦音的腔调和韵味，县人的生活习性和民情风俗都体现出明显的秦地特点。而镇巴、南郑、西乡一带口音，明显具有川腔川味。汉中的汉台城区内的四门八关，口音差别也很大。[5]有关资料表明，陕南分布较为广泛的四川方言，应是域外四川方言研究的重要目标，其中被关中方言包围的四川方言岛，则为探讨四川方言的诸多问题提供了难得的案例。本文以汉中市西乡县三花石乡段家营村二组为代表的自称四川人后裔的村民所操方言为例，简要评述其价值。

一、个案呈现：西乡县三花石乡段家营村方言情况

汉中市西乡县三花石乡段家营村[6]，位于洋县与西乡县的交界处，行政区划归属西乡，与相距约60公里的洋县县城和近50公里的西乡县城隔汉水相望。去县城需先渡汉水，再沿河谷地蜿蜒的公路崎岖前行。段家营村共280户，10个姓氏：李、刘、宁、何、曲、黄、段、陈、葛、张，分为3个组。其中的二组，又分别集中居住在渡口和唐兴寺两处。渡口主要为宁、刘、李、屈4姓居住，约50来户；唐兴寺则主要为李、何、黄、陈、葛5姓居住，约50来户。虽为一组，但在语言上却存在较大差异，乡民们相互也这样认同。[7]

我们调查渡口处自称四川人后裔的当地居民发现，其语音明显呈现出四川口音；而唐兴寺距洋县近一些，交通比到西乡县方便，部分自称四川人后裔的村民常到洋县赶集，其语音则明显带有洋县腔，甚至在一家人中，也存在差异：奶奶、媳妇的桑溪方音特色较浓，儿子的洋县口音较突出，而孙子不仅有桑溪方音，且因在西乡上学，还带有部分西乡语音特色（见表1、表2）。[8]另外，在从西乡县城至三花石乡的一条山沟中，沟口呈无四川移民无四川方言，沟中呈有四川移民无四川方言，沟底呈有四川移民有四川方言的情况，这也证实了移民与方言的内在关联。请看下表：

表1　段家营村二组渡口刘世兴一家使用方言情况

家庭成员	姓名	年龄	所说方言	备注
父亲	刘兴贵	80	四川话[9]	移民记忆为四川麻柳县大柳树底下
母亲			四川话	
儿子	刘世兴	54	四川话	移民记忆为四川大邑县

表 2 段家营村二组唐兴寺曹义惠一家使用方言情况

家庭成员	姓名	年龄	所说方言	成因分析
奶奶	曹义惠	71	洋县桑溪话[10]	母语
大儿子	黄宗华	51	带洋县口音的唐兴寺话[11]	地理位置近 母语
二儿子	黄宗平	49	唐兴寺话	母语
大儿媳妇			洋县桑溪话	母语
孙女	黄茹	23	带洋县口音的唐兴寺话	与爸爸黄宗华接触多
孙子	黄帮辉	16	洋县桑溪话 西乡县城话	与奶奶、妈妈接触多 西乡上学
孙子	黄帮武	11	西乡县城话	西乡上学

表 3 段家营二组自称四川人后裔的村民所说部分方言词汇[12]

普通话词汇	段家营村渡口 刘世兴母亲	段家营村唐兴寺 黄宗平母亲曹义惠
公牛	犍牛[tɕiɛn^{55} ȵiəu^{31}]	犍牛[tɕian^{55} ȵiəu^{31}]
母牛	子牛[tsɿ^{53} ȵiəu^{31}]	母牛[mu^{53} ȵiəu^{31}]
羊	羊子[iaŋ^{31} tsɿ^{53}]	羊子[iaŋ^{31} tsɿ^{53}]
公狗	牙狗[ia^{31} kəu^{53}]	牙狗[iᴀ^{31} kəu^{53}]
母狗	草狗[tsʻau^{53} kəu^{53}]	母狗[mu^{53} kəu^{53}]
公猫	男猫儿[lan^{31} mɚ^{31}]	男猫[nan^{53} mau^{31}]
母猫	咪猫儿[mi^{53} mɚ^{31}]	咪猫[mi^{53} mau^{31}]
种猪	脚猪[tɕyo^{31} tʂu^{31}]	脚猪[tɕyo^{31} tsu^{31}]
公鸡	鸡公[tɕi^{55} koŋ^{55}]	鸡公[tɕi^{55} koŋ^{31}]

（续表）

普通话词汇	段家营村渡口 刘世兴母亲	段家营村唐兴寺 黄宗平母亲曹义惠
母鸡	鸡婆[tɕi^{55} pʻo^{31}]　鸡母[tɕi^{55} mu^{53}]	鸡母[tɕi^{55} mu^{53}]
处于孵化期的母鸡	抱鸡婆[pau^{213} tɕi^{55} pʻo^{31}] 抱母鸡[pau^{213} mu^{53} tɕi^{55}]	抱鸡母[pau^{213} tɕi^{55} mu^{53}]
公鸡交配	踩蛋[tsʻai^{53} tan^{213}]　踩水[tsʻai^{53} ʂuei^{53}]	踩蛋[tsʻai^{53} tan^{213}]
鸡爪	鸡爪爪[tɕi^{55} tʂau^{53} tʂau^{53}] 鸡爪子[tɕi^{55} tʂau^{53} tsɿ]	鸡爪爪[tɕi^{55} tʂua^{53} tʂua^{31}]
公鸭	青鸭[tɕʻin^{55} iᴀ^{31}]	青鸭[tɕʻin^{55} ia^{31}]
兔子	兔子[tʻu^{213} tsɿ]　豁豁[xo^{55} xo^{53}]	兔娃子[tʻu^{213} ua^{31} tsɿ]
鹅	鹅(鸭)[ŋɤ^{31} ia^{31}]	鹅[ŋɤ^{31}]
野兽	野物[iɛ^{53} u^{31}]	野物[iɛ^{53} u^{31}]
喜鹊	鸦雀[ia^{55} tɕʻyo^{31}]	鸦雀子[ia^{55} tɕʻyo^{31} tsɿ]
大雁	大雁[ta^{213} ian^{213}]	大雁[ta^{213} ian^{213}]
猫头鹰	猫儿头[mau^{55} ɚ^{31} tʻəu^{31}]	猫头鹰[mau^{31} tʻəu^{31} in^{55}]
蝙蝠	盐老鼠[ian^{31} lau^{53} ʂuei^{53}]	盐老鼠[ian^{51} lau^{31} ʂu^{53}]
蚕	蚕子[tsʻan^{31} tsɿ]	蚕子[tsʻan^{53} tsɿ]
茧	茧儿[tɕian^{53} ɚ^{31}]　茧子[tɕian^{53} tsɿ]	茧子[tɕian^{53} tsɿ]
蚕屎	蚕屎[tsʻan^{31} ʂɿ^{53}]	蚕屎[tsʻan^{31} ʂɿ^{53}]　蚕沙[tsʻan^{31} sᴀ^{55}]
蜘蛛	波丝[po^{55} sɿ^{55}]　蛰蛛[tʂe^{31} tʂu^{55}]	蛰蛛子[tʂe^{53} tʂu^{55} tsɿ]

（续表）

普通话词汇	段家营村渡口 刘世兴母亲	段家营村唐兴寺 黄宗平母亲曹义惠
蚂蚁	蚂蚁子[ma^{53} ie^{31} tsɿ]	蚂蚁子[mᴀ^{53} i^{31} ʦɿ]
蚯蚓	曲鳝[tɕʻy^{31} ʂan^{213}]	曲鳝子[tɕʻy^{31} ʂan^{213} ʦɿ]
屎壳郎	推屎爬[tʻuei^{55} ʂɿ^{53} pʻa^{31}]	推屎爬[tʻuei^{55} ʂɿ^{53} pʻa^{31}]
蜈蚣	蜈蚣虫[u^{31} koŋ^{55} tʂʻoŋ^{31}]	蜈蚣虫[u^{53} koŋ^{31} tʂʻoŋ^{31}]
蠓	鸡摸子[tɕi^{55} mo^{31} ʦɿ]	鸡摸子[tɕi^{55} mo^{53} ʦɿ]
蚱蜢	蚂蚱[ma^{53} tʂa^{31}]	蚂蚱[ma^{53} ʦa^{31}]
螳螂	猴子[xəu^{31} ʦɿ]	猴子[xəu^{31} ʦɿ]
蜜蜂	糖蜂[tʻaŋ^{31} foŋ^{55}]	糖蜂子[tʻaŋ^{53} foŋ^{31} ʦɿ]
萤火虫	亮火虫[liaŋ^{213} xo^{53} ʦʻoŋ^{31}]	亮火虫[liaŋ^{213} xo^{53} tʂʻoŋ^{31}] 明火虫[min^{53} xo^{53} tʂʻoŋ^{31}]
蝴蝶	花蛾蛾[xuᴀ^{55} ŋo^{31} ŋo^{31}] 花 蝴 蝶 儿 [xua^{55} xu^{31} tiə˞^{31}]	蛾蛾[ŋo^{31} ŋo^{31}] 飞蛾子[fei^{55} ŋo^{31} ʦɿ]
菜青虫	猪儿虫[tʂu^{55} ə˞^{31} ʦʻoŋ^{31}]	猪儿虫[ʦu^{55} ə˞^{31} tʂʻoŋ^{31}]
毛虫	毛毛虫[mau^{31} mau^{31} tʂʻoŋ^{31}]	毛虫[mau^{31} tʂ ʻoŋ^{31}]藿辣子[xo^{53} nᴀ^{31} ʦɿ]
鱼	摆尾子[pai^{53} uei^{53} ʦɿ]	摆尾子[pai^{53} uei^{53}][ʦɿ]
腮	腮[sai^{55}]	鱼鳃[y^{31} sai^{53}]
鳞	鱼甲[y^{31} tɕiᴀ^{31}]	鱼甲[y^{31}][tɕiᴀ^{31}]
鱼下蛋	生子[sən^{213} ʦɿ^{53}]	𨀤子[pan^{53} ʦɿ^{53}]
鱼鳅	泥鳅[ȵi^{31} tɕʻiəu^{55}]	泥鳅[ȵi^{53} tɕʻiəu^{31}]
鳝鱼	黄鳝[xuaŋ^{31} ʂan^{213}]	黄鳝[xuaŋ^{53} ʂan^{31}]
王八	鳖娃子[piɛ^{31} uᴀ^{31} ʦɿ]	鳖娃子[piɛ^{31} uᴀ^{31} ʦɿ]
螃蟹	螃蟹[pʻan^{31} xai^{53}]	螃蟹[pʻan^{51} xai^{31}]

我们认为，段家营村二组自称四川移民后裔的村民形成今日所操口音，主要原因应有以下几点：

第一，社会环境的影响。社会环境是影响个人语音变化的基本原因。段家营村渡口刘世兴及其父母能基本保持四川口音，与其到段家营村后的生活环境有很大关系。尽管刘世兴一家迁到段家营二组渡口处长期居住，但此地4个姓氏人家中，刘姓、李姓为四川迁来，宁姓、屈姓为湖北麻城孝感乡迁来，他们家乡的方言一致性较大，相互交流基本不会遇到障碍。当然，在与当地非四川人频繁接触后，其所操方言必然带有与当地方言融合的痕迹。比如：

语音方面："老母虫[lau^{53} mu^{53} ʦʻoŋ^{31}]、亮火虫[liaŋ^{213} xo^{53} ʦʻoŋ^{31}]、猪儿虫[ʦu^{55} ɚ^{31} tʂʻoŋ^{31}]、蚜虫[ia^{31} ʦʻoŋ^{31}]"等词语中，"虫"、"猪"声母的不稳定；"花蝴蝶[xua^{55} xu^{31} tiɛ^{31}]"一词中的"蝴"、"壁虎[pi^{31} xu^{53}]"中的"虎"和"狐狸[xu^{31} li^{53}]"中的"狐"，声母为[x]，而不是[f]；"做"说为[ʦəu^{213}]，而不是[ʦu^{213}]；"最"说为[ʦei^{213}]，而不是[ʦuei^{213}]；"竹"说为[ʦʻu^{31}]，而不是[ʦu^{31}]；"蛇鼠子"中的"鼠"，说为[ʦʻu^{31}]，而不是[ʂu^{53}]；不说"鹦鹦儿[ŋən^{55} ŋɚ^{55}]"，而说"鹦哥儿[in^{55} kɚ^{55}]"；以及刘兴贵说"四川麻柳县大柳树底下"时，将"树"发为[fu^{31}]而不是[ʂu^{213}]；曹义惠将"社会主义"的"义"发为[i^{213}]，而不是[ȵi^{213}]等。

词汇方面：称"蜜蜂"为"糖蜂[tʻaŋ^{31} foŋ^{55}]"，称"兔子"为"兔娃子[tʻu^{213} ua^{31} ʦɿ]"，称"鳖"为"鳖娃子[pie^{31} ua^{31} ʦɿ]"，称"蚱蜢"为"蚂蚱[ma^{53} tʂᴀ^{31}]"，称"牤"为"牤子[moŋ^{53} tʂa^{31}]"，而一般不称"牛蚊子"；一般不说"做啥子"，而说"搞啥的[kau^{53} sa^{213} ti^{31}]"；一般不说"要不得"，而说"不行[pu^{31} ɕin^{31}]"；一般不说"我们"，而说"咱们[ʦa^{31} mən^{31}]"；一般不说"雁鹅"，而说"大雁[ta^{213}

ian^{213}]”；一般不说“颈项”、“脖子”，而说“颈脖子[tɕin^{53} po^{31} tsɿ]”等。

语法方面：“抱鸡婆[pau^{213} tɕi^{55} p'o^{31}]、抱母鸡[pau^{213} mu^{53} tɕi^{55}]”均说；“找不到”、“知不道”、“不知道”均说之类，应为融合的明证。

曹义惠所说诸多词汇调值的摇摆不定，则更带有母语与当地方言融合的色彩。[13] 而“踩水[ts'ai^{53} ʂuei^{53}]”中的“水”，读[ʂuei^{53}]而不读[fei^{53}]，以及刘世兴母亲语音中，“我”读[ŋo^{53}]，而不读[ŋɤ^{53}]；“就是”的“就”，读[təu^{213}][14]；“啄木倌”的“啄”，读[tsua^{31}]；“尾巴”的“尾”，读[i^{53}]；“生子”的“生”，读[sən^{213}]；称“蜘蛛”为“波丝[po^{55} sɿ^{55}]”等现象，也许从一定的角度说明，移民在迁入地保持自己家乡方言的稳定性。

第二，家庭环境的影响。家庭成员的口音是个人语音变化的重要原因之一。在采访中，即使在我们多次提醒下，曹义惠16岁的大孙子黄帮辉，依然会不自觉地由洋县桑溪口音转变为西乡县城口音，而且他和奶奶均多次表示，不愿意学，也学不会唐兴寺话。通过进一步交流，我们方知黄帮辉长期与说洋县桑溪话的奶奶和母亲一块儿生活；而其姐姐却与在当地当教师且说带洋县腔的唐兴寺话的父亲接触较多，所以，对于家乡方言还不是很根深蒂固的两姊妹来说，语音有着很大的波动性，自然会朝着与自己耳熟能详的口音方面发展。

第三，地理环境的影响。从我们的实地调查可知，以段家营村二组渡口刘世兴一家为代表的自称四川人后裔的乡民所操方言，在语音和词汇上与今四川方言很接近[15]，而与关中方言的差距较大。但数百年来，作为一种当地的弱势语言能保存至今，应与其生活的地理环境有着密切的关系。这从今三花石乡段家营村二组唐兴寺的《唐兴寺蠲免夫役盐课碑记》便可见一斑：

> 唐兴寺地方，前临汉水，后近大山。高者，尽属石坡突岩；底者，又系流水走沙。众差役繁多，地瘠民贫，力不堪支。……
>
> 乾隆三十九年四月二十日　士庶人等年立[16]

段家营村三面环水，背后靠山，与该乡碾子沟、潘家河、王家营等村落的交往，多需渡过汉水；与山后其他村落交往，则需翻过大山，因此历史上与外界交流的机会较少，再加上这些四川移民后裔所操家乡方言相对其他南方方言而言，与当地方言差别不是特别大，这显然为移民原有语言的保存创造了良好的条件。

段家营村以及西乡县茶镇、碾子沟、田禾、白龙等地四川移民后裔所操方言，只是汉中地区四川移民方言分布的个案，但从中也许能窥见四川方言在四川（含重庆）地区以外分布的基本面貌。如能对陕南类似四川方言岛进行系统、全面、深入的调查，无疑会为研究现代四川方言的形成乃至汉语方言的历史演变和发展提供新的材料和思路。

二、学理分析：陕南四川方言留存原因

方言岛的形成一般与移民的关系十分密切，正是因为移民保留了大量原有语言因子，使得一种方言在长期被其他强势语言包围的情况下，仍能顽强地存留。这一现象同样适用于解析陕南四川方言留存的原因。除此之外，历史上的行政归属、人

口同源异地而在语言上形成相似的特征等，也是不可忽视的因素。

（一）**移民因素**

陕南地区留存的大量四川方言应与明、清时期的移民运动有着密切的关系。明代，陕南移民即大量来自四川地区。清末《宁羌州乡土志》记载，当时宁羌州的“赵、郑、韩、唐、谢”皆为前明老户，“刘、梁、薛、齐、封、徐、曹、蔡、秦、郭、曾、任、沈、虞、叶、杜、毛、袁、孙、方、余、林、高、熊、计、傅、石、金氏”均在明代迁入。而迁自四川的有成氏、胡氏、种氏、彭氏等。[17]由此可见，前明老户仅有5姓，而在明代迁入的28姓中，迁地可考者中，川籍移民就有4姓，占14%。[18]褒城张氏，乃拓印世家，其先祖也于明末沿古蜀道迁入陕南。[19]

明末清初，由于战乱、瘟疫等诸多原因，陕南地区人口锐减，原有土地大量抛荒。战乱结束后，优越的自然条件和诸多无主荒地的存在，吸引了大量外来移民，其中川籍移民占较大比重。《汉中地区志》：

> 明代以前，人口外徙少。明末清初，迁入渐增。现居本县巴山地区的部分群众，为四川籍。清初，郑芝龙据沿海扶明，清廷在沿海御郑，移民内地，福建、江苏等省的一些人来沮水两岸的秦岭山区居住。清中期，安徽、湖南、湖北、四川无业贫民依亲傍友，转徙来勉五六千人。[20]

又，《续陕西省通志》也以汉江为界，将汉中分为北坝和南坝。其中的北坝，土著居多；南坝则多系平原，居民以巴蜀、湖广、江西等处外来户为主。

除此之外，移民档案也为研究那一时期的川籍移民提供了充足的史料证据。据陈良学收集的93份移民档案统计，湖北籍28例、湖南籍25例、安徽籍12例、巴蜀籍10例、江西籍6例、闽粤籍12例。[21]川籍移民约占11%，并不在少数。

家谱资料以及民间记忆在复原川籍移民进入陕南的历史中，也起着不可忽略的作用，对研究陕南四川方言具有重要意义。据陕西南郑县《来氏家谱》记载，萧山来氏曾有繁衍至巴蜀者，如知名学者来知德之祖先，便由萧山迁至湖北麻城。元末时，来泰又由楚入蜀，居梁山，成为来氏入蜀始祖[22]。来氏迁陕前十二世承续如下：

(1)来承甫→(2)(3)(4)失考→(5)来思信，明末避乱，由洛阳迁延秋→(6)来秉乾→(7)来焕→(8)来迎棋→(9)来大生、来禀生→(10)来百龄→(11)来加禄、来四福→(12)来宗有

据来氏"前十二世"，清嘉庆十八年(1813)，十二世祖来宗有携三子迁到陕州。来氏入陕，卜居来家山[23]，这是历史上移民出川的典型。又，《岚皋邱氏联谱》：

岚皋邱氏族人，其祖上多系清乾隆年间，先后从广东、福建、江西迁入境内开基创业的，后来从四川迁入的。……四川大竹福源公支系：永乾公之孙：章兴公、章进公、章和公、章成公、章怀公、章喜公、章发公、章万公。未知上接世系：从湖南安化迁入的祖垂公，从四川迁入的胜礼公，不知何时迁入的胜全公等。

> 余祖自先儒琼山公以来，其登显宦，列名儒者，代不乏人。遥想当年未始，不橐为谱，以贻后人稽。然时而福建，时而江西，又时而四川。迁徙无常，萍踪磨定，不无剥蚀，遇风雨。此亦情之所可恨者矣！……本邱氏家族，胜礼公由四川城口县修齐坝后，迁陕西岚皋县明珠坝（现民主镇）小磨沟定居。[24]

可见，该家族迁徙频繁，且次数多，地域广，曾迁至广东、福建、江西各处，其中的福源公支系以及胜礼公，均来自四川，虽然没有明确提到迁徙的具体路线，却可窥见其族人由川入陕的足迹。移民由川入陕大致有两种情况：一种是原巴蜀家族出川入陕，另一种是外省迁入巴蜀的家族复迁至陕南。如陕西南郑县《何氏族谱》：

> 祖何（母公）行，讳字荣，郭氏，广东省惠州府龙川县老龙街汤湖约七约村（人），自广东省迁四川重庆府荣昌县龙王洞，寄籍十数年。弟兄三人由四川迁陕西汉中府南褒二县，卜八十七里坝罗泉湾红庙堂，居住落业，家道兴隆。
>
> 二老原籍广东省惠州府，于是夫妇由广东迁四川省重庆府荣昌县龙王洞，寄籍十数年，生子三人：何崇（梗、楠、桂）。兄弟三人由四川迁陕西汉中府褒南二邑，卜七里罗家塝居住，二老合葬大坟院。[25]

此谱显示，该家族原籍广东省惠州府龙川县老龙街汤湖约七约村，于清康乾之世，迁居重庆府荣昌县龙王洞，居住几十年，育三子，即何崇梗、何崇楠、何崇桂。而后，兄弟三人又从巴蜀迁陕西汉中府南二邑，卜居七里罗家塝。经过几次迁徙，入川后复出川，最终定居陕南汉中。请看下表：

表4　陕南部分家谱记载移民出川入陕情况[26]

姓氏	原籍	入川始祖	入川时间	出川始祖	出川时间	出川后迁居地	资料来源
来氏	湖北麻城	来知德	不详	来宗有	清嘉庆十八年	陕州	陕西南郑《来氏家谱》
何氏	广东省惠州府龙川县老龙街汤湖约七约村	何荣	清乾隆年间	何崇梗，何崇楠，何崇桂	清乾隆年间	陕西汉中府南褒二县，卜八十七里坝罗泉湾红庙堂	陕西南郑《何氏族谱》
邱氏	不详	不详	不详	胜礼公	清乾隆年间	陕西岚皋县明珠坝小磨沟	《岚皋邱氏联谱》

部分川籍入陕移民家族，今已无家谱留存，但他们仍保留祖先由川入陕的记忆。下表为我们在西乡县等地调查此类家族的情况。

表5　陕南部分四川移民记忆家族情况[27]

姓名	原籍	出川时间	迁居地	迁入后所传代数	资料来源
杨武胜	四川		陕西省西乡县三花石乡碾子沟村		实地调查录音
刘世兴	四川大邑县		陕西省西乡县三花石乡二组渡口	9代	实地调查录像

（续表）

姓名	原籍	出川时间	迁居地	迁入后所传代数	资料来源
李兴贵	四川		陕西省西乡县三花石乡二组渡口	7代	实地调查录音
屈家	四川		陕西省西乡县三花石乡二组渡口		实地调查录像
黄家[28]	四川		陕西省洋县黄金峡镇		实地调查录音
杨文华	四川广元		陕西省西乡县三花石乡碾子沟村		实地调查录音
张锡全	四川平昌碑义区	“湖广填四川”时期	陕西省西乡县金鹿街	9代	实地调查录音
杨章林	四川大竹	清代	陕西省西乡县三花石乡碾子沟村		实地调查录音
何耘	四川大竹	1839年	陕西省南郑县黄关镇	11代	实地调查录音
曹义惠[29]	四川		陕西省洋县桑溪乡		实地调查录像
陈林贵	四川仪陇县大槐树		陕西省西乡县三花石乡段家营村二组	7代	实地调查录像
黄登钰	四川麻城县	避长毛贼时迁徙	陕西省西乡县白龙镇罗家村二组		实地调查录像
陈前宝	四川		陕西省西乡县三花石乡茶镇村		实地调查录像

（续表）

姓名	原籍	出川时间	迁居地	迁入后所传代数	资料来源
王大和	四川忠县	清代	西乡县三花石乡茶镇村		实地调查录音
李凤英	四川		陕西省西乡县三花石乡段家营村二组		实地调查录音

表5所列15个家族，均有祖先由川入陕的口碑资料，其中的5姓都由川北、川东迁入，而迁入时间仅有何家具体到1839年，张则为“湖广填四川”时期，杨、王则为清代，其他几姓已不能详考。

连续而广泛的移民活动，不仅对陕南经济发展和山区开发起了重要作用，也为区域内文化面貌的整体改观输入了新的血液。来自不同地区，带有不同语言、民情风俗的人，长期生活在一起，相互交融，使得陕南的文化基因复杂多样，四川方言也因此在陕南地区生根发芽，成为其文化中不可或缺的一部分。

（二）历史行政区划因素

英国语言学家L.R.帕默尔认为，方言的分布与古国或部落以及历史上的行政区划有密切关系。[30]历史上陕南地区与川、楚关系密切，先秦为巴、蜀所辖；秦、汉时期，虽纳入中央政府版图，但汉末，张鲁割据，三国鼎立，陕南大部归蜀；随后的晋、隋、唐、宋时期，陕南大部划归巴蜀，一直都与关中归属不同政区，直到元代陕西行省的设立，才首次将秦岭南北区域置于同一高层政区中。而历史上陕南在东西方向的区划上，也长期分离。[31]

我们认为，行政区划不但对文化格局的形成有较大影响，对区域内部语言的分异同样起着重要作用。而从语言层面讲，陕南上古应为巴语、蜀语的分布区，秦汉以后属于汉语秦晋方言区的梁益方言区。汉代扬雄《方言》中，梁益并称共出现20次。[32]陆法言《切韵·序》也称“秦陇则去声为入，梁益则平声似去”。这就说明汉唐之间，陕南方言与四川方言应基本一致，而与关中、秦陇方言略有差异。

历史上的政区划分，显然会对语言格局产生影响，结合陕南历史上的语言状况，我们便无法忽略陕南在历史上和巴蜀曾为同一行政区划及其与陕南方言中四川方言成分的关系。邢向东指出：

> 第一，汉中、安康与关中(及商洛)长期分属不同的高层政区，元代始归于同一级政区，是不是应当把这种关系与自然地理形势结合起来，再同今方言格局联系起来加以考察？换句话说，安康、汉中今大多归西南官话的领地，除了清代移民的显性因素，是否还有更早期、更深层的原因？它们的方言是否可能本来就同湖北、四川关系更密切？陕南方言中会不会叠置着“川楚方言→中原官话→川楚徽湘方言”多个层次？
>
> 第二，安康、汉中两地历史上长期分治，今方言亦存在相当大的区别，这种区别固然与明清移民来源(东、西两面)有关，但会不会有更早期的原因？[33]

上述两个层次的问题，也许可以归结为一个方面，即现今陕南方言中的四川方言是否在移民进入之前便已有沉淀。这对我们至少有以下两点启示：一是否仅将现今陕南地区语言中四川方言成分的存在，归结为明清时期有大量四川地区移民的迁入。

二是从方法论上来看，仅有语言的平面描写和共时性比较研究，能否复原语言传播和融合的历史，还值得商榷。

而“川楚方言→中原官话→川楚徽湘方言”的假设是否成立，有待进一步探讨。要证明这一假设，难度可能较大。首先必须弄清巴蜀和陕南在明清移民前的语言状况，尽管明李实《蜀语》有一定参考价值，但我们所见材料而言，在陕南还未发现有类似文献可征。

对陕南地区四川方言的研究，除充分考虑四川移民和行政区划的因素外，还应当重视语言并非凝固不变，方言更是多来源、多层次形成的观点。许多方言保存着古代汉语中的部分语音和词汇，从而使得不同方言因继承了古代汉语中的共同因子，而在语音和词汇上存在较多相似成分，这为判断两种或多种方言在接触过程中，哪些语音和词汇是借自于对方增加了难度。我们并不能否认陕南方言与四川方言再接触的过程中，也存在类似的情况。如陕南汉中方言“二不棱登”、“诀”、“麻利、麻流”、“撇脱”等词汇，也广泛存在于四川方言中，且它们在古代汉语中都有对应的意思，因此，并不能贸然断定，汉中方言在与四川方言的接触过程中借用了相应的词汇。

总之，陕南语言中的西南官话与四川方言的关系，不能一概而论。移民对语言的传播所起的作用固然不容忽视，但除了移民等显性因素，可能存在的更深层次因素以及语言的接触、融合等，显然也应进入研究视角。

余论：现代四川方言形成期再探讨

学界一般认为现代四川方言的形成主要原因是明清时期“湖广填四川”移民活动，从而推出现代四川方言的形成时间应在清初。据赵振铎研究，明李实《蜀语》中“绝大多数词语都还保留在今天的巴蜀汉语方言里面，这说明远在清朝初年‘湖广填四川’以前，就已经有了现代的巴蜀汉语方言的基本格局”[34]。只是由于资料稀缺，目前学界还缺乏对这一问题的系统研究。[35]

研究明代以前从四川移居他地的移民所形成的方言岛的意义，或许正在于为现代四川方言形成于清代以前提供直接的证据。[36]分布在陕西西乡县三花石乡的四川移民在明末清初便已迁居陕南，但其所操方言却与现代四川方言非常接近，由此可见，在其迁徙之时，现代四川方言或许已经形成。学术界一般认为“湖广填四川”移民活动对现代巴蜀文化尤其是四川方言的形成有重大影响。但实际上，虽然明清时期的巴蜀地区，包括川东北地区人口锐减，却也并不排除还有部分居民幸存下来，如巴中等地至今仍流传的“古老户”“老命人”之说，正是民间对原有居民的称呼。而今天仍广泛流传在川东地区将蛇吃蛇的现象称之为“蛇吞象”，不仅为“巴蛇吞象”提供了全新的解说，也为巴蜀文化并未因移民而断层提供了新的证据，因为如果说明末清初川东人口被完全置换，那么这些固有的文化传统也应该消失。实际情况是在巴文化区域内，蛇吞象这一文化传统不但未曾消失，还完整地保留在今天的川东地区，这应为移民所带来的文化并未取代固有文化的佐证。类似例子在巴蜀其他地区也不罕见。如成都“柳荫街”之得名便有如下传说：

> 张献忠在打成都的路上，看到一个女的背了个娃娃，张献忠起了打猫儿心肠了，就跟那个女的说你在你家门口插个柳枝就可保你一家，结果这女的把这个跟一条街的人都说了，结果满街都插了柳枝，保护了一街的人，这就是柳荫

街的来历。

而重庆“杨柳街”之得名的传说，和荣昌家家门口挂菖蒲的来源传说，应与上述传说为同一母题传说的不同异文。[37]这或许正是明末清初动乱后，巴蜀地区人口并未完全被置换的民间佐证。

总之，现代四川方言的形成应在清以前，其内在的动因并非完全源于“湖广填四川”，值得我们深入探究。

注释

[1] 为了进一步弄清楚四川方言在陕南的分布、生存状况，我们于2010年8月，赴汉中地区进行了实地调研。洋县与西乡县交界处的三花石乡段家营村2祖被选作调查点，具有偶然性，但却得到了极大收获。此次调研承蒙陕西省社科院孙立新，陕西师范大学胡安顺、刘忠华、黄冬丽，西乡县法院邓院长以及郭燕、蒋红宇诸位先生的大力相助，谨此致以诚挚谢意。

[2] 邢向东：《论陕南方言的调查研究》，《西北大学学报》，2008年第2期。

[3] 南郑地方志编纂委员会：《南郑县志》，第639～640页，中国人民公安大学出版社，1990年7月。

[4] 洋县地方志编纂委员会：《洋县志》，第769页，三秦出版社，1996年6月。

[5] 王铎：《汉中文化初探》，《陕西理工学院学报》，2008年第1期。

[6] 汉中的大街小巷虽到处都可以听见带有“四川方音”的汉中话，但我们仍希望寻找到较为集中的域外四川方言点。在人生地不熟的情况下，只能按地方志的记载逐一排查。在实际调查中，发现方志的记载与方言的实际分布状况出入较大。从汉中汉台区到洋县县城、黄家营、黄金峡镇，再到西乡县，最终寻找到了带有明显四川方音的方言点——西乡县三花石乡段家营村2组。

[7] 此条材料为黄尚军、李国太、奂灵君于2010年8月22日在段家营村实地调查村长宁代彬(男，42岁)所得。

[8] 此指段家营村2组唐兴寺曹义惠一家所操方言情况。

[9] 我们暂且认定为四川话，还有待于进一步论证。

[10] 曹义惠反复强调夫家和娘家祖先均为四川人，其所操洋县桑溪话与今四川方言的关系需探究。

[11] 黄宗华和黄宗平所操唐兴寺话，明显与渡口宁代彬、刘世兴等所说方言差别较大。

[12] 本词汇表由四川师范大学文学院硕士生王颖据黄尚军、李国太、奂灵君实地调查录音整理。谨致谢。

[13] 如我们所调查的段家营 2 组自称四川人后裔所操方言的部分词汇中，卷舌声母“[tʂ]、[tʂʻ]、[ʂ]”频繁出现，如[tʂ]有：蛰蛛[tʂe^{31} tʂu^{55}]、蚂蚱[ma^{53} tʂa^{31}]、鸡爪爪[tɕi^{55} tʂau^{53} tʂau^{53}]等；[tʂʻ]有：毛毛虫[mau^{31} mau^{31} tʂoʻŋ^{31}]、长虫[tʂʻaŋ^{31} tʂʻoŋ^{31}]、秤杆子(蛇名)[tʂʻən^{213} kan^{53} ʦɿ]等；[ʂ]有：黄鳝[xuaŋ^{31} ʂan^{213}]、曲鳝[tɕʻy^{31} ʂan^{213}]、推屎爬[tʻuei^{55} ʂʅ^{53} pʻa^{31}]、蚕屎[ʦaʻn^{31} ʂʅ^{53}]、盐老鼠[ian^{31} lau^{53} ʂuei^{53}]、踩水[ʦʻai^{53} ʂuei^{53}]、点水雀[tian^{53} ʂuei^{53} tɕʻyo^{31}]、错杀三刀(鸟名)[ʦʻo^{213} ʂa^{31} san^{55} tau^{55}]、蛇[ʂe^{31}]、蛇鱼[ʂe^{31} y^{31}]、四脚蛇[sɿ^{213} tɕyo^{53} ʂe^{31}]等语音现象，就我们目前掌握的材料而言，尚无法准确解释。

[14] “就是”的“就”，读[təu^{213}]，这在段家营村很普遍。

[15] 尤其是段家营村 2 组渡口刘世兴、刘世兴母亲、刘世兴父亲等人所操方言。且我们实地调查得知，此地大部分村民的移民记忆都与四川有关。

[16] 此碑记为黄尚军、李国太、奂灵君于 2010 年 8 月 24 日至段家营村 2 组唐兴寺实地调查所得。

[17] 宁强县志编纂委员会：《宁强县志》，第 597 页，陕西师范大学出版社，1995 年 2 月。

[18] 因还可能存在迁地不可考，却来自川籍的姓氏，所以实际情况应超过这一比例。

[19] 明末因社会动乱，张氏系由四川沿古道迁至陕西汉中褒谷口一带的，其中的一支世居褒城老街，至张茂功时已近 10 代(王蓬：《中国蜀道》，第 21 页，中国旅游出版社，2008 年 9 月)。

[20] 汉中市地方志办公室：《汉中地区志》，第 139 页，三秦出版社，2005 年 8 月。

[21] 陈学良：《湖广移民与陕南开发》，第 114～250 页，三秦出版社，1998 年 6 月。

[22] 此谱今存陕西省南郑县地方志办公室何耘处，黄尚军、李国太、奂灵君于 2010 年 8 月 24 日摄影。

[23] “来家山”之得名，应晚于来氏迁居此处。

[24] 此则材料由黄尚军、李国太、奂灵君于 2010 年 8 月 24 日实地调查所得。

[25] 此谱今存陕西省南郑县地方志办公室何耘处，黄尚军、李国太、奂灵君于 2010 年 8 月 24 日摄影。

[26] 此表由张俊华根据黄尚军所提供家谱资料所制。

[27] 此表由根据黄尚军、李国太、奂灵君 2010 年 8 月 15～24 日在陕西省西乡县、洋县、南郑县等地实地调查录音、录像所制，部分家族迁徙时间、地点不确切。

[28] 此黄氏名字不详。

[29] 张青等认为(《洪洞大槐树移民志》，山西古籍出版社，2000 年 11 月)，山西洪洞古大槐树处是闻名海内外的明代移民遗址，是海内外数以亿计的大槐树移民后裔寻根祭祖的圣地。在谈及自己的祖籍时，段家营村 2 组刘兴贵反复强调说为“四川麻柳县大柳树底下”，其子刘世兴则说为“四川大邑县”；另，曹义惠说为“四川洪桐麻柳树底下”；白龙镇罗家村 2 组黄登钰说为“四川麻城县”。这些模糊了的移民记忆显然为进一步探究巴蜀境外移民及方言提供了线索。

[30] “以英语方言而论，虽然过去的区别现在已经有了很大的变化，但是几个主要的方言区与古时候几个王国的国土差不多仍然是一致的，而这些古王国大致起源于各个部落。英国的行政区划在很大程度上一直同古王国的国界一致，所以，这也许是在方言的划分中真正起决定作用的因素。这一点对于研究方言史是十分重要的。”L. R. 帕默尔著，李荣等译：《语言学概论》，第 120 页，商务印书馆，1983 年 4 月。

[31] 张晓虹：《文化区域的分异与整合》(第 25 页，上海书店，2004 年 1 月)指出：“汉中谷地东西两部分，自三国分属魏、蜀后，除元、明合二为一外，一直单独分区，南宋之前甚至还分属不同的高层政区。这一政区建制对汉中谷地东、西两地的文化格局的形成不无关系。”

[32] 华学诚：《周秦汉晋方言研究史》，第 122 页，复旦大学出版社，2003 年 3 月。

[33] 邢向东：《论陕南方言的调查研究》，《西北大学学报》，2008 年第 2 期。

[34] 赵振铎：《四川方言词汇研究・序》(邓英树、张一舟等：《四川方言词汇研究》，中国社会科学出版社，2010 年 5 月)。

[35] 但一些研究成果对此问题也有涉及，如彭金祥便指出：“移民早的一批与少量幸存土著散居于岷江和长江流域，至今还保留有入声系统；移入迟的人占有川中、川北和川东地区，逐渐形成今天的成渝方言。”

(彭金祥:《论现代四川方音的形成》,《中南民族大学学报》,2012 年第 32 卷第 5 期)周及徐也认为:“现代四川方言大致以岷江为界,以东以北地区是明清移民带来的方言,以西以南地区则是当地宋元方言的存留。”(周及徐:《从移民史和方言分布看四川方言的历史——兼论“南路话”与“湖广话”的区别》,《语言研究》,2013 年第 31 卷第 1 期)

[36] 当然,我们也并不能排除陕南具有四川方言诸多特征的方言与现代四川方言是同源异流的关系。毋庸置疑,经历了明末清初“湖广填四川”的移民运动,现代四川方言的形成与移民固有语言,尤其是荆襄地区语言有着密切的关系。而历史上陕南在接受四川移民的同时,也接受了大量来自荆襄的移民,这势必使得陕南方言直接承继荆襄方言的语言因素,从而与四川移民带来的方言形成同源异流的关系。如何从语音、词汇、语法等方面区分现代陕南方言中,哪些来源于荆襄方言,哪些来源于四川方言,便成为陕南方言研究的难点和重点。如陕南汉中方言忌讳说“烧火”,将其说成“架火”或“爨火”;四川方言也将“对儿媳存有非分之想或与儿媳有不正当男女关系的公公”称为“烧火佬(儿)”或“爬灰佬(儿)”。成都等地习俗,忌讳当着公公和儿媳的面说“烧火”,而改称为“烧锅”、“煮饭”、“上灶”等。陕南方言中的“烧火”与四川方言或荆襄方言的关系如何,我们目前一时还不能给出明确的答案。

[37] 中国民间文学集成全国编辑委员会、中国民间文学集成四川卷编辑委员会:《中国民间故事集成·四川卷》,第 307～310 页,中国 ISBN 中心,1998 年 3 月。

参考文献

[1] 朱骏声.说文通训定声.中华书局,1984 年 6 月.
[2] L.R.帕默尔.语言学概论,李荣等译.商务印书馆,1983 年 4 月.
[3] 陈学良.湖广移民与陕南开发.三秦出版社,1998 年 6 月.
[4] 张建忠.陕西民俗采风.西安地图出版社,1999 年 11 月.
[5] 张青等.洪洞大槐树移民志.山西古籍出版社,2000 年 11 月.
[6] 华学诚.周秦汉晋方言研究史.复旦大学出版社,2003 年 3 月.
[7] 张晓虹.文化区域的分异与整合.上海书店,2004 年 1 月.
[8] 邢向东.西北方言与民俗研究论丛(二).中国社会科学出版社,2006 年 12 月.
[9] 王蓬.中国蜀道.中国旅游出版社,2008 年 9 月.

[10] 孙立新.关中方言代词研究.三秦出版社,2010 年 11 月.
[11] 王铎.汉中文化初探.陕西理工学院学报,2008 年第 1 期.
[12] 邢向东.论陕南方言的调查研究.西北大学学报,2008 年第 2 期.
[13] 周政.陕南方言的标准问题.安康学院学报,2009 年第 2 期.
[14] 彭金祥.论现代四川方音的形成.中南民族大学学报,2012 年第 32 卷第 5 期.
[15] 周及徐.从移民史和方言分布看四川方言的历史——兼论“南路话”与“湖广话”的区别.语言研究,2013 年第 31 卷第 1 期.

（作者工作单位：黄尚军，四川师范大学文学院
李国太，四川大学文新学院
王振，南开大学文学院）

《毛诗正义》引《尔雅》考

胡继明　薛　芹

《毛诗正义》是《五经正义》中最具特色的一部著作，由唐代训诂大师孔颖达主持编订，代表了唐代训诂学的较高水平。《毛诗正义》主要是疏解《毛传》和《郑笺》的，孔颖达等人在编订过程中征引了大量文献和典籍著作，以达到他“崇尚正训”、“疏不破注”和“据‘礼’阐释”的注释原则[1]，是唐代之前《诗经》研究集大成的总结性著作，是《诗经》学史上的一座里程碑。孔颖达认为《尔雅》主要是释《诗》的，而且《毛传》《郑笺》多是以《尔雅》为本。“毛以《尔雅》之作多为释《诗》，而篇有《释诂》、《释训》，故依《尔雅》训而为《诗》立传。”[2]王国维《观堂集林·别集一·书毛诗故训传后》：“《毛诗故训》多本《尔雅》。”因此，《毛诗正义》在义疏中，征引了大量《尔雅》的内容，或指明《毛传》或《郑笺》依《尔雅》为训，或补充、申释《毛传》或《郑笺》的释义，或订正《毛传》或《郑笺》的讹误，或疏通《毛传》和《郑笺》的歧义。本文仅就《毛诗正义》征引《尔雅》的情况予以考辨[3]，以较其异同，观其流变，正其讹误，为人们阅读和比较研究提供以资参考的语料。

一、《毛诗正义》引《尔雅》与今本《尔雅》相同

（一）完全相同

所谓完全相同，是指《毛诗正义》所引用的《尔雅》与今本《尔

雅》[4]完全相同。这类共625条。例如：

①《大雅·生民之什·生民》："卬盛于豆，于豆于登，其香始升。"毛传："木曰豆，瓦曰登。"正义："《释器》云：'木豆谓之豆，瓦豆谓之登。'"今本《尔雅·释器》："木豆谓之豆，瓦豆谓之登。"

②《国风·邶风·旄丘》："旄丘之葛兮，何诞之节兮。"毛传："前高后下曰旄丘。"正义："《释丘》云：'前高，旄丘。'"今本《尔雅·释丘》："前高，旄丘。"

③《国风·郑风·叔于田》："叔适野，巷无服马。"郑笺："郊外曰野。"正义："《释地》云：'郊外谓之牧，牧外谓之野。'"今本《尔雅·释地》："郊外谓之牧，牧外谓之野。"

（二）部分相同

所谓部分相同，是指《毛诗正义》所引用的《尔雅》与今本《尔雅》只有个别虚词不同，但意义完全相同。这类共593条。

1.《毛诗正义》所引《尔雅》比今本《尔雅》少"也"字

《毛诗正义》所引《尔雅》与今本《尔雅》相比，少了判断词"也"字。这类数量最多，共584条。例如：

①《国风·周南·关雎》："参差荇菜，左右流之。"毛传："流，求也。"正义："'流，求。'《释言》文也。"今本《尔雅·释言》："流，求也。"

②《国风·邶风·凯风》："爰有寒泉，在浚之下。"郑笺："爰，曰也。"正义："'爰，曰。'《释诂》文。"今本

《尔雅·释诂》："爰，曰也。"

③《大雅·文王之什·大明》："挚仲氏任，自彼殷商，来嫁于周，曰嫔于京。"毛传："嫔，妇。"正义："'嫔，妇。'《释亲》文。"今本《尔雅·释亲》："嫔，妇也。"

2.《毛诗正义》所引《尔雅》比今本《尔雅》多"也"字

《毛诗正义》所引《尔雅》与今本《尔雅》相比，多了判断词"也"字。这一类共5例，主要集中在《释草》与《释木》两篇。例如：

①《国风·邶风·谷风》："采葑采菲，无以下体。"毛传："菲，芴。"正义："《释草》云：'菲，芴也。'"今本《尔雅·释草》："菲，芴。"

②《小雅·南有嘉鱼之什·蓼萧》："蓼彼萧斯，零露湑兮。"毛传："萧，蒿也。"正义："《释草》云：'萧，荻也。'"今本《尔雅·释草》："萧，荻。"

③《国风·卫风·硕人》："齿如瓠犀，螓首蛾眉。"毛传："瓠犀，瓠瓣。"正义："《释草》云：'瓠栖，瓣也。'"今本《尔雅·释草》："瓠栖，瓣。"

3.《毛诗正义》所引《尔雅》比今本《尔雅》少"者"字

《毛诗正义》所引《尔雅》与今本《尔雅》相比，少了虚词"者"字。此类共4例。例如：

①《国风·周南·汉广》："之子于归，言秣其马。"郑笺："之子，是子也。"正义："《释训》云：'之子，是子

也。'"今本《尔雅·释训》:"之子者,是子也。"

②《大雅·生民之什·生民》:"实方实苞,实种实褎,实发实秀,实坚实好,实颖实栗,既有邰家室。"毛传:"不荣而实曰秀。"正义:"《释草》云:'华,荂荣也。木谓之华,草谓之荣,不荣而实谓之秀,荣而不实谓之英。'"今本《尔雅·释草》:"木谓之华,草谓之荣,不荣而实者谓之秀,荣而不实者谓之英。"

《尔雅》和《毛诗正义》多或者少"者"字、"也"字,被释词和主释词不变,意义相同。

二、《毛诗正义》所引《尔雅》与今本《尔雅》相异

《毛诗正义》所引《尔雅》与今本《尔雅》不同,共252例。可分为以下几种情况。

(一)《毛诗正义》所引《尔雅》与今本《尔雅》释义方式不同

《毛诗正义》所引《尔雅》与今本《尔雅》在释义方式上有所不同,但是二者的释词和被释词相同,意义相同。此类共20例。可细分为以下几种:

1.《毛诗正义》所引《尔雅》作"××曰××",今本《尔雅》作"××,×"。共14例。例如:

①《国风·卫风·考盘》:"考盘在涧,硕人之宽。"毛传:"山夹水曰涧。"正义:"《释山》文也。"今本《尔雅·释山》:"山夹水,涧。"

②《国风·豳风·七月》:"言私其豵,献豜于公。"郑笺:"豕生三曰豵。"正义:"'豕生三曰豵',《释兽》

文。”今本《尔雅·释兽》:“豕生三,豵。”

③《小雅·甫田之什·大田》:“去其螟螣,及其蟊贼,无害我田稺。”毛传:“食心曰螟,食叶曰螣,食根曰蟊,食节曰贼。”正义:“皆《释虫》文。”今本《尔雅·释虫》:“食苗心,螟。食叶,蟘。食根,蟊。食节,贼。”

2.《毛诗正义》所引《尔雅》作“××曰×”,而今本《尔雅》作“××为×”。共3例。

①《国风·邶风·终风》:“终风且曀,不日有曀。”毛传:“阴而风曰曀。”正义:“《释天》文。”今本《尔雅·释天》:“阴而风为曀。”

②《大雅·文王之什·皇矣》:“维此王季,因心则友。则友其兄,则笃其庆,载锡之光。”毛传:“善兄弟曰友。”正义:“‘善兄弟曰友’,《释训》文。”今本《尔雅·释训》:“‘张仲孝友’,善父母为孝,善兄弟为友。”

③《国风·邶风·泉水》:“问我诸姑,遂及伯姊。”毛传:“先生曰姊。”正义:“《释亲》文。”今本《尔雅·释亲》:“谓女子先生为姊,后生为妹。”

3.《毛诗正义》所引《尔雅》用“曰”,今本《尔雅》用“谓之”。仅1例。

《小雅·谷风之什·信南山》:“益之以霡霂,既优既渥。”毛传:“小雨曰霡霂。”正义:“《释天》文也。”今本《尔雅·释天》:“小雨谓之霢霂。”

按:“曰”、“为”和“谓之”,这三组训诂术语“不仅用来释义,而且用以区分同义词或近义词间的细微差别”[5],它们在使用时被释词放在这两个术语之后,彼此可以互换使用,意义相同。

4.《毛诗正义》所引《尔雅》作“××称×”,今本《尔雅》作“××为×”。仅1例。

《国风·邶风·泉水》:“问我诸姑,遂及伯姊。”毛传:“父之姊妹称姑。”正义:“《释亲》文。”今本《尔雅·释亲》:“父之姊妹为姑。”

5.《毛诗正义》所引《尔雅》作“××,××也”,今本《尔雅》作“××,言××也”。仅1例。

《周颂·臣工之什·有客》:“有客宿宿,有客信信。”毛传:“一宿曰宿,再宿曰信。”正义:“《释训》云:‘有客宿宿,再宿也。有客信信,四宿也。’”

按:今本《尔雅·释训》:“‘有客宿宿’,言再宿也。‘有客信信’,言四宿也。”“言……也”作为训诂术语,一般是以“××(被释词)言××(释词)也。”“言”的意思与现代汉语中的“说的是”大致相当。

(二)《毛诗正义》所引《尔雅》与今本《尔雅》文字有异而义同义近

《毛诗正义》所引《尔雅》与今本《尔雅》在文字上存在一些差

异，主要表现在两者之间有本字与借字、异体字、古今字、通用字、异形连绵词等关系，但义同义近。这类共206例。

1. 假借字造成的文字有异

什么是假借，洪诚先生说："古代汉语中的某一个词，起初没有替它造出本字，或虽造有本字却不常使用；却依照它的声音，假借一个与意义无关的音同或音近的字，来寄托这个词的意义，这个字对于所标记的词来说，叫做文字的假借。"[6]

假借字可以分为两类。一类是本无其字的假借，是指用同音字来代替没有造出的字。许慎在《说文解字叙》里说"假借者，本无其字，依声托事"，就是这一类。另一类是本有其字的假借，一般人们称之为通假。本有其字的意思是在日常使用的文字当中本来有表示某个词义的书写形式，但是在使用当中不用本来约定俗成的字形而写为另外一个意义不相涉而音同或音近的字，由于长期的沿袭使用遂得到社会的承认。两种类型假借的性质都是一样的，都是借音表义。

《毛诗正义》在引用《尔雅》解释《毛传》和《郑笺》时使用了本字或借字，因此造成了《毛诗正义》引用的《尔雅》与今本《尔雅》相异。这类共98例。例如：

> ①《国风·周南·关雎》："窈窕淑女，君子好逑。"毛传："逑，匹也。"正义："'逑，匹'，《释诂》文。"

按：今本《尔雅·释诂》："仇，匹也。"马瑞辰《毛诗传笺通释》："《毛诗》古文多假借，仇与求双声，故经文及《传》、《笺》皆借仇为逑，《释文》：'逑，本亦作仇'是也。逑通作仇。"郝懿行《尔雅义疏》："仇者，逑之假音也。""逑"为正字，"仇"为借字。

②《大雅·荡之什·江汉》:"王命召虎,来旬来宣。"毛传:"旬,徧也。"正义:"'旬,徧'",《释言》文。"

按:今本《尔雅·释言》:"徇,徧也。"马瑞辰《毛诗传笺通释》:"《说文》:'旬,徧也。十日为旬。'字通作徇,《尔雅·释言》:'徇、宣,徧也。'"郝懿行《尔雅义疏》:"徇者,旬之假借。""旬"为正字,"徇"为借字。

以上是《毛诗正义》所引《尔雅》使用正字,今本《尔雅》使用借字,共29例。

③《国风·魏风·葛屦》:"好人提提,宛然左辟,佩其象揥。"毛传:"提提,安谛也。"正义:"《释训》云:'提提,安也。'"

按:《尔雅·释训》:"媞媞,安也。"马瑞辰《毛诗传笺通释》:"提为媞之假借。"陈奂《诗毛氏传疏》:"《尔雅》:'媞媞,安也。'《说文》:'媞,谛也。'媞媞,本字;提提,假借字。安、谛同义也。""媞"为本字,"提"为借字。

④《大雅·荡之什·江汉》:"匪安匪舒,淮夷来铺。"毛传:"铺,病。"正义:"《释诂》文。彼'铺'作'痡',音义同。"

按:今本《尔雅·释诂》:"痡,病也。"马瑞辰《毛诗传笺通释》"《传》以铺为痡之假借,故训为病。"陈奂《诗毛氏传疏》:"铺读为痡。""痡"为本字,"铺"为借字。

以上是《毛诗正义》所引《尔雅》使用借字，而今本《尔雅》使用本字，共 65 例。

除了《毛诗正义》用本字《尔雅》用借字和《毛诗正义》用借字《尔雅》用本字外，还有 4 条是《毛诗正义》和《尔雅》都是使用的借字。例如：

⑤《国风・陈风・宛丘》："洵有情兮，而无望兮。"毛传："洵，信。"正义："《释诂》文。"

按：《尔雅・释诂》："询，信也。"陈奂《诗毛氏传疏》："洵读为恂。《说文》：'恂，信心也。'是恂为信也。《尔雅》：'询，信也。'古恂询洵通用。""恂"为本字，"询"、"洵"为借字。

2. 异体字造成的文字有异

赵克勤先生说："异体字的音义完全相同，在任何情况下都可以互相代替。"[7]蒋绍愚《古汉语词汇纲要》："异体字是人们为语言中同一个词造的几个形体不同的字，这些字意义完全相同，可以互相替换。"[8]所以，异体字就是指在古书中几个形体不同，但读音和意义完全相同的字，而且还可以互相替换使用。古文中还存在一组特殊的字体，即正俗字，本文也将正俗字归为异体字。《毛诗正义》所引《尔雅》用字与今本《尔雅》用字为异体字关系的，共 56 例。例如：

①《商颂・殷武》："不僭不滥，不敢怠遑。"郑笺："遑，暇也。"正义："'遑，暇'，《释言》文。"

按：今本《尔雅・释言》："偟，暇也。"《小雅・四牡》："不遑启处。”马瑞辰《毛诗传笺通释》:“《尔雅》:‘偟,暇也。’偟即遑之别体。”“偟”与“遑”为异体字。

②《国风·齐风·南山》:“既曰告止,曷又鞠止。”毛传:“鞠,穷也。”正义:“《释言》文。”

按:今本《尔雅·释言》:“鞫,穷也。”陆锦燧《读尔雅日记》:“鞫乃俗字,《说文》所无,据《释文》云:‘鞫本又作鞠,知古本《尔雅》从匊作鞠。’”[9] 严元照《尔雅匡名》:“其作鞫者,讹体。”[10]“鞫”与“鞠”为异体字。

3. 古今字造成文字有异

古今字是指同表某一字义而古今用字不同,先使用的字称为“古字”,后造的字称为“今字”,合称为“古今字”。“所谓‘古今’也是相对而言的,对今人来说,清代以前都算‘古’,对于汉代人来说,则先秦为‘古’,汉代为‘今’。”[11]《毛诗正义》所引《尔雅》用字与今本《尔雅》用字之间为古今字的共 20 例。例如:

①《大雅·荡之什·抑》:“哲人之愚,亦维斯戾。”毛传:“戾,罪。”正义曰:“《释诂》文。”

按:今本《尔雅·释诂》:“戾,辠也。”邢昺疏:“辠、罪古今字也。”郝懿行《尔雅义疏》:“辠,古罪字。”“辠”古字,“罪”今字。

②《国风·齐风·著》:“俟我于著乎而,充耳以素乎而。”毛传:“俟,待也。”正义:“‘俟,待’,《释诂》文。”

按:《尔雅·释诂》:“竢,待也。”《说文·人部》:“俟,大也。《诗》曰:‘伾伾俟俟’。”段注:“俟,大也,此‘俟’之本义也,自经传假为‘竢’字,而‘俟’之本义废矣。《立部》:‘竢,待也。’废‘竢’而用‘俟’,则‘竢’、‘俟’为古今字。”“竢”古字,“俟”今字。

以上是《毛诗正义》所引《尔雅》用今字,今本《尔雅》用古字。这类共16例。

> ③《国风·周南·汉广》:“江之永矣,不可方思。”毛传:“方,泭也。”正义:“‘方,泭’,《释言》文。”

按:今本《尔雅·释言》:“舫,泭也。”清叶蕙心《尔雅古注斠》:“《释水》云‘大夫方舟’,《诗》:‘方之舟之’,皆作‘方’。方、舫古今字。”“方”古字,“舫”今字。

> ④《大雅·荡之什·抑》:“罔敷求先王,克共明刑。”毛传:“共,执。”正义:“《释诂》文。唯彼‘共’作‘拱’耳。”

按:今本《尔雅·释诂》:“拱,执也。”陈奂《诗毛氏传疏》:“《尔雅》:‘拱,执也。’共,古拱字。”《鲁诗》、《韩诗》“共”作“拱”。“共”古字,“拱”今字。

以上是《毛诗正义》所引《尔雅》用古字,今本《尔雅》用今字。共4例。

4. 通用字造成文字有异

所谓通用字,是指在一定历史时期内,拥有某一个或几个相同的义项的一组字,并且这组字有音同、音近的关系。《毛诗正义》所引《尔雅》用字与今本《尔雅》用字为通用关系的共 11 例。例如：

①《国风·豳风·七月》："二之日其同，载缵武功。"毛传："功，事也。"正义："'功，事'，《释诂》文。"

按：今本《尔雅·释诂》："公，事也。"马瑞辰《毛诗传笺通释》："公、功古同声通用。""公"与"功"在"事情"这一义项上可通用。

②《国风·曹风·鸤鸠》："淑人君子，其仪不忒。"毛传："忒，疑。"正义："《释言》文。"

按：今本《尔雅·释诂》："贰，疑也。"陈奂《诗毛氏传疏》："《正义》云：'忒，疑。《释言》文。''言'当作'诂'。《尔雅·释诂》：'贰，疑也。'……古忒贰通用也。""贰"与"忒"在"怀疑"这一义项上可通用。

5. 异形联绵词造成文字有异

联绵词，也叫联绵字。"联绵字是由只代表音节的两个汉字组成的表示一个整体意义的双音字。"[12] 记录联绵词的字与词义没有直接联系，只是用来表音，原则上同音的字都可以用。因此，同一个联绵词可以有多种书写形式，形成了一词多形的异形联绵词。《毛诗正义》所引《尔雅》与今本《尔雅》的词为"同义异形"联绵词。这类共 14 例。例如：

①《小雅·节南山之什·巷伯》："萋兮斐兮，成是贝

> 锦。”郑笺：“锦文者，文如余泉、余蚔之贝文也。”正义：“《释鱼》说贝文状云：‘余蚔，黄白文。余泉，白黄文。’”

按：今本《尔雅·释鱼》：“余貾，黄白文。余泉，白黄文。”卢文弨《尔雅音义考证》：“蚔，邢本作貾。《艺文类聚》作蚔，与陆合。”“余蚔”与“余貾”为异形联绵词。

> ②《国风·周南·关雎》：“关关雎鸠，在河之洲。”毛传：“雎鸠，王雎也，鸟挚而有别。”正义：“‘雎鸠，王雎也’，《释鸟》文。”

按：今本《尔雅·释鸟》：“鵙鸠，王鵙。”“雎鸠”与“鵙鸠”为异形联绵词。

6. 同义词、近义词造成的文字有异

《毛诗正义》所引《尔雅》与今本《尔雅》文字有异，两者之间为同义词或近义词关系。这类共3例。例如：

> 《商颂·长发》：“受小共大共，为下国骏厖，何天之龙。”毛传：“厖，厚。”正义：“‘厖，厚’，《释诂》文。”

按：今本《尔雅·释诂》：“厖，有也。”郝懿行《尔雅义疏》：“《玉篇》云：厖，有也，厚也。《诗》‘为下国骏厖’。《毛传》：厖，厚也。《正义》引《释诂》文。是厚、有其义近。”“厚”与“有”两者意义相近。

7. 孔颖达将《尔雅》原文中的重言词变成了单音节词

复音词有一种类型叫重言词，重言词又可分为两类，一类的意义与单字的意义基本相同，另一类是意义与单字的意义毫无关系。清代邵晋涵在《尔雅正义》中说："古者重语，皆为形容之词，有单举其文，与重语同义者，……有单举其文即与重语异义者……。"[13]

今本《尔雅》中的被释词是重言词，而《毛诗正义》引用的《尔雅》却是单音节词，意义没有改变，表明单字的意义与重言词的意义完全相同。这类有4例。例如：

《周颂·清庙之什·清庙》："于穆清庙，肃雝显相。"毛传："穆，美。"正义："'穆，美'，《释诂》文。"今本《尔雅·释诂》："穆穆，美也。"

（三）《毛诗正义》所引《尔雅》的被释词和释词与今本《尔雅》的被释词和释词位置不同

《毛诗正义》所引《尔雅》的被释词和释词与今本《尔雅》的被释词和释词位置不同，这类共7例。有以下三种情况。

1. 《毛诗正义》所引《尔雅》的被释词和释词都是今本《尔雅》的被释词

《毛诗正义》所引《尔雅》的被释词和释词在今本《尔雅》中都是被释词，这类共5例。例如：

①《国风·周南·关雎》："参差荇菜，左右流之。"郑笺："左右，助也。"正义："'左右，助也'，《释诂》文。"

按：今本《尔雅·释诂》："左、右、助，勴也。"在今本《尔雅》中"左"、"右"、"助"同为被释词，而且"左"、"右"为单音节词，而《毛诗正义》中"助"用来训释"左右"，而且"左"、"右"为一个合成词。

②《大雅·文王之什·皇矣》："陟我高冈，无矢我陵，我陵我阿。"郑笺："陟，登也。"正义："'陟，登'，《释诂》文。"

按：今本《尔雅·释诂》："陟、登，升也。"这组词都有"上升"、"提升"的意思，故可以用"登"来训释"陟"。

《尔雅·释诂》是将几个词放到一起，用另外一个词对它们进行解释，这几个词语往往义同义近，可以互相训释。故《毛诗正义》用《尔雅》原文中的一个被释词去解释另外一个被释词，这并不影响词语的意义。

2.《毛诗正义》所引《尔雅》的被释词和释词都是今本《尔雅》的释词。这类只有1例。

《国风·魏风·园有桃》："彼人是哉，子曰何其。"正义："'曰，於'，《释诂》文。"今本《尔雅·释诂》："于，曰也。""于，於也。"

3. 今本《尔雅》的被释词和释词都为《毛诗正义》所引《尔雅》的被释词。这类只有1例。

《国风·陈风·东门之枌》："谷旦于差，南方之原。"郑笺："于，曰。"正义："《释诂》云：'于、曰，於也。'"今本《尔雅·释诂》："于，曰也。"

（四）脱文、衍文、讹文造成文字有异

脱文、衍文、讹文是古籍文献中常见的错误现象，是由于古籍在流传或古人在传抄刻印、排版的过程中造成的。这类共19例。

1. 脱文

脱文，又叫夺文，是指文献在传抄翻刻过程中出现漏掉文字的现象。《毛诗正义》所引《尔雅》与今本《尔雅》相比，出现脱文的有6例。例如：

> ①《小雅·鹿鸣之什·天保》："禴祠烝尝，于公先王。"毛传："春曰祠，夏曰禴，秋曰尝，冬曰烝。"正义："《释天》文。"

按：今本《尔雅·释天》："春祭曰祠，夏祭曰礿，秋祭曰尝，冬祭曰烝。"这条主要是用来解释因季节不同祭祀名称也不同。今本《尔雅》的这条比《毛诗正义》所引《尔雅》多了一个"祭"字，以进一步明确要训释的内容。《天保》这章讲的是祭祀，所以《毛诗正义》所引《尔雅》没有"祭"字，但并不影响其意义的表达。

> ②《大雅·文王之什·皇矣》："攘之剔之，其檿其柘。"毛传："檿，山桑。"正义："'檿，山桑'，《释木》文。"

按：今本《尔雅·释木》："檿桑，山桑"。《说文·木部》："檿，山桑也。""檿"本就是指"山桑"，《尔雅》在"檿"之后加上"桑"，可以看出其类属，使解释更清晰，但《毛诗正义》中只说"檿"也可以。檿桑，古称山桑。

2. 衍文

衍文是指在文献传抄翻刻过程中出现多余文字的现象。由于衍文而造成《毛诗正义》所引《尔雅》与今本《尔雅》出现异文现象的有10例。例如：

①《大雅·生民之什·板》："出话不然，为犹不远。"毛传"话，善言也。"正义："'话，善言'，《释诂》文。"

按：今本《尔雅·释诂》："话，言也。"《毛诗正义》中"话，善言"，是话的语境义。《毛诗正义》根据语境意义而衍"善"，目的是更加准确的解释此"话"在这句诗里的含义。

②《大雅·文王之什·文王》："济济多士，文王以宁。"毛传："济济，多威仪。"正义："《释训》云：'济济，容止也。'"

按：今本《尔雅·释训》："济济，止也。"孙炎曰："济济，多士之容止也。"《毛诗正义》中多了一个"容"字，可以便于对"济济"的理解。

以上数例皆因《正义》衍文而与《尔雅》相异，也有因《尔雅》衍文而与《正义》不同的。例如：

③《大雅·文王之什·绵》："其绳则直，缩版以载，作庙翼翼。"毛传："乘谓之缩。"正义："《释器》云：'绳谓之缩。'"

按：今本《尔雅·释器》："绳之谓之缩之。"郝懿行《尔雅义疏》："《正义》引作'绳谓之缩'，是《尔雅》古本盖如此。今本两'之'字衍，宜据以订正。"今本《尔雅》两个"之"字"于文为赘，于例不合"。[14]徐朝华《尔雅今注》："绳之谓之缩之"应当作"绳谓之缩"。

④《小雅·鱼藻之什·渐渐之石》："有豕白蹢，烝涉波矣。"毛传："豕，猪也。"正义："'豕，猪'，《释兽》文。"

按：今本《尔雅·释兽》："豕子，猪。""《初学记兽部》、《御览兽部》十五引此句无'子'字。"[15]徐朝华也认为"'子'衍文"[16]。

3. 讹文

讹文是指文献在传抄翻刻过程中出现文字错误的现象。这类共3例。例如：

《国风·魏风·陟岵》："陟彼岵兮，瞻望父兮。"毛传："山无草木曰岵。"正义："《释山》云：'多草木岵，无草木屺。'"

按：今本《尔雅·释山》："多草木，岵。无草木，峐。"邢疏："峐当作屺，音起。"《释文》云："峐，《三仓》、《字林》、《声类》并云'犹屺字，音起。'"今本《尔雅》"峐"为讹文，当为"屺"。

三、字异而义异

《毛诗正义》所引《尔雅》与今本《尔雅》字异而义异。这类共4例。例如：

①《小雅·鹿鸣之什·伐木》:“笾豆有践,兄弟无远。”郑笺:“兄弟,父之党,母之党。”正义:“《释亲》又曰:‘妻之父为婚兄弟,婿之父为姻兄弟。’”

按:今本《尔雅·释亲》:“妇之党为婚兄弟,婿之党为姻兄弟。”“妻之父”与“妇之党”、“婿之父”与“婿之党”是不同的。《尔雅·释亲》:“妻之父为外舅”,“婿之父为婚。”两者虽仅一字之差,所要表达的意思却是不同的。

②《国风·召南·羔羊》:“羔羊之皮,素丝五紽。”正义:“二章传云‘緎,缝’者,《释训》云:‘緎,羔羊之缝。’”

按:今本《尔雅·释训》:“緎,羔裘之缝也。”“裘”,是将羔羊皮缝合制作成的,而《毛诗正义》引为“羔羊之缝”,与《尔雅》原文的意思不同。

四、《毛诗正义》所引《尔雅》不见于今本《尔雅》

《毛诗正义》所引《尔雅》不见于今本《尔雅》,或化用《尔雅》,或见于《广雅》,这类共 4 例。

1.《毛诗正义》引用的《尔雅》化用今本《尔雅》原文

孔颖达等人在解释《毛传》《郑笺》时,有时不是直接引用《尔雅》原文,而是化用了《尔雅》的意思。共 2 例。

①《国风·邶风·简兮》:“左手执钥,右手秉翟。”毛传:“翟,翟羽也。”正义:“《尔雅》说‘翟,鸟名,雉属

也'，知翟，羽舞也。"

按：今本《尔雅》无此训释，《尔雅·释鸟》："鸐，山雉。"所以《毛诗正义》说"翟，鸟名，雉属也"。鸐，属于野鸡的一种。徐朝华《尔雅今注》："'鸐'，本或作'翟'。野鸡的一种。又名山雉、山鸡、长尾野鸡。"[17]

> ②《小雅·谷风之什·小明》："我征徂西，至于艽野。"毛传："艽野，远荒之地。"正义："《尔雅》'四海之外远地谓之四荒'，言在四方荒昏之国也。"

按：今本《尔雅·释地》："九夷、八狄、七戎、六蛮，谓之四海。"郭璞注："九夷在东，八狄在北，七戎在西，六蛮在南，次四荒者。""觚竹、北户、西王母、日下，谓之四荒。"《释地》此条是训释四方极远之地，"四荒"要比"四海"更远，接近"四极"之地。故《毛诗正义》谓"四海之外远地谓之四荒"。

2.《毛诗正义》所引《尔雅》，不见于今本《尔雅》

(1)《毛诗正义》所引《尔雅》，见于今本《广雅》。这类仅有1例。

> 《国风·唐风·羔裘》："羔裘豹袪，自我人居居。"毛传："自，用也。"正义："《释诂》云：'由，用也。自，由也。'"

按：今本《尔雅·释诂》："由，自也。"与《毛诗正义》所引《尔雅》中的"自，由也"，两者次第相反，意义相同。但是经考察发现，"由，用也"，《尔雅·释诂》无此条，是《广雅·释诂》文。应是孔颖达等人误把《广雅》的词条当做《尔雅》的内容。

(2)《毛诗正义》所引《尔雅》,不见于今本《尔雅》和《广雅》。仅有1例。

《鲁颂·駉之什·閟宫》:"俾尔炽而昌,俾尔寿而臧。"毛传:"寿,考。"正义:"'寿,考',《释诂》文。"

按:今本《尔雅·释诂》:"老,寿也。"陈奂《诗毛氏传疏》:"传释寿为考,三考,义未闻,疑考乃老之误。"虽指明为《释诂》,但是在今本《尔雅》和《广雅》中都没有与此相关的内容。疑孔颖达等据《毛传》而误以为《尔雅·释诂》文。

《毛诗正义》共引用《尔雅》1477条,其中相同的共有1218条,约占引用总数的82.46%;《毛诗正义》所引《尔雅》与今本《尔雅》相异共252例,约占引用总数的17.06%(其中,释义方式不同20例,约占相异总数的7.94%;假借字、异体字、古今字、通用字、异形联绵词、同义词近义词、重言词变成单音词等造成的文字有异,但是意义相同的共206条,约占相异总数的81.74%;《毛诗正义》所引《尔雅》的被释词和释词与今本《尔雅》的被释词和释词位置不同,共7例,约占相异总数的2.78%;由于脱文、衍文、讹文造成的文字有异,共19例,约占引用总数的7.54%);与原文文字不同,意义也不同的共3例,约占引用总数的0.20%;还有4例是在今本《尔雅》中未曾见到的,约占应用总数的0.27%。通过以上分析,《毛诗正义》所引用的《尔雅》与今本《尔雅》绝大多数是相同的,但是由于《毛诗》是古文,《毛诗正义》在疏解《毛传》和《郑笺》时保留了一部分《毛传》和《郑笺》的原字,所以《毛诗正义》中的有些用字与今本《尔雅》有本字与借字、异体字、古今字、通用字等方面的关系。由于《毛诗正义》非出自一人之手，内容庞大，加之个人学术风格有异，传抄翻刻中的错误，作者的误入（如把《广雅》的词条误为《尔雅》的词条），统稿者疏于仔细的审查，故二者存在较大的差异，甚至在《毛诗正义》中出现了极少的在今本《尔雅》中未曾见到的解释。由此可见，流行到今天的通释语义专著《尔雅》，由于辗转传抄和翻刻，错误是在所难免的；而随文释义的传注《毛诗正义》，在征引文献方面，既有严格按照原书引用的，也有为了解经的需要而化用《尔雅》原文以及阐释语境意义的，还有因为缺乏严谨或校勘不精而误引、误用的。二者的不足，正好为我们对它们进行比较校勘提供了依据，也为我们的其他校勘提供了语料。表明我们在阅读和使用这些文献时，既要尊从，也要运用校勘学的知识和原理予以鉴别，以尽可能的还原他们的本来面目，从而以保证阅读和使用的科学性和准确性。由此看来，为了更好的古为今用，繁荣学术与文化，古籍整理和研究工作仍然任重道远。

主要参考文献

[1] 高华娟.《毛诗正义》注释研究[D]，西南大学硕士学位论文，2013.
[2] 孔颖达.毛诗正义[M].十三经注疏，李学勤主编.北京：北京大学出版社，2000年版，第2页.
[3] 凡是在《毛诗正义》中出现的与《尔雅》有关的内容都是本文的研究对象，不管是标明“《尔雅》云”还是“《释诂》云”、“《释言》文”等，只要是与《尔雅》有关都将算在统计当中。经过对全文的整理发现，《毛诗正义》共引《尔雅》1477条（此数据是计重复得到的，以下各数据都是计重复，即一次出现或多次出现的情况）。《毛诗正义》有些引用存在多项不同的情况，此种情况本文只按一种情况处理统计，在其他情况中将不再进行说明。
[4] 本文所引《尔雅》以中华书局1980年出版的《十三经注疏》中的《尔雅注疏》为版本。

[5] 郭在贻.训诂学[M].北京:中华书局,2005年版,第51页.

[6] 洪诚.训诂学[M].江苏:江苏古籍出版社,1984年版,第29页.

[7] 赵克勤.古代汉语词汇学[M].北京:商务印书馆,2010年版,第275页.

[8] 蒋绍愚.古汉语词汇纲要[M].北京:北京大学出版社,1989年版,第91页.

[9] 朱祖延.尔雅诂林[M].武汉:湖北教育出版社,1998年版,第954页.

[10] 朱祖延.尔雅诂林[M].武汉:湖北教育出版社,1998年版,第954页.

[11] 詹鄞鑫.汉字说略[M].沈阳:辽宁教育出版社,1991年版,第281页.

[12] 赵克勤.古代汉语词汇学[M].北京:商务印书馆,2010年版,第55页.

[13] 赵克勤.古代汉语词汇学[M].北京:商务印书馆,2010年版,第62页.

[14] 丁忱.〈尔雅〉〈毛传〉异同考[M].武汉:武汉大学出版社,1988年版,第48页.

[15] 朱祖延.尔雅诂林[M].武汉:湖北教育出版社,1998年版,第4356页.

[16] 徐朝华.尔雅今注[M].天津:南开大学出版社,1989年版,第332页.

[17] 徐朝华.尔雅今注[M].天津:南开大学出版社,1989年版,第327页.

(原刊《重庆师范大学学报(哲学社会科学版)》2014年6期。
作者工作单位:胡继明,重庆广播电视大学;薛芹,山东明诚学校)

耻、羞、愧、惭等词词性辨

吉仕梅　刘　蓉

汉语词类的划分问题，语法学界有很多精辟的论述。然而关于“耻、羞、愧、惭、怍、忝、乐(快乐)、喜(欢喜)、说(悦)(高兴)、快(愉快)”等表示心理活动之词的归类问题，有的著作没有涉及；有的偶有涉及，但语焉未详，且说法不一。

杨树达《高等国文法》在谈到介词“于”“表形容词之对象”时列举《孟子》中“吾何快于是”、“吾甚惭于孟子”两例[①]，这说明他把“快”、“惭”划入形容词。郭锡良等主编的《古代汉语》[②]、廖序东《文言语法分析》[③]把“耻”归入形容词；刘诚、王大年的《语法学》[④]、胡力文《实用文言文法详解》[⑤]把“羞”归入形容词。

《马氏文通》把“惭、愧、怍”都列入了“内动字”一类[⑥]。吕叔湘《中国文法要略》说：“另有一类字，表心理变化的，如‘喜’、‘怒’、‘哀’、‘乐’等等，在汉语里，应该认为动词。”[⑦]他只简单地说明了这几个词的归类，没有详细论述。张静《汉语语法问题》把“欢喜”视为“动作动词”。[⑧]

从以上分析可以看出，语法学界对“耻、羞、愧、惭”等词有两种归类，形容词和动词。即便都归入动词，其小类名称也不一致。我们赞成第二种观点，认为：“耻、羞、愧、惭”等词是兼类词，兼名词和动词两大类。当其义指某一思想感情的具体名称时，是名词；当其义表某一在大脑里进行的心理活动时，则为动词。

以下例句中有下划线的词都是名词：

(1) 民有好恶喜怒哀乐。(《左传·昭公二十五年》)

(2) 思小惠而忘大耻。(《左传·僖公二十八年》)

(3) 大隧之中，其乐也融融。(《左传·隐公元年》)

(4) 耻之于人大矣。(《孟子·尽心上》)

(5) 而犯分之羞，大也。(《荀子·正论》)

以上这些词是名词，这一点已为语法学界所公认，本文不再赘述。我们只探讨"耻、羞、愧、惭"等词除名词以外的情况。由于汉语词类缺乏具体的形态标志，所以分析这些词的类别时，将其语法形式和语法意义结合起来考察。我们之所以把"耻、羞、愧、惭"等词看作是动词，是因为它们具有以下类似于动词而又区别于形容词的语法形式和语法意义。

一、可受助动词修饰

修饰这类词的助动词有"足以"、"足"、"可"、"敢"、"能"等。如：

(1) 刑罚不足以耻也。(《礼记·缁衣》)

(2) 天实开公子，而子犯以为己功而要市於君，固足羞也。(《史记·晋世家》)

(3) 位卑则足羞，官盛则近谀。(韩愈《师说》)

(4) 今壹自谴而已，岂敢有猜！仁君忽一匹夫，於德何损？而远辱手笔，追路相寻，诚足愧也。(《后汉书·赵壹传》)

(5) 免死幸矣，笞而黥，不足怍也。（杨万里《诚斋集·驭吏中》）

(6) 如是者，其亦足乐乎？其无足乐也。（韩愈《答李翊书》）

(7) 莫得安其性命之情者，而犹自以为圣人，不可耻乎？（《庄子·天运》）

(8) 现在，放了一个真正风流老子，当面错过，还要讲长讲短，说起来自家可耻。（《双剑雪·第一回》）

(9) 昨日田又玄做那样胡诗，反笑那女子不通，真实可耻。（《春柳莺·第一回》）

(11) 皆以利惑其真而强反其情性，其行乃甚可羞也。（《庄子·盗跖》）

(12) 去秦将，入赵魏，天下所贱之无不以也，所可羞无不以也。（《吕氏春秋·无义》）

(13) 举天下之贪暴可羞人，必称此六君者。（《吕氏春秋·当染》）

(14) 州郡将吏，死职之臣，相逐奔窜，曾不反顾，可愧言也。（《后汉书·冯绲传》）

(15) 匈奴无逆节之罪，汉朝无可惭之耻。（《后汉书·何敞传》）

(16) 在家善在一家也，在乡善在一乡也。适来适去，无可忝矣。（方应祥《青来阁初集·祭叔父六十三朝奉》）

(17) 其可喜也终无已。（《庄子·则阳》）

(18) 其生可乐，其死可葬。（《庄子·山木》）

(19) 廷尉方为天下名臣，吾岂敢耻廷尉？（《太平御

览·逸民部》)

(20) 夫司寇行戮,君为之不举,而况敢乐祸乎?(《庄子·天运》)

(21) 吾将以圣人耻夫篡君,而篡君又焉能耻圣人哉?(苏轼《正统论中》)

(22) 故养身者忘家,养志者忘身。身且不爱,孰能忝之?(《韩诗外传·诗外传卷第一》)

(23) 古之人与民偕乐,故能乐也。(《孟子·梁惠王上》)

助动词“足”、“可”后面通常是动词,以上词在加上助动词后意义没有发生变化,这与形容词是不同的,形容词在助动词之后一定活用为动词。例如:

(1) 能富贵将军者,上也。(《史记·魏其武安侯列传》)

(2) 曷足贵乎?(司马迁《报任安书》)

(3) 刻削之道,鼻莫如大,目莫如小。鼻大可小,小不可大也;目小可大,大不可小也。(《韩非子·说林下》)

以上三例中的“富贵”、“贵”、“小”、“大”均为形容词活用为动词,意义分别变为“使……富贵”、“重视……(认为……贵重)”、“刻小(使……变小)”、“刻大(使……变大)”。形容词只有活用为动词后才能受助动词修饰,其词义也就相应地发生变化。

二、其后带介宾短语

“耻、羞、愧、惭”等词后的这类介词有“于”、“乎”，其中“于”出现频率高，例如：

(1) (赵)晔耻于厮役，遂弃车马去。(《后汉书·儒林列传》)
(2) 丈夫耻于受辱，贞女耻于节亏。(《意林·燕丹子》)
(3) 忠者不忘其上，而勇者羞于苟生。(王令《广陵集·西头供奉官王君墓志铭》)
(4) 羞于行乞，饿甚，暂憩吴王庙中，拜祷神座。(《聊斋志异·卷十一·竹青》)
(5) 相在尔室，尚不愧于屋漏。(《诗经·大雅·抑》)
(6) 君愧于泄冶，不能用其言而杀之。(《谷梁传·宣公九年》)
(7) 不愧于人，不畏于天。(《礼记·表记》)
(8) 若魂魄有知，愧于前君。(《吴越春秋·句践入臣外传》)
(9) 仰不愧于天，俯不怍于人，二乐也。(《孟子·尽心上》)
(10) 闻二女之风，能无少怍于心乎？(吴骞《愚谷文存·记二女》)
(11) 忧心悄悄，愠于群小。(《诗经·邶风·柏舟》)
(12) 吾甚惭于孟子。(《孟子·公孙丑下》)
(13) 君子独立不惭于影，独寝不惭于魂。(《晏子春

秋·外篇·不合经术者》)

(14) 然后快于心与?(《孟子·梁惠王上》)

(15) 使死者反生,生者不愧乎其言,则可谓信矣。(《公羊传·僖公十年》)

(16) 余愧乎道德。(《庄子·骈拇》)

(17) 仰不愧乎君,俯不怍乎民。(林之奇《拙斋文集·送衡州赵使君序》)

(18) 夫察所夜行,周公【不】惭乎景。(《淮南子·缪称》)

(19) 不忝乎其名与字,则是不忝乎所生所教矣。(《琼台会稿·林弁宗敬字说》)

(20) 虽撄大难,不屈不挠,以无忝乎天地之正理。(吴兴祚《东林原志序》)

以上例句中表心理活动的词后都有一个介宾短语作补语。与行为动词一样,这类词后的介词一般引进所涉及的对象和方面。而形容词后介词大多引进表比较的对象。如:

(1) 苛政猛于虎也。(《礼记·檀弓下》)

(2) 天下之水莫大于海。(《庄子·秋水》)

(3) 皆以美于徐公。(《战国策·齐策一》)

(4) 行于高乎此矣。(《吕氏春秋·至公》)

(5) 城之大者,莫大乎天下矣。(《庄子·盗跖》)

几乎所有的形容词后面都可带一个表比较的介宾短语,而“耻、羞、愧、惭”等词一般说来不具备这一特点,这正说明它们与形容词有所不同。

三、与结构助词“所”组合

“耻、羞、愧、惭”等词与结构助词“所”组合而为“所”字结构，例如：

(1) 何以不言公之如晋，所耻也。(《谷梁传·文公二年》)
(2) 此非能仕之所耻也。(《韩非子·说难》)
(3) 此三者，君子之所耻也。(《礼记·祭统》)
(4) 形残名勇，勇士所耻。(《吴越春秋·阖闾内传》)
(5) 是仁人之所羞而不为也。(《荀子·强国》)
(6) 虏，所辱也；宰，所羞也。(《韩非子·难二》)
(7) 此我所羞而不为也。(《淮南子·俶真》)
(8) 曾童孺之所羞，而陛下忍为之邪？(胡铨《戊午上高宗封事》)
(9) 卿天才卓出，若复小加研寻，一无所愧。(《世说新语·文学》)
(10) 是以去年送女遣儿，阖家俱下，血诚如此，未知所愧。(《宋书·谢晦传》)
(11) 所愧座无佳士，谁任东床？(《女才子书·张畹香》)
(12) 吾衣食周身，荣位已过，所惭庸薄无以报国，岂容更受高爵，方贻官谤邪？(《南齐书·王僧虔传》)
(13) 此所惭愧于古人也。(权德舆《权载之文集·答杨湖南书》)

(14) 改意重臣,刺骨铄金,将在朝夕,乞解所忝,保拙私庭。(《宋书·萧惠开传》)

(15) 即目所忝,已为优渥。(《宋书·刘敬宣传》)

(16) 人惟有所歉者,不敢于天下之至公。人惟无所怍者,敢于天下之至私。(杨万里《诚斋集·答虞祖禹兄弟书》)

(17) 仰无所愧,俯无所怍。(洪适《盘洲集·辞免除右仆射兼枢密使劄子》

(18) 今俗之所为与其所乐,吾又未知乐之果乐乐耶?(《庄子·至乐》)

(19) 人各食其所耆(嗜)……各乐其所乐。(《睡虎地秦墓竹简·为吏之道》)

(20) 其遂沉埋,亦吾所喜。(《吴越春秋·王僚使公子光传》)

结构助词"所"一般与动词或动词性短语组成"所"字结构,以上这些词都具有动词的特点,在句中意义没有转变。而形容词与结构助词"所"组合成"所"字结构后就活用为动词,改变了原词的意义,如:

(1) 赵孟之所贵,赵孟能贱之。(《孟子·告子上》)

(2) 因其所小而小之,而万物莫不小。(《庄子·秋水》)

(3) 世之所高,莫若黄帝。(《庄子·盗跖》)

以上三例是"贵"、"小"、"高"都活用为动词,其意义分别转化为"使……高贵"、"以……为小"、"认为……高(推崇)"。可见,形容词和"耻、羞、愧、惭"等词与结构助词"所"组合后的情况是有所不同的。

四、带宾语

"耻、羞、愧、惭"等词带宾语大致有以下两种情况:

(一) 作使动词

"耻、羞、愧、惭"等词带宾语后活用作使动词,例如:

(1) 耻匹夫不可以无备,况耻国乎?是以圣王务行礼,不求耻人……既获姻亲,又欲耻之,以召寇仇,备之若何?(《左传·昭公五年》)

(2) 敝邑大惧不竟,而耻大姬,天诱其衷启敝邑心。(《左传·襄公二十五年》)

(3) 乱楚国之法,堕兴工之臣,耻受赏之属。(《荀子·强国》)

(4) 廷尉方为天下名臣,吾岂敢耻廷尉?(《太平御览·逸民部》)

(5) 吾将以圣人耻夫篡君,而篡君又焉能耻圣人哉?(苏轼《正统论中》)

(6) 吾奉先帝宫室,尝恐羞之,何以台为?(《汉书·文帝纪》)

(7) 吴王曰:"寡人卑服越王,而有其众,怀其社稷,以愧句践。"(《吴越春秋·句践阴谋外传》)

(8) 昭王闻之,而欲愧之以辞。(《战国策·齐策四》)

(9) 因明烛观书,意将愧之。(冯时化《酒史·饮酒小

传》)

(10) 不亦轻朝廷,羞当世之士邪?(司马迁《报任安书》)

(11) 且惧奔辟而忝两君。(《左传·成公二年》)

(12) 故养身者忘家,养志者忘身。身且不爱,孰能忝之?(《韩诗外传·诗外传卷第一》)

(13) 仲尼曰:“政在悦近来远。”(《韩非子·难三》)

(14) 而歌乎呜呜快耳目者,真秦之声也。(李斯《谏逐客书》)

(15) 父之所以欲有贤子者,家贫而富之,父苦而乐之。(《韩非子·忠孝》)

(16) 杀我亲而喜我以楚国,我得天下而不义,不为也,又况于楚国乎?(《墨子·鲁问》)

(17) 君无爱重器以喜其心,无恶卑辞以尽其礼。(《吴越春秋·夫差内传》)

这里附带说明一点:《古汉语常用字字典》在词条“辱”下表述说“‘耻’和‘辱’用于名词时是同义词,用于动词时,则意义不同,‘耻之’是表示以他可耻,‘辱之’表示侮辱他或使他受辱,这样的用法‘耻’和‘辱’是不能互换的。”⑨ 的确,“辱”不能表示“以……为辱”,但“耻”虽常用作意动词,却也具有“辱”的用法,如上面(1)—(5)例,“耻”都活用作使动词,表示“使……受辱”。

(二) **作意动词**

“耻、羞、愧、惭”等词带宾语后活用作意动词,例如:

(1) 敏而好学,不耻下问。(《论语·公冶长》)

(2) 不言公，耻不能救郭也。(《谷梁传·庄公三十年》)

(3) 季子闻而耻之。(《庄子·则阳》)

(4) 丘为先生羞之。(《庄子·盗跖》)

(5) 然明主不羞其卑贱也。(《韩非子·说疑》)

(6) 买臣愈益疾歌，妻羞之，求去。(《汉书·朱买臣传》)

(7) 愧不若黄帝，而哀不己若者。(《庄子·徐无鬼》)

(8) 朕甚愧之。(《汉书·文帝纪》)

(9) 谓众人已见其跂求分外，而犹自安，可羞愧之甚也。(《经典释文·庄子音义下》)

(10) 馥甚惭之。(《晋书·成公简传》)

(11) 民乐其性，而无寇仇。(《左传·昭公十九年》)

(12) 废尧舜而立桀纣，则人不能乐所长而忧所短。(《韩非子·安危》)

(13) 四曰乐人之所祸。(《韩非子·安危》)

(14) 夫司寇行戮，君为之不举，而况敢乐祸乎？(《庄子·天运》)

以上这些词都活用作意动词。对于动词是否有意动用法，其说不一。李锡澜《动词意动用法补议》[10]指出：像“吾闻之，哀乐而乐哀，皆丧心也。”(《左传·昭二十五》)之类动词意动用太少，例不十，法不立，很难概括成为规律。因此，他得出结论：“说文言语法基本没有动词的意动用法也不违反语言事实。”其实，我们所举例子与作者所举例子没有不同。假如把以上这些心理活动词看作动词的话，也可概括出一条规律：表心理活动的动词也有意动用法。

上面(一)、(二)两种情况,“耻、羞、愧、惭”等词都带上宾语,活用作使动词或意动词。它们究竟是由动词活用还是由形容词活用的呢?我们看看下面两例:

(1) 宁不亦淫从其欲,以怒叔父。(《左传·成公二年》

(2) 庄公寤生,惊姜氏。(《左传·隐公元年》)

上二例中的“怒”、“惊”不少人都认为是不及物动词活用作使动词,其实它们的意义范畴及用法都与“耻、羞、愧、惭”等词活用作使动词一样,因此也应把“耻、羞、愧、惭”等词看作是动词,是由动词活用而不是形容词活用。

当然,也有人把“耻、羞、愧、惭”等词带上宾语说成是形容词的使动用或意动用。由于活用是相对于本用而言的,“耻、羞、愧、惭”等词除了与形容词有共同之处——可以活用作使动词或意动词外,它的本用情况(如本文前后例子以及单独作谓语)都与动词相同。所以,我们直接把它们带上宾语,说成是动词的使动用或意动用。

除以上四种结合形式外,下例中的结合形式也是形容词所不具备的:

(1) 昔夫差辱吾君王于诸侯,长为天下所耻。(《吴越春秋·句践伐吴外传》)

(2) 悲哉道不同,反为世所耻。(马臻《霞外诗集·送仲泽邢讲师回汴梁》)

(3) 以此颇为正直所羞。(《后汉书·马融传》)

(4) 长往来知返,多为世所惭。(傅汝舟《宿山心永乐庵》)

(5) 不恤是非然不然之情,以相存摶,以相耻怍。(《荀子·儒效》)

(6) 咎至于此,朕甚自耻。(《汉书·元帝纪》)

(7) 宋江若坐了,岂不自羞?(《水浒传·第四十一回》)

(8) 而汝以命厚自矜,北宫子以德厚自愧。(《列子·力命》)

(9) 卑者心中常自羞愧。(王叔和编《伤寒论注释·平脉法》)

(10) 所学夫子之道者,足以自乐也。(《庄子·让王》)

以上(1)—(4)例中"为……所……"这类被动句式中"所"之后是动词,不可能是形容词。(5)—(10)例中,"耻怍""耻""羞""愧""羞愧""乐"分别在"相""自"之后,应该看作是动词,因为除了形容词活用作动词后可与"相""自"结合外,只有动词才与"相""自"搭配。而这里的"耻怍""耻""羞""愧""羞愧""乐"在"相""自"后词义是没有改变的,因此不能看作是形容词活用作动词。

此外,从语言的发展来看,近代汉语中以下结合形式也只有动词才具备:

(1) 对怀伊人、李穆如将铁不锋来拜门生修好之〔意〕,各咀嚼一遍,皆为之羞耻。(《春柳莺·第十回》)

(2) 我只一个去救了刘孝子出来,也羞这老曾一羞。(《云仙姿·一碗饭报德胜千金》)

以上两句中的“为之羞耻”和“羞这老曾一羞”的句法结合形式是形容词所不具备的。

五、从古人行文的习惯来看

古人行文，很喜欢使用互文这一修辞手法，即上下两句结构相同，文意互相呼应、补充。要做到这一点，一般在同一位置上的词词性相同。另外，同一句中，有的前后结构相同，也要求其词性相同。据此我们也可推知某词的词性。例如：

(1) 诛莫如重，使民畏之；毁莫如恶，使民耻之。(《韩非子・八经》)

(2) 英杰化之，嵬琐逃之，邪说畏之，众人愧之。(《荀子・儒效》)

(3) 不愧于人，不畏于天。(《礼记・表记》)

(4) 惟恐或负乎君而忝乎亲。(王直《抑庵文后集・忠孝堂记》)

(5) 虏，所辱也；宰，所羞也。(《韩非子・难二》)

(6) 废尧舜而立桀纣，则人不能乐所长而忧所短。(《韩非子・安危》)

(7) 倒不怕为梅花所笑，恐为梅花所耻耳。(《春柳莺・第一回》)

(8) 所乐者有限，所忧者无穷。(《林兰香・四十回》)

(9) 其生可乐，其死可葬。(《庄子・山木》)

(10) 至于我的为人，若说无一可愁，那有许多可喜。(林兰香・四十回)

(11) 今日冠盖如云，文人满座，若一诗之不成，不殊可

笑乎？不亦可羞乎？(《玉支矶·第四回》)

(12) 感方圆遮盖全身丑，但胁肩可羞，坐井可忧，可怜泪痕流，不到衫和袖。(《金云翘传·第十二回》)

(13) 小弟就为这些俗累摆脱不开，可耻可恨，小弟只思暂别。(《双剑雪·第一回》)

以上例句中表心理活动的词(粗体字)都分别与一动词(带下划线)相对，这些带下划线的的词都是人们所公认的动词。不仅仅结构相同，而且(5)—(13)例的结合形式，在不改变原来词性的情况下，只有动词才具有。因此，这些表心理活动的词(粗体字)都应看作是动词。

六、语法意义

“耻、羞、愧、惭”等词的功能意义前文已间接谈到，这里只谈其抽象意义。

“耻、羞、愧、惭”等心理活动词，它们与“忧、恨、愁、好(喜好)”等被语法界所公认的表心理活动的动词有许多相同之处。首先，都有区别于形容词的抽象意义。表现在：形容词表示事物的性质、状态，这种性质、状态存在于客观事物中；心理活动词则是外界事物所引起的思想变化，它存在于人的头脑中。其次，都有区别于行为动词的抽象意义。行为动词有具体的外在形式，而心理活动词无具体的外在形式，只能间接通过主体的言行反映出来。

两类心理活动词也有不同之处，表现在：“耻、羞、愧、惭”等词侧重于客体所引进主体的心理变化；“忧、恨、愁、好(喜好)”等词侧重于主体对客体的思想态度。因此，前者不能带宾语，后者可以带宾语。前者带宾语就活用为意动词或使动词。它们之间的差异如同行为动词中及物动词与不及物动词一样，因此这两类心理活动词实际上可以看作是“表心理活动的动词”这个大类中的两个小类。

总之，正是由于“耻、羞、愧、惭”等词具有类似于其他动词而又有别于形容词的语法形式和语法意义，所以，我们将之划入动词一类，并且给它们具体定名为：不能带宾语的表心理活动的动词。

注释

① 杨树达　1984 年　《高等国文法》，第 258 页，商务印书馆。
② 郭锡良等　1982 年　《古代汉语》中册，第 445 页，北京出版社。
③ 廖序东　1981 年　《文言语法分析》第 226 页，上海教育出版社。
④ 刘诚、王大年　1986 年　《语法学》第 44 页，湖南人民出版社。
⑤ 胡力文　1986 年　《实用文言文法详解》第 182 页，重庆出版社。
⑥ 马建忠　1988　《马氏文通校注》第 219 页，中华书局。
⑦ 吕叔湘　1990 年　《吕叔湘文集》第一卷《中国文法要略》第 58 页，商务印书馆。
⑧ 张静　1987 年　《汉语语法问题》第 294 页，中国社会科学出版社。
⑨ 1998 年，商务印书馆《古汉语常用字字典》第 246 页。
⑩ 李锡澜　1983 年《动词意动用法补议》(《语文学习》10 月第 27 期)。

参考文献

[1] 邢福义.词类辨难.甘肃人民出版社，1981.
[2] 王力.汉语语法史.商务印书馆，1989.

后记

本文是我与同门师妹刘蓉于读研期间在向熹老师指导下合写的一篇文章，它是我人生中第一篇文章，曾被人大复印资料全文转载。现将之略作修改，编入文集以铭师恩，以忆同门。

（原刊《乐山师专学报》1991年1期，人大复印资料语言文字分册1991年6期全文转载。作者工作单位：吉仕梅，乐山师范学院；刘蓉，深圳盐港中学）

宋代笔记中的语言学问题

刘　蓉

一、引论

"笔记"中的"笔",古代本指散文。南北朝时崇尚骈俪之文,人们一般把注重词藻、讲求声韵对偶的文章称为"文",而把随笔记录的散文称为"笔"。刘勰《文心雕龙·总术》:"今之常言,有文有笔,以为无韵者笔也,有韵者文也。"清梁光剑《文笔考》:"沈思翰藻谓之文,任事直达谓之笔。"与韵文相对时,又称"笔记"。《文心雕龙·才略》:"路粹、杨修,颇怀笔记之工;丁仪、邯郸,亦含论述之美。"南朝梁王僧孺《太常敬子任府君传》:"辞赋极其精深,笔记尤尽典实。"于是笔记进而成了一种文体的名称。这种文体的内容大都为记见闻,辨名物,释古语,述史事,写情景,且叙事、议论、抒情纷披杂出,但以记叙琐事趣闻、读书心得最为习见。它的篇幅长短随宜,但短小者居多;虽然有的写得庄重谨严,但大多是信笔为之,不拘一格。如果把数十百条笔记汇编起来,就组成为笔记专集,于是笔记又成了一种著述体制的名称。北宋宋祁有《笔记》三卷,是随笔杂录之书,以后笔记便被用来泛指同类的著作。

笔记的起源很早,先秦诸子里就有类似笔记的东西。如《论语·先进》中"子路、曾晳、冉有、公西华侍坐"一节,非常具体地写出人物的不同神态和富有个性的语言，正是魏晋速写式轶事体笔记的先驱。到了两晋南北朝时期，笔记这类著作多了起来，有名的如《世说新语》《搜神记》《博物志》等。唐代的笔记书更多，涉及的面也广，影响比较大的如《玄怪录》《酉阳杂俎》《隋唐嘉话》等。宋元明清四代的笔记书更为发展，有许多保存到了今天，如《梦溪笔谈》《太平广记》《剪灯新话》《日知录》《十驾斋养新录》等。

笔记取材广泛，内容丰富，基本上可以分为三大类：

1. 故事传说类：主要包括志怪和志人（轶闻琐语），寓言和笑话是它们的支流。

2. 历史琐闻类：掇拾历史旧闻，记述见闻时事，保存了历代政治、经济、军事、文化、科技、风土、社会生活及人物事件等多方面的材料。

3. 考据辩证类：基本上是文艺、史地、哲学、典章制度、自然科学诸方面的治学或读书札记，内容涉及考经证史、评论诗文、论画言戏、释名辨物、训字析语等。

笔记结集了前人大量宝贵的治学成果，现在无论从事哪门学科的研究，都能从中获取相当有用的资料。过去有人看不起笔记这类著作，如清代纪昀就说："景薄桑榆，精神日减，无复著书之志，惟时作杂记，聊以消闲。"[①] 今天我们应该放弃这种态度，认真研究历代笔记。历史琐闻、考据辩证两类笔记，或考证经文、研究俗语、记录方音，或辨析词语、修订《说文》、探求词源，对汉语史研究尤有价值。

历代笔记卷帙浩繁，内容庞杂，本文重点考察宋代笔记中有关语言学问题的论述，从而探讨笔记在汉语史研究中的作用。

宋代故事传说类笔记不及前代，但历史琐闻类笔记最为发达，考据辩证类也有很大发展。明人所编《五朝小说》的序言中说："（笔记）唯宋则出士大夫手，非公余纂录，即林下闲谭。所述皆生平父兄师友相与谈说，或履历见闻，疑误考证；故一语一笑，想见先辈风流。其事可补正史之亡，裨掌故之阙。"宋代笔记内容纷繁，或记国家大事，政治得失；或载典制，故实；或记诗话，文评；或载师友言行，个人议论；或记都市生活，地方风俗；或载读书心得，解说典故；或考证名物，阐释经文。不论哪一部笔记，都不免有这样那样的疏漏和错误。我们应该抱着一分为二的态度，通过科学的方法，找出对汉语史研究有价值的材料。

二、宋代笔记和文字研究

（一）保存"右文说"的最早材料

"右文说"最早由北宋的王子韶提出，在他之前，研究汉字的人一般认为形声字的形旁表意，声旁表音，两不相混。王子韶作《字解》，认为声旁也表字义，字义寓于声符，从声旁可解释已定的字义，为汉字研究提出了一种新的方法。《字解》没有留传下来，但宋人笔记中保存了部分内容。如沈括《梦溪笔谈》卷十四：

> 王圣美治字学，演其义为右文。古之字书，皆从左文。凡字，其类在左，其义在右。如木类，其左皆从木。所谓右文者，如戋，小也，水之小者曰浅，金之小者曰钱，歹而小者曰残，贝之小者曰贱。如此之类，皆以戋为义也。

张世南《游宦纪闻》卷九发挥了王子韶的观点：

> 自《说文》以字画左旁为类，而《玉篇》从之，不知右旁亦

> 多以类相从。如戋有浅小之义，故水之可涉者为浅，疾而有所不足者为残，货而不足贵重者为贱，木而轻薄者为栈。青字有精明之义，故日之无障蔽者为晴，水之无溷浊者为清，目之能明见者为睛，米之去粗皮者为精。凡此皆可类求，聊述两端，以见其凡。

正是有了宋代笔记的记录，我们今天得以了解右文说的原始面貌。清代许多学者都重视右文说在汉字研究中的作用，如段玉裁总结出"凡同声多同义"的规律，近代学者刘师培、沈兼士、章太炎等又对右文说加以发挥，今天我们研究同源字的时候，它也还是很重要的一种方法。

（二）考证字形字义

宋代笔记对许慎《说文》中个别字形字义的分析提出了不同见解。如袁文《瓮牖闲评》卷四：

> 宋莒公谓回字直屈一笔，非两口也。余观蔡君谟作回字多从此体，然后知莒公之言可信不疑。

《说文》囗部："回，转也。从囗，中象回转之形。囘，古文。"段玉裁注："中当作口，外为大口，内为小口，皆回转之形也。如天体在外左旋，日月五星在内右旋是也。古文回象一气回转之形。"《汉语大字典》回字下列古文字形体，从这些形体我们可以看出，回字本是一个象形字，象回转之形。《说文》根据讹变的小篆字形对回字作了错误的分析，段玉裁的修正也不一定正确。而宋代就有人对回字的形体作出了正确的分析。

《瓮牖闲评》卷一：

> 雯字从天从雲省，故《易》曰："云上于天，雯。"雯字不从而也，今人作需字，乃从而，盖篆文天字与而字相类，后之作字者失于较量，各从其便书之，其误甚矣。《五经文字》云："需音须，遇雨而不进。"从而，非也。

按《说文》雨部："需，䇓也，遇雨不进止䇓也。从雨而。"段玉裁注："䇓者，待也。遇雨不进，说从雨之意；而者，䇓之意。此字为会意。"段氏的解释未能跳出《说文》的窠臼。徐中舒先生主编的《甲骨文字典》认为甲骨文中"需""儒"一字。"儒"下列了一些古文字形体，他们认为"需字从大……象人沐浴濡身之形，为濡之初文……至《说文》则讹作从雨从而之篆文需。"可见宋人对《说文》的质疑是正确的，为我们重新审视《说文》需字的解释提供了一定的依据。

（三）考证俗字

研究文字演变史，必须将俗字纳入研究范围。当前学术界对隋唐以来的俗字还未做很好的整理与研究。宋代笔记零星记录了一些俗字，把这些材料搜集整理出来，对俗字研究将是有一定帮助的。如周去非《岭外代答》卷四：

> 广西俗字甚多，如⿱不長音矮，则不长也。⿱大坐音稳，言大坐则稳也。奀音动，言瘦弱也。⿱不生音终，言死也。⿱不子音腊，言不能举足也。仦音嫋，言小儿也。⿰女大，徒架切，言姊也。闩音櫎，言门横关也。⿱不石音磡，言岩崖也。氽音泅，言人在水上也。氼音魅，言没人在水下也。⿰毛乚音鬍，言多髭。⿰石井，东敢切，言以石击水之声也。

周氏的注音释义，为后代的俗字研究提供了方便。如仦字，清人吴任臣《字汇补·人部》："仦，《说略》小儿也。"《康熙字典·人部》："仦，即仯之讹。"《汉语大字典》沿用《康熙字典》的说法。按《广韵·效韵》："仯，小子。初教切。"而"仦"音"嬲"，《广韵·筱韵》："嬲，奴鸟切。"可见，"仦"与"仯"并不同音。周去非是对同时代的俗字做的记录，应该是可靠的。"仦"不一定是"仯"之讹字。

三、宋代笔记和音韵研究

（一）笔记中探索古音的材料

古音学的研究，导源于宋代而发展于明代，清代达到鼎盛时期。南宋吴棫著有《韵补》《毛诗补音》和《楚辞释音》等书，其中《韵补》研究古韵通转，对古音韵部进行划分。吴氏之前的一些宋代笔记，已有研究古音韵部的零星材料。如沈括《梦溪笔谈》卷十四：

> 音韵之学，自沈约为四声，及天竺梵学入中国，其术渐密。观古人谐声，有不可解者，如玖字、有字多与李字协用，庆字、正字多与章字、平字协用。如《诗》"或群或友，以燕天子"；"彼留之子，贻我佩玖"；"投我以木李，报之以琼玖"；"终三十里，十千维耦"[②]；"自今而后，岁其有，君子有谷，贻孙子"；"陟降左右，令闻不已"[③]；"膳夫左右，无不能止"；"鱼丽于罶，鰋鲤，君子有酒，旨且有"：如此极多。又如"孝孙有庆，万寿无疆"；"黍稷稻粱，农夫之庆"；"唯其有章矣，是以有庆矣"；"则笃其庆，载锡之光"；"我田既臧，农夫之庆"；"万舞洋洋，孝孙有庆"；《易》云"西南得朋，乃与类行；

> 东北丧朋，乃终有庆”；“积善之家，必有余庆；积不善之家，必有余殃”；班固《东都赋》“彰皇德兮侔周成，承延长兮膺天庆”：如此亦多。

可以看出，当时的学者已认识到上古用韵与中古不同，并总结出中古不能押韵而在上古可以相押的个别规律，从而为推阐上古韵部提供了材料。如“有”“玖”属《广韵·有韵》，“李”属《广韵·止韵》，“友、玖、有、右”为有韵，“子、李、已、鲤、止”为止韵，它们在上古同属一个韵部（之部）。“章”属《广韵·阳韵》，“庆”属《广韵·映韵》，“正”属《广韵·劲韵》，“平”属《广韵·庚韵》，它们在上古韵文中可以押韵，说明它们的韵部在上古相同或相近。[④]有的笔记还能从语音发展的角度对这种协韵现象进行解释。如王楙《野客丛书》卷六：

> 《笔谈》云：“古人谐声，有不可解者，如玖字多与李字协用；庆字正字多与章字平字协用，恐别有理。”仆谓古人谐声，似此甚多。如野字音多与羽字音协，家字音多与居字音协。如《诗》曰：“吉日庚午，既差我马。兽之所同，麀鹿麌麌。”曰：“鹤鸣于九皋，声闻于野。鱼潜于渊，或在于渚。”曰：“鸿雁于飞，肃肃其羽。之子于征，劬劳于野。”曰：“燕燕于飞，差池其羽。之子于归，远送于野。”是野字与羽字音协之例也。曰：“山有扶苏，隰有荷华。不见子都，乃见狂且。”曰：“祈父，予王之爪牙。胡转予于恤？靡所止居。”曰：“昏姻之故，言就尔居。尔不我畜，复我邦家。”是家字与居字音叶之例也。盖当时自有此音。

王氏认识到语音是发展变化的,有的字中古不协韵而上古可通押,是因为“当时自有此音”,如“马、麌、渚、羽、野”在上古同属一个韵部;“华、且、牙、居、家”在上古同属一个韵部。当然王氏还未能进一步发现,以上两组字在上古都属鱼部。

(二)笔记中的音韵学史料

古代一些韵书早已亡逸,有的仅剩残本。宋代笔记保存了这些韵书的部分材料,如王应麟《困学纪闻》卷八:

> 隋陆法言为《切韵》五卷,后有郭知玄等九人增加,唐孙愐有《唐韵》。今之《广韵》则本朝景德祥符重修。今人以三书为一,或谓《广韵》为《唐韵》,非也。鹤山魏氏云:“《唐韵》于二十八删、二十九山之后继以三十先、三十一仙。”今平声分上下,以一先二仙为下平之首,不知先字盖自真字而来。

宋代有人把《切韵》《唐韵》《广韵》当作同一部韵书,清代学者仍持这种观点,他们所说的《切韵》《唐韵》实际上就是《广韵》,顾炎武《唐韵正》、陈澧《切韵考》就是这样。直到一九四七年,故宫发现《王仁煦刊谬补缺切韵》,人们才真正认识到《切韵》和《广韵》的继承关系。而早在宋代,王应麟就明确指出《切韵》《唐韵》《广韵》为不同的三部韵书,并说明了修订《广韵》的时间。他在《玉海》中也有说明:“景德四年十一月戊寅,崇文院上校定《切韵》五卷,依九经例颁行。祥符元年六月五日,改为《大宋重修广韵》。”引文中鹤山魏氏的一段话见魏了翁《鹤山大全集》所录《唐韵后序》。王应麟对后来的韵书将平声分上下似有指责,这是不妥当的,平声分上下只是因为平声韵目太多的缘故。

（三）笔记反映了宋人对音韵的某些理论认识

王应麟《困学纪闻》卷八：

> 夹漈谓梵人长于音，所得从闻入；华人长于文，所得从见入。华则一音该一字，梵则一字或贯数音。

认识到汉字和梵文在语音上的差别，并说明产生这种现象的原因。这可以说是对拼音文字和象形文字语音区别的最早说明。

陆游《老学庵笔记》卷六：

> 四方之音有讹者，则一韵尽讹。如闽人讹“高”字，则谓“高”为“歌”，谓“劳”为“罗”；秦人讹“青”字，则谓“青”为“萋”，谓“经”为“稽”；蜀人讹“登”字，则一韵皆合口；吴人讹“鱼”字，则一韵皆开口。他仿此。

这条材料表明，宋代学者已初步认识到语音的发展演变是有系统性的。《广韵》中的豪韵字，当时闽方言均读为歌韵；《广韵》中的清韵字，秦人均读为齐韵。登韵字蜀方言当时均读为合口，鱼韵字吴方言当时均读为开口。这种规律性的认识，为以后的音韵研究提供了方便，从个别现象可类推出整体的情况。

（四）笔记中保存了宋代一些方音材料

上引陆游《老学庵笔记》谈到了宋代闽方言、秦方言、蜀方言、吴方言的某些特点，为研究这些方言的历史演变提供了条件。又如叶梦得《石林燕语》卷八：

元丰五年,黄冕仲榜唱名。有暨陶者,主司初以“洎”音呼之,三呼不应。苏子容时为试官,神宗顾苏,苏曰:“当以入声呼之。”果出应。上曰:“卿何以知为入音?”苏言:“《三国志》吴有暨艳,陶恐其后。”遂问陶乡贯,曰:“崇安人。”上喜曰:“果吴人也。”

“暨”在上古读为物部入声,《广韵》为去声,宋代吴方言仍保留了上古的读音。

朱翌《猗觉寮杂记》卷下:

黄王不分,江南之音也,岭外尤甚。

“黄王不分,江南之音也”说明当时官话中“黄”“王”二字读音不同。《广韵》中“黄”为匣母阳韵,“王”为云母阳韵,二字声类不同。江南方言多保留上古音,我们可用以印证上古云母匣母不分的情况。正如王力先生所说:“直到《广韵》时代,云母(喻三)仍属匣母,但在唐末守温三十六字母里,云已归喻,可见从这个时候起,云母已从匣母中分化出来。”⑤

江休复《江邻几杂志》:

曾会泉南人,不改乡音。尝闻叩户声,呼童视之,云:“无(读作模)客,是狗抓痒。”遽起云:“请门客自朝汤。”

曾会为晋江人,宋代晋江属泉州,在今福建省境内。《广韵》中“无”为微母虞韵,“模”为明母模韵。宋代闽方言微母未从明母中分化出来,故“无”读曰“模”。

四、宋代笔记和训诂研究

宋代训诂由朴学的手段变成理学的工具，但今天看来，宋代训诂也有长于前人的地方。宋人注释古书，注意神理，玩味语气，力求文义贯通，比之唐人“释词忘义”大有进步。宋人敢于创发新义，摆脱旧说，提出了许多前人不能提出的问题，给后世以有益的启发。他们对音义关系有一定的认识，还利用金石学的成就进行训诂研究，为训诂别开生面。可以说，宋代是训诂学的创新时代。

（一）方俗词语的研究

由于历史原因，历代训诂学者往往把注意力集中在先秦两汉的雅诂旧义上，对于唐宋以下的“俗语”以及用“俗语”写成的作品，大都不屑一顾。这就给汉语词汇史的研究留下了一大段空白，影响到大型辞书的编纂、古籍整理、作品注释以至整个文化遗产的批判继承。近年来，这个领域的研究取得了可喜的成绩。[6]历代笔记中保存的有关方俗词语的材料非常丰富，把这些材料收集整理出来，并运用到研究中去，就一定能使这方面的研究更加全面而深入。宋人笔记中有关方俗词语的材料可分以下几点：

1. 解释唐诗中的某些口语词

中古一些口语词，有的在初唐或中唐已经出现。这一阶段还缺乏敦煌变文那样典型的反映口语词汇的作品，但唐诗中保存了唐代口语词汇。唐诗中出现的口语词数量颇为可观，清以前学者集中解释唐诗口语词的几乎没有，翟灏《通俗编》只是小部分涉及唐诗中的口语词。历代笔记、杂著大量保存了对唐诗口语词的训释，搜集整理这类材料对汉语词汇史的研究是十分必要的。下面是宋代笔记中的例子。

王楙《野客丛书》卷十六：

杜子美诗“跳鱼拨刺鸣”，不晓者读为拨次。案张衡《思玄赋》曰：“弯威弧之拨刺。”注：“刺，力达反。”太白诗曰：“双鲤呀呷鬐鬣张，跋刺银盘欲飞去。”李以“拨”为“跋”，而谓拨刺者，划烈震激之声，箭鸣亦然。

王氏解释“拨刺(跋刺)”为“划烈震激之声”。《通俗编》卷三十五：“拨刺，张衡《思玄赋》‘弯威弧之拨刺’，注：‘拨刺，张弓貌。’按：此乃发矢际弓翕之声，非貌也。杜甫诗‘船尾跳鱼泼刺鸣’，李商隐诗‘惊鱼泼刺燕翩翾’，皆以声言之。”又说：“跋刺，李白诗‘双腮呼呷鬐鬣张，跋刺银盘欲飞去。’注云：‘跋刺，鱼跃声。’又岑参诗‘仲秋景萧条，跋刺飞鹅鸧’。”《汉语大词典》“拨刺”分四个义项：①不正貌。谓琴弦压轸，声音走调。②张弓貌。③亦作“拨剌”，象声词。④鱼尾拨水声。其实，“划烈震激之声”都可以包括。

苏轼《仇池笔记》卷上：

退之诗云：“且可勤买抛青春。”《国史补》云：“酒有郢之富水春，乌程之若下春，荥阳之土窟春，富平之石冻春，剑南之烧春。”杜子美诗云：“闻道云安麹米春。”《裴铏传奇》亦有酒名松醪春，乃知唐人名酒多以春。

说明唐人多用“春”为酒命名。还可举出别的例子，如白居易《杭州春望》诗：“红袖织绫夸柿蒂，青旗沽酒趁梨花。”自注中说:“其俗,酿酒趁梨花时熟,号为梨花春。”

此外,唐诗中有的俗语词在宋代笔记里往往解释不同,显得学术气氛活跃。如杜甫《戏作俳谐体遣闷》第一首中的“乌鬼”,沈括《梦溪笔谈》卷十六认为“乌鬼”是鸬鹚:

> 士人刘克博观异书。杜甫诗有“家家养乌鬼,顿顿食黄鱼”,世之说者,皆谓夔峡间至今有鬼户,乃夷人也,其主谓之鬼主,然不闻有乌鬼之说。又鬼户者,夷人所称,又非人家所养。克乃按《夔州图经》,称峡中人谓鸬鹚为乌鬼。蜀人临水居者,皆养鸬鹚,绳系其颈,使之捕鱼,得鱼则倒提出之,至今如此。予在蜀中,见人家养鸬鹚使捕鱼,信然,但不知谓之乌鬼耳。

马永卿《懒真子》卷四则认为乌鬼指猪:

> 老杜《遣闷》诗云:“家家养乌鬼,顿顿食黄鱼。”所说不同。《笔谈》以为鸬鹚,能捕黄鱼,非也。黄鱼极大至数百斤,小者亦数十斤,故诗云:“日见巴东峡,黄鱼出浪新。脂膏兼饲犬,长大不容身。”又有《小白》诗云:“白小群分命,天然二寸鱼。细微沾水族,风俗当园蔬。”盖言鱼大小之不同也。仆亲见一峡中士人夏侯节立夫言:“乌鬼,猪也。峡中人家多事鬼,家养一,非祭鬼不用,故于猪群中特呼‘乌鬼’以别之。”此言良是。

也有的认为乌鬼是江湘间神名。如王楙《野客丛书》卷二十六:

> 老杜诗"家家养乌鬼",说者不一。《懒真子》以为猪,蔡宽夫以为乌野七神,《冷斋夜话》以为乌蛮鬼,沈存中《笔谈》、《缃素杂记》、《渔隐丛话》、陆农师《埤雅》以为鸬鹚,四说不同,惟《冷斋》之说为有据。观《唐书·南蛮传》,俗尚巫鬼,大部落有大鬼主,百家则置小鬼主。一姓白蛮,五姓乌蛮。所谓乌蛮,则妇人衣黑缯;白蛮,则妇人衣白缯,又以验《冷斋》之说。刘禹锡《南中诗》亦曰"淫祀多青鬼,居人少白头。"又有所谓青鬼之说,盖广南川峡诸蛮之流风,故当时有青鬼乌鬼等名。杜诗以黄鱼对乌鬼,知其为乌蛮也审矣。然观元微之诗曰:"乡味尤珍蛤,家神悉事乌。"又曰:"病赛乌称鬼,巫占瓦代龟。"注:"南人染病,竞赛乌鬼。"此说又似有不同。据《南蛮传》,乌即乌黑之乌,而元诗以蛤对乌,则以为乌鸦之乌。

"乌鬼"究竟是什么,虽然至今尚无令人深信不疑的结论,但宋人各抒已见,对于活跃学术空气大有好处,值得我们借鉴。

2. 记录并训释唐宋方俗词语

宋代笔记中解释了大量的唐宋方俗词语,如江休复《江邻几杂志》:

> 同州民谓沾足为烂雨。

同州在今陕西省大荔县。《汉语大词典》未收"烂雨"一词,只在"沾足"一词下解释说:"沾足,谓雨水充足。"《宋元语言词典》等工具书也未收"烂雨"一词。

周去非《岭外代答》卷四:

方言古人有之，乃若广西之蒌语，如称官为沟主，母为米囊，外祖母为低，仆使曰斋捽，吃饭为报崖。若此之类，当待译而后通。至城郭居民，语乃平易。自福建湖湘，皆不及也……早曰朝时，晚曰晡时，以竹器盛饭如箧曰箪，以瓦瓶盛水曰罂，相交曰契友，自称曰寒贱，长于我称之曰老兄，少于我称之曰老弟，丈人行呼其少曰老侄，呼至少者曰孙，泛呼孩提曰细子，谓慵惰为不事产业，谓人雠记曰彼期待我，力作而手倦曰指穷，贫困无力曰力匮，令人先行曰行前，水落曰水尾杀，泊舟曰埋船头，离岸曰皮船头，舟行曰船在水皮上，大脚胫犬曰大虫脚。若此之类，亦云雅矣。

“沟主”“米囊”“斋捽”“报崖”等词可能是宋代广西土著民族的一种语言，和汉语有很大区别。当时人们还远远不能从语系、语族等概念上将它与汉语区分开来，故将它们归入方言，用音译的形式记录下来。至于城郭居民所用语言，则为广西方言。《汉语大词典》收了“契友、寒贱、老兄、老弟、细子、水尾杀”等词，其中“寒贱”“水尾杀”均举《岭外代答》为例。“细子”一词释为“犹小子，自谦之词。”与周氏的释义相差很大。“老弟”“契友”两词所举例句均晚于宋代。“朝、晡、箧、箪、罂”等词在先秦已经出现，是古语词的沿用，这对于研究方言史及民族迁徙都是很有价值的材料。

洪迈《容斋四笔》卷一：

柔词谄笑，专取容悦，世俗谓之“迷痴”，亦曰“迷嬉”。中心有愧见诸颜面者，谓之“缅觍”。举措脱落，触事乖忤者，谓之“厥拔”。虽为俚言，然其说皆有所本。《列子》云：

"墨杘、单至、啴咺、憋懯，四人相与游于世。"又云："眠娗、諈诿、勇敢、怯疑，四人亦相与游。"张湛注云："黑音眉。杘，敕夷反，《方言》：'江淮之间谓之无赖。'眠音缅，娗音殄，《方言》：'欺谩之语也。'郭璞云：'谓以言相轻嗤弄也。'"所释虽不同，然大略具是矣。《曲礼》："衣毋拨，足毋蹶。"郑氏注云："拨，发扬貌；蹶，行遽貌。"大抵亦指其荒率也。

宋元明时代的人中，俗语有所本的观念是很普遍的，洪迈也是这样。他利用古代文献中的材料来说明"迷痴""缅觍""厥拨"三个俗语词古已有之，并对它们在宋代的意义作了解释。"厥拨"一词，《汉语大词典》《宋元语言词典》均未收录。《宋元语言词典》收有"迷奚"一词，又写作"迷希""迷稀""乜嬉""瞇目奚""月迷膎"等，释为"双目半闭的样子，借指迷罔、迷胡、朦胧"。"迷奚"与"迷嬉"语音相同，应为一个词，但《宋元语言词典》的释义与《容斋四笔》不同。顾学颉、王学奇编《元曲释词》(二)则将"迷希、迷奚、迷稀、迷嬉"的意义释为：①谓模糊看不清；②谓以谄笑取悦于人，使人痴迷。在第二种释义下采用了洪氏的说法，并举了以下几个例子：

《庄周梦》二[感皇恩]："你只待弄轻盈；相嬉笑，放迷稀。"

《乐府群珠》卷三刘庭信小令[折桂令·忆别]："想人生最苦离别，脚到处胡行，眼落处痴呆。嘴脸迷稀，身子儿挣扎，眼脑儿乜斜。"

《雍熙乐府》卷十九[小桃红·西厢百咏七]："笑迷嬉，知书何故不知礼？"

这里的“迷稀”“迷嬉”确应解释为“谄笑取悦于人”。特别是第二例，既说“嘴脸迷稀”，又云“眼脑儿乜斜”，“迷稀”显然不是双目半闭的样子。可能在元代“迷稀”逐渐有了“双目半闭”的意思。如《丽春堂》二折：“不比你射柳处，也推着马眼迷奚。”《青衫泪》三折：“这是谁根前撒殢滞，吃得来眼脑迷希，口角垂涎。”

郭在贻先生《〈太平广记〉里的俗词语考释》一文[⑧]中谈到“靦甸”一词，举《太平广记》卷252“李任为赋”条（出《玉堂闲话》）：“天成年，卢文进镇邓。因出城，宾从偕至，舍人韦至亦被召。年老，无力控驭，既醉，马逸，东西驰桑林之中，被横枝骨挂巾冠，露秃而奔突，仆夫执从，则已坠矣。旧患肺风，鼻上瘾疹而黑，卧于道周，幕客无不笑者。从事令左司郎中李任、祠部员外任瑶，各占一韵而赋之。赋项云：‘当其厅子潜窥，衙官共看。喧呼于麦垅之里，偃仆于桑林之畔。蓝搀鼻孔，真同生铁之椎；靦甸骷髅，宛是熟铜之鑵。’馀不记之，闻之者无不解颐。”郭先生认为靦甸疑即酩酊之异文（靦酩、甸酊各以双声而通用），我们则认为“靦甸”当是“缅靦”的又一形式。“缅靦”又可写作“靦覥”，如王实甫《西厢记》一本一折：“未语人前先靦覥。樱桃红绽，玉粳白露，半晌恰方言。”又可写作“靦腆”，汤显祖《紫钗记》十三：“绛台银烛吐青烟，荧荧的照人靦腆。”覥，《龙龛手镜・见部》：“覥，面惭也，他典反。”腆，《广韵・铣韵》：“腆，他典切。”甸，《集韵・先韵》：“甸，亭年切。”可见，覥、腆读音相同，均为透母铣韵；甸为定母先韵，与覥、腆读音接近，“靦覥”“靦腆”“靦甸”应是一个词的不同写法，都表示心中有愧，不好意思。“蓝搀鼻孔，真同生铁之椎；靦甸骷髅，宛是熟铜之鑵”中“生铁之椎”形容其鼻子黑，“熟铜之鑵”形容其面孔红。韦至醉卧道中，众人笑之，心中必十分羞愧，故脸色发红。

陆游《老学庵续笔记》:

市井中有补治故铜铁器者,谓之“骨路”,莫晓何义。《春秋正义》曰:“《说文》云:‘锢,塞也。’铁器穿穴者,铸铁以塞之,使不漏。禁人使不得仕宦,其事亦似之,谓之禁锢。”余案:“骨路”正是“锢”字反语。

陆氏用反语解释“骨路”得名的由来是可信的,又写作“锢路”“锢漏”等。

《老学庵笔记》卷三:

吴人谓杜宇为“谢豹”。杜宇初啼时,渔人得虾曰“谢豹虾”,市中卖笋曰“谢豹笋”。唐顾况《送张卫尉》诗曰:“绿树村中谢豹啼。”若非吴人,殆不知谢豹为何物也。

《禽经》中也有解释:“子规啼苦则悬于树,自呼曰‘谢豹’。”可见“谢豹”是吴方言,得名于鸟鸣声。又有“谢豹虾”“谢豹笋”两词,词典一般未收,陆氏为我们理解其含义提供了方便。

3. 根据唐宋方俗词语解说古文献或时人作品

沈括《梦溪笔谈》卷三:

《庄子》云:“程生马”,尝观《文字注》:“秦人谓豹曰程。”予至延州,人至今谓虎豹为“程”,盖言“虫”也。方言如此,抑亦旧俗也。

按《庄子·至乐》:“程生马,马生人。”成玄英疏:“程,亦虫名也。”沈括据延州方言为此字释义提供了证据。

王应麟《困学纪闻》卷十：

> 《庄子》楚狂之歌所谓“迷阳”，人皆不晓。胡明仲云：“荆楚有草，丛生修条；四时发颖，春夏之交，花亦繁丽。条之腴者大如擘，剥而食之，其味甘美。野人呼为‘迷阳’，其肤多刺，故曰‘无伤吾行，无伤吾足。’”

《庄子·人间世》：“迷阳迷阳，无伤吾行！吾行却曲，无伤吾足！”这里的“迷阳”，前人有的解释为“亡阳任独，不荡于外”，有的解释为“诈狂”，王氏据荆楚方言，释为草名。王先谦《庄子集解》进一步说：“谓荆棘也。生于山野，践之伤足，至今吾楚舆夫遇之，犹呼迷阳。”

陆游《老学庵笔记》卷八：

> 东坡《牡丹诗》云：“一朵妖红翠欲流。”初不晓“翠欲流”为何语，及游成都，过木行街，有大署市肆曰：“郭家鲜翠红紫铺。”问土人，乃知蜀语鲜翠犹言鲜明也。东坡盖用乡语云。蜀人又谓糊窗曰“泥窗”，花蕊夫人《宫词》云：“红锦泥窗绕四廊。”非曾游蜀，亦所不解。

作品中作者使用了本方言词语，非此方言区的人很难理解。陆游根据他在蜀地所见所闻，利用蜀方言解释苏诗中的“翠”和《宫词》中的“泥窗”。“翠”字当“鲜明”讲，见于六朝，如《文选·嵇康〈琴赋〉》：“新衣翠粲，缨徽流芳。”李周翰注：“翠粲，鲜色也。”大约到了宋代，“翠”的“鲜”义仅在某些方言中保留，所以要加以解释。

宋代学者在笔记中还对某些方俗词语进行了广泛的讨论，既加深了对这些词语的理解，也活跃了学术气氛。例如“绿沉”一词，宋人笔记中就有多种解释。吴曾《能改斋漫录》卷四：

> 赵德麟《侯鲭录》：“绿沉事，人多不知。老杜云：‘雨抛金锁甲，苔卧绿沉枪。’又皮日休《新竹诗》云：‘一架三百本，绿沉森冥冥。’始知竹名矣。”……余尝考其详，《北史》隋文帝赐大渊绿沉枪甲兽文具装。《武库赋》曰“绿沉之枪”，由是言之，盖枪用绿沉饰之耳，以此得名。如弩称黄间，则以黄为饰；枪称绿沉，则以绿为饰。何以言之？王羲之《笔经》云：“有人以绿沉漆竹管及镂管见遗，藏之多年，实可爱玩。讵必金宝雕琢，然后为贵乎。”盖竹以色形似绿沉枪而得名耳。皮日休引以为竹事，而德麟专以为竹，则非矣。……或者至以为铁，益谬矣。……古乐府《结客少年场行》云：“绿沉明月弦，金络浮云辔。”此以绿沉饰弓也。如屏风、工人之服，此以绿沉饰器服也。

赵德麟认为“绿沉”指竹子，吴曾认为是一种装饰物。王楙《野客丛书》卷五别有他说：

> 竹坡《诗话》云：杜少陵《何将军山林诗》有“雨抛金锁甲，苔卧绿沉枪”，言甲抛于雨，为金所锁；枪卧于苔，为绿所沉，有将军不好武之意。……仆谓周说凿甚。杜之绿沉枪，正谓精铁枪耳，且《唐百家诗》亦曰“校猎绿沉枪”，此岂枪卧于苔，为绿所沉邪？……仆尝考之，所谓绿沉者，不可专指

一物，顾所指何物耳。如梁武帝食绿沉瓜，是指瓜也。如人以绿沉漆管笔遗王逸少，是指笔也。……以至宋元嘉间广州作绿沉屏风，石季龙用绿沉扇，是亦有绿沉之说，岂可专指一物为绿沉哉！……然则绿沉又不可专谓精铁，盖有物色之深者为绿沉也。

周竹坡认为"绿沉"指被绿色所沉。王楙则认为"物色之深者为绿沉"。通过讨论，"绿沉"的定义逐渐明确了。诚如王楙所说，绿沉指浓绿色，凡弓、枪、衣、甲及其他器物饰以绿色，都可冠以"绿沉"。

4. 广泛记录了某些口语词的多种用法

有的俗语词在宋代应用十分广泛，宋人笔记中作了很好的记录。以"打"字为例，记录其用法的就不止一家。欧阳修《归田录》卷二：

今世俗言语之讹，而举世君子小人皆同其谬者，惟"打"字尔。打，丁雅反，其义本谓"考击"，故人相殴、以物相击，皆谓之打，而工造金银器亦谓之打可矣，盖有槌击之义也。至于造舟车者曰"打船""打车"，网鱼曰"打鱼"，汲水曰"打水"，役夫饷饭曰"打饭"，兵士给衣粮曰"打衣粮"，从者执伞曰"打伞"，以糊粘纸曰"打粘"，以丈尺量地曰"打量"，举手试眼之昏明曰"打试"，至于名儒硕学，语皆如此。触事皆谓之打，而遍检字书，了无此字。丁雅反者，其义主"考击"之打自音"谪[滴]耿"，以字学言之，打字从手从丁，丁又击物之声，故音"谪[滴]耿"为是。不知因何转为"丁雅"也。

又刘昌诗《芦浦笔记》卷三：

欧阳公《归田录》云：世俗言语之讹，而君子小人皆同其谬，惟打字耳。如打船、打车、……打试，触事皆谓之打。《漫录》以《释文》取偏旁证之，谓打字从手从丁，盖以手当其事者是也。此说得之矣。然世间言打字尚多：左藏有打套局，诸库支酒谓之打发，诸军请粮谓之打请，印文书谓之打印，结算谓之打算，贸易谓之打博，装饰谓之打扮，请酒醋谓之打醋、打酒，盐场装发谓之打袋，席地而睡谓之打铺，包裹谓之打角，收拾为打叠，又曰打并，畚筑之间有打号，行路有打伴、打包、打轿，负钱于身为打腰，饮席有打马、打令、打杂剧、打诨，僧道有打化，设斋有打供，荷胡床为打交椅，舞傩为打驱傩。又宋歌曲调："打坏木楼床，谁能坐相思。"又有打睡、打嚏、打话、打闹、打斗、打和、打合(读作阁)、打过、打勾、打了，至于打糊、打面、打饼、打百索、打条、打帘、打荐、打席、打篱笆。街市戏谑有打砌、打调之类，因并记之。

又吴曾《能改斋漫录》卷五：

予尝考《释文》云："丁者，当也。"打字从手从丁，以手当其事者也，触事谓之打，于义亦无嫌矣。……予尝见宋景文公曰："凡义有未通者，当以偏旁考之。"予于打字得之矣。

又张世南《游宦纪闻》卷二：

《韵略》中无打字，已详见《归田录》中。但于《广韵》梗

> 字韵中音德冷，又都挺切，今俗谈谓打鱼、打水、打船、打伞、打量之类，于义无取。沙随先生云：往年在太学炉亭中，以此语同舍，有三山黄师尹曰："丁，当也，以手当之也。"其义该而有理。

从以上材料可看出，"打"音丁雅反，有多种意义，远在宋代已经如此。《广韵》德冷切，又都挺切，现代吴语如此读。这些材料对于研究"打"字的意义及发展无疑是有帮助的。

5. 记录了大量的谚语

谚语是汉语词汇的重要组成部分，它形式生动，含义丰富，反映了人民对自然和社会生活的认识，其中不少有积极意义，值得很好地继承。宋代笔记中记录了许多前代或当代的谚语，这为我们今天搜集整理古代谚语提供了方便。如王楙《野客丛书》卷二十七：

> 古人谚语见于书史者甚多，姑著大略于此。曰兽恶其网，民恶其上。曰众心成城，众口铄金。曰从善如登，从恶如崩。曰狐裘蒙茸，一国三公。曰家有千金，坐不垂堂。曰耕当问奴，织当问婢。曰一日纵敌，数世之患。曰欲人勿知，莫若无为。曰一朝不朝，其间受刀。曰当出不出，间不容发。曰当断不断，反受其乱。曰一人在朝，百人一带。曰一日不书，百事荒芜。曰畏首畏尾，身其馀几。曰天与不取，反受其咎。曰白头如新，倾盖如故。曰皮之不存，毛将安傅。曰千人所指，无病自死。曰怒其室作色其父。曰官无中人，不如归田。曰力田不如逢年，善仕不如遇合。曰相马失之瘦，相士失之贫。曰虽有亲父，安知其不为虎；虽有

亲兄，安知其不为狼。曰生男如狼，惟恐其尪，生女如鼠，惟恐其虎。曰彀弩射市，薄命先死。此类不可胜举。

这段笔记记录的二十五条谚语，现代谚语词典并未完全收录。其中“家有千金，坐不垂堂”，《古谚语辞典》⑨、《谚语词典》⑩未收。“一朝不朝，其间受刀”“当出不出，间不容发”“彀弩射市，薄命先死”，《谚语词典》未收。也有虽收而文字不同的，如“一人在朝，百人一带”“怒于室作色其父”，《古谚语辞典》作“一人在朝，百人缓带”“怒于室者色于市”。谚语词典如能将一条谚语的不同形式一一列出，一定会更加全面和细致。

陆游《老学庵笔记》卷二：

> 淮南谚曰：“鸡寒上树，鸭寒下水。”验之皆不然。有一媪曰：“鸡寒上距，鸭寒下嘴耳。”上距谓缩一足，下嘴谓藏其喙于翼间。

陆游对“鸡寒上树，鸭寒下水”这一谚语进行了验证，并根据老媪的意见更正为“鸡寒上距，鸭寒下嘴”。《古谚语辞典》未收。

有的笔记考证了某些谚语的来源，如王楙《野客丛书》卷二十九：

> “巧诈宁拙诚”见《说苑》。“十指有长短，痛惜皆相似”见曹植诗。“卖浆值天凉”见姜子牙语。“近朱赤，近墨黑”见傅玄《太子箴》。“积财千万，不如薄艺随身”“教儿婴孩，教妇初来”见《颜氏家训》。“生为人所咀嚼，死为人所欢快”见左雄语。……“对牛弹琴、作死马医、冷灰豆爆”皆见

禅录。

这种考证很粗略，如“巧诈宁拙诚”最早应出于《韩非子·说林上》，“十指有长短，痛惜皆相似”应出自刘商《胡笳十八拍》。此外，这段笔记所引的某些谚语与现代谚语词典所收形式不一致，如“冷灰豆爆”，《古谚语辞典》作“冷灰里爆出火来”；有的则为现代谚语词典所未收，如“生为人所咀嚼，死为人所欢快”“卖浆值天凉”等。

6. 说明某些俗语词得名的由来

王楙《野客丛书》卷六：

> 宋子京曰：“古人语有稚拙不可掩者。《乐府》曰：‘何以销忧，惟有杜康。’”仆观束皙赋“杜康咥其胃”，乐天诗“杜康能解闷”，潘佑诗“直俟将心付杜康”盖祖此意。文士有因其人名遂为事用者，如东坡诗“独对红渠倾白堕”，按《洛阳伽蓝记》白堕春醪，自是造酒者。江东人姓刘名白堕，或谓因其能造酒，遂为酒名。又近时称“主簿”为“仇香”，似此之类甚多。

说明“白堕”“杜康”用作酒名是以造酒之人代酒名。“主簿”称“仇香”也是同样的原因，东汉仇览别名仇香，曾任主簿。

周密《志雅堂杂钞》卷下：

> 风马牛事，服虔注云：“风，放也，牝牡相诱谓之风。”今人不肖子，昵昵于游荡者，亦谓之风子，岂此意耶？

据此，宋代“风子”表示任性放荡的人，来源于“风，放也，牝牡相诱谓之风”的意义。

吴处厚《青箱杂记》卷二：

仁宗庙讳“贞”，语讹近“蒸”，今内庭上下皆号“蒸饼”为“炊饼”。

陆游《老学庵笔记》卷二：

《酉阳杂俎》云“茄子一名落苏”，今吴人正谓之落苏。或云钱王有子跛足，以声相近，故恶人言茄子，亦未必然。

赵彦卫《云麓漫钞》卷九：

浙人避钱氏讳，改刘为金，果有石榴，呼曰金樱。……《本草》有薯蓣，避唐代宗（李预）讳，改云薯药，避英宗（赵曙）讳，又改为山药。

朱翌《猗觉寮杂记》卷下：

吕后讳雉，以雉为野鸡，杨行密据扬州，州人以蜜为蜂糖。

又《猗觉寮杂记》卷下：

世号赘婿为布袋，多不晓其义，[谓]如入布袋，气不得出。顷附舟入浙，有一同舟者号李布袋。篙人问其徒云："如何入舍婿谓之布袋？"众无语。忽一人曰："语讹也，谓之补代。人家有女无子，恐世代自此绝，不肯嫁出，招婿以补其世代尔。"此言绝有理。

宋人认为蜜之称"蜂糖"、石榴之称"金樱"、"蒸饼"之称"炊饼"、茄子之称"落苏"、薯蓣之称"薯药""山药"，并由避讳而来；赘婿之称"布袋"，源于语音讹变。这些说法不一定可靠。《本草纲目》三六《木三》认为："金樱当作金罂，谓其子形如黄罂也。""山药"之名，宋以前就有了，唐韦应物《郡斋赠王卿》诗"山药寒如华"，可见"山药"之名并非避宋英宗讳而来。雉称"野鸡"，是避吕后讳，唐人已经谈到。[11] 其实《史记》中"雉"字多次出现，如《殷本纪》"飞雉登鼎耳而呴"，《屈原贾生列传》"鸡雉翔舞"等，并没有避吕后的讳。

（二）批评前代训诂，提出不同见解

宋代笔记对前人的训诂成果不盲目遵从，而是大胆提出自己的意见，显示了他们的创新精神，为训诂研究别开生面做出贡献。如《容斋随笔》卷十二：

逸《书》、逸《诗》，虽篇名或存，既亡其辞，则其义不复可考，而孔安国《尚书》，杜预注《左传》，必欲强为之说。《书》"汩作"注云："言其治民之功。""咎单作《明居》"注云："咎单，主土地之官；作《明居》，民法。"《左传》"国子赋辔之柔矣"注云："义取宽政以安诸侯，若柔辔之御刚马。"如此之类。予顷教授福州日，林之奇少颖为《书》学谕，讲"帝厘下土"数语，曰："知之为知之，《尧典》、《舜典》之所以可言也；

不知为不知,《九共》、《槁饫》,略之可也。"其说最纯明可嘉,林君有《书解》行于世,而不载此语,故为表出之。

洪氏批评孔安国注《尚书》、杜预注《左传》时对逸《书》、逸《诗》"强为之说",应实事求是地注明它们已经亡逸。

袁文《瓮牖闲评》卷二:

物故者,其说甚多。或云"人死则为物",非也。《汉书·苏武传》云:"前以降及物故,凡随武还者九人。"宋祁谓物音殁,极是。盖本是殁字,借用物字,何劳异说耶!

颜师古《汉书》注:"物故谓死也,言其同于鬼物而故也。一说,不欲斥言,但云其所服用之物皆已故耳。"《三国志·蜀志·刘璋传》:"瑁狂疾物故。"裴松之注:"魏台访'物故'之义,高堂隆答曰:'闻之先师:物,无也;故,事也;言无复所能于事也。'"袁氏引宋祁之说,认为"物"是"殁"的假借字,这比前人高明多了。王念孙《读书杂志》进一步解释说:"'物'与'歾'同,《说文》:'歾,终也。'或作'殁'。歾、物声近而字通。……诸家皆不知'物'为'歾'之借字,故求之愈深而失之愈远也。"

彭乘《墨客挥犀》卷五:

《诗》云:"螟蛉有子,蜾蠃负之。"[12]陶隐居以谓蜾蠃自生子如粟粒,捕取螟蛉者,所以饲其子,非以螟蛉为子也。余童稚时,屡验之,陶说诚不妄。其类有三:衔泥营巢于室壁间者,名蜾蠃;穴地为巢者,名蠮螉;巢于书卷或笔管中者,名蒲卢,名既不同,其质状小大亦异。蜾蠃蒲卢,即捕桑

> 蠖及小蜘蛛之类，蠮螉唯捕蟏蛸与蟋蟀耳。捕得皆螫杀，去其足，尽置穴中，生子其上，旋以泥隔之，旬日子大成蜂，能飞，而诸虫尽矣。

按《毛传》："螟蛉，桑虫也；蜾蠃，蒲卢也；负，持也。"《郑笺》："蒲卢取桑虫之子负持而去，煦妪养之，以成其子。喻有万民不能治，则治者将得之。"彭氏利用目验材料证实陶弘景的解释是正确的，蒲卢取桑虫之子只是为了饲养自己的幼虫，这是极有见地的。

袁文《瓮牖闲评》卷一：

> 《春秋》"星陨如雨"，杜预注云："如，而也，星陨而雨也。"而、如通用，第恐雨时天上未必有星。今观唐临淄王平国难之时，《唐史》载"是夜天星散落如雪"，则"星陨如雨"，是亦散落者乎？故余谓如字不可尽训为而字也。

又王辟之《渑水燕谈录》卷九：

> 建隆中，南都一夕星陨如雨，点或大或小，光彩煜然，未至地而灭。景佑初，忻州夜中星殒极多，明日视之，皆石。闻今忻民犹有蓄之。乃知《公羊传》以"星雨不及地而复"，其说得之。杜氏以如雨而言与雨偕，非也。

上古汉语中，"如"可读为"而"，但"星陨如雨"的"如"应读为本字。袁、王二氏根据事实推理批评杜注，是正确的。

袁文《瓮牖闲评》卷二：

《后汉书·马援传》有“冘豫”二字，注云：“冘音以林反。”恐当时只是犹字，借用尤字耳。传写之错致章怀误音也。

按《后汉书·马援传》原文为：“八年，帝自征嚣，至漆，诸将多以王师之重，不宜远入险阻，计冘豫未决。”注：“冘，行貌也，义见《说文》；豫亦未定也。冘音以林反。”“冘豫”等于说“犹豫”，是连绵词。袁氏批评李注不应分开来讲，是正确的认识。不过，“冘”字本有“犹”音，《集韵·尤韵》“冘，冘豫，不定，通作‘犹’。”并非“冘”字的转写之误。

《容斋三笔》卷十三：

《周礼》司尊彝：“裸用鸡彝、鸟彝，其朝献用两献尊，其再献用两象尊。”汉儒注曰：“鸡彝、鸟彝，谓刻而画之为鸡、凤凰之形。献读为牺，牺尊饰以翡翠，象尊以象凤凰。或曰：象骨饰尊。又云：献音娑，有婆娑之义。”惟王肃云：“牺、象二尊，并全牛、象之形，而凿背为尊。”……予按今世所存故物，《宣和博古图》所写，牺尊纯为牛形，象尊纯为象形，而尊在背，正合王肃之说。然则牺字只当读如本音，郑司农诸人所去，殊与古制不类。则知目所未睹而臆为之说者，何止此哉！

洪氏利用所见《宣和博古图》证实王肃的说法，牺尊、象尊应为牛形、象形，背上开孔以盛酒，纠正了前人的错误解释。对照朱熹《诗集传》仍沿用旧说，将《鲁颂·閟宫》“牺尊将将”的“牺尊”释为“画牛于尊腹也”，洪氏的确是很有创新精神的。明代焦竑《焦氏笔乘·牺尊》也利用了《博古图》对牺尊、象尊做了解释，但他比洪迈的发现晚了很多。

（三）利用金石文字、史料记载，纠正古籍中的错误

印刷术未发明之前，古籍的流传完全依赖于手工钞写，这样难免产生错误。随着时间的流逝，这些错误往往不容易被认识。宋代笔记利用金石文字等材料，对其中的一些错误作了修正。如《容斋随笔》卷五：

> 今人书二十字为廿，三十字为卅，四十字为卌，皆《说文》本字也。廿音入，二十并也。卅音先合反，三十之省便，古文也。卌音先立反，数名，今直以为四十字，按秦始皇凡刻石颂德之辞，皆四字一句。《泰山辞》曰："皇帝临位，二十有六年。"《琅邪台颂》曰："维二十六年，皇帝作始。"《之罘颂》曰："维二十九年，时在中春。"《东观颂》曰："维二十九年，皇帝春游。"《会稽颂》曰："德惠修长，三十有七年。"此《史记》所载，每称年者辄五字一句。尝得《泰山辞》石本，乃书为"廿有六年"，想其余皆如是，而太史公误易之，或后人传写之讹耳。其实四字句也。

洪氏根据《泰山辞》石碑，说明《史记》所载《泰山辞》《之罘颂》《东观颂》等与原本有异，原本应该全为四字一句，二十、三十、四十等均应写作廿、卅、卌。这种利用金石文字说解古书的做法为训诂研究开辟了新的天地，在后代得到了广泛的应用。

张邦基《墨庄漫录》卷五：

> 杜子美有《忆郑南玭诗》云："郑南伏毒守，潇洒到天

> 心。”殊不晓伏毒守之义，守当作寺。按《华州图经》，有伏毒寺，刘禹锡《外集》有贞元中侍郎舅氏牧华州时，予再忝科第，前后由华觐谒，陪登伏毒岩。今世行本皆作守，误也。

这里所引“潇洒到天心”的“天”，现在各版本作“江”。“伏毒守”费解，张氏据《华州图经》，指出当为“伏毒寺”，“寺”因形近误为“守”。

朱翌《猗觉寮杂记》卷上：

> 洪驹父《诗话》，“天棘”事了不可解。问鲁直，鲁直亦不解。问王仲至，仲至云“非烟非雾，自一种物，出异书。”然“梦青丝”何谓也，疑梦乃蔓字传写之误。余按《本草》，天门冬亦名颠棘，春生藤蔓，如丝而细，正与诗合。天门冬一名颠棘，故有天棘之称；藤蔓细于丝杉，故有蔓青丝之语。子美以对“江莲摇白羽”，决是当时所见，顾肯以“非烟非露”为对耶。改蔓为梦，尤穿凿。

杜甫《巳上人茅斋》诗“江莲摇白羽，天棘梦青丝。”《全唐诗》、《钱注杜诗》均于梦字下注云：“一作蔓。”《杜诗详注》此句作“天棘蔓青丝”，蔓字下云：“徐弦家本作蔓，旧作梦，非。”这段笔记不仅正确解释了“天棘”，还充分说明了“梦”乃讹字。清杨伦《杜诗镜诠》引宋王观国《说林新编》：“‘天棘蔓青丝’，盖天门冬亦名天棘，其苗蔓生，好缠竹木上，叶细如青丝，寺院庭槛多植之可观。后人改蔓字为梦，又释天棘为柳，非也。”其说与朱氏相同。

（四）记述了某些构词特点和词义演变

宋代笔记中有一些关于构词法和词义演变的材料。如《容斋随笔》卷八：

> 人物以义为名者，其别最多。仗正道曰义，义师、义战是也。众所尊戴者曰义，义帝是也。与众共之曰义，义仓、义社、义田、义学、义役、义井之类是也。至行过人曰义，义士、义侠、义姑、义夫、义妇之类是也。自外入而非正者曰义，义父、义儿、义兄弟、义服之类是也。衣裳、器服亦然：在首曰义髻，在衣曰义襕、义领，合中小合子曰义子之类是也。合众物为之，则有义浆、义墨、义酒。禽畜之贤，则有义犬、义乌、义鹰、义鹘。

洪氏记录了由"义"组成的二十九个复音词，并对"义"在这些词中的不同意义分别进行了说明。《辞源》收了其中的"义师、义战、义帝、义仓、义田、义学、义役、义井、义士、义侠、义父、父儿、父兄弟、义髻、义浆、义墨、义酒、义子"十八个词，其中"义子"一词释为"干儿子"与《容斋随笔》不同。还有十一个词未收，这条材料对于研究以"义"构成的复合词是有一定帮助的。

王楙《野客丛书》卷二十四：

> 喻人作事，有狐疑、犹豫等语，皆以物性言之。狐多疑虑，故曰狐疑。犹恐人害己，每豫上树，故曰犹豫[13]……然皆喻其一端，惟狼之喻尤多。言其恣食，则曰狼餮；言其恣取，则曰狼贪；言其威颜，则曰狼顾；言其乱走，则曰狼窜；言其陆梁，则曰狼扈；言其专愎，则曰狼狠；言其不恤，则曰狼戾；言其不俭，则曰狼籍；言其乖谬，则曰狼狈。

列举了由“狼”构成的九个复合词,并分别解释了它们的意义,为分析这些词的内部结构提供了方便。

《野客丛书》卷三:

> 东汉臣下多呼万岁。冯鲂既降群盗,赦其罪,各返农桑,皆称万岁。耿恭于虏围中,拜井得泉,众皆称万岁。马援曰:“今赖士大夫之力,蒙被大恩,纡佩青紫。”吏士皆称万岁。岁旦,门下掾王望,请上太守寿,掾史皆称万岁。臣下往往若此,不以为僭,此犹可也。观汉刻中,有故民吴仲山碑,其铭中有“子孙万岁”之语。民犹称万岁,官吏可知,鲜有非之者。惟窦宪为将军,至长安,尚书以下议欲拜之,伏称万岁。韩棱正色曰:“礼无臣下称万岁之制。”议者皆惭。所避忌者惟此语,此语在当时不无讳避,但不至如后世之切耳。

王春瑜《“万岁”考》一文[14],对“万岁”一词进行了考证,但结果不能令人信服。他认为到汉武帝时,随着儒家的被皇帝定于一尊,“万岁”成了最高统治者的代名词。而从上面的笔记可知,东汉时期,人臣仍可称“万岁”。

费衮《梁谿漫志》卷五:

> 古者居室,贵贱皆通称宫,初未尝分别也。秦汉以来,始以天子所居为宫矣。《礼记》云:“父子异宫。”又云:“儒有一亩之宫,环堵之室。”林子中在京口作诗寄东坡云“欲唤无家一房客,五云楼殿锁鳌宫。”而东坡和云:“邛头莫唤无家客,归扫峨嵋一亩宫。”盖本诸此。

说明“宫”的词义由一般到尊贵的发展过程，并指出“宫”作为天子住所的专称时代年限。

叶大庆《考古质疑》卷六：

> 尝考许慎《说文》：“殿，堂之高大者也。”《汉书·黄霸传》：“张敞奏霸集计吏能言孝弟风化者上殿。”[15]是丞相府中有殿也。颜师古注：“丞相所坐屋也。”又《霍光传》：“鸮数鸣殿前木上。”师古又注云：“古者室屋高大，则通呼为殿，非止宫中。”及《董贤传》：“起大第，重殿洞门。”师古于此乃曰：“殿有前后，僭天子制也。”不以殿为高屋之通呼，自为同异，何耶？意者重殿乃为天子制耶？……大庆尝泛观之，《艺文类聚·汉宫阙名》曰：“长安有临华、飞云、昭阳等殿，萧何、曹参、韩信并有殿。”《太平寰宇记》：“河南道郓州须城有东平宪王苍所起之殿。……”是知两汉时不以殿为僭也。至《魏·张辽传》：“文帝引辽亲问破吴状，帝曰：‘此亦古之召虎也。’为起殿舍。又特为辽母作殿。”……即是而观，唐以前上下犹称为殿也，至唐则不然，观师古注《汉书》辞意可见矣。

叶氏引用详细的例证，说明“殿”由泛指高大的房屋演变为帝王受朝理事的房屋，词义范围缩小了。同时，他还指出这种转变的时代年限。

五、宋代笔记和语法修辞

宋人笔记中已有部分关于语法的资料，这对于我们今天的语法研究无疑是有帮助的。如吴曾《能改斋漫录》卷十：

《左氏传·襄公二年》“马牛皆百匹”，或曰牛亦可以称匹，非也。《司马兵法》“邱出马六匹，牛三头”，则牛当称头，不当称匹。今此称匹者，并言之耳，经传之文多类此。《易·系辞》云“润之以风雨”，《论语》云“沽酒市脯不食”，《玉藻》云“大夫不得造车马”，《曲礼》“猩猩能言，不离禽兽”，皆从一而省文也。

又王楙《野客丛书》卷二十四：

《礼记·曲礼》：“问国君之富，数地以对。问大夫之富，曰有宰食力。问士之富，以车数对。问庶人之富，数畜以对。”……此古人错综文体。《左传》曰“我之不共，鲁故之以”；曰“是昆吾稔之日也，侈故之以”，倒用文势，如此下语，此与《匈奴传》“必我也为汉患”者同一句法。

以上两条笔记分明古人文法中的连类而及与错综成文。俞樾《古书疑义举例》中有“古人不嫌疏略例”“错综成文例”“倒句例”等，可以说都是继承和发展了宋人的说法，甚至用例也基本一致。

赵彦卫《云麓漫钞》卷十：

古人多言阿字，如秦皇阿房宫，汉武阿娇金屋。晋尤甚，阿戎阿连等语极多。唐人号武后为阿武婆。妇人无名，第以姓加阿字，今之官府妇人供状，皆云阿王阿张，盖是承袭之旧云。

又王楙《野客丛书》卷十八：

《世说》云："谢太傅语真长阿龄于此事，故欲太厉。"注："阿龄，王胡小字。"仆谓胡之本字修龄，呼阿龄者，即其字耳……顾所施用，有缀以姓者，有缀以名者，有缀以字者，有缀以第行者。缀以姓，如阿阮；缀以名，如阿戎；缀以字，如阿平；缀以第行，如阿大。讵可因其称阿，遂以为小字乎？

又《野客丛书》卷十三：

晋宋人多称阿，如云阿戎、阿连之类。或者谓此语起于曹操称阿瞒，仆谓不然。观汉武帝呼陈后为阿娇，知此语尚矣。设谓此妇人之称，则间以男子者，如汉殺阬碑阴，有阿奉、阿买、阿兴等名。

以上三条笔记对词头"阿"的起源和应用范围都有很好的说明。王力先生《汉语史稿》中册说："词头'阿'字最初用作疑问代词'谁'的词头(阿谁)。……它作为人名的词头是从小字(小名)开始的。《汉武故事》说武帝的后小字阿娇，这还不一定靠得住，因为《汉武故事》是伪书。但是曹操小字阿瞒，刘禅小字阿斗，总算是可靠的。"《野客丛书》记录汉代殺阬碑阴有阿奉、阿买、阿兴等名，这可以证明"阿"冠于人名前确实是从汉代开始的，王先生总结并发展了宋人的研究成果。

陆游《老学庵笔记》卷六：

古谓带为一腰，犹今谓衣为一领。周武帝赐李贤御所服十三环金带一腰是也。近世乃谓带为一条，语颇鄙，不若从古为一腰也。

这条笔记说明同一事物古今所用量词不同。“腰”指“身腰”，带系于腰，故用“腰”为量词，后来“腰”的这种用法消失了，被“条”所取代。

可见，宋代笔记在文字、语音训诂、语法修辞等方面，它都能提供许多有价值的材料并给我们一定的启发，我们要充分利用笔记为汉语史研究服务。

六、宋代笔记的局限

以上我们谈了宋代笔记在汉语史研究中的积极作用，但这些笔记也存在着许多不足之处，或穿凿附会，或增字解经，或随意杜撰，或烦琐寡要，因此对于笔记中的材料，我们必须慎重选择，以免错上加错。下边略举几例以见一斑。

袁文《瓮牖闲评》卷二：

颜师古解《汉书》“庸奴其夫”，谓“不恃赖其夫，视之若庸奴。”考《史记·张耳传》云：“外黄富人女甚美，嫁庸奴，亡其夫，去抵父客。”然则庸奴乃是人名，非鄙之如庸奴也。

据《史记》“庸奴其夫”意即其夫为“庸奴”。颜氏误。袁氏引《史记》批评师古是对的，但“庸奴”也不是人名。

洪迈《容斋续笔》卷八：

木绝于申，故神字之训为木自毙。水土绝于巳，故汜字之训，《说文》以为穷渎，圮字之训为岸圮及覆。火衰于戌故威为灭。金衰于丑，故钮为键闭。制字之义昭矣。

用五行观念解释文字的由来，这种主观臆测的方法不足为据。

姚宽《西溪丛语》卷上：

《诗》曰："投我以木瓜，报之以琼琚。投我以木桃，报之以琼瑶。投我以木李，报之琼玖。"《传》曰："木瓜，楙木，可食之木也。"按《诗》之意，乃以木为瓜为桃为李，俗谓之假果者，盖不可食，不适用之物也，亦犹画饼土饭之义尔。

姚氏将"木瓜""木李""木桃"中的"木"解释为用木头做的，不免穿凿附会，并无根据。"木瓜""木李""木桃"这种构词法是"前上古汉语的残存"。[16]

从以上例子可以看出，宋代笔记也存在许多粗制滥造的东西，我们应认真考证，仔细研究，让它们更好地为汉语史研究服务。

注释

① 纪昀《阅微草堂笔记・滦阳续录小序》。

② 《诗・周颂・噫嘻》："终三十里，骏发尔私，亦服尔耕，十千维耦。"通常以为无韵。

③ 今作"文王陟降，在帝左右。亹亹文王，令闻不已。"

④ 实际上，"章""庆"上古属阳部，"平""正"上古属耕部。旁转。

⑤ 王力《汉语史稿》上册 70 页。

⑥ 已出专著多种，如张相《诗词曲语辞汇释》、朱居易《元剧俗语方言例释》、蒋礼鸿《敦煌变文字义通释》、王锳《诗词曲语辞例释》《唐宋笔记语

辞汇释》《诗词曲语辞集释》、顾学颉、王学奇《元曲释词》、龙潜庵《宋元语言词典》等等。

⑦ 此为杜甫《漫成一绝》诗："沙头宿鹭联拳静，船尾跳鱼拨剌鸣。"

⑧ 见《中国语文》，1980 年 1 期。

⑨ 张鲁原、胡双宝编。北京出版社，1990 年 12 月。

⑩ 姚方勉主编。江苏古籍出版社，1990 年 9 月。

⑪ 韩愈《讳辨》："讳吕后，名雉野鸡。"

⑫《诗·小雅·小宛》作"赢"。

⑬"犹豫"之说误。此缘于《颜氏家训》。

⑭ 见《历史研究》1979 年 9 期。

⑮ 此段原文略有出入。

⑯ 说据邢公畹《〈诗经〉本字说》，《中国语文》1991 年 6 期。

（原刊《汉语史研究集刊》第一辑，巴蜀书社 1998 年。

作者工作单位：深圳盐港中学）

《成都龙泉驿百年契约文书(1754—1949)》民间用字例释

唐智燕

胡开全、苏东来先生主编的《成都龙泉驿百年契约文书(1754—1949)》共收录来自成都龙泉驿民间手写契约文书290余件,主要包括土地买卖契约、租赁借贷契约及分关继承契约。这批契约文书所涉及的具体地域多为客家人聚居地,因此它既是研究成都东山客家社会弥足珍贵的原始资料,也是研究当地语言文字面貌十分重要的原始语料。而且难能可贵的是,这部契约文书汇编著作还录有释文,释文中将文契里的俗字、别字等民间用字统一为正字(即此书“凡例”第四条曰:“契约文书中的俗字、别字和民间的简化字统一为正字,异体字一般不作改动”),这为读者阅读和理解文契提供了方便,同时又附上了原契影像图片,完好地保全了原契文字面貌。

作为民间手写契约文书,由于书写者文化水平及地域文化习俗等方面的影响,文契中俗字、方言字、通假字等民间用字及方言土语词十分丰富。其中有不少俗写字,其字形或字义生僻,在别处罕见。诸如此类俗写字,如果不加以准确释读,无疑将不利于读者对文契内容的正确解读。文章拟对契文中“硇”“[illegible]”“[illegible]”等一批疑难民间用字进行释读,以期为读者阅读和理解文契内容提供一些帮助,引例中用括号标出胡开全、苏东来先生的释读的字形,以便讨论。兹分类详述如下：

一、字形讹变的俗写字

有些字因为俗写变化,整体写成一个不易识别的字形,或与另一字相混,需要注意：

【支】《民国三十八年曾明轩立佃水田熟土等项文约》:“证人曾特支(支)。”(309 页)

按:“支”字,释文作“支”。误。“支”实为“夫”字写讹。即“支”为“夫”草书讹变所致。据考察,在其他地区民间手写文契中“夫”常作“支”。如《道光□年福建漳平刘李氏立出推条》:“立出推条人刘李氏,承支(夫)遗管有水田一段。”[1]348/6《云南永胜诉状批复文书(时间不详)》:“批:此案早经差提,并饬该地头目、老民理剖,该氏支(夫)何得抗不赴讯？仰即令该氏支(夫)赴案,谁是非不惟立断矣？”[2]567/5 在浙南石仓契约文书中常见地名“夫人庙庄”,其中“夫”字多作“支”。如《道光七年阙永寿立杜找田契》:“立杜找田契人阙永寿,原因日前与本族德瑛叔边交易民田壹契,坐落二十一都支(夫)人庙庄,土名安岱岗头坑屋侧。”[3]12/5《道光十六年石有福等立卖水塘田契》:“自愿将已手置有民田,坐落廿一都支(夫)人庙庄,土名西山冈粗扎面……”[3]17/5

【畱】《道光十二年陈会定等立分关合约》:“提畱(晋)烧房壹座,上架地基三人共修共用,周围阳沟为界。”(352 页)

按:“畱”字,释文作“晋”。误。“晋”实为“留”的俗字。据考察,在其他地区民间手写文契中“留”常作“畱”。如《道光十年浙江石仓黄增承立当田字》:“不限年月备办原价取赎,蔡边不得执畱(留)字纸。”[4]24/7《道光十二年福建寿宁何崇贵等立受卖山契》:“尽归与何边子孙畱(留)籙栽插松杉榅竹等杂木。”[1]134/5《光绪二年闽北官元樟卖皮骨田契》:“如无原价,任从银主永远管业,卖者不敢阻执畱(留)难。”[1]85/4 故“提畱”即为“提留”,指提取存留。“提留”在此批文契中为高频常用词。如《同治三年谢竹屏等立卖水田房基等项定约》:“瓦楼门壹座,墙垣、水井、粪池一并随田搭卖,毫无提留。”(200 页)《民国四年宁槐林等立杜卖水田等项定约》:“凡属卖业内所有花果树竹、浮沉砖石、斜坡陡坎,一概扫尘杜卖,毫无提留。”(204 页)

【办】《咸丰七年李仪龙等立杜卖水田旱土房屋等项定约》:“倘佃当、界址、坟地不清,拖累买主使费银办(两),任在价内扣除。”(182 页)《咸丰八年白我山立杜卖田地房屋等项定约》:“倘有事务不清,拖累买主使费银办(两),在价内扣除。”(184 页)

按:契中“办”字,释文作“两”。误。“办”实为“錢”字俗写。据考察,在其他地区民间手写文契中,“錢”常作“办”。如《咸丰五年贵州姜东化立卖田约》(D -〇〇二九):“当面议定价银二两七办(錢)二分。”[5]《光绪十二年贵州姜上锦立卖山场杉木约(B -〇二三二)》:“当日凭中议定价纹银柒两八办(錢)八分整。”[5]《云南新平李世美等立分水章程(时间不详)》:“倘有贪心不足之辈偷人之水肥己之身,互相倣案,倘若察获,罚银一两三办(錢)三分以作祭龙之费。”[2]431/4 而且,在成都龙泉驿杜卖田地房屋等项定约中,一般都写明“拖累买主使费银钱,在价内扣除”这一条款,其中“使费银钱”一般不说作“使费银两”。如《咸丰六年刘一士等立杜卖田地房屋等项定约》:“倘界址不明,佃当不清,拖累买主使费银钱,任买主在价内扣除。”(174 页)《咸丰六年戴锦文等立杜卖田地房屋等项定约》:“倘佃当、界址、坟地不明,拖累买主使费银钱,任买主在价内扣除。”(176 页)《同治元年刘音征等

立杜卖田地房屋等项定约》:“倘佃当、界址、坟地、水分及一切事务不清,拖累买主使费银钱,任在价内扣除。”(192 页)

【圵】《道光十二年陈会定等立分关合约》:“立字合同分关未叙文约人陈会定、会进、会岳等,情因先年父母所置业室,上下两大股,因去岁辛卯年六月之内,弟兄叔侄请齐族戚,凭众商议,合成诸事,圵(圵)匀分作五股均分。……张口无凭,请得族戚经众,立有合同约四张一样,会定、会进、会岳三人各执一张,会奇、会洪二人共执一张。弟兄五人永远子孙存照为据。”(352 页)

按:“圵”为僻字,古今字书未载,释文仍照录作“圵”。据考察,“圵”当为“此”字写讹。下列文契中“此”写作“𣥐”“訿”等形,可资比勘。如《道光二十四年贵州姜本洪等立断卖山场杉木契》:“恐口难凭,立𣥐断卖字为据。”[6]71/2《道光九年贵州姜老生断卖栽手杉木字》:“訿山界至上凭本名占地主与老木为界,下凭大河,左凭佐兴凭杨姓屋角为界,右凭文堵下寨姜朝奇弟兄之山为界,四处分明。訿山栽手、地主分为五股。”[6]53/2《民国十年贵州姜纯美立断卖田字》:“恐口无凭,立訿断卖字为据。”[6]250/4即“圵”“𣥐”“訿”等形,均为“此”字因其左旁“止”中的笔画“丨”独立成为部件并发生讹变所致。因而,契文“圵匀分作五股均分”当为“此匀分作五股均分”,“此”指代“先年父母所置业室上下两大股”,今于陈会定弟兄五人中作五股均分。

【𣗳】《光绪二十五年王发万等立分关合同文约》:“岩垮之草归地字号,岩垮上节齐溪木𣗳(爵)坎归仁字号。”(364 页)

按:“𣗳”字,释文作“爵”。误。“𣗳”当为“樹”的俗字。俗书“樹”常作“樹”。如《道光三年李万山等立分关合同文约》:“将田地、房屋、基址、樹(树)株、竹木、猪牛会债、账目什物等项,四股均派分明。”(351 页)《咸丰三年李仪龙等立杜卖田地房屋等项定约》:“共有𣗳(树)门十五扇,𣗳(树)边竹心门三扇,门框十九付。林园、竹木诸𣗳(树),本年小春即归买主。”(182 页)《汉语大字典·木部》亦云:“𣗳,同‘樹’。《宋元以来俗字谱》:‘樹’,《通俗小说》、《古今杂剧》、《太平乐府》等作‘𣗳’。”[7]卷三1354 又“𣗳”字形旁“木”发生位移而作“𡬶”。据考察,在其他地区民间手写文契中“树”常作“𡬶”。如《乾隆五十八年浙江石仓周应福等立卖田契》:“自情愿将自置民田坐落贰拾都𡬶(树)稍庄……”[8]160/1《同治九年浙江石仓阙玉珮立当茶子树山场字》:“立当茶子𡬶(树)山场字人阙玉珮……”[8]64/8《光绪九年福建罗源雷兴瑞立卖断园坪约》:“其园坪听从钱主开掘栽种地瓜、存留𡬶(树)木等件,价足心愿。”[1]56/6《光绪十五年福建罗源雷向灶立卖断园坪约》:“其园坪听从银主开掘栽种地瓜、存留𡬶(树)木等件,价足心愿。”[1]62/6《道光二十七年贵州姜东仪等立分山林合同》(E-〇〇二七):“其有冲大太岭上之阴地,仍照六股均分,日后取讨进葬,斫伐油𡬶(树)木数,俱照股数相补。”[5] 又《汉语大字典·寸部》云:“尌,同‘樹’。《集韵·遇韵》:‘樹,古作尌。’《字汇·寸部》:‘尌,籀文樹字。’”[7]卷一554 兹亦可资比勘。

【黾】《同治元年刘音征等立杜卖田地房屋等项定约》:“弟兄叔侄商议,愿将祖父所置田业一处合伙出卖,约计水田伍拾余亩,旱土拾余亩……坐落华邑,地名乌黾(黽)垱,册名刘高树,实载条粮银叁钱捌分正。”(192 页)

按:“地名乌黾垱”之“黾”字,释文作“黽”。但“乌黽”之意晦涩难解。兹有待商榷。“黾”疑为“龜”的俗字。即俗书“龜”或作“亀”。《汉语大字典·黽部》:“亀,同‘龜’。”[7]卷八5083“亀”进而简省作“龟”或“黾”。“鬮”俗作“[illegible]”又简作“[illegible]”“[illegible]”,便可资比勘。如《嘉庆二十一年袁万理等立写遗嘱田地林园基址分关》:“水旱田地、堰塘、河堰、林园基址、生熟地、家俱,尽行配搭均分,跪神拈阄。”(350 页)《民国二十二年张镜福等立遵分关合同文约》:“全作为三股,立天地人三字号为阄,配搭均匀,对祖拈阄。”(390 页)《光绪二十一年陈联杨等立分关合同文约》:“即日请凭家族看明,凭神拈阄,并无依强欺弱、依大欺小。”(358 页)《民国二年张清源等立分关合同》:“肥瘦兼搭均匀,凭神拈阄。”(372 页)故地名“乌黾垱”疑为“乌龟垱”。据各地遗存民间写本文契,田地坐落土名以动物之名命名的比较常见。《汉语大字典·黽部》云:“黾,同‘黽’。《字汇·黽部》:‘黾,俗黽字。’按:今为‘黽’的简化字。”[7]卷八5803 而契文中“乌黾垱”之“黾”字,当与字书所载“黾”同形异字,即二者只是字形相同而音义有别。此外,据方孝坤先生考察,徽州契约文书中“黾”字又为“鬮”的俗字。[9]290 民间俗书中诸如此类同形异字情形司空见惯,因此,我们不能拘泥于字书之音义。

二、声符变化的俗写字

在此批民间手写文契中,用音同或音近声符替换而成的异体字很常见。相对于当时通行字而言,这类民间俗书生成的异体字往往在表音上更为直白明了,或书写起来更为简洁方便。如“河堰”之“堰”作“[illegible]”(370 页)、“[illegible]”作“杸”(80 页)等。

1. 声符替换

【硱】《嘉庆十一年薛廷桢等立杜卖田地房屋文契》:“瓦碾子一座,碾房、碾石、碾硱(硱)、压石、碾杆、碾心,俱一全备。”(25 页)《道光二十六年张志书等立杜卖田地房屋等项定约》:“左边碾子一座,碾房、碾石、碾硱(硱)、压石、碾杆、碾心,俱一全备。”(156 页)

按:“硱”同“磙”,即以声符“困”替换“衮”而成。相对于“磙”字来说,“硱”书写起来要简便一些。故“碾硱”当为“碾磙”,指圆柱形的石制碾轧农具。而《汉语大字典·石部》云:“硱 kǔn〔硱磳〕山石高耸貌。《玉篇·石部》:‘硱,硱磳,石貌。’”[7]卷五2604 可见“碾硱”之“硱”,与字书所载“硱”同形异字,二者音义有别。而释文照录作“硱”,欠妥。此外,契文中“磙”又常作“[石昆]”。如《嘉庆十年刘荣才等立杜卖田地定约》:“碾子壹座,碾房、碾石、[石昆]子,俱一全套。”(138 页)《光绪三十二年廖思九等立杜卖田地瓦草房屋等项文契》:“石[石昆]壹个,碾子一座全套。”(92 页)《民国三十六年李福兴立佃田土房屋等项文约》:“公共石[石昆]壹个,公碾一座,木石全套。”(304 页)“[石昆]子”即为“磙子”;“石[石昆]”即为“石磙”。《汉语大字典·石部》:“[石昆] gǔn,石磙,石制的碾轧农具。《广宗县志·风俗略》:‘呼平场碾禾麦器为石[石昆]。’”[7]卷五2608“硱”“[石昆]”均为形声字,从石,困声或昆声,都是“磙”的异体字。

【檁/檩】《嘉庆十二年陈胡氏等立杜卖田地房屋等项定约》:“草房屋壹院,樑檁(檁)桷挑楼棒抬樑、六合门以及大小木门共贰拾壹扇。”(140 页)《民国二十四年叶维福立佃山场生熟田地房屋文约》:“所有宅内门扇窗格、檁(檁)桷挑枋、石[石春](椿)木柱抬樑……一并俱全。”(294 页)《民国三十七年张明辉立暂佃熟土房屋等项文约》:“今凭证暂佃到永昌堂名下熟土贰亩,草房屋两间,桁桷挑檁(檁)俱全。”(306 页)《道光二十六年苏万顺立杜卖田地房屋等项文契》:“以上房屋一并在内,有门有扇,树门叁扇,其余俱系竹门扇,檁(檩)桷挑枋楼棒、门窗户格……一并全庄扫卖,寸土不留。”(58 页)《嘉庆十二年陈胡氏等立杜卖田地房屋文契》:“草房屋壹座,樑檩(檩)桷挑楼棒抬樑、六合门、上下照面坊,以及大小木门共贰拾壹扇,门框窗格瓦沟,浮沉砖

石,阶檐条石……"(28页)

按:"⿰木领"在此批文契中为高频常用字,是当地方俗字,不为古今字书所载录。释文一般照录作"⿰木领",偶或释作"⿰木嶺"。欠妥。"⿰木领"实同"檩"。即以声符"领"替代"禀"而成。且相对于"檩"字而言,方域字"⿰木领"更能直接标示读音。在近代成都方言里,韵母 ing、in 读音相混不别,故"⿰木领"字声符"领"与"檩"的读音完全相同,而"檩"字声符"禀"已不能标示"檩"的确切读音。此外,文契中"檩"又作"⿰木嶺"。即以声符"嶺"替代"禀"而成。下列文契中正作"檩",便可资比勘。如《光绪二十年吴登福立杜卖山地土房屋等项文契》:"草房屋壹院,壹正两横,板门五扇,竹门叁扇,门框窗格,檩挑……"(80页)《光绪三十二年廖廷华父子立杜卖山地房屋等项文契》:"草房屋壹院,宅内门扇窗格……桁桷挑檩。"(94页)因此,"樑⿰木领/樑⿰木嶺""⿰木领桷""挑⿰木领"即分别为"樑檩""檩桷""挑檩"。《汉语大字典·木部》云:"檩,架在房梁上托住椽子的横木。也称桁条、檩条。《集韵·寝韵》:'檩,屋上横木。'"[7]卷三1399

【杴】《光绪二十年吴登福立杜卖山地土房屋等项文契》:"草房屋壹院,壹正两横,板门五扇,竹门叁扇,门框窗格,檩挑杴(杴)桷,抬楼穿枋,上帐下基。"(80页)《光绪二十二年陈寿金等立杜卖山地土房屋基址等项文契》:"草房屋壹院,门扇窗格,过门栋梁,檩桷挑枋,楼杴(杴)穿枋……"(84页)《民国三十七年刘盛昌等立杜卖街房铺面阴阳二宅基址等项定约》:"门窗户格,铺门铺板,⿰木领杴(杴)桁桷挑枋,柱头磉不,树楼壹座。"(207页)

按:"杴"在该批写本文契中为高频常用字,如在房屋杜卖文契中"杴桷""楼杴"及"⿰木领(檩)杴"等说法十分常见。《汉语大字典·木部》"杴"字音义为:(一)xiān 农具名;(二)qiān 泄水器。[7]卷三1257“杴”字的这两个意义,显然均不符合契文之意。据考察,契中“杴”当同“⿰木牵”。即用声符“欠”替代“牵”而成。相对于通行字“⿰木牵”而言,方域字“杴”的声符“欠”标音更为明了,并且“杴”字书写起来也简便得多。下契中正作“⿰木牵”,可资比勘。如《嘉庆十二年陈胡氏等立杜卖田地房屋等项定约》:“草房屋壹院,樑檩桷挑,楼⿰木牵抬樑,六合门以及大小木门共贰拾壹扇。”(140 页)《同治元年刘音征等立杜卖田地房屋等项定约》:“草房屋贰院,有门即有扇,栋樑桁桷,楼⿰木牵挑手,抬梁顶柱,门窗户格……”(193 页)因此,契中“杴桷”“楼杴”“檩杴”等当分别为“⿰木牵桷”“楼⿰木牵”“檩⿰木牵”。《汉语大字典·木部》云:“⿰木牵 qiàn,横⿰木牵木。《玉篇·木部》:‘⿰木牵,⿰木牵木。’《广韵·霰韵》:‘⿰木牵,横⿰木牵木。’《集韵·霰韵》:‘⿰木牵,横木。’”[7]卷三1377“⿰木牵”具体指穿斗式木构架上勾搭连接立柱和立柱的横木。可见,文契中“杴”字与字书所载“杴”同形异字,二者音义均不相同。而释文“杴”一律照录作“杴”,欠妥。此外,“⿰木牵”又写作“扻”“欠”。如《光绪二十二年陈洪兴等立杜卖田地土房屋等项定约》:“业界内房屋一院,门扇窗格、平扻(杴)栋樑挑枋、牛栏猪圈、槽石底板俱全。”(203 页)《道光二十二年杨一宾等立杜卖田地堰塘房屋等项文契》:“并诸所有门扇窗格、挑檩平欠(欠)、檩桷梁柱、滴水檐石、浮沉砖石……”(50 页)“扻”为“杴”字之讹,即因“木”“扌”两旁形近而俗书相乱所致。而“杴”同“⿰木牵”。又“欠”为“⿰木牵”的同音借字。故以上二契中“扻”“欠”二字,当释为“⿰木牵”较妥。

2. 声符形体讹变

【⿰扌⿱癶夫/⿰扌执】《民国三十七年魏叔玉立拨白米文约》:“立字⿰扌⿱癶夫(揆)白米文约人魏叔玉,今来⿰扌⿱癶夫(撥)到谢松柏名下中庄白米陆斗正。比日凭证言明,照龙泉驿市斗交[illegible]。此米无利⿰扌⿱癶夫(揆)至民国三十八年四月内一并付还,不得少欠升合。……恐口无凭,故立⿰扌⿱癶丂(撥)约一纸为据。”(344页)《民国三十八年毛安臣立拨棉花文约》:“立字⿰扌⿱癶丂(揆)棉花文约人毛安臣,今来⿰扌⿱癶丂(揆)到谢松柏名下中庄白花伍拾贰斤正,以兴市老秤交称。其花⿰扌⿱癶丂(揆)至来年八月内付楚,不少斤两……恐口无凭,故立扔(揆)约一纸为据。”(345页)

按:“⿰扌⿱癶丂”字,释文作“揆”或“撥”,又“扔”字,释文作“揆”。并且,编者注曰:“揆:本义为掌管,此处是指民间的友好借贷,不收利息。”(344页)兹值得商榷。据考察,“⿰扌⿱癶丂”实为“撥”字俗写,而非“揆”字,故当一律释作“撥”。俗书“發”常作“⿱癶丂”,如《光绪二十九年王联富等立遗嘱分关合同文约》:“自分之后,愿尔弟兄四人房房富贵,永远⿱癶丂(發)达。”(369页)《民国二十一年周荣盛立佃山地房屋文约》:“在场人冯义⿱癶丂(發)。”(288页)“撥”字因偏旁类推而作“⿰扌⿱癶丂”。如《嘉庆十七年陈仁龙等立杜卖田地定约》:“自卖之后,卖主不得栽种小春,任凭买主投税⿰扌⿱癶丂(撥)册,开垦管业。”(142页)《光绪二十二年陈寿金等立杜卖山地房屋等项文契》:“自卖之后,任随买主上税⿰扌⿱癶丂(撥)耕输。”(84页)《光绪二十二年陈洪兴立杜卖山田地土等项定约》:“实载条粮银壹钱壹分正,在陈洪兴册内⿰扌⿱癶丂(撥)出立户。”(202页)以上文契中“⿰扌⿱癶丂”字,释文均作“撥”。甚是。此外,在其他地区民间手写文契中“撥”亦常写作“⿰扌⿱癶丂”。如《道光六年云南新平李世美立杜卖山场田地文契》:“自杜之后,任凭徐姓⿰扌⿱癶丂(撥)粮投税,开挖耕种。”[2]33/4《光绪三十四年福建泉州陈花良立卖园契》:“有承祖父园壹坵,⿰扌⿱癶丂(撥)卖壹角听衙上开筑成坟葬亲,不敢阻当。”[1]341/2又《宋元以来俗字谱》载《金瓶梅》《岭南逸事》“撥”亦作“⿰扌⿱癶丂”。[10]41《中华字海·扌部》云:“⿰扌⿱癶丂,‘撥’的简体字。曾在新加坡通行，见新加坡《简体字表》。”[11]353“撥”由“调拨，分拨”之义引申指民间无息借贷。又上述《民国三十八年毛安臣立拨棉花文约》中“故立扔约一纸为据”之“扔”，亦非“揆”字，而当为“撥”字俗讹。即俗书“撥”简作“[illegible]”，进而简省讹作“扔”，犹“廢”俗作“癈”又简省作“疓”。如《咸丰三年李仪龙等立杜卖田地房屋等项定约》：“方(荒)岭熟土、沟道漏引、基址晒坝及一切成功不癈(廢)，即有未注者，俱一并在内。”(182 页)《光绪二十三年罗六盛立杜卖水田房屋等项定契文约》契末书云“此契作疓(廢)”。(86 页)

【揰】《民国二十四年叶维福立佃山场生熟田地等项文约》：“沟渠路道灌溉栽揰(種)，按照古规。所揰(插)田亩，但脱庄之年，不得放干打谷。”(294 页)

按：契中“揰”字，释文作“種”或“插”。不妥。“揰”为“插”字俗讹，故应都释为“插”。即俗书“插”或作“挿”。《汉语大字典·手部》：“挿，同‘插’。《字汇·手部》：‘挿，俗插字。’”[7]卷四1993“挿”再增笔讹作“揰”。据考察，在其他地区民间手写文契中“插”常作“揰”。如《天启七年福建寿宁陈儒八等立卖山契》：“其山四至内任从张家子孙砍伐柴薪，其四至内祖栽揰(插)榅杉竹木……”[1]3/5《嘉庆三年贵州彭长清等立佃山林合约》(C－〇〇〇八)：“奈股数繁多，难以栽揰(插)，爰是合同将此山佃与彭长清、万礼名下佃栽揰(插)。”[5]《嘉庆十三年贵州姜启翠立卖山场杉木约》(B－〇〇一二)：“此山佃到天柱吴岩栽揰(插)，分为五股。”[5]故“栽揰”当为“栽插”，意指栽种。

【坃】《光绪二年冯体元等立摘卖水田旱土基址文契》：“其田东至与卖主晒坝脚转与牛湖坃(坃)边路心为界。”(74 页)

按：“坃”字，释文照录作“坃”。欠妥。“坃”实为“坑”的俗字。据考察,在清至民国年间浙南石仓、福建漳平等地民间手写文契中,“坑”常作“坃”。如《乾隆五十三年浙江石仓冯天福等立卖田契》:“土名坐落米筛灵大坃(坑)边,安着田玖横……内至大坃(坑)为界,外至招宝田为界。”[8]12/6《道光十四年浙江石仓李天宝立租田劄》:“坐落念壹都天堂坃(坑),土名山粉寮。”[8]319/6《道光二十年福建漳平黄启畴立典水田契》:“立典契人黄启畴,承祖父阄分下管有水田壹段,址仁里东坃(坑)口乡,小地名石桥头。”[1]333/6《道光□年福建漳平刘李氏立出推条》:“立出推条人刘李氏,承夫遗管有水田一段,址仁里垵坃(坑),小地名长坃(坑)。”[1]348/6而《汉语大字典·土部》云:“坃,同‘埙’。《玉篇·土部》:‘坃’,同‘埙’。”[7]卷一452可见,文契中“坃”字与字书所载“坃”为同形异字。

【[illegible]】《光绪二十二年陈寿金等立杜卖山地土房屋基址等项文契》:“草房屋壹院,门扇窗格、过门栋梁、[illegible]([illegible])桷挑枋……”(84 页)

按:“[illegible]桷”之“[illegible]”,释文作“[illegible]”。值得商榷。“[illegible]”当为“檩”字写讹。“回”俗书常作“囬”,故“檩”字类推而作“[illegible]”。如《咸丰元年刘一棠立佃水田旱土房屋竹木等项文约》:“草房屋壹院,门框窗格、桁桷草[illegible]俱全。”(268 页)“[illegible]”再讹变作“[illegible]”,犹“壇”作“[illegible]”。“[illegible]”进而讹变作“[illegible]”。又“[illegible]”“票”形近而俗书易乱,如“票”讹作“[illegible]”“[illegible]”“[illegible]”等形。如《辛亥年浙江石仓阙征求立凭票付洋字》:“凭[illegible](票)付英洋九元五角正,此照。”[4]372/3《癸巳年浙江石仓陈王玉立凭票付谷字》:“凭[illegible](票)付禾谷一担七桶(桶)零升正,此照。”[4]268/3故“[illegible]”再讹作“[illegible]”。因而“[illegible]桷”当为“檩桷”。

【[illegible]】《乾隆五十年刘氏同侄刘嘉禄等立杜卖田地房屋基

址等项文约》:"房屋壹座,上下贰向,瓦屋共陆间。左右草屋肆向,共拾贰间……浮沉砖石、梁树楼(棲)枕、窗格门板、门柱门脚、山林竹木花果、草山旱土,所有过塞檐厅,壹并在内。"(10页)

按:"楼枕"之"楼",释文作"棲"。误。"楼"实为"樓"的俗字。"婁"字及偏旁"婁"俗书可简作"娄",即"婁"因其上部构件中的"吅"用简省符号"丷"替代所致,犹"單"简作"单"、"喪"简作"丧"等。因而俗书"樓"简作"楼"。下契中"樓"作"楼""楼",可资比勘。如《道光二十八年浙江石仓张开文立抵换田契》:"亦父手遗下房屋正屋内手楼(樓)屋半间,又厢房壹间,又横屋内半堂。"[4]242/6《民国三十一年浙江石仓练富松立卖断绝粮田契》:"又土名林永友屋后安着田壹处,其田上至阙姓田,下至楼(樓)门口,左至林姓田,右至路为界。"[4]228/2 此外,"婁"作"娄"、"漊"作"溇"、"嘍"作"喽"等,亦可参照比勘。因此,"楼枕"当为"楼枕"。以下二契中正作"楼枕",是其证。如《嘉庆十年洪李氏等立杜卖田地房屋等项文契》:"瓦屋上下堂共六间,左右瓦照墙贰向,左右草厢房四向,共拾贰间,过套厅共捌间,门框门不窗格、楼枕桁挑瓦桷梁树,树板门扇共陆拾间。"(22页)《嘉庆十一年薛廷桢杜卖田地房屋等项文契》:"瓦屋上下堂共六间,左右瓦照墙贰向,左右草厢房四向,共拾贰间,过套厅共捌间,门框门不窗格、楼枕桁挑瓦桷梁树,树板门扇共陆拾间。"(24页)"楼枕"指承放楼板的圆木。在现代西南官话土语里仍有这种说法。

【搗/捣】《民国二十四年叶维福立佃山场生熟田地等项文约》:"又议每年不分干旱,来年秋收后晒干风净,面过龙驿市斗交搗(搗),筛净白米叁石整,又搗(搗)芋麦十石整。其佃先种后搗(插),不种之年全纳。随年耕种,不拘年限。"(295页)《民国三十八年曾明轩立佃水田熟土等项文约》:“每年实纳干精租谷贰拾壹石贰斗正,以大面铺老市斗交⿰扌马(接),不得少欠升合。”(309页)

按:契中“⿰扌焉”字,释文作“⿰扌焉”或“插”;“⿰扌马”字,释文作“接”。不妥。“⿰扌焉”“⿰扌马”均应释作“⿰扌焉”。即“⿰扌马”为“⿰扌焉”字草书讹变所致。故“交⿰扌马”当为“交⿰扌焉”。“交⿰扌焉”在此批文契中为高频常用词,其中“⿰扌焉”字还写作“⿰扌马”“⿰扌马”“⿰扌马”“⿰扌马”“⿰扌马”等形,可资比勘。如《民国三十六年李福兴立佃田土房屋等项文约》:“比日凭证言明,客家自备无利押租黄谷拾叁石正,概依旧市斗交⿰扌马(⿰扌焉),不少升斛。”(304页)《民国二十六年萧荣先立佃水田熟土瓦屋文约》:“每年实纳干精租谷四石五斗正。……秋收后,依大面铺老市斗交⿰扌马(⿰扌焉),不得短少升斛。”(297页)《民国三十二年钟宗超立佃水田瓦草房文约》:“每年实纳干精租谷贰拾石,秋收后晒干过风,老斗交⿰扌马(⿰扌焉),不得短少升斛。”(303页)《光绪二十六年李见山立佃干地水田房屋文约》:“每年实纳租谷五斗。秋收后晒干过风,主斗交⿰扌马(⿰扌焉),不少升合。”(274页)《民国十七年义兴堂立承佃水田房屋等项文约》:“每年秋收实纳干精租谷贰拾贰石正。又按有利押租大洋柒佰元正,每年秋收佃家应扣回息谷贰拾石正,均依主家租斗风⿰扌马(⿰扌焉)除扣。”(283页)而“⿰扌焉”同“⿰扌隱”,为“量,交量”之义。《汉语大字典·手部》“⿰扌焉(yìn)”字第一个义项:“同‘⿰扌隱’。剂;平量。如:⿰扌焉米。《集韵·焮韵》:‘⿰扌隱,剂也。一曰平量。或从焉。’《中国歌谣资料·农民歌谣·高利贷》:‘⿰扌焉出是小克,⿰扌焉进是大克,封建地主,大利剥削。’”[7]卷四2056 因而,“交⿰扌焉”即指交量;“先种后⿰扌焉”即指先佃种(田地)后交量(租谷)。在有些文契中则说作“交称”、“先种后称”。如《民国十六年李均三立佃熟地文约》:“比日凭证言明,客家自备无利押租钱捌仟文正，客家每年实纳典钱贰仟捌百文，八月交称，不得少欠。”(282 页)《光绪八年曾正福立佃山田房屋文约》:“比日三面言明，客家自备无利有抵押租铜钱贰拾仟文正，系五、十两月交秤种出。……先种后秤，种出全秤。壬午年种小春起，不种之年，收割大春止。”(271 页)(笔者按:此契中“秤”同“称”。)“称”亦为“量，称量”之义，“交称”指交量。即“称”与“[illegible]”义近，其中“称”为通用词，而“[illegible]”为方言词，又“[illegible]”一般指用容器量，现在成都土语里还有这种说法。

三、形符变化的俗写字

民间俗书中添增或变换形符的俗写现象比较常见。比如，为了增强表意效果，民间俗写往往添增与该字字义相关的形符，如“荒”俗作“塃”之类。又近义或类义形符在民间俗书中往往相通而可互换，从而产生大量形符变换的俗写字，如俗书“階”作“堦”或“[illegible]”(即形符“土”“石”义近而俗书相通)、“磨”作“礳”(即添增形符“石”而成)或“[illegible]”(即形符“木”“石”义类而俗书相通)，等等。而民间俗书中由于某些形符形近而导致讹变相混的情形也比较多见。兹不赘述。此外，民间俗写由于受到前后文字字形的感染影响而产生类化，从而形成所谓的类化字。这种类化字往往由添加或改换偏旁而成，其中有部分类化字即为增添或改换形符所致。如:“商議”之“商”作“謪”(94 页)、“套哄”之“套”作“[illegible]”(92 页)及“养膳”之“养”作“[illegible]”(369 页)为增添形符之类化字，“勒逼”之“逼”作“[illegible]”(263 页)、“損坏”之“損”作“塤”(110 页)、“阻挡”之“阻”作“担”(256 页)为改换形符之类化字。由于上述种种原因造成形符变化的俗写字，在民间手写文契中普遍存在，在阅读时须仔细辨识。兹举例如下:

1. 形符增衍

【均】《宣统三年王开榜等立分关合同文约》:“龙骨寺房屋二院,地土二股,配搭均(均)均(均)。……其上河堰,二人均(均)析均(均)用。”(370 页)

按:此处“均”字,释文照录作“均”。欠妥。“均”当为“匀”的增旁字。即“匀”因受其前“均”字影响,类化增添“土”旁而作“均”。又此处“均”为“均”的俗字,释文作“均”,甚是。故“均均”当为“均匀”。“配搭均匀”为分关文书习用语,而无“配搭均均”之说。

【⿰石不】《光绪□年朱珊华等立杜卖田地房屋等项文契》:“瓦房壹院,草房壹院,外书房壹向……抬樑柱头、门框门扇窗格、隔墙过砖、天楼地板……檐石⿰石不(⿰石不)石、三合土晒坝、天井漏引,内外浮沉砖石。”(72 页)

按:“⿰石不”字,释文作“⿰石不”。不妥。“⿰石不”实为“不”的增旁字,即添增形旁“石”以增强表意性。文契中“条石”之“条”写作“⿰石条”,亦即其类,可资比勘。如《嘉庆十二年陈胡氏等立杜卖田地房屋契》:“草房屋壹座,樑檩桷挑、楼栿抬樑、六合门、上下照面坊,以及大小木门共贰拾扇,门框窗格瓦沟,浮沉砖石,阶檐⿰石条(条)石。”(28 页)释文“⿰石条”作“条”,甚是。即“⿰石条”为“条”的增旁字。“条石”指长方形石块。因而,“⿰石不石”即为“不石”。又“不”为“墩”之义。如《嘉庆十年洪李氏等立田地房屋文契》:“门框门不、窗格楼枕、桁挑瓦桷……”(22 页)编者注曰:“门不:就是门墩,托住门扇转轴的墩子,木制或石制。大户人家的石制门墩常常伸出门外,雕成狮子等形状。”(23 页)故“不石”即指垫在柱下的石墩。文契中也说作“石不”,可资比勘。如《道光二十六年刘郑氏等立杜卖田地房屋等项文契》:“瓦草大房屋壹院,外小草房

屋叁院……俱有门有扇，树柱石不，六合屏风。”(56页)

【粒】《光绪三十二年廖思九等立杜卖田地瓦草房屋等项文契》：“瓦草房屋一院，栋樑桁桷、楼[illegible]挑枋、鸾檐琴板边坭、粒(粒)柱磉不、过砖马颈、门窗户格俱全。”(93页)

按：“粒”当为“立”的增旁字。即“立”因受其后“柱”字的影响，类化添增“木”旁而作“粒”。“立柱”指建筑物里直立着的柱子。而释文照录作“粒”，欠妥。

【椨桧】《罗堃明等立摘卖水田旱土水份等项文契》(时间不详)：“埝尾上边有椨桧(椨桧)树一根，买方管业。”(126页)

按：“椨”“桧”当分别为“夜”“合”的增旁字。即“夜”“合”因受其后“树”字的影响，类化添增“木”旁而作“椨”“桧”。故“椨桧树”当为“夜合树”，即合欢树。《汉语大词典》“夜合”词条第一个义项：“合欢的别名。《太平御览》卷九五八引晋周处《风土记》：‘夜合，叶晨舒而暮合。一名合昏。’”[12]上卷890 释文仍照录作“椨桧”，但“椨桧树”晦涩难解。

2. 形符替换

【𣓌】《道光十一年阮国江等立杜卖田地房屋定约》：“房屋贰院，栋樑桁桷挑手楼[illegible]、过樑柱头𣓌(磉)不泥楼、门窗户格瓦沟，树门共贰拾扇，门框全套。”(146页)

按：契中“𣓌”当为“磉”的换旁字。即形旁“木”“石”义类而俗书相通，如“檽”作“礄”、“椿”作“[illegible]”等。如《光绪二十三年罗六盛立杜卖水田房屋等项定契文约》：“地名龙兴礄侧近水田壹段，计丈叁拾亩零。”(87页)《民国二十四年叶维福立佃山场生熟田地房屋文约》：“所有宅内门扇窗格……石[illegible]木柱。”(294页)“石[illegible]”即“石椿”。故“磉”字易旁为“木”而作“𣓌”。或言“磉”因受其前“樑”“柱”等字的影响，类化易旁为“木”而作“𣓌”，也说得通。故“椽不”当为“磉不”。《现代汉语方言大词典》“磉不”曰:“门枋(门旁立柱)下面带臼的石墩。不,俗字,清朱琰《陶说·说今·陶冶图说》注‘敦’上声,‘盖景德土音也’。……不,义即墩,与广韵曷韵五割切、集韵代韵牛代切‘不’字音义不相干。”[13]卷六5431“磉不”即与“磉墩”之义相同,指柱下石。它在此批文契中很常见。如《同治二年曾百维等立杜卖水田、房屋等项定约》:“草房屋一院,正宅扇架装四间,厢房一长间,楼门一座,柱头磉不、穿方(枋)……”(196页)《民国三十七年刘盛昌等立杜卖街房铺面瓦屋阴阳二宅基址等项文契》:“左街房铺面瓦屋壹间进,门窗户格……柱头磉不。”(134页)《汉语大字典·木部》云:“椽,同‘桑’。”[7]卷三1363可见契文中“椽不”之“椽”,与字书所载“椽”字同形异字。释文照录作“椽”,欠妥。

四、声符形符都发生变化的俗写字

有些字的声符和形符都发生了变化,比如“柴薪”之“薪”作“梓”(263页),把艸头改作木旁,又用“辛”代替“新”表音,结果跟“桑梓”的“梓”同形。此外还有:

【棡】《道光三年李万山等立分管合同文约》:“将老宅瓦房、草牛栏、猪棡(棡)、仓、碾子、楼门门扇窗格、树株竹木刺草,一并在内……”(351页)《道光二十二年杨一宾等立杜卖田地堰塘房屋等项文契》:“瓦房壹正两横,马颈仓厫两座,猪棡(圈)五间,槽底坑凼俱在,牛栏壹间……”(50页)

按:“猪棡”之“棡”当同“圈”。俗书“圈”或增“木”旁而作“櫶”,以增强表意性。《汉语大字典·木部》:“櫶,同‘圈’。养牲畜的木栏。”[7]卷三1372如《光绪三十二年廖廷华父子立杜卖山地房屋等项文契》:“草房屋壹院,宅内门扇窗格,猪櫶粪氹槽底……”

(94 页)《民国二十四年叶维福立佃山场田地房屋文约》:“外有牛栏壹间,又猪⿰木圈肆间,粪池叁口,槽凼肆个。”(294 页)而“周”含有“圈子;环绕”之义,与“圈”同义,于是“⿰木圈”字形旁兼声旁“圈”改换为“周”即作“榈”,而“榈”为会意字,从木从周。《汉语大字典·木部》“榈”字音义为:(一)①chóu 木名;②〔榈水〕古水名。(二)zhòu〔木榈〕船篙木。(三)diāo〔榈苕〕木名。[7]卷三1325《中华字海·木部》:“榈 chóu 一种树,耐寒。见《山海经·中山经》。”[11]760 契文中“猪榈”之“榈”为“圈”字俗体,即与字书所载“榈”同形异字。因而“猪榈”之“榈”一律释为“圈”较妥。

【⿰氵⿰卩侌/⿰氵⿱艹⿰卩侌】《道光十二年陈会定等立分关合约》:“烧房背会定名下水田两块,屡年秋收之时,叁人出工闸堰、糊田埂收积冬水,烧房使用。倘若本身冬水不够,不许使用;或有余水不得另放,务要灌⿰氵⿰卩侌(涨)在下之田。”(353 页)《民国八年阮家君等立分关合同文约》:“分水田者,车放堰水有沟逢沟,无沟由田照老规过水,各号不得阻挡。倘有此情,就田筑沟亦不得滋闹生非。担水灌⿰氵⿱艹⿰卩侌(溉)者,照老契老规,不得异言阻挡争论。”(376 页)

按:“⿰氵⿰卩侌”“⿰氵⿱艹⿰卩侌”二字,释文分别作“涨”“溉”。均误。“⿰氵⿰卩侌”“⿰氵⿱艹⿰卩侌”分别为“⿰氵陰”“⿰氵蔭”讹变所致(即因俗书“阝”“卩”相混不别)。又“⿰氵陰”“⿰氵蔭”均同“⿰扌焉”,指浇水,浇灌之义。《汉语大字典·手部》“⿰扌焉(yìn)”字第二个义项:“浇(水、肥)。《四川谚语·二集》:‘麦子⿰扌焉针,菜籽⿰扌焉芽。’《中国农村社会主义高潮·简阳县解放农业生产合作社一九五五年生产计划》:‘一九五五年,(麦子)普遍薅、⿰扌焉一次,部分孬的还⿰扌焉了两次。’”[7]卷四2056“⿰氵陰”“⿰氵蔭”均为会意兼形声字,即以“氵(水)”“陰”或“蔭”为形符、“陰”或“蔭”为声符造构而成。而相对于形声字“⿰扌焉”来说,“⿰氵陰”“⿰氵蔭”声符“陰”或

"蔭"表音更为明了。

【〓】《同治三年谢竹屏等立捆卖水田房基旱地定约》:"情因移窄就宽,弟兄商妥,将已名下水田贰段、基址壹所、旱土壹块,〓(〓)计壹百贰拾亩零,系沈家堰起水灌溉。……自托引中说合,扫土〓(〓)卖与苏国宽名下管业耕输,比日凭中议定捆卖时值价银肆千伍百两整。……恐口无凭,立梱(捆)卖定约交与买主执据。"(200 页)

按:此契中"〓"字,释文仍照录作"〓"。不妥。"〓"当为"⿴囗稛"字俗讹。即俗书类义偏旁"禾""米"相通,如"糯"作"稬"、"穀"作"〓"、"種"作"〓"、"租"作"粗"等,故"⿴囗稛"讹作"〓"。而"⿴囗稛"同"稛"。《汉语大字典·囗部》云:"⿴囗稛,同'稛'。《广雅·释诂三》:'⿴囗稛,束也。'《集韵·混韵》:'稛,亦作⿴囗稛。'"[7]卷二783 又"禾部"云:"稛,用绳捆束。"[7]卷五2797 因此,上契中"〓计"当为"⿴囗稛计",又"⿴囗稛计"即为"稛计",指捆绑在一起计价。"〓卖"当为"⿴囗稛卖",又"⿴囗稛卖"即为"稛卖",指捆绑在一起出售。清至民国年间成都一带民间习惯将田地、房屋及周边园林树木等项一捆作价出售。

此外,上契中"梱"字,释文作"捆"。较妥。即"梱"通"稛",又"稛"同"捆"。此批文契中常写作"梱"。如《道光二年傅维以等立杜捆卖房屋基址等项定约》:"立写杜梱卖房屋基址、林园竹木、堰塘田地、荒熟草地定约人傅维以仝男达忠……凡界内星散竹木,阴阳二宅,所有浮沉砖石,尽行扫卖,寸土不留。"(145 页)《道光二十九年游君发等立杜卖旱地房屋等项定约》:"自请引进中人钟科凤等说合,卖与苏□□名下出银承买为业,凭中议定,梱作时值价银捌拾叁两正。"(162 页)

又据考察,在清代四川新都县民间手写文契中,"⿴囗稛"讹作

“麋”“麇”“攟”等形，亦可资比勘。如《光绪元年新都县周继富父子杜卖水田房屋等项文契》：“立写甘愿黑册扫土一麇（捆）杜卖水田、房屋、基地、墙垣周围篱寨、林园及宅内外河边沟边大小杂木竹树、芦茅茨草……甘愿寸土不留，扫土一麇（麋）尽卖与新都县福建馆新同庆会名下出银承买为业。……今恐人心不古，特立甘愿黑册扫土一麇（麋）杜卖水田、房屋、基地、熟地、旱地及上文约内所载诸物等件文约一纸，交与买主永远执据。”[14]38—39《光绪二十九年新都县黄二兴父子杜卖水田房屋等项文契》：“立写一攟（捆）扫土杜卖水田、房屋、旱地、林园竹木、茅芦茨草、斜坡陡坎、沟渠水路、桥道堰石……一攟（捆）扫土杜卖与树艺堂名下出银承买为业，耕输拨税。”[14]117 上契中“麇”“攟”二字，释文均作“捆”，较妥；但两处“麋”字，释文均照录作“麋”，欠妥，当释为“圞”“稛”或“捆”。即“圞”简省部件“口”而讹作“麇”，又俗书类义形旁“禾”“米”相通，故“麇”进而讹作“麋”。而“圞”字部件“口”发生位移则讹作“廛”，再添增“扌”旁作“攟”以突显表意性。

【[illegible]】《民国三十七年刘盛昌等立杜卖街房铺面瓦屋阴阳二宅基址等项文契》：“左街房铺面瓦屋壹间进，门窗户格、铺门铺板、树楼树板……柱头磉不、[illegible]（垝）墙瓦壁、阶心檐石、明沟暗洞、寸木寸石、已见未见，成功者概行在内，上至天空，下齐地府。”（134 页）

按：“[illegible]”字，释文作“垝”。有待商榷。“[illegible]”疑为“泥”字俗讹。“泥”或作“坭”。《汉语大字典・土部》：“坭，同‘埿（泥）’。”[7]卷一467 如《光绪三十二年廖思九等立杜卖田地瓦草房屋等项文契》：“坭楼抬楼、石阶檐石、天井漏引、晒坝谷仓。”（93 页）“坭楼”即为“泥楼”。下契中正作“泥楼”，是其证。如：《道光十一年阮国江等立杜卖田地房屋定约》：“房屋贰院，栋樑桁桷挑手楼椽、过樑柱头橾不泥楼、门窗户格瓦沟,树门共贰拾扇,门框全套。”(146页)《道光二十二年白俊标等立摘卖水田房屋等项文契》:“大草房屋壹座柒向,共计贰拾间,板门拾肆扇,门框伍个,泥楼伍个。”(52页)《汉语大字典·土部》又云:“墭,同‘坭’。《龙龛手鑑·土部》:‘坭,通;墭,正。’”[7]卷一494笔者推测,“墭”字的演变轨迹为:“坭”→“埿”(即用“苊”替换声符“尼”而成),然后“埿”→“墭”(即因俗书部件“匕”“工”相乱所致,如“老”作“差”、“差”作“老”等)。又“堍”字的演变轨迹为:“坭”→“埿”(即用“苊”替换声符“尼”而成),然后“埿”→“埦”(即因俗书部件“艹”“丷”相乱所致,如“苗”作“畄”、“姜”作“萋”等),最后“埦”→“堍”(即因俗书部件“丷”“⺈”相混所致,如“召”字及偏旁“召”俗作“㕣”、“曾”字及偏旁“曾”俗作“曽”又作“曾”等)。而字书所载“墭”字,正为“堍”的演变由来提供了较为可靠的依据。因此,契文中“堍墙”当为“坭(泥)墙”。而且,契文在遣词造句及音律上也讲求对称和谐之美,在条目罗列并举时尤为如此。如“门窗户格”、“柱头磉不”、“阶心檐石”、“明沟暗洞”,等等。“泥墙瓦壁”中“泥墙”与“瓦壁”并举,其中,“泥”与“瓦”义类,“墙”与“壁”义同;而从音律上看,“泥墙瓦壁”即为“平平仄仄”,平仄相对。

【庾】《民国六年谢琼亨等立分关合同文约》:“肥庾(庾)宽窄品搭均分,所载条粮五股均搄。”(374页)

按:契中“庾”字,释文照录作“庾”。欠妥。“庾”当为“瘦”字俗讹。因“叟”“臾”两旁形近而俗书相乱,如“嫂”作“婰”、“腴”作“腹”等。如《咸丰三年云南安宁郎密立出收付文约》:“凭堂兄郎宇、郎琳、婰(嫂)郎门施氏。”[2]201/3《道光十一年贵州姜启姬等立佃山林合约》(C-〇〇四四):“恐于中勤惰不一,有喜腹(腴)厌瘠,荒芜山场,是以同心公议,将此山作五幅派分,各种一幅。”[5]

故“瘦”讹作“瘐”。如《民国十八年张新仁等立分关文约》:“此系弟兄甘愿,并无肥瘐(瘦)多寡异议。”(386 页)此契中“瘐”字,释文作“瘦”。甚是。又因形旁“疒”“广”俗书相混不别,故“瘦”作“瘐”又进而讹作“庾”。因此,契文“肥庾宽窄品搭均分”当为“肥瘦宽窄品搭均分”,此为民间析产分关文约习用语。而“肥庾”则不可解。

【[illegible]】《咸丰元年赵若邠等立卖田定约》:“愿将先年祖置坟地边水田一块出卖,坐落华阳县,地名老[illegible]([illegible])沟侧近水田一块,约有叁分。”(170 页)

按:“[illegible]”字,释文作“[illegible]”。不妥。因为“[illegible]”仍为僻字,不可识。据考察,“[illegible]”当为“窑”字俗讹。“窑”或作“⿰土䍃”。《汉语大字典·土部》:“⿰土䍃,同‘窑’。”[7]卷一507 如《同治十一年浙江石仓钟清富等立出拚杂木松木字》:“任凭客边扦⿰土䍃(窑)墝(烧)炭。”[8]73/3 又因形旁“土”“缶”义类而俗书相通,如“墁”又作“鏝”、“埕”又作“⿰缶呈”等,故“⿰土䍃”易旁从缶而作“⿰缶䍃”。如《道光四年浙江石仓林瑞昌立卖田契》:“其田上至瓦[illegible](窑)坪蔡姓荒地,下至阙姓田,左至阙姓田,右至山沿为界。”[4]102/1 此契中“[illegible]”字,释文作“窑”。甚是。即因“缶”字及偏旁“缶”俗书或作“[illegible]”,故“⿰缶䍃”进而讹作“[illegible]”。而“[illegible]”亦当为“⿰缶䍃”讹变所致。即“[illegible]”讹变由来轨迹大致为:窑→⿰土䍃→⿰缶䍃→[illegible]。因而,地名“老[illegible]沟”即为“老窑沟”。下契中正作“老窑沟”,便可资比勘。如《道光二十六年苏万顺等立杜卖田地房屋等项文契》:“愿将分受各名下水田共壹庄约计陆拾余亩……坐落华邑下三甲……其田由洪门堰来水,及老[illegible](窑)沟至廖家沟放水灌溉田亩。”(58 页)《咸丰二年张达宸等立借空地安葬约》:“情因父故,无地安葬,恳求主家苏秉权名下老窑沟业内堰塘面安葬父亲坟壹塚。”(234

页)而在有些文契中写作“老陶沟”,亦为其证。如《道光三十年苏重贞等立杜卖田地房屋等项定约》:“愿将先年分受己名下田地一处出卖,约计水田壹百壹拾余亩,熟地壹拾余亩,坐落华阳县三甲新九支,地名老陶沟。”(168页)《咸丰七年李仪龙等立杜卖田地房屋等项定约》:“原(愿)将先年所置田业一处出卖,约计六十余亩,……坐落华邑,地名老陶(陶)沟。”(182页)又《汉语大字典・阜部》云:“陶 yáo,通‘窑’。窑灶。唐慧琳《一切经音义》卷十三:‘陶,《集训》:窯也,烧瓦器土室也。《考声》云:瓦竈也,昆吾所作。’清朱骏声《说文通训定声・孚部》:‘陶,假借为窯(窑)。’《诗・大雅・緜》:‘陶复陶穴,未有家室。’郑玄笺:‘复者,复于土上;凿地曰穴,皆如陶然。’《农政全书・泰西水法下》:‘陶瓷,窑竈也。’”[7]卷七4454

以下一例涉及多个字的不同变化,若按上述分类分别归类讨论,过于凌乱,暂附于此。

【梯柶樓榴/横栟榪榬/異坎刲】《民国二十四年陈三兴立佃山熟土房屋文约》:“立字佃山、熟土、房屋文约人陈三兴,今来佃到李正华名下山地一股。比日凭言明,客家自比(备)无利押租铜钱贰百串文整,每年实纳干租典钱拾串正。主家房屋俱全一院。山林树木梯柶樓榴(梯柶欆榴)头。房屋漏滥,客家盖补。横栟榪榬(横荆攜轅)归異(異)坎刲(壩刲)。或取或退,四、五月早言明。”(296页)

按:“山林树木梯柶樓榴头”之中的“梯柶樓榴”,释文作“梯柶欆榴”。值得商榷。据考察,“梯”当通“剔”。“剔”指剪削。《汉语大字典・刀部》:“剔,剪削。《诗・大雅・皇矣》:‘攘之剔之,其檿其柘。’孔颖达疏:‘攘去之,剔剪之者。’……唐杜牧《杭州新造南亭子记》：'剔削根节，断其脉络。'"[7]卷一376 书契中多用"剔"字，如《道光元年浙江石仓赖门胡氏等立卖茶山头字》："其搽（茶）山自卖之后，任凭买主历年籙养修整採剔管业，卖人不得异言阻执。"[4]44/5《光绪四年浙江石仓阙业氏立卖椿树字》："其椿树自卖之后，任凭廉叔收（修）剔録（籙）养砍伐，卖人不得异言。"[4]311/1 又"㭿"同"椏"，即用音近声符"凹"替换"亞"所致（笔者按：凹，《集韵》於交切；亞，《集韵》於加切，二字同为影母平声字）。贵州北部道真契约文书中常见地名"～丫"，又作"亞（亚）""～埡（垭）"或"～凹""～坳"，便可资比勘（笔者按：据考察，清至民国时期道真地区土地买卖、租佃等契约文书，在遣词造句及用字方面与同时期成都龙泉驿同类契约文书雷同一致）。如《光绪二年贵州道真李栋樑等立出和议澄清文字》："又兼之屯口丫、牛眠堡、沙鬃岭、炭坑等处界水不清。"[16]183《同治十一年贵州道真李栋樑立出卖契》："一处地名大滥垮水田全股，二处地名邓口垭水田熟土全股，三处地名大垮水田贰大蚯。"[15]126《贵州道真周王二氏家族田土交易明细单目》："邓口垭田土全服（幅）。"[15]518《贵州道真无名氏地价札子》："邓口凹二百六十千〔文〕，大湾平地园八十千文。"[15]526 以上文契中地名"屯口丫""邓口垭""邓口凹"实为同一地名，即"屯""邓"为同音字（笔者按：当地方言里"屯""邓"读音相同，民间文契中地名用字常写作同音字），又"丫""亚""凹"音近义通，"垭"即为"亚"的增旁字。再如文契中地名"凉风坳"即"凉风垭（亚）"，兹不赘举。因而，"梯㭿"当为"剔椏（桠）"，意指剪削树木旁枝。在现代成都龙泉驿土语里，"剪削树枝"仍说作"剔树丫丫"。

又"檴""榴"二字当分别释作"護""留"。即因受前文"林树木梯"等字影响，"護"字类化换旁而作"檴"，进而讹作"檴"；而

"留"字类化增旁而作"榴",进而省笔讹作"榴"。故"山林树木梯柶檴榴头"当为"山林树木剔椏護留头",意指山林树木,剪削旁枝,护留树头。树木护养,修剪旁枝,忌伐树头,因为树头被剪伐的话,树木不易存活。

又"横栟榪橾归巽坎剁"释文作"横荆搗轅歸巽壩刲",颇为费解,有待商榷。

首先,"横栟榪橾"实为"黄荆马桑"。即"横""榪"分别为"黄""馬"的增旁字,"橾"为"喪"的增旁讹字,又"喪"通"桑","栟"则为"荆"的换旁字。因为受到前文"林树木梯柶檴榴"等字的影响,于是"黄""馬""喪"均类化添增"木"旁而分别作"横""榪""橾",而"橾"再增笔讹作"橾";"荆"则类化换旁为"木"并位移至左而作"栟"。故"横栟榪橾"即为"黄荆馬喪",其中"喪"当通"桑",因而"黄荆馬喪"当为"黄荆馬桑"。《汉语大词典》"黄荆"云:"木名。牡荆的别称。宋沈括《梦溪补笔谈·药议》:'栾有二种……丛生,可为杖棰者,谓之牡栾,又名黄荆,即《本草》牡荆也。'明汤显祖《豫章揽秀楼赋》:'黄荆白沙,松蒲柏子。柘叶长坽,桃花浅水。'"[12]下卷7533 又"马桑"属灌木,产西南各省至陕甘地区中低海拔的灌木丛中。文契中"黄荆""马桑""柴薪""茨草"之词经常并举同现,可资比勘。如《光绪二十五年李见山立佃干地水田房屋文约》:"黄金(荆)茨草,归于客家坎(砍)伐;竹木树株,只许护蓄使用。房屋漏滥,客家盖整。"(273页)此契中"黄荆"写作"黄金",即"金"通"荆"。又如《民国三十一年胡正兴立讨阴地文约》:"自讨之后,任随胡姓择期安葬,在业主界内取石取土;坟上柴薪茨草、黄荆马桑,业主砍伐。"(258页)《民国三十六年胡柏盛立讨阴地文约》:"自讨之后,坟上柴薪茨草、黄荆马桑,业主砍伐。"(264页)

其次，“⿰土火⿰丰刂”当为“砍割”。俗书类义形旁“土”“石”相通，故“砍”俗作“坎”。如《光绪二十五年李见山立佃干地水田等项文约》：“黄金（荆）茨草，归于客家坎（砍）伐；竹木树珠（株），只许护蓄使用。”（273 页）《民国三十四年王有富立送阴地文约》：“自葬之后，有起无复，不得添棺侵葬，柴梓（薪）茨草，送主坎（砍）伐。”（263 页）上契中“坎伐”即为“砍伐”。而手写“坎”常讹作“⿰土火”。又“割”常俗作“⿰害刂”。如《道光二年傅维以等立杜捆卖房屋基址等项定约》：“凡卖主以及各姓坟界内草木，永归李姓收⿰害刂。”（144 页）《道光二十九年游君发等立杜卖旱地房屋等项定约》：“坟地草木屡年系买主收⿰害刂。”（162 页）《光绪八年曾正福立佃山田房屋文约》：“壬午年种小春起，不种之年，收⿰害刂大春止。”（271 页）“⿰害刂”进而简省讹作“⿰丰刂”。故“⿰土火⿰丰刂”即“砍割”。下契中正作“砍割”，可资比勘。如《光绪二十二年陈寿金等立杜卖山地房屋等项文契》：“各坟界内柴薪茨草树木，归买主砍割。”（84 页）

最后，“⿱罒異”疑为“翼”字俗写。字的上部由两个相同构件并列而成，俗书往往简省作“罒”，如“管”俗作“⿱罒官”、“嚴”俗作“⿱罒厰”之类，故“翼”作“⿱罒異”亦如此。不过据当地山地佃约，黄荆马桑柴薪茨草之类当归客家即佃人砍割，但上契《民国二十四年陈三兴立佃山熟土房屋文约》中客家为陈三兴，主家为李正华，而若“⿱罒異”同“翼”，则契文“黄荆马桑，归翼砍割”，尚不好理解。笔者初步推测，“翼”可能为“刈”的同音借字，即“刈”“砍”“割”三字同义连用，又“归”字后可能省略“客家”一词。关于“⿱罒異”字，尚待进一步考察。

由上所述，“山林树木梯⿰木⿱罒⿰亚亚⿰木蒦⿰木留头”释为“山林树木，剔椏护留头”较妥，而“横⿰木荆榪⿰木桑”当释为“黄荆马桑”，又“归⿱罒異⿰土火⿰丰刂”之“⿰土火⿰丰刂”当释为“砍割”。下列同类文契中相关内容的习惯表述，便可参照比勘。如《民国二十二年唐焕清立佃水田房屋熟地文约》:“至于房屋漏滥,客家自行盖振。界内树株竹木,只许护蓄,不得砍伐送卖。”(289页)《民国二十四年叶维福立佃山场生熟田地等项文约》:“佃界内黄荆马桑、柴薪茨草,均归客家坪头砍伐;桐棕菓树,护蓄摘子,留枝于竹。”(294页)(笔者按:此契中“坪头砍伐”之“坪”当通“平”)《民国二十六年彭洪兴立佃山地瓦屋文约》:“其房屋,客家自住自盖,不得漏滥等情。山林竹木,护蓄使用,不得砍送他人。”(298页)《民国三十六年李福兴立佃田土房屋等项文约》:“其房屋,客家自住自盖。竹木只有护蓄使用。”(304页)《民国三十七年李世钱立佃水田房屋竹木文约》:“其房屋漏滥,佃家自行盖补。树株竹木,只得护蓄使用,不得妄伐使用。”(305页)可见根据佃约规定,所佃房屋漏滥,由客家(即佃家)盖补;所佃山地界内黄金马桑、柴薪茨草之类,归客家砍伐,并且这类灌木柴薪杂草可连头砍伐,而界内树木竹木之类林木,归客家护养,不得乱砍乱伐。此外,由上述佃约行文格式和表述习惯来看,《民国二十四年陈三兴立佃山熟土房屋文约》这件文约在行文表述上也略嫌混乱,即“主家房屋俱全一院。山林树木,剔桠护留头。房屋漏滥,客家盖补。黄荆马桑,归[illegible]砍割。”改为“主家房屋俱全一院。房屋漏滥,客家盖补。山林树木,剔桠护留头。黄荆马桑,归[illegible]砍割。”则较为清晰。

五、通假字释读举例

【[illegible]】《民国二十九年刘万盛立卖瓦条约》:“立字出卖瓦条约人刘万盛,凭证卖得田戎轩名下觔(筋)瓦拾万皮,每皮欲重拾肆两,每仟皮凭证议价拾捌圆照算。其瓦阴八月十五起送交到古米厂田佃户查收,照[illegible]([illegible])算账,至九月内止。凭证实交领定

洋伍佰圆正。”(422 页)

按:此契中“靟”字,释文照录作“靟”。不妥。《汉语大字典·非部》:“靟 fēi,轻。《改併四声篇海·非部》引《馀文》:‘靟,轻也。’”[7]卷七4353《中华字海·非部》:“靟 fēi 音非。轻。见《字汇》。”[11]1504 字书所载“靟”字之义,显然不符合契文之意。据考察,“靟”当通“批”。近代成都方言里有些轻唇音字仍保留重唇音的读音,直至现代西南官话区土语里“飞”字仍读作“批”音。因而“靟”与“批”音同通假。契文“照靟算账”即为“照批算账”。“批”为“执照,凭证”之义。近代民间常写立“佃田批字”、“判田批字”之类契约文书,其中“批”即指“执照,凭证”。又下契中作“照批均分”,可资比勘。如《光绪十九年贵州李老珄父子断卖栽手杉木字》:“日后所共〔杉木〕,买人等照批均分,不得错乱。”[6]185/1《汉语大词典》“批子”曰:“谓支取银钱的字条。《水浒传》第二一回:‘也好,你取纸笔来我写个批子与你去取。’”[12]中卷3536 又“批照”曰:“执照,凭证。《古今小说·滕大尹鬼断家私》:‘既承尊命恳切,晚生勉领,便给批照与次公子收执。’”[12]中卷3537 兹亦可参照。所以,“照批算账”即指按照凭证算账。

【角】《光绪□年朱珊华等立杜卖田地房屋等项文契》:“瓦房壹院,草房壹院,外书房壹向,所有栋梁瓦角(角)、挑枋楼棒、抬樑柱头、门框门扇……”(72 页)

按:“瓦角”之“角”通“桷”。下契中正作“瓦桷”,是其证。如《道光三十年李福来父子等立杜卖田地房屋基址林园文契》:“瓦桷樑棒、门扇窗格挑枋,阴阳两宅,山林竹木花菓茨草生熟地土,浮沉水土,业内所成之物,概行全卖,寸土不留。”(60 页)《同治三年谢竹屏等立写捆卖水田房基旱地定约》:“所有住宅瓦房伍向，共拾柒间，内有仓贰眼，仓底仓板、门窗户壁，上齐瓦桷瓦脊，下至地脚砖磉，门窗户格俱全。”(200 页)《现代汉语方言大词典》“瓦桷”释义为“椽子。[13]卷一548 而释文照录作“角”，欠妥。

【擒】《同治二年曾百维等立杜卖水田房屋林园基址定约》：“草房屋一院，正宅架装四间，厢房一长间，楼门一座，柱头磉不、穿方(枋)擒(擒)板、门框窗格、楼牵(桻)桁桷棹檐、粪坑猪圈，周围垣墙俱全。”(196 页)

按：“擒板”之“擒”当通“琴”，“擒板”即为“琴板”。下契中正作“琴板”，即其证。如《道光二十年苏邦琦等立杜卖田地房屋林园阴阳基址定约》：“大小茅草房屋贰院，栋樑桁桷、挑手楼桻、门窗户格，有门有框，板门俱全，堂门六合，下堂粧修琴板。”(150 页)《道光二十九年郑光锦等立杜卖田地房屋等项定约》：“栋梁桁桷、楼縴(桻)挑手、屏风栞板、抬梁顶柱、门窗户格……”(164 页)(笔者按：“栞”同“琴”)《光绪三十二年廖思九等立杜卖田地瓦草房屋等项文契》：“瓦草房屋一院，栋樑桁桷、楼桻挑枋、穹檐琴板……”(93 页)“琴板”一词，辞书未载。《现代汉语方言大词典》收录有“琴桌”“琴凳”二词，其义可资参照。即《现代汉语方言大词典》“琴桌”曰：“(银川)形状像古琴的一种桌子。”又“琴凳”曰：“(温州)一种凳面长而宽的凳子。其形制来自古代的琴几，故名。”[13]卷五4107“琴板”可能指建筑物中形状像古琴的板子。

参考文献

[1] 陈支平主编. 福建民间文书(全六册)[C]. 桂林：广西师范大学出版社，2007.

[2] 吴晓亮、徐政芸主编. 云南省博物馆馆藏契约文书整理与汇编(全八卷)[C]. 北京：人民出版社，2013.

[3] 曹树基等编. 石仓契约(第二辑)(全八册)[C]. 杭州：浙江大学出版社，2012.

[4] 曹树基等编.石仓契约(第三辑)(全八册)[C].杭州:浙江大学出版社,2014.
[5] 唐立、杨有赓、武内房司主编.贵州苗族林业契约文书汇编(1736—1950年)(全三卷)[C].东京:东京外国语大学,2001.
[6] 张应强、王宗勋主编.清水江文书(第一辑)(全十三册)[C].桂林:广西师范大学出版社,2007.
[7] 汉语大字典编辑委员会.汉语大字典(第二版)(全九卷)[M].成都:四川辞书出版社,武汉:崇文书局,2010.
[8] 曹树基等编.石仓契约(第一辑)(全八册)[C].杭州:浙江大学出版社,2011.
[9] 方孝坤.徽州文书俗字研究[M].北京:人民出版社,2012.
[10] 刘复、李家瑞编.宋元以来俗字谱[M].北平:国立中央研究院历史语言研究所,1930.
[11] 刘玉刚主编.中华字海[M].上海:上海古籍出版社,2008.
[12] 罗竹风主编.汉语大词典(缩印本)(上中下卷)[M].上海:汉语大词典出版社,1997.
[13] 李荣主编.现代汉语方言大词典(全六卷)[M].南京:江苏教育出版社,2002.
[14] 熊敬笃编纂.清代地契史料(内部资料):四川省新都县档案局,新都县档案馆,1986年.
[15] 汪文学编校.道真契约文书汇编[C].北京:中央编译出版社,2015.

(作者工作单位:湘潭大学文学与新闻学院)

构建有效管用、简便易行的选人用人机制探索与研究[①]

熊　辉[②]

构建有效管用、简便易行的选人用人机制，是习近平同志在2013年6月召开的全国组织工作会议上首次提出，并写入了《中共中央关于全面深化改革若干重大问题的决定》，成为了新形势下加强干部工作制度建设的目标性要求，是改进干部选任工作的根本遵循，为各级党委组织部门进一步深化干部人事制度改革提出了新的重大课题。

一、本课题研究的重要意义

党的十八届三中全会提出，坚持党管干部原则，深化干部人事制度改革，构建有效管用、简便易行的选人用人机制，使各方面优秀干部充分涌现。这是对干部人事制度改革的方向、目标和思路的新概括。基于此认识，本课题研究的意义主要着眼于以下三个方面。

1. 全面深化党的建设制度改革的内在要求。党的十八届

① 该课题系中组部党建所2014年度重点调研课题，荣获全国党建研究会课题评选二等奖.

② 熊辉(1981—　)，男，江西奉新人，四川大学文新学院汉语言文字学2009届博士，时任中共江西南昌市委组织部调研处处长，现任南昌市青云谱区副区长.

三中全会首次提出“深化党的建设制度改革”，刘云山同志就此强调了“六个着力”，其中指出，要着力深化干部选拔任用制度改革，抓紧解决干部选拔任用中的新情况新问题，构建有效管用、简便易行的选人用人机制，培养选拔党和人民需要的好干部。深化干部人事制度改革，当前最需要抓紧解决的是“四唯”问题，以及加强干部选拔任用监督，加大选人用人不正之风的整治，这些问题的破解，急需进一步健全选拔任用、考核评价、管理监督、激励保障等各种制度，构建有效管用、简便易行的选人用人机制。

2. 贯彻落实《党政领导干部选拔任用工作条例》的现实要求。新修订的《干部任用条例》，体现了中央最新要求和习近平总书记系列讲话精神，吸收了干部人事制度改革的新经验新成果，是新时期干部工作制度建设的基本依据，也是当前及今后一个时期各地开展选人用人的总章程、总规范。为此，如何以《条例》为依据，进一步研究干部工作的内在规律，以尽快对现行干部选拔任用的规章制度进行系统清理、修订和完善，同时，如何以《条例》为准绳，研究制定配套制度，积极破解干部工作中的难题，从而更好地执行落实《条例》等等，这些都是必须解决的关键前提，也是本课题研究的重点所在。

3. 规范总结各地干部工作经验做法的必然要求。全国组织工作会议召开以来，各地高度重视选人用人制度的改革和创新，立足本地实际，在干部选任、考核、监督等干部工作各个方面进行了实践探索。但在新形势下，对照“有效管用、简便易行”的标准要求来看，仍存在一些亟需完善的问题。所以，对各地现有干部人事制度中存在的问题以及产生原因进行归纳总结和深化升华，也是本课题的重要研究目的。

二、对本课题研究主体的概念界定

课题调研“有的放矢”的前提要求是厘清研究主体的概念，并予以准确界定。就本课题研究的主体——有效管用、简便易行的选人用人机制而言，需从两个方面去认识。

1. 对选人用人机制的理解。

狭义的选人用人机制特指规范各级党委及组织部门选拔任用干部行为的相关制度。但从中组部近年来深化干部人事制度改革的有关文件的表述看，选人用人机制是一个贯穿干部成长全过程的宏观概念，是涵盖干部选拔任用、考核评价、管理监督等关键环节的制度体系，目的就是能够培养选拔出党和人民需要的好干部。具体来说，**干部选拔任用机制方面**，从干部选任程序看，就是对《干部任用条例》中明确的动议、民主推荐、考察、讨论决定、任职等选人用人环节的制度性规范；从干部选任对象看，包括针对年轻干部、专业性干部、基层一线干部等特殊群体的选拔机制；从干部选任渠道看，包括公开选拔和竞争上岗、干部调任、交流等方面的机制。**干部考核评价机制方面**，从考核内容看，包括德的考核、群众公认度考核、实绩考核以及思想政治考核、能力考核、作风考核制度。从考核对象看，包括党政干部考核、企业单位干部考核、事业单位干部考核以及其他专门领域干部的考核制度。从考核形式看，包括干部日常考核、年度考核、中心工作和关键时刻表现考核制度。**干部监督管理机制方面**，从监督主体看，包括对党政“一把手”、关键岗位干部、领导干部近亲属及身边工作人员的监督制度。从监督内容看，包括对党委书记选人用人行为、经济责任、干部选拔任用程序、干部“八小时外”表现、干部个人重大事项的监督制度。从监督渠道看，包括谈心谈话制度、上级监督、领导班子内部监督、党代表监督、人大和政协的监督以及群众、舆论监督等制度。

2. 对“有效管用、简便易行”的理解。

中组部常务副部长陈希同志曾撰文指出：有效管用，就是改革措施的推出要服务于选准用好干部的需要，更加注重实际效果，遵循干部人事工作规律，坚持形式服从内容、过程服从结果。简便易行，就是改革制度的设计要坚持于法周延、于事简便，既坚持标准、严格程序，又提高效率、降低成本。按照这一详实地诠释，我们认为，选人用人机制的“有效管用、简便易行”应具备以下三个本质特征。

一是操作的简便性。简便性，是指评估指标设计上的简洁性和实践运用上的方便性。选人用人机制的简便性要求我们坚持于法周延、于事简便，贴近基层、贴近实际、贴近干部，既坚持标准、严格程序，又提高效率、降低成本，使制度便于操作、便于落实，防止制度制定和执行中的“空对空”、“两张皮”现象，真正发挥制度的效能。干部选拔任用制度繁密，操作程序过多，就会直接影响干部选拔工作的效率和质量。当然，强调制度的简便易行，并不意味着可以无原则地简化工作、简单粗糙，更不是降低标准、放松要求，而是制度制定要更加务实、有效、管用，把群众是否满意作为推进改革、评价改革的重要标准，力求简便不简化，易行出实效。

二是制度的规范性。规范性，是指有一定的规矩和标准。选人用人机制的规范性要求我们在把握全局中明确干部制度建设的目标、重点、优先顺序、主攻方向和推进方式，使干部“选、育、用、管”的各个环节形成规范、齐头并进、互相约束、健康发展，从而避免选人用人的“自弹自唱”、“封闭运行”。只有准确把握干部工作的特点规律，优化制度设计，减少制度漏洞，做到把握好方向，科学有序规范，使各方面制度更加成熟更加定型，才能把人选准用好，推动事业发展。

三是适用的针对性。针对性，指的是依据事物不同的个性要求，采取不同的方式方法处置。选人用人机制的针对性要求我们树立问题意识、强化问题导向，紧紧围绕干部选拔任用中急需紧迫、上下关注、带有根本性全局性的问题，在重点领域和关键环节上攻难点、求突破。制度机制没有针对性，就好比射箭没有靶子，造成“牛栏关猫”，达不到预期效果。“有的放矢，对症下药”才能切实解决选人用人中的突出问题，干部制度才能发挥作用、起到实效。

三、当前选人用人机制中存在的突出问题

对照“有效管用、简便易行”的要求，立足已有实践找差距，站在宏观层面看问题，当前各地选人用人机制还有一些地方亟待完善，主要问题体现在以下几个方面。

1. 有的制度追求细化量化，看似科学精准，实际操作不便。

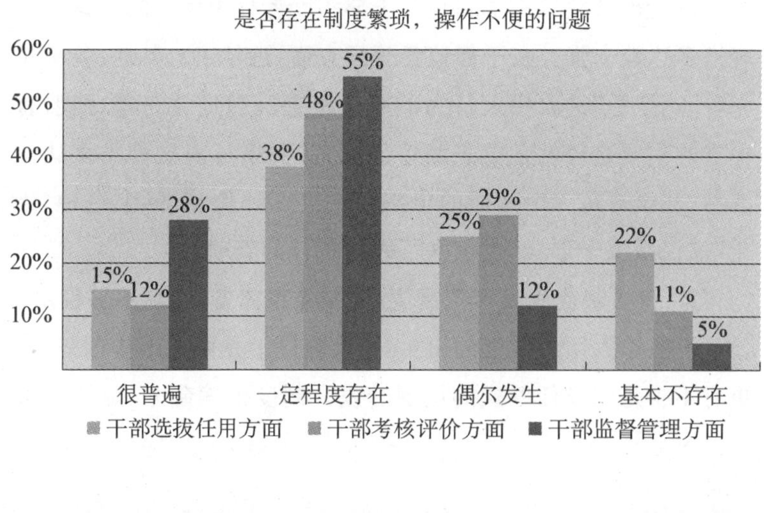

在已有实践中，一些地方为了实现制度规范的精细化和准确性，片面追求标准量化，尽其可能地将选人用人的一些具体行为进行数据化转换。但有的量化标准是主观臆断地“一厢情愿”，不符合干部工作客观规律；有的量化标准其产生的程序复杂，不便于实践操作。

在干部选拔任用方面，过去一段时间内许多地方规定“干部民主推荐得票不少于参与推荐人数的 2/3”，有的全面推行竞争性选拔，明确规定“凡提必竞”，有的更是以“推荐得票”和“考试得分”为干部选任的主要衡量标准。这些做法的初衷固然是对“群众公认”、“干部能力素质”等标准的量化，看似公开、公平、公正，但实质上因标准设置的绝对化，催生了一批考试型干部，助长了一些地方“拉票贿选”的歪风邪气。**在干部考核评价方面**，领导班子和领导干部考核评价体系过于追求指标细化的现象非常普遍。如“德”的考核要评价政治品德、家庭美德、社会公德、职业道德，“能”的考核要评价驾驭能力、协调能力、落实能力，等等，看上去很科学、很全面，但实际上参与测评人对许多要素或是不了解，或是难衡量，参与测评只能是应付了事。据了解，一些地市在市管领导班子和领导干部年度考核中发放的考核测评表格多达数十张。**在干部监督管理方面**，近年来对各地、各单位党政“一把手”选人用人行为的监督检查机制日益完善，但监督检查的主要途径就是填表测评，有的需要填写表格种类多达四五种，甚至对每一个选任的干部都要进行评价，实际上这种“细化”仅仅是流于形式，也带来了表格统计的繁琐。

2. 有的制度满足形式需要，看似体系完备，实际不够管用。

一些选人用人制度的出台，很大程度上是由于形势的需要，更有不少是完成任务式的层层转发。制度汇编起来，厚厚一大摞，感觉很厚重，但深究之下，管用的制度屈指可数。

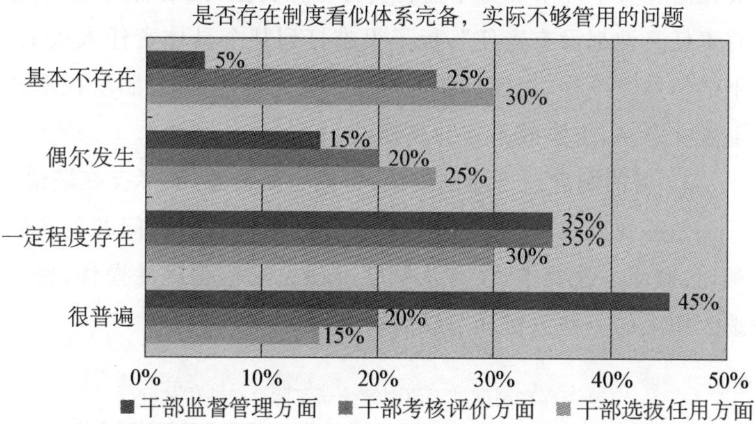

在干部选拔任用方面，健全干部能上能下、能进能出的良性流动机制一直是深化干部人事制度改革的目标，各地也因此出台了不少制度性文件。但在实际操作中，这些制度往往能够管得了“上”、管不了“下”；管得好“进”、管不好“出”。干部“下”的标准难把握、难操作，“出”的渠道不畅通、不规范。据了解，部分地区一贯注重党政、企业、事业单位干部之间的合理流动，但往往领导干部层面比较好操作，但中层干部及以下的流动机制就受编制、身份等多重条件的制约。尽管制度有规定，但在实践中没有效力。**在干部考核评价方面**，对干部德的考核在实践层面一直未有实质性地突破。尽管中组部在 2011 年就出台了《关于加强对干部德的考核意见》，但对干部的德的考察标准过于原则，主要考核哪些方面？通过什么渠道去考核？特别是对社会公德、家庭美德这些更多在“八小时外”体现的德如何准确考核，更多仍是概念上的界定，已有制度在根本上难以对干部的“德”进行有效考核。**在干部监督管理方面**，现有干部监督机制普遍存在监督的责任主体不明确、监督主体的责任不清楚的关键性缺失。由于监督职责不清，因而一旦出了问题往往很难分清楚责任出在哪个环节和哪个监督责任主体身上，到最后往往“谁都有责任又谁都没有责任”，板子很难打到某个具体责任人头上。干部仍然管不住，制度仍然不管用。凡此种种，都是制度在形式上做文章多、求实效不够的表现。

3. 有的制度过于原则笼统，看似全面覆盖，实际存在缺位。

一些地方在健全选人用人制度时，对一些敏感问题刻意回避，只提原则性要求，没有从制度层面去规范程序性操作，使得选人用人的一些关键环节缺乏制度约束。

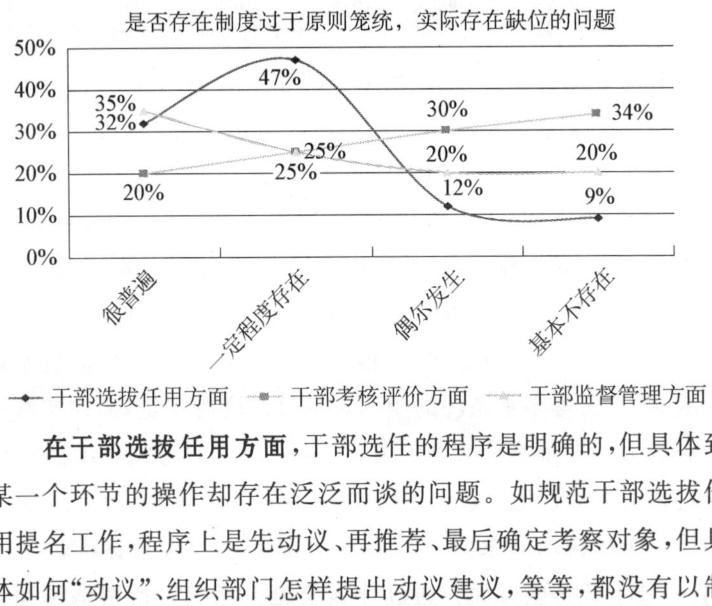

在干部选拔任用方面，干部选任的程序是明确的，但具体到某一个环节的操作却存在泛泛而谈的问题。如规范干部选拔任用提名工作，程序上是先动议、再推荐、最后确定考察对象，但具体如何“动议”、组织部门怎样提出动议建议，等等，都没有以制度形式予以明确，一定程度上造成了执行条例的随意性。比如：主要领导意见与分管领导意见不一致时怎样操作，没有进行制度性规范。**在干部考核评价方面**，一方面，一些考核体系对不同职级、不同类别、不同岗位的干部往往使用同一套标准，缺乏分职位的有针对性的考核指标体系。另一方面，对干部实绩和公论的考量，往往存在“制度无规范、实际难考量”的现象，很少有地方能从制度层面对干部实绩和公论的考核进行了规范。实绩考核主要靠“干部个人作报告”，公论考核主要靠“干部群众投投票”，制度层面存在明显缺失。**在干部监督管理方面**，往往强调对重要岗位、关键时刻的监督管理，但对干部日常管理监督这个关键环节长期被忽视。各地在实践中，往往明确了党委及主要领导、分管领导在选人用人中的主导把关地位，但普遍存在重选任轻管理特别是日常管理的问题。日常管理主体不明确、责权不明晰、渠道不畅通，是造成干部管理失之于软、失之于宽问题的症结所在。

4. 有的制度疏于落实执行，看似有章可循，实际缺乏效力。

一些地方热衷于制度建设，但对已有制度的落实，力度不大、执行不严，使得一些制度束之高阁，成为了装装样子的“稻草人”。

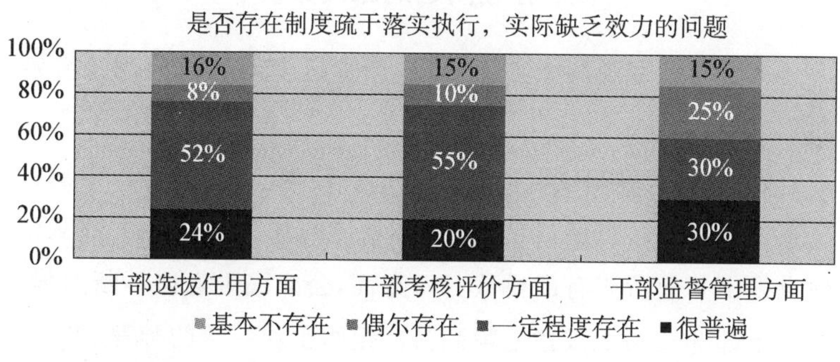

在干部选拔任用方面，已有制度对干部交流、职务任期、任职回避、任职试用等各个方面都有明确要求，但在具体操作上，任职期满不交流、一个任期内频繁调整、需要回避不回避的情况屡屡出现，特别反映强烈的是对干部任职试用制的执行，试用期

满考核不合格的干部基本为零，一定程度上影响了干部制度的公信力。**在干部考核评价方面**，制度落实不力的突出体现是对干部考核评价结果的运用。在一些地方，考用脱节的现象仍然比较普遍，一方面，考得好的用不上，每年提拔重用的干部中只有很少一部分干部是年度考核优秀的，而其提拔重用的原因也往往不是因为考核优秀。另一方面，对一些考核不合格的干部，处置失之于软，使得考核评价失去了指挥棒的激励约束作用。**在干部监督管理方面**，不少地方疏于监督管理制度的落实，被动监督多，主动监督少，对事前防范，事中监督重视不够，甚至有不少地方是没有反映就不追究、不出事情就不管理。同时，一些地方在对少数违纪干部的处理上，存在着处理随意性较大的情况。如个别干部因个人工作细节问题形成网络舆情，往往是不由分说地一律免职，这种执纪的不严谨，很大程度上影响了党委的公信力。

四、存在问题的原因分析

从主观和客观两个方面分析，产生以上问题的原因主要有四个方面：

1. 干部人事制度改革滞后于社会转型步伐。当前，中国社会正处在社会转型期，世情、国情、党情的深刻变化为干部队伍建设提出了前所未有的挑战。一方面，公众民主意识不断增强，参与干部选任的积极性空前高涨。组织工作一贯的神秘、低调，与群众迫切需要保障知情权、参与权、监督权的呼声相比极不适宜。一些地方党委书记“一言堂”、干部选任少数人说了算的“潜规则”，越来越受到公众的质疑和舆论的挑战。另一方面，干部的生存环境日益复杂，一个地方的政治生态随着物质生活的不断丰富，时刻面临着钱、权、利的挑衅。在这样一种复杂背景下，选准用好干部不仅需要干部管理者的火眼金睛，更需要制度的约束。反思现行选人用人制度建设，一定程度上仍停留于见招拆招，甚至亡羊补牢，缺乏基于科学分析研判的前瞻性制度构建，一些“只管一时、不管长远”、“只求所有、不求所用”的应景式制度大量存在。

2. 已有选人用人制度建设的探索方向出现了偏差。近年来，对组织工作科学化的探索，拓宽了各级组工干部的视野。跳出组工看组工、突破瓶颈谋革新成为了组织工作从理论研究到实践探索的方向指引。但改革创新也不可避免地带来了阵痛。一些片面的理解甚至过激的行为，由于其在实践中容易产生轰动性效应，受到了关注和追捧，甚至成为了改革的主流。如对制度化的过分追求，使得一些制度无论是否具有实践基础、是否经过科学论证，都如雨后春笋般破土而出，一方面产生了已有制度的良莠不齐，另一方面形成了制度壁垒。再如对干部年轻化、干部工作民主化的片面理解，使唯票、唯分、唯年龄在一段时间内成为了干部选任的主要方式甚至必要方式，看似改善了干部队伍结构、扩大了干部工作民主，实质上催动了一些地方选人用人机制的畸形发展。

3. 党委及其组织部门错位、缺位的现象客观存在。各级党委及其组织部门是选人用人制度的制定者和实施者，在选人用人的实践中起着定原则、把方向、稳进度、调举措的关键作用。但在具体实践中，一些地方党委及其组织部门却并未切实履行好职责。有的地方党委仍然奉行“关门决策、内定选人”的集权方式，将“党管干部”等同于“书记说了算”，充分酝酿、决策民主流于了形式。有的让“潜规则”披上制度的合法外衣，打着创新的旗号搞变通。如在民主推荐环节，不断扩大班子成员投票在测评推荐中的比重，使群众的公论在统计游戏中沦为了彻底的参考。诸如此类，实质上都是党委在选人用人制度建设上的错位。而相反有的地方党委却走向另一个极端，无底线地扩大干部工作的民主，以票定高下、以分论英雄，组织部门变成了统计选票的"统计局"、组织公选的"考试院"，党委在选人用人中应有的主导把关作用和组织部门的参谋助手作用，没有得到实质性地体现。党委及其组织部门在选人用人制度建设上的缺位，势必使一些地方党委的选人用人被"伪民意"所绑架。

4. 选人用人制度建设缺乏科学论证、分析研判、吐故纳新等保障机制。制度建设是一个系统工程，任何一项制度都是在充分论证基础上、并植根于丰富实践的产物，其内容是继承与创新相结合，其效力是当前与长远相兼顾。反思现有选人用人制度，一些制度在设计时，缺乏科学的论证，缺乏可行性的分析研判，有的制度是"拍脑袋"决策的结果，没有实践基础，也就指导不了实践；有的制度一味否定过去，没有历史传承，总是碰到老问题绕不开的尴尬；有的制度简单照搬照抄，没有因地制宜，不可避免地成为应景的花瓶；有的制度管一时一事，没有体现长效，势必没有生命力。更有许多地方只顾制度增加，没有结合形势需要对已有制度进行梳理、合并和删减。诸如此类的种种缺失，使选人用人制度体系臃肿，有的甚至失去效力。

五、以"有效管用、简便易行"为目标要求，健全选人用人机制的对策建议

针对上述在制度设计、运行方面存在的普遍性问题，对照"有效管用、简便易行"的标准要求，我们就进一步健全选人用人

机制提出以下对策建议。

（一）总体构想

制度设计的原则，必须综合的党委意见、群众意见、巡视组意见、纪检监察部门意见、干部实绩、组织部门日常掌握情况等核心要素，这不仅是干部选拔任用的重要标准，也是干部考核评价、监督管理的关键环节和主要信息来源。综合上述分析，我们提出：**组织部门在确定初始提名人选时，可通过“一看实绩，二看公论，三看关键时刻表现和组织部门了解掌握的一贯表现情况，四看巡视督导和纪检监察部门掌握情况，并充分听取单位党委和党委主要负责同志及分管领导的意见”，总称“四看一听”的选人用人机制来实现。**

我们提出的“四看一听”机制，具体到实践操作中：党委（党组）书记议事会只酝酿空缺岗位的任职条件及产生方式，具体人选由组织部门按照人岗相适的原则，通过“四看一听”的程序提出。“四看一听”在制度设计上综合了党委意见、群众意见、巡视组意见、纪检监察部门意见、干部实绩、组织部门日常掌握情况等识别干部的关键性要素，可在操作层面对干部选任动议、民主推荐等关键环节具体化，这一做法能在党管干部与发扬民主之间找到平衡点，能充分发挥党委在干部问题上的主导把关作用，也能让最了解干部的人在干部使用上的话语权得到充分体现，组织部门也可因此回归“本色”，真正成为党委选人用人的参谋助手。而这些也恰恰是当前干部选拔任用、考核评价、监督管理等方面选人用人机制亟需完善的问题。

（二）主体框架

对应上述“四看一听”的五大要素，我们以问题为导向，优化操作程序、完善配套机制、整合制度体系，建立健全五大机制。

1. 围绕“看实绩”这一核心要素，建立健全实绩考量机制。

一是建立健全实绩备案制。在实绩考量中，可将干部实绩分为履行岗位职责、主动作为和积极创新，重大实绩及奖励奖励、学习情况等四个方面，每名领导干部按时据实记载工作任务进展、完成情况，差错情况及原因，完成工作所取得的绩效，个人出勤情况等内容，形成“干部实绩档案”。实绩档案的内容可自下而上逐级进行检查核准，年终由本单位以此为基础进行考核，作为干部评先表优、年度考核和选拔任用的重要依据。组织部门动态掌握每个干部履职尽责情况，可随机开展实绩认定等工作；实绩考核应推行“公示公评公议”，向群众公开，接受社会监督。

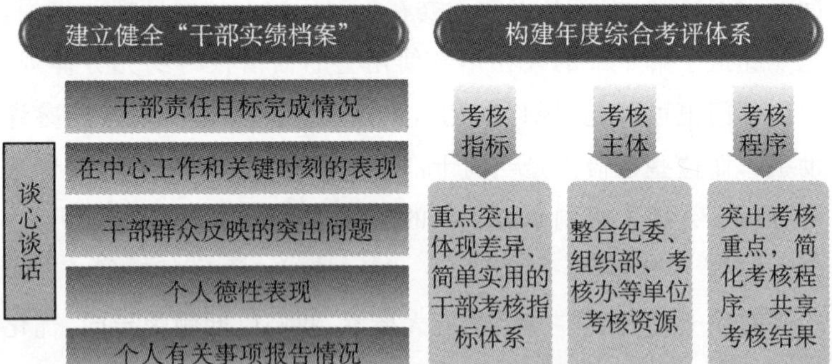

二是探索构建年度综合考评机制。在考核指标上，可针对不同地区、不同层级、不同类型的领导班子和领导干部，建立健全门类齐全、各具特色、简单实用的干部考核指标体系。这个指标体系要坚持把民生改善、社会进步、生态效益等指标和实绩作为重要考核内容，切实防止唯“GDP”问题。在考核主体、项目、内容上，整合纪委、组织部、考核办等单位的考核资源，可将党风廉政建设及惩防体系建设考核、绩效考核以及其他政府部门的相关考评等，与领导班子和领导干部年度考核统筹起来，突出考核重点，简化考核程序，实行统一组织、综合评价，采取一次会议、一个组考核、一次进行的方式开展，共享考核结果，切实解决多头考核、重复考核、繁琐考核等问题。

三是进一步强化干部考核结果运用。通过改进干部考核结果反馈工作，适度扩大考核结果公开，既注意保护干部的积极性，又要给干部传递压力。可将考核结果全面运用到干部的选拔任用、培养教育、管理监督、激励约束中，对一贯表现优秀的干部要表彰奖励，优先予以提拔任用。对考核中发现问题的干部，应有针对性地加强批评教育，对能力不足的干部，应加强培养培训，对不主动担当、不积极作为、不适应岗位的“三不”干部，应坚决予以调整。

2. 围绕“看公论”这一核心要素，建立健全公论评价机制。

一是健全完善民主推荐机制。针对了解领导干部在工作单位的“公论”情况，可结合年度考核，实行非定向排序推荐，对单位副职和中层正职，从工作业绩、发展潜力、阅历经历、专业特长、个性特征和培养方向等方面，进行综合比对、客观排序，既动态掌握一批优秀后备干部，又有效防止因为推荐与任用的时间节点过于紧密，导致的民主推荐失真失准，干部“公论”不公的问题，避免“唯票”现象的产生。

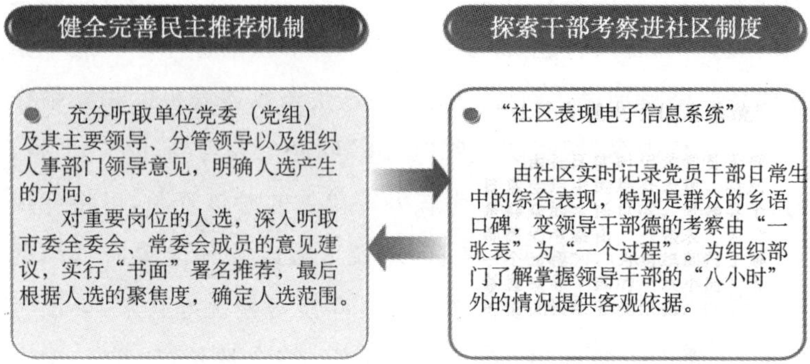

二是探索实行干部考察进社区工作。针对了解领导干部在“八小时”外的表现情况，为进一步测准干部个人在群众中的“公论”程度，我们建议：在社区研究开发“社区表现电子记录系统”，探索推行机关在职党员干部进社区志愿服务活动，探索建立“干部考察进社区”制度。可以根据领导干部在社区的实际表现，结合群众的乡语口碑，由社区实时记录党员干部在社区的服务情况和综合表现，组织部门和干部所在单位可随时查询党员干部在社区的综合表现，将干部考察考核延伸至所在社区，这样既增加志愿服务活动的透明度和实效性，同时，也为组织部门了解掌握领导干部的“八小时”外的情况提供客观依据。

三是深化领导干部德的考察机制。可将领导干部德的考察由“一张测评表”变为“一个记录过程”，将领导干部“四德”表现情况，通过建立“社区表现电子记录系统”进行记录。同时，将“四德”表现纳入干部日常表现台账，对干部在日常工作、生活中的各种有关“德性”表现的细节，进行客观记录，对“失德”行为实行零容忍，从严处置，培养领导干部健康情趣，倡导做一个有品位的干部。

3. 围绕“看组织部门了解掌握的一贯表现情况”这一核心要素，建立健全综合分析研判机制。

一是健全完善组织部门谈心谈话制度。在全面推行组织部长谈心谈话制度的基础上，着力推行干部责任处室与归口管理干部的谈心谈话制度，可有效保证责任处室对归口管理干部一贯表现情况的及时、全面掌握。就市级层面而言，原则上，部领导重点与县区“四大家”正职和县区委常委、市直单位和部门主要负责同志谈心谈话，相关干部处室重点与县区其他县级干部、市直单位和部门班子副职及其他县级干部谈心谈话。谈心谈话可采取定期专题开展与工作督查、主题教育、民主生活会等相结合的多种形式开展，确保每位县级干部每两年至少谈心谈话一次。尤其对刚调整的干部、关键岗位干部、班子内部不团结的干部、有意见有情绪的干部、受到处理处分的干部、信访反映较多和有负面舆情的干部、家庭有特殊情况的干部等，应当列为重点谈话对象。

二是探索建立干部一贯表现台账。在谈心谈话的基础上，探索建立干部一贯表现台账。台账信息可按照自行收集、共享信息、单位报送三种途径，覆盖领导班子和领导干部的教育、管理、监督等各个环节，收集信息应当包括干部责任目标完成情况、在中心工作和关键时刻的表现情况、干部群众反映的突出问题、个人德性问题以及个人有关事项报告情况。通过干部责任处室按职能分工负责收集、记录和初步分析，干部综合处室统筹协调和综合分析，将其作为评价领导班子和班子成员及干部调整配备的客观依据。可将建立台账的工作任务作为干部处室的基础性、日常性的主要工作内容之一，以电子版形式，实施动态管理维护，做到随时更新、定期备份。

三是探索建立综合分析研判机制。在对干部一贯表现全面、客观掌握的基础上，可通过对领导干部开展综合研判，有效解决对干部情况看得不准、议得不透、研究得不深，以至于选干部有时急拿现用的问题。对领导干部的研判，应重点看专业、经历、能力等与岗位是否适宜，并根据不同类型领导班子、不同岗位领导干部特点，明确研判重点，增强研判针对性。在具体方式上，可采用“数据分析、民意分析、比较分析、条件分析”等方法进行研判。

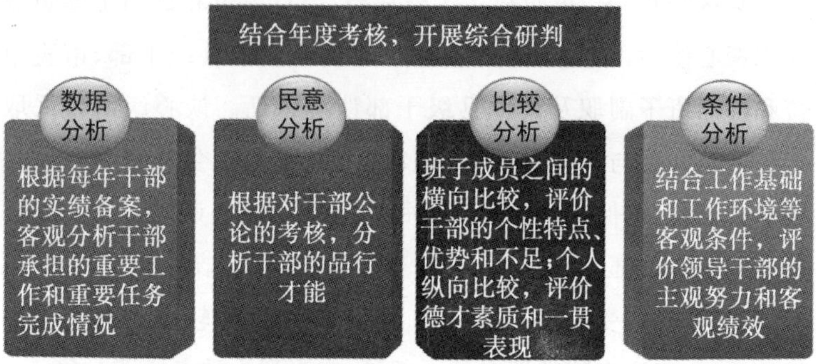

在此基础上，通过建立基础信息档案，可掌握干部队伍的年龄、知识、经验阅历、性格气质、能力特点等结构情况；通过建立运行情况备案，可及时掌握领导干部动态状况；通过建立调整配备预案，可提出近期调整配备和中长期发展建议。

4. 围绕“看巡视督导和纪检监察部门掌握情况”这一核心要素，健全完善干部立体监管机制。

一是建立健全干部监督工作联席会议制度。通过科学界定组织人事、纪检监察等各联席部门在应对干部违规、违纪、违法中应承担的角色，建立干部监督工作联席会议制度，避免发生职能交叉、职责混淆。可进一步改进和完善各责任部门之间的联系协调机制，定期召开，及时交流信息、沟通情况，探索建立重要案件协查机制，充分发挥干部监督联络员作用，建立健全干部监督信息网络，畅通干部监督信息渠道。通过加强干部监督信息的综合分析，及时掌握新闻媒体和互联网上涉及干部日常管理监督方面的重要舆情信息，完善预警机制，提出针对性防范措施，形成从严管理干部的合力。

二是建立健全领导干部联动问责制。通过采取"量化计分，累计扣分，依分定级"的方式，进一步深化问责结果与年度考核、领导班子和领导干部调整的同频共振。可将联动问责的量化扣分情况与考核定级相一致，量化扣分后可以直接计入年度考核总分，也可以根据扣分情况确定考核定级。进一步明确各级问责对象，细化各类问责情形及扣分标准，完善责任追究机制，健全督查联动、信息传导和专项考察机制，增强联动问责的实效。研究出台审计结果运用办法，深化经济责任审计工作。

三是探索建立干部监督员队伍。根据工作实际需要，扩大干部监督的群众参与面，可面向社会聘请有过组织人事、纪检监察、巡视等工作经验的党员干部担任兼职干部监督员，赋予其参加重要会议、查阅相关资料、参与谈心谈话等活动的权力，全程参与干部选拔任用、考核评价和管理监督等环节过程，充分吸取其意见建议，切实发挥群众监督的作用，补充完善巡视督导和纪检监察部门的力量格局。

5. 围绕"听单位党委和党委主要负责同志及分管领导的意见"这一核心要素，健全完善干部层级管理机制。

一是明晰干部管理的责权。按照一级管好一级、一级带好一级、一级对一级负责的分级管理、分级负责原则，明确各级党组织及其主要负责人为本级干部管理的主体，切实加强领导班子内部监督管理，强化领导班子主要负责人抓班子、带队伍的责任。干部的日常管理责任应当逐级分解落实，党组织主要负责人作为第一责任人，分管领导及纪检监察、组织人事负责人作为直接责任人。

二是建立健全“听”的方式。对重要岗位的人选，加强推荐前的酝酿沟通，广泛听取常委会甚至全委会成员的意见建议，按照好干部标准，以实在实干实绩为导向，根据人选的聚焦度，确定人选范围，打破论资排辈，提高人岗相适度，可有效防止“拉票”现象，充分发挥党组织在干部选拔任用中的领导和把关作用，提高干部工作民主质量。同时，探索将领导干部在中心工作中的表现和业绩，通过移动数据平台实时发送给全委会成员，提高参加民主推荐会议人员的知情度和关联度，提高人岗相适度。

三是健全完善干部管理责任追究制。建立规范详细、操作性强的责任追究办法。根据集体领导与个人分工负责相结合的原则，按照干部管理权限，进一步明确干部推荐、考察、决策、管理等各个环节的责任主体和责任内容，细化各种追责行为及问责形式，逐级建立从严管理干部责任制。对不认真履行监督管理职责，抓班子、带队伍不力，所在班子成员和干部队伍发生严重问题的，应严格按照规定追究党组织主要负责人及其他相关责任人的责任。全面推行干部选拔任用工作全程纪实制度，同时，单位党委（党组）负责人推荐使用干部时，可采取署名推荐制，形成对各级党委选人用人的制度性约束。

四是探索建立干部日常管理机制。寓日常管理于日常了解中，畅通了解干部工作生活情况渠道。推行谈心谈话制度，根据干部管理权限，结合“一岗双责”要求和分管（联系）工作，可采取定期专题开展与工作相结合的形式分级负责谈心谈话，每年至少1次。严格落实“三会一课”、党员党性定期分析、民主评议等制度，既要坚持传统的行之有效的活动形式，又要结合实际，不断创新党内组织生活方式，增强组织生活实效，在强化党员经常性教育的同时，加深对领导干部的日常了解。在单位内部，也可采取班子成员与中层正职“结对帮扶”的形式，深入了解干部的思想动态、能力素质、工作业绩及业余表现情况等，为党组织负责人及分管领导行使“一听”权利时“储备”“第一手”素材，提升建议人选的客观性和公正性。

六、本课题的探索价值

在“简便易行、有效管用”的标准要求下，探索建立以“四看一听”为主要构架的选人用人机制，可在干部选拔任用、考核评价、监督管理等三个方面全方位发挥作用。

1. 通过“四看一听”机制可明确干部选拔任用的载体方式。

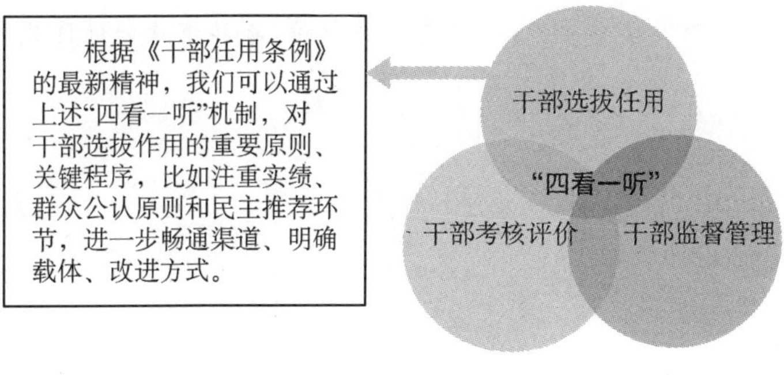

2. 通过“四看一听”机制可丰富干部考核评价的内涵功能。

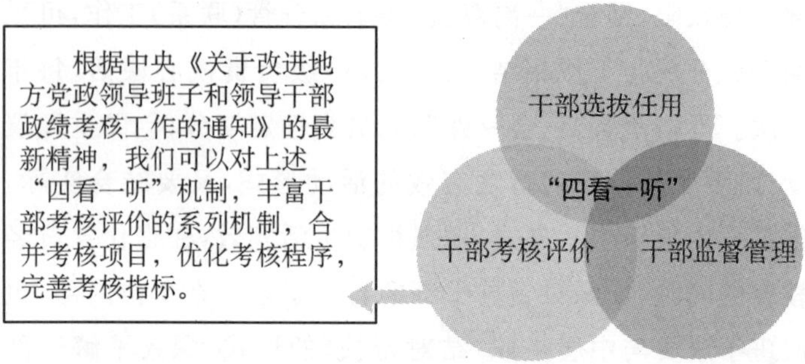

3. 通过“四看一听”机制可拓展干部监督管理的外延范围。

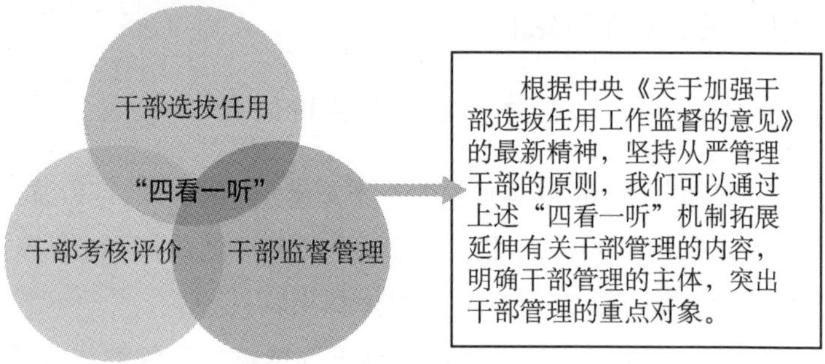

（作者工作单位：南昌市青云谱区政府）

说"蛾眉"

孙　琳

复音化是汉语词汇发展的主要趋势。上古汉语中单音节词占优势,以大量的单音词为基础,复音词的产生主要来源于单音节语素的相互组合(包括复合词和派生词)。有一些复音词由早期的常用词组压缩凝固而成,如天下(普天之下)、颠覆(颠而覆之)等。在汉语史上,创造一批新的复音词,绝不限于对单音节词的"扩容",也有对三音节或多音节词(词组)的"缩减",甚至是对同样是复音词的"改造"。

即使是在单音节词占主要地位的先秦汉语时期,复音词也已经有一定数量的积累,如《诗经》一共出现3400多个词,其中复音词900余个,占了总词数的25%(根据向熹《诗经词典》);《吕氏春秋》有复音词2000多个(根据张双棣《〈吕氏春秋〉词汇研究》)。这些早期的复音词同样也是后期创造新复音词可以利用的材料,伍宗文《先秦汉语复音词研究》中说:"一旦需要用一个现成的双音词作为构成成分来造一个新词时,这样的双音词往往被压缩成一个单音节。"(p.32)一部分复音词需要经历"单音化"的过程才能更好地进入新的"复音化"潮流。本文拟通过"蛾眉"这个词语的个案研究来看看汉语词汇复音化过程中一些有悖于"复音化"但也并不少见的词汇发展现象。

1. “蛾眉”的意义和发展

“蛾眉”语出《诗经·卫风·硕人》第二章:“手如柔荑,肤如凝脂;领如蝤蛴,齿如瓠犀,螓首蛾眉。巧笑倩兮,美目盼兮。”双手柔嫩白滑像初生白茅的嫩芽,皮肤滋润白皙像凝固的油脂,脖颈丰润白净像蝤蛴(身长而白),牙齿洁白整齐像葫芦籽,额头方广光滑像螓的额头,眉毛又细又长像蚕蛾的触须。笑起来有两个漂亮的酒窝,眼睛黑白分明扑闪灵动。原诗是为赞美卫庄公夫人庄姜的高贵漂亮,后世奉之为女人外形美的标准。方玉润《诗经原始》赞其:“千古颂美人者无出此二语,绝唱也。”(p. 177)一连用了“柔荑”、“凝脂”、“蝤蛴”、“瓠犀”、“螓首”、“蛾眉”作比,描写细致,比喻生动形象。毛传、郑笺均未解释“蛾眉”之意。“蛾眉”的释义最早见于《汉书·扬雄传》:“知众嫭之嫉妒兮,何必扬累之蛾眉。”颜师古注:“蛾眉,形若蚕蛾眉也。”《硕人》孔疏曰:“此经手、肤、领、齿举全物以比之,故言如。螓首蛾眉则指其体之所似,故不言如也。”虽未释义,但可见其意为眉毛像蛾的身体的某个部位之形,与颜注意合。朱熹也采用此义,《诗集传》曰:“蛾,蚕蛾也。其眉细长而曲。”“蛾眉”的本义指蚕蛾细长弯曲的触须,用来比喻女子美丽的眉毛。“眉”有一语双关的作用。

关于“螓首蛾眉”,还有一种说法是“螓”通“䂓”,“蛾”通“娥”,二者都意为“好皃”。《说文·页部》:“䂓,好皃。从页,争声。《诗》所谓䂓首。”《方言》卷一:“娥,好也。秦曰娥。秦晋之间好而轻者谓之娥。”句意即为好看的额头和眉毛。《太平御览》三百八十,《艺文类聚》十八并引《诗》作“娥眉”。二说皆可通,从艺术修辞角度上来看,前者更佳,现代《诗经》译作也多采用前说。我们看到,“蛾眉”用来形容美女的眉毛,亦可写作“娥眉”,“蛾”、“娥”音同。

《诗经》以后，“蛾眉”广泛用于描写女子的眉毛。

(1) 嫮目宜笑，蛾眉曼只。(《楚辞·大招》)

(2) 蛾眉曼睩，目腾光些。(《楚辞·招魂》)

(3) 咸姣丽以蛊媚兮，增嫮眼而蛾眉。(张衡《思玄赋》)

(4) 云髮丰艳，蛾眉皓齿，颜盛色茂，景曜光起。(司马相如《美人赋》)

(5) 美目扬玉泽，蛾眉象翠翰。(陆机《艳歌行》)

(6) 美人卷珠帘，深坐颦(一作蹙)蛾眉。(李白《怨情》)

(7) 却嫌脂粉污颜色，淡扫蛾眉朝至尊。(张祜《集灵台》其二)

(8) 鬟欺蝉鬓非成鬓，眉笑蛾眉不是眉。(张鷟《游仙窟》)

(9) 殷勤花下同携手，更尽杯中酒。美人不用敛蛾眉，我亦多情无奈酒阑时！(叶梦得《虞美人》)

(10) 大抵还他肌骨好，何须临镜画蛾眉。(《五灯会元》卷十九)

(11) 你虽然是得他得他营救，须不是笋条笋条年幼，刬的便巧画蛾眉成配偶。(关汉卿《窦娥冤》)

(12) 细弯弯两道蛾眉，直侵入鬓；滴流流一双凤眼，来往踅人。(兰陵笑笑生《金瓶梅》第七十八回)

有些文献用作“娥眉”，也表示女子美丽的眉毛：

(13) 皓齿娥眉,命曰伐性之斧。(枚乘《七发》)

(14) 未映东北墀,娟娟似娥眉。(鲍照《翫月城西门廨中》)

(15) 于是娥眉不扫,云鬓罢梳,遥口灵山便告世尊。(《敦煌变文集·丑女缘起》)

(16) 娥眉紧蹙,汪汪泪眼落珍珠;粉面低垂,细细香肌消玉雪。(施耐庵《水浒传》第三回)

前例(1)、(2)《楚辞》中的"蛾眉"在《文选》选文及李善注中均作"娥眉"。"蛾眉"的使用当早于"娥眉",在《诗经》《楚辞》等先秦数据中均作"蛾眉"(学者们对《诗经》作"蛾眉"还是"娥眉"有不同意见,王先谦《集解》说三家诗作"娥眉",本文以传世《毛诗》为准),"娥眉"最早见于《淮南子·修务训》:"尝试使之施芳泽,正娥眉,设笄珥,衣阿锡。""蛾眉"当为正形,在使用过程中其表示"美丽"的义素更受到重视,而忽略"象蛾的触须"的义素,因此表示女人美貌的"娥"似乎比本义为蚕蛾的"蛾"更适合描写人的外貌。所以有的文献改"蛾"为"娥",有的文献直接用"娥眉"形容女子的眉毛。

前面谈到"蛾眉"在使用中"美丽"的义素更加突出,美丽的眉毛可以衬托出女子姣好的模样,因此"蛾眉"又可指女子美丽的容貌。

(17) 众女嫉余之蛾眉兮,谣诼谓余以善淫。(《楚辞·离骚》)

(18) 三千宫女露蛾眉,笑煮黄金日月迟。(李洞《寓言》)

(19) 一朝埋没茂陵田,贱妾蛾眉不重顾。(王翰《古蛾眉怨》)

(20) 月与高人本有期,挂檐低户映蛾眉。(苏轼《待月台》)

(21) 长门事,准拟佳期又误。蛾眉曾有人妒。(辛弃疾《摸鱼儿》)

(22) 玉面狐见二神变化二判,要捉他变化的五鬼,心里觉着仍难脱身,便又复了蛾眉女相,与二神对垒相敌。(《狐狸缘全传》)

“蛾眉”亦可指称女子,尤其是美女。

(23) 蛾眉欲碎巨灵掌,鸡肋难胜子路拳。(楚儿《贻郑昌图》)

(24) 六军不发无奈何,宛转蛾眉马前死。(白居易《长恨歌》)

(25) 莫怪归心甚速,西湖自有蛾眉。(苏轼《乌夜啼》)

(26) 赖有蛾眉能暖客,长歌屡劝金杯侧。(周邦彦《渔家傲》)

(27) 今日蛾眉亦能尔,千载同闻侠骨香!(凌蒙初《二刻拍案惊奇》卷十二)

(28) 空山流水无人迹,何处蛾眉有怨词?(苏曼殊《东居杂诗》之十八)

《诗经》中的“蛾眉”已是一个偏正复合词,上古汉语时期双音节复合词使用并不太多,文献中也只出现了十多例使用“蛾眉”的例子，且多为本义的使用。《离骚》“众女嫉余之蛾眉兮”最先用“蛾眉”指代美丽的容颜，用一个面部器官来指称整个面部，意义所指的范围扩大了。大概魏晋以后，“蛾眉”逐渐用来指称“美女”，从指称面部到指称整个人物个体，这是意义所指范围的又一次扩大。

作为双音节复合词，“蛾眉”两个构成要素“蛾”、“眉”的结合并不是十分密切，有时两者可以倒序，也可以分割开来使用，如：

(29) 眉联娟以蛾扬兮，朱唇的其若丹。（宋玉《神女赋》）

(30) 莫愁新得年十六，如蛾双眉长带绿。（施肩吾《效古词》）

(31) 短鬟一如螓，长眉一如蛾。（曹邺《四怨三愁五情》其三怨）

(32) 记妾双眉蛾，为郎憔悴青不多。（姚燮《双鸩篇》）

(33) 便教头颅成竖子，是谁肝胆继眉蛾？（海上独啸子《女娲石》）

2. “蛾”的意义和发展

从齐梁时期开始，“蛾眉”也可以用“蛾”来表达：

(34) 士有解佩出朝，一去忘返；女有扬蛾入宠，再盼倾国。（钟嵘《诗品序》）

(35) 齐姬含欢而流盼，燕女巧笑而蛾扬。（萧统《铜博山香炉赋》）

(36) 妾本崇台女，扬蛾入丹阙。（李白《邯郸才人嫁为

厮养卒妇》)

(37) 蜂语绕妆镜,画蛾学春碧。(李贺《难忘曲》)

(38) 泪垢添丁面,贫低举案蛾。(苏轼《乘舟过贾收水阁》之一)

(39) 妆成闻唤促,又将彩扇重遮,羞蛾轻蹙。(高明《琵琶记》)

(40) 果见娇娜偕丽人来,画黛弯蛾,莲钩蹴凤,与娇娜相伯仲也。(蒲松龄《聊斋志异》)

上古的双音节复合词“蛾眉”发展为中古单音节词“蛾”,与同一时期的汉语词汇复音化的潮流相反。在“蛾眉”词语内部,“蛾”是修饰语素,“眉”是中心语素,“蛾”表示“蛾眉”这种眉的特征,以区别于其他眉形。在表意的需要上,“蛾”成为了凸显意义的关键。因此人们用“蛾”来省称“蛾眉”。原本需与“眉”连用才能表达眉毛之意的“蛾”这个语素,逐渐渗透了“眉”的语义,成为了可以单用的词(“蛾”的本义单用表示“蚕蛾”,本文不讨论)。

前面谈到“蛾眉”的引申义“美颜”“美女”,同样可以用“蛾”来表达:

(41) 周蛾殉墓十载却活,嬴谍暴市六日而苏。(戴孚《广异记·序》)

(42) 三千双蛾献歌笑,挝钟考鼓宫殿倾,万姓聚舞歌太平。(李白《春日行》)

(43) 翠蛾仿佛平生貌,不似昭阳寝疾时。(白居易《李夫人》)

(44) 痕多开镜照还悲,绿鬓青蛾尚未衰。(长孙佐辅

《相和歌辞·宫怨》)

第(41)、(42)例意指“美女”,第(43)、(44)例意指“美丽的容貌”。此时“蛾”的意义与“娥”相通,“娥”的本义即为“美好,美貌”,引申指“美女,女子”,也借指“眉毛”(参考《汉语大词典》):

(45) 虽楚之夏姬,越之西施,赵妃燕后,秦娥吴娃,魂飞心离。(江淹《空青赋》)

(46) 摇摇墙头花,一一如舞娥。(梅尧臣《刑部厅海棠见赠依韵答永叔》之二)

(47) 青骡蜀栈西超忽,高准浓娥散荆棘。(苏轼《申王画与图》)

第(45)、(46)例指“美女”,第(47)例指“眉毛”,“蛾”“娥”二字音同义通,但是来源不同,前者由双音节词“蛾眉”省称得义,后者的意义来自于词义的引申。

3. “×蛾”或“蛾×”型的词语

在“蛾眉”简称“蛾”的过程中,语素“蛾”的自由度增强,可与其他一些修饰性、描绘性语素结合。在汉语词汇双音节化的趋势中,以“蛾”为中心语素,又逐渐产生了一批与“蛾眉”意义相关的词语,这些词语的语素间的凝固性都不太强,介于短语与词语之间,因其大都在文献中有多次重复使用,且都收入了《汉语大词典》,本文将这些结构都看作词语。

a. 形容眉色:黛蛾(蛾黛、黛娥),青蛾(青娥),绿蛾(蛾绿、娥绿),翠蛾(翠娥、娥翠),素蛾,淡蛾

(48) 湖西山浅似相笑,菱刺惹衣攒黛蛾。(温庭筠《晚归曲》)

(49) 人举袖辉青蛾,掺掺擢手映鲜罗。(刘铄《白纻曲》)

(50) 遥羡落帆逢旧友,绿蛾青鬓醉横塘。(许浑《送客自两河归江南》)

(51) 愁傍翠蛾深八字,笑回丹脸利双刀。(薛逢《夜宴观妓》)

黛是古代妇女画眉常用的颜料色,因此用以修饰女子的眉毛。“青”形容眉色见《楚辞·大招》:“青色直眉,美目婳只。”洪兴祖补注:“青色,谓眉也。”“黛”“青”二字连用,“黛青”“青黛”均指青黑色的画眉颜料,也可指女子的眉毛。王实甫《西厢记》:“黛青颦,莲脸生春,似倾国倾城的太真。”《燕山外史》卷二:“由是姑(李爱姑)也蔷薇架畔,青黛将颦,薜荔墙边,红花欲悴。”“緑”用于形容鬓发之色指乌黑发亮的颜色。李商隐《戏题枢言草阁三十二韵》:“年颜各少壮,发緑齿尚齐。”眉色与发色近。“翠”与“青”“緑”色均近,更有“鲜明”之意。有“黛眉”、“青眉”、“翠眉”指女子眉毛。晋左思《娇女诗》:“明朝弄梳台,黛眉类扫迹。”司空曙《拟百劳歌》:“谁家稚女着罗裳,红粉青眉娇暮妆。”江淹《丽色赋》:“夫絶世而独立者,信东方之佳人,既翠眉而瑶质,亦卢瞳而赪唇。”

“黛蛾,青蛾,緑蛾,翠蛾”与“蛾眉”一样,亦可指称美女:

(52) 黛蛾陈二八,珠履列三千。(温庭筠《感旧陈情五十韵献淮南李仆射》)

(53) 却愁宴罢青蛾散,扬子江头月半斜。(韦庄《陪金陵府相中堂夜宴》)

(54) 强解绿蛾开笑面,频将红袖拭香腮。小心犹恐被人猜。(蒲松龄《聊斋志异·褚生》)

(55) 曙色远连山色起,青螺,回首微茫忆翠蛾。(纳兰性德《南乡子·御沟晓发》)

(56) 双髻绾云颜似玉,素蛾辉淡绿。(阎选《谒金门》)

(57) 淡蛾羞敛不胜情。暗思闲梦,何处逐行云。(毛熙震《临江仙》)

"素""淡"指眉色不浓,女子都好画眉,如上"黛、青、绿、翠"都指眉色黑亮浓密,不画或随意描画的眉色较浅,即可称"素蛾""淡蛾"。

b. 形容眉形:修蛾,长蛾,弯蛾

(58) 天然嫩脸修蛾,不假施朱描翠。(柳永《尉迟杯》)

(59) 炀帝宫中,争画长蛾,司官吏日给螺子黛五斛,出波斯国。(冯贽《南部烟花记·螺子黛》)

(60) 横波巧能笑,弯蛾不识愁。(温庭筠《江南曲》)

古代女子的眉毛以细长而弯为美,"修"、"长"、"弯"都是描绘女子美丽的眉毛的形状。

c. 形容眉态:羞蛾,娇蛾,扬蛾(蛾扬),愁蛾,敛蛾,嚬蛾,攒蛾,低蛾

(61) 艳粉宜斜烛,羞蛾惨向人。(李愿《观翟玉妓》)

(62) 藕肠纤缕抽轻春，烟机漠漠娇蛾嚬。(温庭筠《无衣曲》)

(63) 扬娥微眄，悬藐流离。(王粲《神女赋》)

(64) 整顿春衫欲跨鞍，一杯相属少开颜。愁蛾不似旧时弯。(洪适《浣溪沙》)

(65) 敛蛾收袂凝清光，抽弦缓调怨且长。(刘禹锡《伤秦姝行》)

(66) 回羞出慢脸，送态入嚬蛾。(萧纪《同萧长史看妓》)

(67) 相思木帖金舞鸾，攒蛾一啑重一弹。(李贺《神弦》)

(68) 珊瑚鞭亸马踟蹰，引手低蛾索一盂。(白居易《同诸客嘲雪中马上妓》)

“扬蛾”指女子高兴时眉毛上扬的美态。“愁蛾，敛蛾，嚬蛾，攒蛾”均形容女子忧愁时的眉毛，只是着眼点有所不同，“愁”以情绪来描述，“敛”“嚬”“攒”以动作来描述。

d. 其他：新蛾，香蛾，双蛾

(69) 洛城花烛动，戚里画新蛾。(杨师道《初宵看婚》)

(70) 宝钿香蛾翡翠帬，装成掩泣欲行云。(戎昱《送零陵妓》)

“香蛾”指美人。

(71) 朝发披香殿，夕济汾阴河，于兹怀九逝，自此敛双

蛾。(沈约《昭君辞》)

(72) 瑶台倾巧笑,玉杯殒双蛾。(陈子昂《感遇》之十二)

人的眉毛为一对,因此用"双"来形容。"双蛾"即"蛾眉"之义,既指女子的眉毛,又可借指美人,如上例。

另外,中古时期开始仿照"蛾眉"新创造了一些词语,如"蛾鬟"、"蛾脸"、"蛾月"。"蛾鬟"指妇女的一种发髻。不知是何形状,大概是借"蛾眉"之"美"义指发髻的美态。也可指美女。李贺《许公子郑姬歌》:"相如冢上生秋柏,三秦谁是言情客?蛾鬟醉眼拜诸宗,为谒皇孙请曹植。""蛾脸"形容女子漂亮的脸蛋。李朝威《柳毅传》:"然而蛾脸不舒,巾袖无光。""蛾月"又可称"蛾眉月",指月初或月末的一种月相。因月球被照亮半球的一小部份,形似峨眉,故称。何逊《七召》:"俄而夕鹭东返,落日西悬,绮霞映水,蛾月生天。"

4. 小结

从前面的讨论可以看到"蛾眉"这个词的使用和发展演变情况,它有这样一条发展路线:《诗经》中的"蛾眉"是一个双音节复合词,比喻女子美好的眉毛,之后由眉毛义引申出了美好的容貌,美丽的女子的意思,同时又可以写作"娥眉"。而且可以看到"蛾眉"的结构并不那么凝固,二字可以颠倒次序,中间也可以插入别的成分。在意义发展的同时,"蛾眉"逐渐凝缩为单音词"蛾","蛾"具有"蛾眉"的所有意义,在文本中又常与"娥"相通。"蛾"的单用使得其自由度增加,相应的其构词能力也得到了极大的提高,产生了一批"×蛾"或"蛾×"型的词语,这些词语有些是"蛾"的"蛾眉"义派生出来的,如"黛蛾,青蛾,绿蛾,翠蛾,素蛾,淡蛾,修蛾,长蛾,弯蛾,羞蛾,娇蛾,扬蛾,愁蛾,敛蛾,嚬蛾,攒蛾，低蛾，新蛾，香蛾，双蛾"等；有些是仿照"蛾眉"的构词原理创造出来的词语，如"蛾鬟，蛾脸，蛾月"等。从"蛾眉"(娥眉)到"蛾"(娥)再到"×蛾"或"蛾×"型的词语，与"蛾眉"意义相关的词汇大大增加了，使人们的表达能更加的细腻、生动，满足社会生活的需求。我们看到"蛾眉"的发展过程不是一个此消彼长的过程，而是不断壮大的过程，新词的产生并没有带来旧词的消亡，而是共同存在于文本中，所有的这些词语都比较书面化，在口语中使用的比较少。

我们应从"蛾眉"的发展中看到，在汉语词汇双音化的发展趋势中，也有些词语发生了反向的变化，由双音节词变成单音节词，这一部分的变化值得深入去研究。另外，在"蛾眉"单音化后，又随着双音化的潮流发展出了一批新的词汇，极大地丰富了词汇量。在词汇的发展过程中，可能极大部分的词语都在双音化、单音化、再双音化这样的循环演变中，对这些比较复杂的变化过程，应该做更多更进一步的研究。

参考文献

[1] 罗竹风主编. 汉语大词典缩印本[K]. 上海：上海辞书出版社，2008.

[2] (汉)许慎撰[宋]徐铉校定. 说文解字[M]. 北京：中华书局，1963.

[3] (宋)朱熹集注. 诗集传[M]. 北京：中华书局，1958.

[4] (清)王先谦撰. 吴格点校. 诗三家义集疏[M]. 北京：中华书局，1987.

[5] (清)马瑞辰撰. 陈金生点校. 毛诗传笺通释[M]. 北京：中华书局，1989.

[6] (清)方玉润撰. 李先耕点校. 诗经原始[M]. 北京：中华书局，1986.

[7] (清)阮元编. 十三经注疏(全二册)[M]. 上海：上海古籍出版社，1997.

[8] 向熹编. 诗经词典[M]. 成都：四川人民出版社，1986.

[9] 向熹著. 诗经语言研究[M]. 成都：四川人民出版社，1987.

[10] 伍宗文著. 先秦汉语复音词研究[M]. 成都：巴蜀书社，2001.

写在后面的话

年初的时候，收到郭齐师兄的邮件，要为向熹先生九十岁华诞论文集筹稿。当时忙着博士毕业论文的写作和毕业答辩，之后又因为刚刚投入人生工作的新阶段，入职培训、出差调研、开课备课，一直没有时间静下来写一篇好的文章。心里一直牵挂着这个事，却苦于灵感的匮乏，行动的迟缓。眼看着交稿截止日期的临近，只能从电脑里翻找一篇“劣作”，权充凑数之嫌。

2011 年考入川大汉语言文字学专业读博，我很荣幸地被收入了向熹先生门下（在这里，要特别感谢俞理明老师的推荐）。未见先生之前，很紧张，见面之后先生是和蔼可亲，如沐春风的感觉瞬间拉近了我和先生之间的距离。先生 80 多岁高龄，我 27 岁，不由地，我会将先生看作“爷爷”，像亲人。但是先生又不像“爷爷”，因为他脚步强健、思维敏捷、学识渊博。年纪大了，记忆力和身体机能难免有所衰弱，可先生依然坚持着治学和育人，让年轻的我很是感慨。三年的时间转瞬即逝，初与先生见面的情景还历历在目，这会儿我都已经成为别人口中的老师了。

《说“蛾眉”》这篇文章，是我读博期间写的。先生是研究《诗经》语言的专家，聊天的时候先生多次提到应该关注《诗经》中的词汇在后世的发展变化的问题，要从汉语词汇史的角度研究具体词汇的发展轨迹，我很受启发。此后因为要跟随先生一起去参加由湖南师范大学承办的第八届中古汉语国际学术研讨会，就选了《诗经》里“蛾眉”这个词写了一篇文章。从学术上来看，文章写得很不成熟，但在感情上，它总让我想起在先生身边学习的点滴，很有纪念的意义。

最后，向先生献上我最诚挚的尊敬，最深沉的感激以及最真心的祝福！祝先生和师母身体健康！平安幸福！

（作者工作单位：武警警官学院）

《简明汉语史》语法部分读后

——对汉语史研究的一些思考

左丽娟

《简明汉语史》(修订本)是向熹先生在1993年初版的基础上,历时四个寒暑,经过全面修改补充之后的版本。在这四年中,先生倾尽心力,将自己半个世纪来的汉语史研究成果以全新的面貌呈现在世人面前。这是一本约一百五十万字的大部头著作,却被先生谦逊地冠以"简明"的称号。然而在我们这些后辈看来,这实在是一本简约而不简单的著作。说其简约,是因为该书的结构体系清晰明了。全书以汉语三千年的历史跨度为经,以汉语语音史、词汇史和语法史为纬,编织成一张经纬交错、纲举目张的汉语史图,读者只要按图索骥,就可以很清楚地了解汉语在某一历史时期某一语言层面的情况。说其不简单,绝不是说书中充满了晦涩难懂的语言学理论,而是书中有丰富到令人叹为观止的引例。先生的授业恩师王力先生有个著名的观点:"例不十,不立法"。在自己的著作中,先生也充分贯彻了这一原则,《简明汉语史》一书,处处体现着这种精益求精的学术精神。仅以《简明汉语史》(修订本)语法部分为例,初版共用例句5336个,修订本则达到了9128个。不仅引例数量大大增加,而且涉及文献的范围也更加多样。更令人敬佩的是,这么多的引例,均是先生亲手查阅典籍并书写的,可以说每一个字都是先生学术研究的结晶，当然极为不简单。

我国汉语史的研究，特别是汉语三千年发展通史的系统研究，是由王力先生在《汉语史稿》一书中开创的。该书语音部分采用的是一种瑞典汉学家高本汉的直线型理论模式，分别讨论了汉语语音从上古到中古、从中古到近古以至现代的发展历程。词汇和语法部分则一改这种理论模式代之以从汉语词汇系统的构成角度讨论几种不同词汇的发展过程；从历史形态学和句法学角度梳理汉语词法史和句法史。如果说《汉语史稿》的语音部分是一部编年史，以时间顺序为纲，叙述了汉语语音在不同历史时期的发展变化，那么语法和词汇部分就像一部纪传史，从纷繁复杂的语言现象中整理出不同的门类，再分别叙述其各自的发展历程。相比之下，向先生的《简明汉语史》继承了《汉语史稿》的研究成果，但并没有沿袭《汉语史稿》的体系框架，而是更像一部二十四史。全书分上、下两册，包括汉语语音史、汉语词汇史、汉语语法史三编，各编又按上古、中古、近代三大时期对汉语发展的历史进行整体而细致的描述。应该说《简明汉语史》一书，丰富了王力先生的汉语通史研究，相较于《汉语史稿》，对汉语史的描写更加详细而具体。

初读《简明汉语史》，也许觉得该书重语言现象表面的描写而轻语言规律的深层阐释，但在先生看来描写是为了叙史，而叙史务必通俗浅出。如果读者因为书中没有对语言规律的大胆假设，鲜见对语言现象的主观论断，就说该书欠缺理论深度，实际上是忽略了先生所坚持的另一个原则，即：用丰富的材料和细致的分析阐明观点，实事求是地揭示汉语发展过程中的现象和规律。蒋绍愚先生(1989)曾经指出："我们对汉语史的了解是不清晰的，缺乏建立在对大量语言材料深入研究的基础上的确切结论。”[①]今天看来，这个问题在《简明汉语史》当中得到了很好的解决。蒋绍愚先生(1989)同时还指出：“汉语史的研究要运用现代语言学的理论和方法，解释汉语发展的规律。”[②]从这一点看来，《简明汉语史》留给我们后辈继续研究的空间还很大。我们可以书中所呈现的汉语三千年的发展特点为基础，将先生所总结的汉语发展规律和现代汉语语言学理论研究取得的成果相结合，把汉语史，特别是汉语语法史的研究不断推向更深更细致的层面。

具体来说，《简明汉语史》语法部分对汉语史研究的启发有以下四个方面：

一、建立更科学的汉语史研究的理论框架

李葆嘉(1995a，1995b，1995c，1995d;1997)总结过现当代汉语史研究的四种主要的理论模式，分别是：瑞典汉学家高本汉在20世纪初叶建立的直线型模式；美籍华人学者张琨60年代建立的差异型模式；普林斯顿学派专家们60年代建立的逆推型模式；日本汉学家桥本万太郎70年代建立的推移型模式。他同时还提出了自己的“混成发生、推移发展”的理论模式。高本汉的直线型模式关注于汉语语音史的研究，以《广韵》为枢纽链接上古与现代音系。张琨的差异型模式以时空二维框架研究汉语语音史，强调南北方言差异，提出了汉语原始系统假想说，汉语南北平行发展说和文学标准语基础变迁说这三个理论假说。普林斯顿学派的逆推型模式主张以现代汉语方言为研究古代汉语的基础，而不必参考古代文献记录的证据，认为以现代方言为基础给每一种单独的方言群分别构拟出它们的原始语，就可以构拟一个全面的古代原始汉语。以上三种模式，主要的关注点都

集中在汉语语音史，不同程度地忽视了汉语词汇史，特别是语法史的研究。相比之下，桥本万太郎的推移型模式在语言地理类型学的基础上，分析了不同区域，不同文明类型的语言的演变特点及其相互作用，这种理论模式不仅针对音韵结构，而且涵盖句法结构与基本词汇. 因而是一个比较完整的汉语史研究模式。李葆嘉的“混成发生、推移发展”的理论模式借鉴了桥本的观点，分析了汉语与周边其他语言的发生学或同源关系，也进一步讨论了不同语言在历史接触过程中的同化或异化关系。这两种模式，将汉语史的研究从一维的时间模式扩展到了二维的时空交错模式，可以说实现了汉语史研究理论模式的突破。以上这些理论模式提醒我们，汉语史研究不仅仅只有时间顺序一个角度，还可以从语言使用的空间范围角度，思考语言类型与文明类型的关系，汉语与亲属语言的同源关系，汉语与其他语系语言的相互接触等。这些问题表面上看来是语言共时层面的研究，实际上却是我们揭示汉语发展规律，解释汉语演变现象背后深层原因的新角度。

二、汉语史研究内容的古今结合与范畴系统

王力先生把汉语史分为上古、中古、近代、现代四个时期，但是对现代汉语的研究往往独立于汉语史的研究之外，针对这一现状，蒋绍愚先生提出应将二者结合起来的观点。相应地，刁晏斌(2008)先生也提出了立足于现代汉语视角的汉语史研究思路。他认为，现代汉语对汉语史研究的作用表现在以下五个方面：1)研究和论述的起点；2)作为推断的依据；3)作为得出结论的依据；4)作为史的发展的判断的尺度；5)作为“证古”的手段。可见，现代汉语的现象和规律可以用来为汉语史的研究服务。

立足现代汉语的汉语史研究还有另外一层意义，即从断代的角度出发，对现代汉语形成发展的历史做深入研究。刁晏斌先生(2000)的现代汉语史研究可看作这方面的代表。刁先生的现代汉语史研究，不仅采用了汉语史研究的传统模式，在更小的时间跨度下观察现代汉语语音、词汇、语法、文字等语言要素方面的发展演变及其规律，而且注重更多具体问题的研究，例如“文革”语言研究、“国语”的分化问题研究、外来形式问题研究等。我们认为今后汉语史研究要更加注重古今结合，一方面是因为现代汉语研究是汉语史研究中的应有之义，另一方面是因为相对于上古、中古、近代汉语史研究，现代汉语史还不够为汉语史学界所重视，而我们只有把现代汉语史的研究做深入了，才能与其他时期汉语史的研究连贯起来，进而把汉语通史的研究推向深入。

一直以来，汉语史的研究内容几乎都集中在语音、语法、词汇三大方面，这是从语言本体出发的，但我们还应该看到，不仅是语言要素之间的发展有着千丝万缕、相互影响的关系，语言之外的很多因素也对汉语的发展历史产生着重要影响，这提醒我们有必要拓展汉语史研究的视野，将与汉语本体有关的其他范畴纳入汉语史研究的范畴系统之中。例如，李无未、邸宏香(2006)曾撰文讨论过汉语史研究的理论范畴，他们提出汉语史研究范畴可分为通语史、方言史、制度规范史和接触史四个方面。这些内容之前的汉语史研究其实也多有涉及，但并没有抽象为理论体系，而他们则是采用范畴论的观点对汉语史的研究内容进行了归纳和拓展，使之更为系统化，同时也为我们今后的汉语史研究开辟了新的领域。例如，他们提到的史料科学范畴、理论模型范畴、方法论范畴、学术评价范畴等等都提醒我们，汉语史研究其实还有很多鲜有关注却是需要研究的领域。

三、汉语史研究方法的继承与拓展

向熹先生在《简明汉语史》中提出了 7 种汉语史研究的方法，分别是：归纳、比较、统计、证实、探源、转换和推演。这些方法中有些是涉及传统的训诂学方法，有些是业已成熟的汉语史研究方法，还有些随着研究的深入，对技术手段的现代化提出了更高的要求。先生在书中说要“进一步采用新的研究方法，使汉语史的研究开创出新的局面”[③]，我们认为，所谓的新方法可以是采用新理论新模式，也有必要借鉴传统的训诂学方法和拓展历史比较和跨语言比较的运用范围。具体来说就是：

1. 利用传统的训诂学方法促进汉语史研究

先生提出的证实法就是“典籍原文和训诂材料的互相印证”；探源法就是“探求实物得名的理据和探明某种语言事实的起源及其演变”[④]。这两种方法都离不开训诂学的研究成果。但遗憾的是我们很多年轻人缺乏训诂学的功底和训练，在进行汉语史研究时往往对已有的训诂材料不加甄别，进而造成误用。董志翘先生(2005)就曾通过列举几篇博士论文中由于训诂问题造成的错误，明确提出要在汉语史研究中重视训诂。可见，方法上求新求变的同时不应该抛弃传统的训诂学方法，采用传统方法并不意味着不能出新成果，相反可以使我们的研究更加站得住脚。

2. 利用成熟的历史比较法与跨语言比较法促进汉语史研究

(1) 运用历史比较的方法研究汉藏语系各语言间的历史渊源。

历史比较法是语言的历史研究的重要方法之一，是“通过有计划的比较两种或几种具体语言内彼此对应的较晚事实来研究语言间的亲属关系，并对未经文字记载证实的过去的语言面貌进行构拟。[5]王力先生在《汉语史稿》中则更加具体地指出：“在汉语史的研究中应用历史比较法，就是对汉藏语系诸语言作比较研究，那样做是大大有利于上古汉语的研究的。”[6]这样看来，历史比较法似乎只是一种由今及古的“回溯法”，但对现代汉语研究来说，历史比较法同样有着很大的用武之地。比如，我们研究现代汉语语法中处置式的产生和发展，不仅可以从“将”、“把”等实词虚化过程以及句法结构从松散到稳固的过程进行分析，还可以对比汉藏语系中其他亲属语言处置式的历史演变过程，特别是在汉语由上古到中古到近古几个关键节点时期，其他亲属语言处置式的表现情况。这种历史比较的方法可以帮助我们更加清楚地认识汉语处置式的产生不是独立的个别现象，而是与其他亲属语言的处置式句法结构有着相同或相异的种种表现，而且，共时层面上或同或异的表现具有历时层面上的同源或分化关系。

历史比较法还可以用来研究汉语方言和不同时期标准语的形成和演变。对于汉语方言和标准语之间的关系，学界主要有两种观点：一种是不同汉语方言是从统一的原始汉语中分化出来的。在人民原来的生活区域向其他不同区域迁移的过程中，原始汉语与周边其他的语言发生接触，并受其影响表现出与当时政治文化中心所在区域人民使用的标准语不一致的特点，从而形成了方言；另外一种观点是汉语早期只存在不同的原始方言，而没有统一的原始汉语。随着不同地区的人民交流日益频繁，为了满足彼此沟通和理解的需要，才逐渐产生了汉民族共同语，即所谓的标准语。例如，现代汉语的差比句不仅与古代汉语的结构形式不同，而且与粤语等其他方言的结构形式也不一样。那么，我们就可以采用历史比较法，结合《诗经》《楚辞》《方言》等古代文献中的书面材料，研究其中差比句与现代汉语方言差比句的发展关系，同时对比文献材料与现代汉语普通话中差比句的异同，就能够对汉语方言差比句和普通话差比句的历史发展关系有更清晰的认识。

(2) 运用跨语言比较的方法研究汉语与日语、韩语等语言在不同历史阶段的类型特点。

"一个民族的语言固有其民族特性的一面，但既然都是人类的语言，就必不可免地具有全人类语言共有的一些特点。"[⑦] 当代语言学理论三大流派之一的语言类型学通过不同的语言、方言或同一种语言的不同历史层次的类型比较，观察其不同的个性和共性。从人类语言普遍的语义语用功能范畴出发，考察语法属性在不同语言里的分布和表现，去揭示共时语言的典型性和稳定性特征。传统的看法认为语言类型学是从共时层面对不同语言进行跨语言比较进而归纳语言共性的方法，共时层面的语言共性可以从历时层面进行解释。从这个意义上来说，我们研究汉语史，是为汉语所反映出的人类语言共性或汉语自身的特性做出解释。但这并不是说类型学的方法不适用于汉语史的研究。相反，正如吴福祥(2005)指出的："我们在考察汉语的语法演变时，就应该有一种语言类型学的眼光。我们不仅需要将汉语的语法演变放在汉语史的框架内来观察，而且更应该将汉语的语法演变置于人类语言形态句法演变的变异范围内来考察；我们不仅要研究汉语语法演变的特性，而且更应该了解汉语的哪些语法演变是例示了人类语言形态句法演变的共性。"[⑧] 可见，汉语语言学发展到今天，我们不仅可以继承传统的汉语史研究方法，还可以用类型学的眼光，借助跨语言比较所发现的概率性倾向特征来观照汉语史研究。例如，语序和虚词是汉语最重要的语法手段，我们如果用类型学的眼光考查语序和虚词在汉语史的不同分期中表达同一语法意义的不同表现，就可以了解汉语语言类型的变异情况。我们用跨语言比较的方法，将汉语与日语、韩语以及阿尔泰语系诸语言的语序类型进行比较，就可以看出这些语言在历史上是如何相互影响的。这样一来，我们的汉语史研究，也就突破了就汉语论汉语的固有模式，进入了一个看待汉语史的更宽广的视角。

3. 大胆但合理地运用新的理论方法进行汉语史研究

随着现代科学特别是计算机科学的进步，语料库语言学取得了巨大的成就，我们的汉语史研究要做到尽可能丰富地占有材料就少不了要借鉴语料库语言学的研究成果。有了高质量的语料库，不但减轻了我们用统计方法进行汉语史研究的难度，而且大大提高了我们在定性基础上进行定量分析的准确程度。目前的问题在于现有的语料库渐渐难以满足汉语史研究不断细化的趋势，这就要求尽快建立更多有针对性的语料库，为汉语史研究服务。

当代语言学发展到今天，新的理论方法层出不穷。我们运用新方法进行汉语史研究是为了更好地归纳汉语发展演变的规律，但归纳的基础是大量的语言事实，而不是凭我们主观认定的理论方法去生搬硬套。因此用新的方法解释汉语史上的一些语言现象时就需要格外地小心谨慎。例如，根据简·爱切生的观点："语言变化是社会因素的刺激、语言结构本身的问题和人的心理作用这三者水乳交融的混合物。"（转引自刁晏斌，2000），社会语言学理论、语用学理论、语法化理论、转换生成语法理论以及认知语言学理论等等都可以拿来作为汉语史研究的方法，但是这些理论并不是天然就能解决汉语史研究的问题，更多的时候需要我们持一种谨慎的态度，即使对能够用新理论解释的现象也不要盲目下结论，而应该在综合了大量语言材料的基础上做更加深入细致的分析。例如蒋绍愚先生在《关于汉语史研究的几个问题》一文中通过分析“于+处所名词”、述补结构“V+C+O”、差比句和“V错”这四个结构的发展演变，说明运用认知语言学的理论解释汉语史上的一些语法现象，其有效性和适用范围是有限的，并不具有我们主观期待中的解释力。充分说明“离开汉语史的语言事实而空谈理论，或是强使语言事实迁就某种理论都是不足取的”[9]。

四、对汉语的发展趋势做出严谨的假设

王力先生指出，“汉语史的重大意义之一就是帮助我们辨认语言进展的路线”。我们研究汉语的历史是为了“更彻底地了解汉语的现在情况及其发展的前途”，汉语史研究的结果应该使我们明确，“古代的语言循着什么方向达到今天的情况；今天的语言将来要朝哪一个方向走”。[10] 辨认语言发展的方向，离不开假设。但这种假设必须立足于一般的语言事实，是对某种语言现象可能存在的推论。归根结底，假设还是要在建立在扎实的语言材料基础上。就是要立足于汉语浩如烟海的文献资源，从能搜集到的“有限的材料出发，提出有规律性的、比所根据的材料涵盖面要大的假定性命题”。[11] 如果做到了材料尽量扎实，也就为我们的假设打下了严谨的基础，接下来要进行的就是更为严谨的证明过程。“对于汉语史这门学科来说，现代学者对汉语史的‘历史真实’的认识，表现为他们对汉语史发展所作出的、与汉语史学界的学术认知系统和汉语史的资料(“历史事实”)在逻辑

上相容的假设”。[12]相容度越高，假设就越严谨，根据假设推论出的结果就越经得起推敲。例如：现代汉语的语序类型是SVO还是SOV，汉语史上的语序类型是经历了由SVO向SOV的转变，还是由SOV像SVO的转变，亦或是汉语始终是SVO型语言。这一系列的假设都需要学者们利用大量汉语的历史事实来验证他们对汉语史认识的真实性。同样，提出一种假设，也必须得到足够的资料支撑，并进行合乎认识逻辑的证明过程，才能得出令人信服的结论。理论假设和语言材料对汉语史研究来说缺一不可。这也许就从理论上解释了从黎锦熙先生提出“例不十，法不立”到王力先生提出“例不十，不立法”的原因所在。

余 论

向先生在《简明汉语史》语法部分开篇就说：“语法是语言三要素中最稳固的部分。语法的发展变化最能反映语言发展变化的本质特点。”[13]因此，我们做汉语史，特别是汉语语法史研究，是以史为鉴，了解汉语在三千年漫长的演变过程中所发生的语法现象的兴衰更替。我们了解了哪些语言形式在历史上曾经出现，又因何种原因被其他的语言形式所替代，清楚了现代汉语以哪些方式保留了古代汉语的语言结构，可以让我们对汉语的现状有更加全面的认识。比如，现代汉语中很多似乎不合法、不规范的句式为什么具有存在的合理性，现在新出现的语言形式与古代已经消亡了的语言形式有何联系。同时，我们总结利用历史比较法和类型比较法研究汉语史的成果，可以对汉语方言与普通话、汉语与亲属语言的关系、汉语与周边其他语言的接触方式有更明确的判断。从这一意义上来说，我们就能进一步揭示汉语发展的规律和趋势。

《简明汉语史》(修订本)出版至今,已历 5 年。在这 5 年中,一批又一批从事汉语史和汉语言学研究的学者们从中汲取了大量养分,为他们的学术事业提供了宝贵的可资借鉴的研究成果。许多高校将这本书作为语言学相关专业研究生的必修教材和中文专业本科生的选修教材,这样做无疑是有充分理由的。作为普通高等教育"十一五"国家级规划教材,《简明汉语史》为学生们打开了一向通向汉语的过去的大门,让众多的年轻人了解了汉语这门世界上最古老丰富的语言之一;同时,它还为研究者开辟了一条汉语史研究的道路,作为向先生的后辈,不论是书中所体现的先生的治学态度,还是内容本身的学术价值,点点滴滴,都给予了我们莫大的启发。高山仰止,《简明汉语史》所展示的汉语长河,尚待我们不断搜寻、探求、辨别、提炼,方能淘得真金。

注释

① 蒋绍愚.汉语史研究以回顾与前瞻.语言教学与研究,1989 年第 2 期.
② 同上.
③ 向熹著,《简明汉语史》(修订本)(上),商务印书馆,2010 年 5 月第 1 版.第 9 页.
④ 同上书,第 7 页.
⑤ 同上书,第 6 页.
⑥ 王力著,《汉语史稿》,中华书局,2004 年 3 月第 1 版.第 22 页.
⑦ 伍铁平,开展中外语言学说史的比较研究——兼论语言类型对汉语史研究的意义.世界汉语教学,1990 年第 2 期(总第 12 期).
⑧ 吴福祥,汉语历史语法的检讨与反思,汉语史学报(第五辑),上海教育出版社,2005.
⑨ 蒋绍愚,关于汉语史研究的几个问题,汉语史学报 2005 年第 00 期.
⑩ 王力著,《汉语史稿》,中华书局,2004 年 3 月第 1 版,第 5、20 页.
⑪ 麦耘,汉语史研究中的假设与证明——诚论一个学术观念问题.语言研究,2005 年 6 月第 25 卷第 2 期.
⑫ 同上.
⑬ 向熹著,《简明汉语史》(修订本)(下),商务印书馆,2010 年 5 月第 1 版,

第2页.

参考文献

[1] 王力著.汉语史稿(《王力全集》第一卷).中华书局,2013年8月第1版.
[2] 向熹著.简明汉语史(修订本)(上、下).商务印书馆,2010年5月第1版.
[3] 刁晏斌.论现代汉语史.辽宁师范大学学报(社会科学版),2000年11月,第23卷第6期.
[4] 刁晏斌.汉语史研究中的现代汉语视角.渤海大学学报(哲学社会科学版),2008年第4期.
[5] 董志翘.训诂学与汉语史研究.语言研究,2005年6月第25卷,第6期.
[6] 李葆嘉.高本汉直线型研究模式述论——汉语史研究理论模式论之一.江苏教育学院学报(社会科学版),1995年第2期.
[7] 李葆嘉.普林斯顿方言逆推模式述论——汉语史研究理论模式论之二.青岛大学师范学院学报,1995年3月,第12卷第1期.
[8] 李葆嘉.张琨时空二维研究模式述论——汉语史研究理论模式论之三.徐州师范学院学报,1995年第3期.
[9] 李葆嘉.论桥本万太郎的推移模式及相关问题——汉语史研究理论模式论之四.云梦学刊,1995年第4期.
[10] 李葆嘉.汉语史研究"混成发生·推移发展"模式论——汉语史研究理论模式论之五.江苏教育学院学报(社会科学报),1997年第1期.
[11] 李无未、邸宏香.汉语史研究基本理论问题.吉林大学社会科学学报,2006年3月,第46卷第2期.
[12] 王建军.语言科技新思维与汉语史研究的现代化.南京师范大学文学院学报,2011年3月第1期.

(作者单位:四川大学文学与新闻学院在读博士生)

我们亲爱的父亲

向 军 张君宏

父亲的童年似乎离我们有些遥远……

父亲原名向效喜，1928 年 9 月 1 日出生于中国湖南省双峰县杏子铺镇必家村，家中兄弟 9 人，父亲排行第五。祖祖辈辈都是农民。

小农民的日子 爸爸说自己从小就要帮家里干活，看牛，割草。十岁开始挖地，砍柴，挑水。十三岁学会耕地使牛，挑煤炭，做砖瓦活。做砖坯先要把泥土踩熟。就是要挖上几十担黄土，调上水，然后牵着水牛，在十几平方米的泥地里来回踩，使黄土变成黏性很强的熟泥，才能用来做砖坯。我们现在听起来好像很轻松，很有意思，实际上，把黄土踩成熟泥，每次要几个小时，人辛苦，牛更辛苦。所以爸爸说那时他与牛结下了深厚的感情，一辈子不吃牛肉。

小学生的日子 父亲六岁时，因为大伯向效春教小学，他得以开始认字读书。还在远房堂叔教的私塾读了两年。那时家境困难，上学停停读读，父亲并不认真，有时还会逃学。1943 年上期，15 岁的他第一次真正意义上正式在一个远房亲戚教的私塾里读书了，学习《古文观止》。下期到新安乡小学读五年级。1944 年上期，转到外婆家附近的燕堂小学读 6 年级，在一次全校作文比赛中，得了第一名，第一次得奖，父亲非常高兴。班主任彭楫汝先生答应奖励一斗谷子，爸爸更是激动。后因日本鬼子来了，学校停课，那一斗谷子也就不了了之了。1944 年下半年，父亲就读于春元中学初中一年级。又因日本侵略者打到湘乡，学校疏散，父亲只好回家。1945 年日本投降，上半年爸爸自己在家自学，下半年学校重新开学，他直接考取了双峰中学初中三年级。

当兵的那一年 1945 年下半年父亲上双峰中学初三，一个月后，中国远征军从缅甸撤回，经过湖南，当时军队装备精良，爸爸和几个同学决定去当兵。为什么呢？一个原因是当时大伯已是中国远征军干部，曾在缅甸打过仗，立过功，对爸爸影响很大，爸爸认为大伯是抗日英雄，受人尊重，他也想当一名军人。另一个原因是父亲兄弟多，家里交不起中学的伙食费。当时上第一个月中学的伙食费，还是一个叫惠师父的老乡给代交的。于是爸爸当兵去了。不过在这期间，父亲发现当兵不是自己的追求，看别人打扑克、玩游戏，一点不感兴趣。他利用这段时间拼命学习外语，口语不行，拿着字典自己研究，背单词、学语法。转眼到了 1947 年 3 月，他把当时所有东西，枪支、衣服、证件原地放好，开始往家逃跑，几经跋涉，爬车，找老乡帮忙，终于到家了。这一年多的当兵历史也成了父亲以后几十年生涯中一个重要的印记和包袱！

求学的日子 爸爸跑回家是为了读书，接下来的三四个月时间，他自学了整个初中课程，因为以前上初一只读了一学期，初三只读了一个月。物理，化学都没学过。他利用暑假全部自学，白天晚上只睡几个小时，拼命补习！暑假过后他插班入了春元中学高中一年级二期。高中只读了两年半。第一学期期中考试，有几门课不及格，到了期末考试都及格了。以后每个学期居然全班第一。父亲说自己很努力，那时已经意识到，没有退路，只能前进。他的经验是，一个人并不一定天分太高，只要自己目标明确，有决心，坚持去干的话，就可以做得到！爸爸那时明确自己要通过读书做一番事业，改变命运。在春元中学，除了锻炼身体，坚持每天跑步，他把所有时间都用在学习上。他还被选为伙食团团长，团长的责任是要自己用学生交来的伙食费去外面聘请工人来管理、服务学生食堂。这对爸爸不仅是信任，而且是很好的社会组织能力的锻炼。1949 年冬天他从春元高中毕业了，每门课程考试成绩都在 90 分以上，品学兼优。1950 年上半年，父亲在老家村子里观音石小学当老师，这个小学，就只有一个教师，那就是爸爸。那时刚解放，没有任何经费。父亲二十岁出头，年轻力壮。小学 1—4 年级所有的课，加上还有一个补习高小课程的学生，还有一个补习初中数学课的学生，他全教。晚上接着教夜校，夜校是响应政府普及文化教育的号召，给成年人开办的。农民白天种地，只有晚上来夜校认字学习，有的拖儿带女，全家都来，积极性很强。

考大学之路 父亲始终坚持要求学的理想。端午节后，他和另一名姓胡的同学决定去武汉考大学。为什么没有选择在自己的家乡湖南考？爸爸说他当时下了决心，如果考不取大学，从此不再回故乡。他当时报考了四所大学，其中有武汉大学经济系，北京大学中国语言文学系，还有两所地方学校。结果四所大学都录取他了，而且在武汉大学经济系的考生中他名列前茅。父亲经过权衡，选择了北京大学。那是 1950 年。

求学北大 进了北京大学中国语言文学系，父亲又有了矛盾。因为他觉得自己的湖南乡音太重，担心学不好语言。自学的英语就开不了口，虽然高考的英语成绩是当年北大录取的学生中相当高分的一个，也因此北大免去了爸爸的英语学习的课程。但父亲总觉得自己学不好语言文学。他想转系去学理科。这时的教务长杨晦先生把父亲狠狠地批评了一顿，批评他没有勇气，害怕困难。这次批评令父亲终生难忘。正因为这次批评，后来我们中国有了一位撰写《简明汉语史》的学者——向熹教授。说起爸爸这个名字，也有意思，这是他上高中时在自己的原名向效喜的基础上改的，熹，有光明的意思。可见爸爸当年是怀抱着向往光明的远大抱负来到北大的。北大的确是理想的学术摇篮。父亲当年的同班同学里有很多高材生，有的同学大学二年级就出书了。父亲自认为自己是普通农民，不是什么天才，他更需要加倍努力地学习。每每说起北大，爸爸总是满含深情，感谢母校，感谢母校的老师。在北大本科四年，他享受了全部助学金，研究生更有每月几十元津贴。父亲说，这都是人民的血汗钱啊，我不能白花。北大的老师不仅教书育人，兢兢业业，而且在学术上都是权威，都有很高的成就。这给父亲以后的教师生涯起了非常重要的榜样作用。

不一样的北大　父亲入学北大是1950年，全国已经解放了。因为在旧社会曾经当过一年的兵，理所当然不能加入共青团，更不能加入中国共产党。但父亲并没有自暴自弃。他努力学习，积极锻炼，尊重老师，敬仰毛主席，积极拥护共产党的领导。他觉得毛主席和共产党让中国人民在全世界扬眉吐气，惊天动地，很了不起。爸爸说他对毛主席的信仰是真诚的。本科在北大的专业是中国语言文学。本科4年毕业时，他被指定继续做王力先生的研究生，从此走上学术的道路，这是爸爸没有想到的。在那个政治敏感的年代，在别的地方简直不可能，无法想象。他说北大的领导、老师站得很高，目光远大。他们不仅给了父亲继续深造的机会,而且在随后四年的研究生班里,父亲担任了班长,并没有因为历史问题而受到歧视。这就是北大,他无比热爱的母校,培育了他 8 年的北大。

在四川大学 1958 年父亲北大研究生毕业,分配到了四川大学中文系任教。30 岁的他怀揣着教育报国的理想。他教授过"汉语史"等多门专业课,如他一贯的学习作风,教学上他一丝不苟,授课、写文章,干劲十足。但好景不长,"四清"政治运动来了,接着"文革"开始了,父亲因为当年当兵的经历,成了"牛鬼蛇神"。那个疯狂的年代,人性、良知、道德都被扭曲!年复一年的劳动、关牛棚、批斗、戴高帽子、写检查交代,没完没了。人格上受尽屈辱。在那样的环境下,能活下来实属不易,更不用说搞什么教学科研。但父亲并没有因此而改变自己的人生理想,他很坚强!

父亲母亲 父亲与母亲相识于四川大学,在那个风雨飘摇的年代,也许爱情是爸妈唯一的温暖依靠。他们于 1961 年 1 月结婚,经历了半个多世纪的风风雨雨,共同抚育儿女。困难太多,也有磕磕碰碰,但永远不离不弃,相怜相依,忧乐与共,相濡以沫。2004 年母亲因心脏病住院,父亲一人在家,曾写了四句短诗表示思念:"风雨阴晴四十秋,粗茶淡饭也优游。迩来识得梨滋味,长夜孤衾倚白头。"父亲更体现了男人宽阔无比的肩膀,他付出了伟大的父爱,扛起一家的责任,给孩子们一个温暖而完整的家。

父亲写的书 "文革"终于结束了,80 年代初,有出版社想让爸爸出书,那时出书不仅意味着出名,更有一定的稿费可以接济一下这个长期处于穷困的家。但父亲拒绝了。他说,荒废了这么多年,以前写的讲义不成熟,他不能随便仓促出书,害了学生。要出就要出站得住脚的东西。做学问和做人一样，要诚实，实事求是，站得住脚，对得起读者。从此，他一面教课，一面一头扎进了有三千多年历史、记载着世界上唯一没有被切断的中华文明、材料浩瀚无比的汉语史长河中，直到今天还在继续。他说这是自己的责任！他要写一点像样的东西给读者一个交代，给子孙一个交代。

《简明汉语史》　1993 年中国高教出版社出版了父亲写的《简明汉语史》上下册，1995 年荣获国家教育委员会首届人文社会科学研究二等奖。2010 年由商务印书馆出版了普通高等教育“十一五”国家规划教材《简明汉语史》修订本。父亲的导师王力先生在 20 世纪 50 年代已出版《汉语史稿》，父亲说那是汉语史专业的开山之作，前无古人，功在后世。父亲出版《简明汉语史》经历了三十多年的积累，也非常不容易。汉语包括语音、词汇、语法，还有文字各个方面，加上三千多年的发展历史，千头万绪，非常复杂。要把这些内容放在一部书里，还要有条理、有系统的讲清楚，怎么去安排，谈何容易？父亲说自己几十年改来改去，不知改了多少遍，免不了还有错误。爸爸首先感谢自己的导师王力先生有个《汉语史稿》在前面给他做榜样。他开玩笑说，但是总不能抄老师的呀！也不能是老师怎么安排就怎么安排，要有自己的安排体系。对于《简明汉语史》，88 岁的爸爸曾经说过，“这本书我是负了责任，尽了力。但是否站得住脚，是否经得起时间的考验，只有让社会与历史去评论”。按父亲的话说：“我一辈子就干了这点事。沧海一粟，微不足道，如此而已。”亲爱的爸爸，这不是一点事。半个多世纪您用自己一丝不苟的做学问的态度和毅力，把汉语三千多年的发展历史，做了系统的梳理，找出其中的规律，一字一句反复斟酌，听说光语法部分，就列举了近一万个例子。无数个漫漫长夜您伏案工作……您对得起读者,您尽力了!

《诗经》研究 父亲常说,人不能躺在成就上睡觉。历史上好多学者给我们做出了好榜样。身边就有他自己的北大导师王力先生,写出了一千多万字的《王力文集》。晚清湖南学者王先谦(1842—1917),46岁(1888年)从官场回到长沙从事教学和著述,到75岁(1917年)去世,二十九年中所著、编、校、注、辑、刊的著作达50种,3200多卷以上,多么地了不起。人只要能做就要尽量多做一些,做好一些。爸爸早期因为要写《简明汉语史》,那时他选择从研究《诗经》开始。《诗经》是我们中国第一部有韵的诗集。本身三万多字,七千多个句子。看起来好像不多,但它是非常特别的一部经典著作,有很多特点。历史上很多文人学者研究它,著作多达两千种。爸爸在研究过程中也深深地被这部历史上的经典诗集的魅力所吸引,他想认真研究,把全书内容弄清楚,让后代的人比较容易了解这部经典。从1980年发表了第一篇关于《诗经》的文章开始,1986年爸爸出版了《诗经词典》,1987年出版了《诗经语言研究》,1988年出版了《诗经古今音手册》,1995年出版了《诗经译注》。2002年出版了《诗经语文论集》等关于诗经的书。其中《诗经词典》四十年间出了三版。新版《诗经词典》是2014年商务印书馆出的。《诗经译注》也出了三版。1995年第一次出版,它收录在全国高校古委会八五规划项目中国训诂学研究会古籍普及读本《文白对照十三经》这部书里。2006年高教出版社第二次出版了《诗经译注》豪华版,它是作为礼品书而出的。2014年商务印书馆又第三次出版了《诗经译注》。2014年父亲还和郭全芝教授合作撰写了《诗经语言学》,收在夏传才教授主编的《诗经学大辞典》(河北教育出版社)

里面。

父亲还写了几本别的书,《简明古汉语字典》(教研室合作)、《古汉语知识辞典》(主编)、《汉语避讳研究》。共计著书十本。这是他几十年刻苦研究的成果。他常说,作为教授就应当在学术上做出自己的贡献,争取做到最好,让你的学术成果在社会上站得住脚,在历史上站得住脚。作为高校的教授不仅要教书育人,更要在你从事的领域努力钻研,做出成果,这样才配得上一个教授的称号。研究学问不是三天两头的事,必须经过长期艰苦的努力,要有扎实的材料,要有学术系统,要有一个总体的规划,要翻来覆去的思考、修改、补充,由约到博,由博返约。要有非常严谨的学术态度,没有坚持和毅力是做不到的。在北大讲学时,爸爸引用清代诗人龚自珍的一句诗,"落红不是无情物,化作春泥更护花"。他说自己是踩在前人的肩膀上做一点事,也希望自己能化作春泥滋养后来者。这道出了他在学术上的永远追求。

感谢川大 父亲在四川大学度过了他人生的大半辈子,当年伴随着各种政治运动,每次他都因为在旧社会当过一年多的兵而逃不过挨整的命运。但他说那个疯狂年代是历史的悲剧,早已一去不复返了,陈年烂账何必老记在心里。今天回忆起来,爸爸更多的是感谢。感谢川大至少给了他一个平台,让他后来可以安心做学问。他更感谢那些帮助过我们家的老师,朋友!1962 年,我家一个孩子不幸从三楼窗子坠落地下,满脸是血,大家惊慌失措。老校长戴伯行先生正乘车去开会,一见这种情况,立刻下车,让司机送孩子去医院。他说:"孩子要紧,开会是次要的!"这话爸爸今天仍然牢记在心,永远感激!爸爸说,现在我们国家欣欣向荣,繁花似锦,大家都在昂首挺胸展望美好的未来,这是一个大好时代。他对国家充满希望。对川大充满希望。

父亲的愿望 88岁的今天，他还希望写两本书。他玩笑说，如果他还活着的话。一本是关于学术的，另一本是关于他的老家湖南双峰那个地方，那里的兄弟们、父老乡亲们的书。他说那是他一生挥之不去的记忆，是他的根。爸爸经常给我们说他有两个身份，首先他是一个中国地地道道的农民，他的骨子里始终流淌着农民的血液，无论他走到哪里，永远忘不了他的根在中国湖南乡下！直到今天，他每年一直给家乡村里的老人寄一点钱，甚至在那个自己和家人都吃不饱的困难时期。他不认为是在做什么好事，而是觉得这些老人是和他从小一起长大的伙伴，使他无法忘怀的亲人。他必须这样做才心安。我们的爷爷奶奶一生共生养九个儿子，那个年代能把九个儿子都养活，而且个个身体健康，作为普普通通的中国农民是非常不容易的。父亲说，爷爷奶奶勤劳、善良，与邻里的关系非常好。奶奶和自己婆婆（我们的曾祖母）亲如母女，受到所有人的称赞，也给我们家留下了用之不尽的精神财富！父亲至今遗憾的是，远离家乡，历经坎坷，当年没有好好报答双亲养育之恩。爸爸在家里排行老五。兄弟九人，大哥是中国远征军，九弟是人民解放军，其他都在农村，岁月峥嵘，友于情深，刻骨难忘。还有许多的人和事，永远印在父亲的脑海里。他想把这些都写出来，以慰永远割不断的思乡亲情！"漫道古稀加十岁，还将余勇写千篇。"父亲把他的老师王力先生这两句诗牢记于心，永远不忘。

对儿女的期望 父亲常说，无论你们从事什么职业，都不要忘记做人的基本原则，问心无愧，诚信对人，老实做事，踏踏实实，少说多做，尽力而为，在自己的行业里尽职尽责。你做了什么事，做得好不好，别人看得很清楚。孔子说："君子欲讷于言而敏于行。”曾国藩的“八本”中有一条是“立身以不妄言为本”。千万不要自吹，只说不做，自吹自擂，大家看了是很讨厌的。老老实实做人，人的一生不过几十年，很短暂，时时事事不能忘记这个做人的基本原则。其次，人生一世，不可能一路平坦，总不免会碰到这样那样的困难。再困难，也要看得开，想得宽，乐观一点。物极必反，情况总会好起来，面包总会有的。只要问心无愧，天无绝人之路，没有过不了的鬼门关。爸爸说，他一生就是这样闯过来的。另外就是要有一个强健的体魄。好的身体是一切事的基础，要重视，要坚持锻炼。上北大的时候，父亲不会球类运动，他就坚持每天跑步五千米。这一坚持就是半个世纪，风雨无阻，无论春夏秋冬。直到 70 岁，医生建议跑步改为走路，他才停下。正是这种坚持不懈的锻炼，给了爸爸强健的身体，使他能平稳度过那么多年的政治风雨，后来又能有体力在学术上不停地创新奋斗。

儿女的寄语　亲爱的爸爸！您用您一生的行动为我们树立了榜样。这是您给我们人生最好的礼物。千言万语也无法表达我们对您的佩服和热爱。在此我们只想对您说：爸爸，我们永远爱您！永远！在您 90 岁生日即将来临之际，儿女们衷心祝福您，祝您和母亲福如东海，寿比南山！

向熹先生学术年表

向熹先生(1928～),男,湖南双峰人,四川大学中文系教授,九三学社社员,兼任四川省人民政府文史研究馆馆员,享受国务院特殊津贴。

1928年

9月1日,出生于湖南双峰县杏子铺镇必家村,父母都是农民,勤劳善良,四邻称美。

1934年

启蒙。开始在小学和私塾中断断续续地学习。

1938年

家贫,在家务农数年,担过脚炭,在砖瓦厂做过工。

1943年

先后入新安小学、燕堂高小读书。

1944年

秋,考入湖南春元中学初中一年级。不久,日寇犯湘,学校疏散。

1945年

秋,考入双峰中学初中三年级。中途因交不上学费和伙食费,报名入伍当兵。一年半后,回到老家。

1947年

秋,考入春元中学高中,1949年冬高中毕业。

1950年

上半年，在家乡当小学教师。秋，考入北京大学中文系汉语言文学专业，聆听过杨晦、冯文炳、王瑶、俞平伯、游国恩、吴组缃、浦江清、章廷谦、罗常培诸先生的课。

1954 年

北京大学本科毕业，留校读研究生，师从王力先生，主攻汉语史专业，并先后受业于魏建功、高名凯、袁家骅、岑骐祥、吕叔湘、陆志韦、周祖谟诸先生。

1957 年

论文《〈说文〉阅读一得》（《语言学论丛》第 1 辑，上海新知识出版社）发表。

1958 年

研究生毕业，分配到四川大学中文系工作，先后为本科生、研究生开设“现代汉语语法”、“语文和写作”、“汉语史”、“古代汉语”、“《诗经》语言问题”、“《马氏文通》导读”等多门课程。

论文《〈水浒〉中的“把”字句、“将”字句和“被”字句》（《语言学论丛》第 2 辑，上海新知识出版社）发表。

1960 年

论文《湖南双峰县方言》（《语言学论丛》第 4 辑，上海教育出版社）发表。

下放黄河公社劳动一年。

1965 年

论文《〈古代汉语〉读后》（署名成蓉）（《中国语文》第 3 期）发表。

论文《关于“他”的上古用法》（《中国语文》第 3 期）发表。

论文《〈古代汉语〉（王力主编）文字上的几个问题》（《中国语文》第 5 期）发表。

1966 年

秋，至双流参加农村“四清运动”。“文革”开始。

1967 年

入另册，进牛棚，审查历史，批判斗争，在校内以及富顺、什邡、广元虎跳等地劳动，前后七年。

1974 年

与张永言、经本植等教研室同仁共同编纂《简明古汉语字典》，1975 年国务院 137 号文件列入国家出版规划。这是一部供中等以上文化程度的读者学习古代汉语、阅读古籍时参考的语文工具书。其间先生撰写初稿约二分之一。

1980 年

论文《〈诗经〉里的复音词》（《语言学论丛》第 6 辑，商务印书馆）发表。

1981 年

论文《〈毛诗传〉说》（《语言学论丛》第 8 辑，商务印书馆）发表。

至湘潭大学中文系为研究生讲汉语史一周。

1983 年

论文《〈广韵〉入声韵同非入声韵中的重出字》（《汉语论丛》，四川大学学报丛刊第 22 辑）发表。

论文《〈诗经〉里的通韵和合韵》（《古籍整理》，四川大学学报丛刊第 27 辑）发表。

应邀至北京大学中文系讲“《诗经》语言研究”一学期。

硕士研究生何志华、郭齐、俞理明入学。

1984 年

晋升为副教授。

论文《〈诗经〉里的通假字》(《语言学论丛》第 14 辑,商务印书馆)发表。

1985 年

硕士研究生常强华、罗骥、贺孝武、杨琳入学。

1986 年

《诗经词典》(四川人民出版社)出版。

张永言、杜仲陵、向熹、经本植、罗宪华、严廷德合著《简明古汉语字典》(四川人民出版社)出版。

硕士研究生何志华、郭齐、俞理明毕业。

1987 年

晋升为教授。

《诗经语言研究》(四川人民出版社)出版。

论文《段玉裁与辞书研究》(《词典研究丛刊》第 8 辑,四川辞书出版社)发表。

论文《〈诗经〉里的通假字》(《语言学论丛》第 14 辑,商务印书馆)发表。

硕士研究生罗向荣、杨珍惠入学。

1988 年

《诗经词典》获第二届王力语言学奖。

《简明古汉语字典》获四川省社会科学研究成果一等奖。

《〈诗经〉古今音手册》(南开大学出版社)出版。

向熹、经本植、康瑞琮、李润、何毓玲合著《古代汉语知识辞典》(四川人民出版社)出版。

论文《说“屋”》(《词典研究丛刊》第 9 辑)发表。

硕士研究生常强华、罗骥、贺孝武、杨琳毕业。

硕士研究生孙占林、石锓、段文清入学。

1989 年

以张永言、赵振铎、向熹为学术带头人的四川大学汉语史专业被评为国家重点学科。

论文《〈诗经〉异文分析》(《语言文字学术论文集》,知识出版社)发表。

论文《〈诗经〉里的复音词》(《词汇学论文汇编》,商务印书馆)发表。

1990 年

论文《〈汉语大字典〉小议》(《古汉语研究》第 1 期)发表。

硕士研究生罗向荣、杨珍惠毕业。

硕士研究生黄尚军、胡继明、吉仕梅、刘蓉入学。

1991 年

论文《王力先生对汉语词汇研究的贡献》(《三峡学刊》第 10 卷第 2、3 期合刊)发表。

硕士研究生孙占林、石锓、段文清毕业。

1992 年

撰写“毛亨(附毛苌)”“郑玄”(《中国古代语言学家评传》,山东教育出版社)发表。

1993 年

《简明汉语史》(高等教育出版社)出版。

论文《〈说文解字〉和〈诗经〉》(《嘉应大学学报》第 3 期)发表。

论文《略论训诂与语法的关系》(《古汉语研究》第 3 期)发表。

论文《翻阅词典想到的》(《辞书研究》第 1 期)发表。

论文《〈诗经〉与汉语词汇[上]》(《河北师院学报》第 3 期)

发表。

论文《〈诗经〉与汉语词汇[下]》(《河北师院学报》第 4 期)发表。

硕士研究生黄尚军、胡继明、吉仕梅、刘蓉毕业。

1994 年

论文《〈诗经〉与汉语词汇[续]》(《河北师院学报》第 1 期)发表。

论文《论〈马氏文通〉的句法研究》(《三峡学刊》第 10 卷第 2、3 期合刊)发表。

1995 年

《简明汉语史》获国家教育委员会首届人文社会科学研究优秀成果二等奖。

《诗经译注》(许嘉璐主编《白话十三经》之一,广东、陕西、山西三省教育出版社联合出版)出版。

1996 年

论文《古代汉语教学语法体系刍议》(《中国语文》第 1 期)发表。

论文《〈诗经〉的歧义分析》(第二届《诗经》国际学术讨论会论文集,语文出版社;《河北师范学院学报》第 2 期)发表。

1997 年

《诗经词典(修订本)》(四川人民出版社)出版。

1998 年

张永言、向熹、经本植、罗宪华、严廷德合著《古汉语字典》(巴蜀书社)出版。

论文《简化汉字大有必要》(《爱国重教务实求真》,四川大学出版社)发表。

论文《阴阳五行观念和汉语词汇》(《语言学论丛》第20辑,商务印书馆)发表。

论文《论〈诗经〉语言的性质》(第三届《诗经》国际学术研讨会论文集,香港天马图书有限公司;《人大复印报刊资料·语言文字学》1999年第2期全文收录)发表。

1999年

论文《避讳与四川地名》(《文史杂志》第2期)发表。

2000年

《忆先师王力先生》(《王力先生百年诞辰纪念文集》,语文出版社)发表。

论文《避讳与汉语[一]》(《汉语史研究集刊》第2辑,巴蜀书社)发表。

论文《避讳与汉语[二]》(《汉语史研究集刊》第3辑,巴蜀书社)发表。

论文《〈诗经〉注音杂说》(《古汉语研究》2000年1期、《第四届诗经国际研讨会论文集》,学苑出版社)发表。

论文《宋人笔记与〈诗经〉研究》(《文化的馈赠》,北京大学出版社)发表。

2001年

论文《避讳与汉语[三]》(《汉语史研究集刊》第4辑,巴蜀书社)发表。

论文《嫘祖杂说(《文史杂志》第1期)发表。

论文《略谈〈春秋〉四讳》(《文史杂志》第5期)发表。

论文《做出新成果迎接新世纪》(《诗经研究丛刊》第1辑,学苑出版社)发表。

2002年

《〈诗经〉语文论集》(四川民族出版社)出版。

论文《汉语探源》(《纪念王力先生百年诞辰学术论文集》,商务印书馆)发表。

2003 年

论文《苏辙和他的〈诗集传〉》(《乐山师院学报》)发表。

撰写:陈第《毛诗古音考》提要、孔广森《诗声类》提要、钱坫《诗音表》提要、江有诰《诗经韵读》提要、夏炘《诗古音表二十二部集说》提要、李富孙《诗经异文释》提要、冯登府《三家诗异文疏证》提要、陈桥枞《诗经四家异文考》附《毛诗郑笺改字说》提要、王先谦《诗三家义集疏》提要(均见夏传才、董治安主编《诗经要籍集成》,学苑出版社,2003)发表。

2006 年

论文《称谓词和称谓词典》(《四川大学学报》)发表。

指导新入学博士研究生唐智燕、熊辉。

2007 年

《古代汉语知识辞典[修订版]》(四川辞书出版社)出版。

论文《唐石经〈诗经〉中的文字》(《语言历史论丛》,巴蜀书社)发表。

论文《略谈〈周礼正义〉和汉语词汇史》(《孙诒让研究论文集》,江西出版集团)发表。

2008 年

论文《关于复辅音的思考》(《继往开来的语言学发展之路》,语文出版社)发表。

2009 年

《诗经译注》(高等教育出版社)出版。

论文《再谈词义引申变化》(汉语史学报第 8 辑)发表,人大报刊复印资料 2010 年 2 期转载。

论文《谈谈老湘语内部的分歧》(《湘语研究》)发表。

博士研究生唐智燕、熊辉毕业。

2010 年

参加北京大学学术讲座。题目是:"研究汉语史的一些思考"。

普通高等教育"十一五"国家级规划教材《简明汉语史[修订本]》(商务印书馆)出版。

2011 年

在厦门市参加第二届两岸学术论坛。

指导新入学博士研究生孙琳。

2012 年

论文《汉语复音词单音化举例》(《中国语言学》第 6 辑)发表。

论文《谈谈汉语避讳代称》(《文史杂志》第 3、4 期)发表。

2013 年

《诗经译注》(商务印书馆)出版。

向熹、郭全芝合撰"诗经语言学"(收集在夏传才《诗经大辞典》下册内,河北教育出版社)发表。

论文《诗经语言研究古今谈》(《汉语史研究集刊》第 16 辑,巴蜀书社)发表。

论文《也谈"彼其之子"》(《诗经研究丛刊》第 25 辑,学苑出版社)发表。

指导新入学博士研究生左丽娟。

2014 年

《诗经词典[修订本]》(第二次修订,商务印书馆)出版。

博士研究生孙琳毕业。

2016 年

《汉语避讳研究》(商务印书馆)出版。

注:本年表收录向熹先生在语言学专业方面的论文和著作,与语言研究无关的文章或著作未在此列。

后 记

向熹先生毕生致力于汉语的历史研究和教书育人，著作丰富，教泽远播。在先生九十寿辰将临之际，学生们无他可奉，相约各以小文一篇以志庆贺，文稿来自于先生指导过的研究生和曾聆听先生教诲、多年来与先生密切联系的三位教授郭全芝教授、陈燕教授、梁冬青教授。

由于客观条件，当年先生门下的学生，毕业之后各自东西，工作性质不尽相同，因此，本文集征稿，不作内容和主题的限制，由各人自由安排。其中有当年求学先生门下的记忆，也有毕业之后在新专业新工作中新的研究和体会，当然，更多一些的是在汉语史研究方面的文章，包括学生当年受教于先生之后所写的学术处女作，也有后来发表的各类学术论文，以及个人近来新的研究心得。编集过程中得到各位同门友人的鼎力支持，在此深表谢意。

向军、张君宏伉俪是先生的幼子幼媳，承二位的支持，代表先生的子女撰文，言出肺腑，恳切感人，为本文集增色不少。

文集中收录的已经公开发表过的文章，注明了原刊的情况，未加注明的，是这次为本文集所写的新作。

上海三联书店编辑杜鹃女士为本书的出版做了大量工作，使本书顺利出版，在此表示感谢。

编者　2015 年秋

图书在版编目(CIP)数据

向熹先生九十华诞纪念文集/俞理明等著. —上海:上海三联书店,2016.6

ISBN 978-7-5426-5562-2

Ⅰ.①向… Ⅱ.①俞… Ⅲ.①汉语—语言学—文集 Ⅳ.①H1-53

中国版本图书馆 CIP 数据核字(2016)第 088193 号

向熹先生九十华诞纪念文集

著　　者 / 俞理明、郭齐等

责任编辑 / 杜　鹃
装帧设计 / 鲁继德
监　　制 / 李　敏
责任校对 / 张大伟

出版发行 / 上海三联书店
(201199)中国上海市都市路 4855 号 2 座 10 楼
网　　址 / www.sjpc1932.com
邮购电话 / 021-22895559
印　　刷 / 上海叶大印务发展有限公司

版　　次 / 2016 年 7 月第 1 版
印　　次 / 2016 年 7 月第 1 次印刷
开　　本 / 889×1194　1/32
插　　页 / 6
字　　数 / 290 千字
印　　张 / 13.625
书　　号 / ISBN 978-7-5426-5562-2/H·58
定　　价 / 58.00 元